화엄경청량소
華嚴經淸凉疏

화엄경청량소

제4권

적멸도량법회 ④

[정종분 제5 화장세계품, 제6 비로자나품]

청량징관 저

석반산 역주

담앤북스

일러두기

1. 본 화엄경소초의 번역에 사용된 원본은 봉은사에 소장된 목판 80권 『화엄경소초회본』이다.
2. 교정본은 민국(民國) 31년(1942) 대만의 화엄소초편인회(華嚴疏鈔編印會)에서 합본으로 교간(校刊)한 『화엄경소초 10권』을 사용하였다. 그리고 원본현토는 화엄학연구소의 원조각성 강백의 현토본을 참고하였다.
3. 대장경 속에 경전과 합본으로 수록된 것은 없고, 다만 『大正大藏經』 권35에 『화엄경소 60권』이 있으며 권36에 『화엄경수소연의초(華嚴經隨疏演義鈔) 90권』이 있지만 경의 본문과의 손쉬운 대조를 위해 회본(會本)을 기본으로 하였으며, 일일이 찾아서 대장경과 대조하지는 못하였다.
4. 교재본이라 한 것은 민족사에서 1997년에 발간한 『현토과목 화엄경』(전 4권)을 지칭하며 원문 인용은 이 본을 기본으로 하였다.
5. 본 『청량소』 전권에서는 소(疏)의 전문을 해석하였고, 초문(鈔文)은 너무 번다하고 중복되는 부분을 필자가 임의로 생략하였다.
6. 본문에서 이해를 돕기 위하여 도표로 작성한 것은 봉선사 능엄학림의 월운강백께 허락을 얻어 『화엄경과도(華嚴經科圖)』를 준용(準用)한 것이다.
7. 목차는 『화엄경소초』의 과목을 사용하였고 『화엄경과도』를 준용하였다. 과목에 이어지는 ( ) 안에는 간편한 대조를 위하여 목판본의 페이지를 표시하였다.
   예) 一 一) (一) 1. 1) (1) 가. 가) (가) ㄱ. ㄱ) (ㄱ) a. a) (a) ㊀ ①
   ㉮ ㉠ ⓐ A. ㉯ ⓑ ㋐ ㉢ ⓐ ㋑
8. 목차는 되도록 현대적 번역어로 제목을 삼으려 하였고, 풀어서 제목에

이어 표기된 아라비아 숫자는 문단의 개수이다.

9. 경과 소문(疏文)은 조금 띄워서 구별을 두었고, 소문(疏文) 앞에는 ■ 표시를, 초문(疏文) 앞에는 ● 로 표시하여 번역문을 수록하였다. ❖ 표시는 역자의 견해를 밝힌 부분이다.

10. 경구(經句)의 번역문은 한글대장경과 민족사 간(刊)『화엄경 전 10권』을 참고하였고, 소(疏) 문장 번역은 직역을 원칙으로 하였다. 인용문은 주로 한글대장경의 번역을 따르고자 노력하였다.

『화엄경청량소』 제4권 차례

大方廣佛華嚴經疏鈔 제8권　寒字卷上
제5. 연꽃을 감추어 세계해를 장엄하는 품[華藏世界品] ①

제3과. 설법 내용을 바로 밝히는 부분[正陳所說分] ② ············14
제2. 화장세계품은 부처님이 장엄한 결과를 별도로 밝히다 4. ······15
1. 오게 된 뜻 15　　2. 명칭 해석 15
3. 근본 가르침 19　　4. 경문 해석 2. 20
(1) 첫 문단은 화장세계의 인과의 자체 모습 2. ·····················20
가. 장항으로 밝히다 2. ··21
가) 과덕이 사람에 속함을 거론하여 인행이 깊고 광대함을 밝히다··21
나) 과덕의 체성과 양상을 밝혀서 그 넓게 용납함을 말하다 4. ·····31
ㄱ) 지탱하는 주체인 풍륜 3. ··35
ㄴ) 지탱할 대상인 향수해 ···38
ㄷ) 향수해에서 큰 연꽃이 피어나다 ·································39
ㄹ) 연꽃이 국토를 지탱하다 ··41
나. 보현보살의 게송 2. ··41
(2) 세계가 벌여 있고 퍼뜨린 장엄을 개별로 설명하다 6. ···········51
가. 네 가지 대윤위산 2. ··51
가) 장항으로 해석하다 3. 52　　나) 게송으로 거듭 밝히다 2. 55
(가) 여섯 게송은 산의 체성과 장엄을 노래하다 5. ·················55
(나) 네 게송은 윤위산의 묘한 작용이 자재함을 밝히다 ············60
나. 윤위산 속의 대지 2. ··61
다. 향수해의 지면 2. ···69

라. 향물강으로 장엄하다……………………………………80
마. 향물강의 흰 연꽃과 나무와 숲으로 장엄하다 2.………89
바. 화장세계의 장엄을 총결하다………………………105
(3) 티끌 수 세계와 마니보망의 차별 3.………………114
가. 설법 허락함을 대중에게 고하다……………………114
나. 두 가름을 함께 표방하다 4.…………………………115
다. 두 가지 가름을 자세하게 해석하다 2.……………119
(가) 세계종이 다름을 통틀어 밝히다 2.………………120
ㄱ. 장항으로 밝히다 2.……………………………………121
a) 18가지 원만함을 포섭하다……………………………128
b) 세계성취품을 포섭하여 설명하다…………………135
ㄴ. 게송으로 거듭 밝히다 6.……………………………143
(나) 화장세계의 세계종의 국토와 향수해를 개별로 설명하다 2. ‥152
ㄱ. 향수해의 소재를 밝히다 3.…………………………152
ㄱ) 여러 숫자를 총합하여 거론하다……………………152
ㄴ) 차례로 개별로 밝히다 3.……………………………154
(ㄱ) 중앙의 끝없는 묘한 꽃 광명 향수해 2.…………154
a. 향수해에서 연꽃이 피어남을 밝히다 3.……………154
b. 지탱하는 세계를 밝히다 3.…………………………157
a) 큰 숫자를 총합하여 거론하다………………………157
b) 20층 세계를 개별로 설명하다 20.…………………157
㊀ 제1층 최승광변조세계 7.……………………………157
㊁ 제2층 종종향 연꽃 묘한 장엄 향수해………………162
㊂ 제3층 일체보 장엄보조광 향수해……………………163
㊃ 제4층 종종광명화 장엄 향수해………………………164
㊄ 제5층 보방묘화광 장엄 향수해………………………164

㈥ 제6층 정묘광명 장엄 향수해 ·················· 165
㈦ 제7층 중화염 장엄 향수해 ··················· 166
㈧ 제8층 출생위력지 장엄 향수해 ················ 166
㈨ 제9층 출묘음성 장엄 향수해 ·················· 167
㈩ 제10층 금강당장엄 향수해 ··················· 168
㊀ 제11층 상출현제청보광명 장엄 향수해 ·········· 168
㊁ 제12층 광명조요 장엄 향수해 ················· 169
㊂ 제13층의 사바세계 금강장엄 향수해 ············ 169
㊃ 제14층 적정이진광 장엄 향수해 ··············· 172
㊄ 제15층 중묘광명등 장엄 향수해 ··············· 173
㊅ 제16층 청정광변조 장엄 향수해 ··············· 175
㊆ 제17층의 보장엄장 장엄 향수해 ··············· 176
㊇ 제18층 이진세계 장엄 향수해 ················· 176
㊈ 제19층의 청정광보조 장엄 향수해 ············· 177
㊉ 제20층의 묘보염세계 장엄 향수해 ············· 178
c) 나머지를 유례하여 결론하다 4. ················ 178
(a) 전체 숫자를 총합 결론하다 ················· 178
(b) 형상의 종류를 결론하다 ···················· 184
(c) 권속에 대해 결론하다 ······················ 187
(d) 그 있는 곳을 밝히다 ······················· 189

大方廣佛華嚴經疏鈔 제9권 寒字卷下
제5. 연꽃을 감추어 세계해를 장엄하는 품[華藏世界品] ②

(ㄴ) 오른쪽으로 도는 열 가지 향수해를 밝히다 2. ················192
　　a. 중간의 바다를 따오다 ·····································192
　　b. 둘러싼 주체인 향수해를 밝히다 10.························192
　　　a) 동방의 이구염장향수해 2. 193　b) 남방의 무진광명륜향수해 2. 206
　　　c) 금강보염광명향수해 2. 212　　d) 제청보장엄향수해 2. 217
　　　e) 금강륜장엄저향수해 2. 222　　f) 연화인드라망향수해 2. 227
　　　g) 적집보향장향수해 2. 232　　　h) 보장엄향수해 2. 236
　　　i) 금강보취향수해 2. 241　　　　j) 천성보첩향수해 2. 246

大方廣佛華嚴經疏鈔 제10권 來字卷上

제5. 연꽃을 감추어 세계해를 장엄하는 품[華藏世界品] ③

　　(ㄷ) 열 가지 향수해에 딸린 백 개의 향수해 10. ·················254
　　　a. 이구염장향수해에 따른 열 개의 향수해 2. ··················254
　　　b. 무진광명륜향수해에 〃 260　　c. 금강보염광향수해에 〃 262
　　　d. 제청보장엄향수해에 〃 265　　e. 금강륜장엄향수해에 〃 267
　　　f. 연화인드라망향수해에 〃 269　g. 적집보향장향수해에 〃 271
　　　h. 보장엄향수해에 〃 273　　　　i. 금강보취향수해에 〃 275
　　　j. 천성보첩향수해에 따른 열 개의 향수해····················278
　　ㄷ) 화장세계를 총합하여 결론하다 5.···························281
　ㄴ. 화장세계의 중송 2.··284
　　ㄱ) 한 게송은 화장세계의 자체를 노래하다······················284
　　ㄴ) 1백 게송은 떠받칠 대상인 세계 그물을 노래하다 2············285
　　　(ㄱ) 아홉 게송은 떠받치는 주체인 세계종을 노래하다···········285
　　　(ㄴ) 91게송은 떠받칠 대상인 모든 세계를 노래하다 10. ·········287

a. 28게송은 세계가 다른 것을 노래하다 ·····························287

b. 두 게송은 세계가 미세함을 노래하다 ·····························304

c. 열 게송은 세계의 체성을 노래하다 ·······························305

d. 다섯 게송은 세계가 각각으로 장엄하다 ·························307

e. 다섯 게송은 각각 장엄하여 짬이 끊어짐이 없다 ················308

f. 열 게송은 세계의 형상을 노래하다 ·······························310

g. 두 게송은 각각이 겁에 머무름이 차별하다 ·····················312

h. 여덟 게송은 세계 각각이 부처님 출현하시다 ··················313

i. 열 게송은 광명이 있고 없음을 노래하다 ························315

j. 열한 게송은 음성이 선하고 악함을 노래하다 ···················317

大方廣佛華嚴經疏鈔 제11권 來字卷下
제6. 비로자나의 성불을 밝히는 품[毘盧遮那品]

제3과. 설법 내용을 바로 밝히는 부분[正陳所說分] ⑤

(二) 비로자나품은 앞의 열 구절의 인행에 대한 질문에 답하다 4. 323

제1. 오게 된 뜻[來意] 323   제2. 명칭 해석[釋名] 323

제3. 근본 가르침[宗趣] 323   제4. 경문 해석[釋文] 2. 324

1) 과거의 본사 인연을 총합하여 밝히다 ·····························324

2) 보문정광명향수해의 승음세계 3. ···································325

가. 승음세계 속의 청정광명향수해 ····································326

나. 감득하는 주체인 사는 사람을 별도로 밝히다 ·················328

다. 도량 장엄에 대해 개별로 밝히다 2. ······························332

3) 승음세계 티끌 수 여래의 본사인연 2. ·····························334

(1) 승음세계 최초 겁 중의 많은 부처님을 거론하다 ···········334

(2) 첫째 부처님의 본사 인연을 개별로 밝히다 4. ················337
가. 제1 공덕산수미승운불이 출현하시다 6. ··················337
　가) 부처님 명호를 총합하여 표방하다 ························337
　나) 서상에 앞서서 근기를 성숙하다 2. ························338
　다) 부처님 출현을 바로 밝히다 2. ······························341
　라) 미간 백호광명으로 경계하여 부르다 5. ···············348
　마) 인연 대중들이 운집하다 2. ···································355
　　ㄱ. 염광명대성의 희견선혜왕 6. ·····························356
　　　ㄱ) 명칭과 통령함을 밝히다 ······························356
　　　ㄴ) 권속을 모두 밝히다 2. ·································357
　　　ㄷ) 대위광태자의 득법 2. ··································363
　　　ㄹ) 게송으로 여래를 찬탄하다 ····························369
　　　ㅁ) 희견선혜왕이 선언하여 알리다 2. ·················374
　　　ㅂ) 부처님 뵈러 함께 가다 ·································378
　　ㄴ. 여러 왕들과 함께 뵈러 가다 ································379
　바) 여래께서 법문을 널리 연설하다 5. ·······················380
　　(가) 부처님이 법문을 굴리시다 ································380
　　(나) 대위광보살의 득법 2. ··381
　　(다) 대위광보살의 게송 2. ··394
　　(라) 대위광보살의 중생 교화 3. ·································399
　　(마) 부처님 가피로 찬탄하고 격려하다 2. ···············400
나. 제2 바라밀선안장엄불이 출현하시다 2. ··················405
　(가) 다음 부처님이 출현하시다 ···································406
　(나) 부처님 상호 보고 얻은 열 가지 이익 2. ············407
　(다) 덕을 찬탄하고 가서 뵙기를 권하다 2. ··············420
　(라) 모든 권속 함께 귀의하다 ····································425

(마) 경을 듣고 깨달음 얻다 3. ···425
ㄱ. 부처님이 (중생을) 위하여 경을 설하다·······················425
ㄴ. 인연 중생들이 이익을 얻다 ·······································426
ㄷ. 여래가 찬탄하며 말씀하시다·······································431
다. 제3 최승공덕해불이 출현하시다 ································435
라. 제4 명칭보문연화안불이 출현하시다·····························448

大方廣佛華嚴經 제8권
大方廣佛華嚴經疏鈔 제8권의 ① 寒字卷上

제5 華藏世界品 ①

제5 화장세계품에서는 세상의 구조를 밝히고 있으니, 세계종은 20층 구조로 되었는데 그 모든 세계가 모두 연꽃 위에 건립된다고 말한다. 그래서 근대의 선지식들은 세계일화(世界一花)라 말하고 그 하나의 꽃은 바로 연꽃이니 곧 마음 꽃[心花]란 뜻이다. 그 연꽃 위에 세계가 건립되고 그런 것이 십불찰미진수(十佛刹微塵數)로 벌어져 끝없이 인드라망의 그물처럼 펼쳐진다고 설명한다. 우리가 사는 사바세계는 그 중 13층에 위치한다고 말합니다.

"이 위로 부처님 세계의 티끌 수 세계를 지나가서 세계가 있으니 이름은 사바이다. 금강(金剛) 장엄으로 땅을 삼고 가지각색 빛 풍륜으로 유지하는 연꽃 그물을 의지하여 머물며, 형상은 둥글어서 허공에 있는 하늘 궁전을 장엄하는 허공 구름이 그 위에 덮이고 열 세 부처님 세계의 티끌 수 세계가 두루 둘러쌌으며, 그 부처님은 곧 비로자나 여래세존이시니라. …."

```
┌─────────────────────────────────────┐
│  大方廣佛華嚴經 제8권                    │
│                                     │
│  大方廣佛華嚴經疏鈔 제8권 寒字卷上        │
└─────────────────────────────────────┘
```

제3과. 설법 내용을 바로 밝히는 부분[正陳所說分] ②

제5. 연꽃을 감추어 세계해를 장엄하는 품[華藏世界品] ①

제2. 後品別明本師所嚴淨果(答世界海問)四 ─┐
  1. 來意   ┌ 1. 正釋品名二
  2. 釋名二 ───┤ 2. 叙其本源二 ───┬ 1. 約衆生二
  3. 宗趣   └   └ 2. 約諸佛二
  4. 釋文三 ─┐
           │
           │ 1. 初段明華藏因果自體二 ─┐
           │   ┌ 1. 擧果屬人顯因深廣二   ┌ 1. 對因辨果
           │   1. 長行二 ──────────┤   │ 2. 彰其分量
           │   └ 2. 彰果體相辨其寬容四 ────┤ 3. 連下顯十
           │   └ 4. 正以釋經三
           │   ┌ 1. 分文列名   ┌ 1. 能持風輪三
           │   │ 2. 別示刹因   │ 2. 所持香海
           │   └ 3. 隨文正釋四 ─┤ 3. 海出蓮華
           │   2. 偈頌二 ─┐   └ 4. 華持刹海
           │   │
           │   │ 1. 四門顯示四 ─┬ 1. 宿因現緣經離頌合
           │   │   │ 2. 所成果相經略頌廣
           │   │   │ 3. 現緣風輪經廣頌略
           │   │   └ 4. 山地海樹經有頌無
           │   │
           │   │ 2. 正釋偈文二 ─┐
           │   │   ┌ 1. 一偈半頌風輪
           │   1. 初二頌因相 │   │ 2. 一偈頌香海
           │   2. 餘八頌果相四 ──────────────┤ 3. 三偈半頌蓮華
           │   └ 4. 二頌頌刹自在
           │
           │ 2. 次段別明刹海安布莊嚴
           └ 3. 後段別明所持刹網差別

제2. 화장세계품은 부처님이 장엄한 결과를 별도로 밝히다
[後品別明本師所嚴淨果(答世界海問)] 4.

1. 오게 된 뜻[來意] (初來 1上5)

[疏] 初, 來意者는 前品에 通明諸佛刹海하고 今此는 別明本師所嚴依果하니 答世界海問일새 故次來也니라
- 1. 오게 된 뜻이란 앞의 세계성취품에서 모든 부처님의 국토해(國土海)를 통틀어 밝혔고, 지금 이 화장세계품에서는 본사(本師) 부처님의 의보를 장엄한 결과를 개별로 밝혔으니, (앞의 여래현상품의) 세계해(世界海)에 대한 질문에 대답한 연고로 다음에 온 것이다.

2. 명칭 해석[釋名] 2.
1) 품의 명칭을 해석하다[正釋品名] 2.
(1) 자세하고 간략함을 모아서 중간을 밝히다[會廣略顯中] (釋名 1上7)

[疏] 二, 釋名者는 準梵本컨대 具云華藏莊嚴嚴具가 世界海之徧淸淨功德海光明品이라하야늘 譯者嫌繁하야 乃成太略이라
- 2. 명칭 해석에서 범본(梵本)에 준하여 갖추어 말하면, "꽃을 감추어 장엄 도구를 장엄한 것이 세계해에 두루 청정한 공덕해의 광명을 말하는 품이다"라고 하였는데, 번역자가 번거로움을 싫어하여 비로소 크게 생략함을 이룬 것이다.

(2) 세 가지 명칭을 따라 바로 해석하다[隨三名正釋] 2.

가. 중간에 처한 명칭을 해석하다[釋處中名] (處中 1上8)
나. 자세하거나 간략한 명칭을 해석하다[釋廣略名] (其梵)

[疏] 處中인댄 應云蓮華藏莊嚴世界海品이라 謂蓮華含子之處를 目之曰藏이니 今刹種及刹이 爲大蓮華之所含藏일새 故云蓮華藏이라 其中의 一一境界에 皆有刹海塵數淸淨功德일새 故曰莊嚴이오 世界深廣일새 故名爲海라 有云世界가 依海故로 立海名者는 恐非文意니 以下에 云, 華藏莊嚴世界海가 住在華中故라하니라 其梵本에 云嚴具는 卽是能嚴이오 其徧淸淨功德海光明은 卽顯嚴之相用이니 依體有用일새 故致之言이오 今文은 擧體攝用일새 但云華藏이니라

■ 중간에 처한다면 응당히 "연꽃을 감추어 세계해를 장엄하는 품이다"라 해야 할 것이다. 이른바 연꽃이 씨를 포함한 곳을 지목하여 '장(藏)'이라 하였으니, 지금은 국토종과 국토가 큰 연꽃으로 함장(含藏)한 것이 되었으므로 '연꽃을 감춘다'라고 말하였다. 그 가운데 낱낱 경계에 모두 국토해의 티끌 수 청정한 공덕이 있으므로 '장엄한다'고 말하였고, 세계가 깊고 광대한 연고로 '바다'라 이름하였다. 어떤 이가 말하되, "세계가 바다를 의지한 연고로 바다라는 이름을 세운 것"은 경문의 의미가 아님을 두려워하나니, 아래에는 "꽃을 감추어 세계해를 장엄한 것이 꽃의 중간에 머물러 있기 때문이다"라고 말하였다. 그 범본에 '장엄하는 도구'라 말한 것은 곧 장엄한 주체이고, 그 두루 청정한 공덕해의 광명은 곧 장엄한 모양과 작용을 밝혔으니, 의보의 체성에 작용이 있는 연고로 이르게 된 말이요, 지금 본경의 경문은 전체가 작용을 포섭하여 단지 '꽃을 감춘다'고 말한 것이다.

[鈔] 梵本具云者는 梵云, 拘蘇磨華也 多羅藏也 驃訶莊嚴也 阿楞伽嚴具也 嚕迦馱都世界也 三车達囉海也 鉢履輪1)陀云徧淸淨也 懼曩功德也 阿囉婆上 娑光明也 鉢履勿多品也는 此云華藏莊嚴嚴具世界海徧淸淨功德海光明品이라 然疏文有四하니 一, 擧梵名이오 二, 譯者嫌繁下는 申其義釋이오 三, 其梵本云下는 釋前梵本이오 四, 約事可爾下는 覈其本源이라 不爲此釋이면 豈委刹海之興由리오

- '범본에 갖추어 말한다'는 것은 범어로 '구소마(拘蘇磨, 꽃의 뜻) 다라(多羅, 감춘다는 뜻) 아능가(阿楞伽, 장엄구의 뜻) 로가타도(嚕迦馱都, 세계란 뜻) 삼모달라(三车達囉, 바다란 뜻) 발리수타(鉢履輪陀, 두루 청정하다는 뜻) 구랑(懼曩, 공덕이란 뜻) 아라파(阿囉婆, 上聲) 파(娑, 광명의 뜻) 발리물다(鉢履勿多, 품이란 뜻)'는 번역하면 '꽃으로 박아서 장엄한 도구로 세계해를 두루 청정케 하는 공덕해의 광명품'이라 말하였다. 그러나 소문에 넷이 있으니 1) 범본의 명칭을 거론함이요, 2) 譯者嫌繁 아래는 그런 뜻을 말하여 해석함이요, 3) 其梵本云 아래는 앞의 범본을 해석함이요, 4) 約事可爾 아래는 그 본래 근원을 규명함이다. 이렇게 해석하지 않으면 어찌 세계해가 일어난 이유를 자세하게 말하리오!

2) 그 본래 근원을 규명하다[覈其本源] 2.
(1) 질문하다[徵] (約事 2上1)

[疏] 約事可爾어니와 何因으로 刹海相狀이 如斯오
- 현상을 잡으면 그럴 수 있겠지만 무슨 원인 때문에 국토해의 모양이 이와 같겠는가?

---

1) 輪下에 南續本有式呼切三字注.

(2) 해석하다[釋] 2.

가. 중생을 잡은 해석[約衆生] 2.

가) 바로 규명하다[正覈] (略擧 2上1)

나) 전전히 규명하다[轉覈] (如來)

[疏] 略擧二因이니 一, 約衆生인대 如來藏識이 卽是香海오 亦法性海니 依無住本이 是謂風輪이오 亦妄想風이라 於此海中에 有因果相하니 恒沙性德이 卽是正因之華오 世出世間未來果法이 皆悉含攝일새 故名爲藏이라 若以法性으로 爲海인대 心卽是華오 含藏도 亦爾라 然此藏識相分之中에 半爲外器하니 不執受故오 半爲內身하니 執爲自性하야 生覺受故라 如來藏識이 何緣으로 如此오 法如是故며 行業引故니라

■ 간략히 두 가지 원인을 거론하였으니 (1) 중생을 잡으면 여래장(如來藏)의 식(識)이 곧 향수해(香水海)요, 또한 법성해(法性海)라 하기도 하나니, 의보의 머무름이 없는 근본을 일러서 '바람 둘레[風輪]'라 함이요, '망상(妄想)의 바람'이라 하였다. 이런 바닷속에 원인과 결과의 모양이 있으니 항하 모래 성품의 공덕이 곧 바른 인행의 꽃이요, 세간과 출세간의 미래 결과의 법이 모두 포함되어 섭수한 연고로 '창고'라 이름하였다. 만일 법성(法性)으로 바다가 된다면 마음이 곧 꽃이요, 포함하여 저장함도 또한 그러하다. 그러나 이런 제8 장식(藏識)의 상분(相分) 중에 반은 외부의 기세간(器世間)이 되나니, 받음을 고집하지 않기 때문이요, 반은 내부의 몸이 되나니, 자체 성품이라 고집해서 받음을 생각하기 때문이다. 여래장의 식이 무슨 인연으로 이와 같은가? 법이 으레 그러한 연고며, 행업(行業)으로 이끌었기 때문이다.

나. 부처님을 잡은 해석[約諸佛] 2.
가) 바로 규명하다[正覈] (二 約 2上8)
나) 결론하여 성취하다[結成] (是以)

[疏] 二, 約諸佛인대 謂以大願風으로 持大悲海하야 生無邊行華며 含藏二利染淨果法하야 重疊無礙니 故로 所感刹의 相狀이 如之라 是以出現品中에 多將世界하야 以喩佛德하나니 細尋文意하면 乃由佛德하야 世界도 如之니라

- 나. 부처님을 잡는다면 이른바 큰 원력의 바람으로 대비(大悲)의 바다를 간직하여 끝없는 수행의 꽃이 생겼으며, 이리(二利)의 더럽고 청정한 과덕의 법을 포함하여 저장해서 걸림 없음을 거듭 겹쳤으니, 그러므로 감득한 국토의 모습이 그와 같다. 이런 까닭으로 제37 여래출현품 중에 대부분 세계를 가져서 '부처님 공덕[佛德]'에 비유하였으니, 경문의 의미를 자세하게 찾으면 비로소 부처님 공덕으로 말미암아 세계도 그와 같다.

3. 근본 가르침[宗趣] (三宗 2下3)

[疏] 三, 宗趣者는 別顯本師依報가 具三世間하야 融攝無盡으로 爲宗이오 令諸菩薩로 發生信解하야 成就行願으로 爲趣라 餘如前品이오 但總別異耳니라 融攝之相은 亦見前文이라 賢首가 立華藏觀하고 復有十德하야 大同小異하니 如彼文說하니라

- 3. 근본 가르침이란 본사(本師) 부처님의 의보를 별도로 밝힌 것이 삼세간(三世間)을 갖추어서 끝없이 융섭함으로 근본을 삼았고, 모든 보

살로 하여금 믿고 이해함을 발생하여 행원(行願)을 성취함으로 가르침을 삼았다. 나머지는 앞의 세계성취품과 같으며, 단지 총상과 별상이 다른 것일 뿐이다. 융섭한 모양은 또한 앞의 경문을 보았다. 현수(賢首)대사가 화장관(華藏觀)을 건립하고 다시 열 가지 공덕이 있어서 크게는 같고 조금은 다르니 저 경문에 설명함과 같다.

[鈔] 三宗趣에 言有十德者는 前品에 已引하니라
- 3. 근본 가르침에 '열 가지 공덕이 있다'고 말한 것은 앞의 세계성취품에서 이미 인용하였다.

4. 경문 해석[釋文] 2.

1) 총합하여 과목 나누다[總判] (第四 3上2)

[疏] 第四, 釋文이라 一品을 分三이니 初, 明華藏因果自體오 二, 明藏海安布莊嚴이오 三, 明所持刹網差別이라 三段이 如次하야 釋華藏莊嚴世界之名이니라
- 4. 경문 해석이다. 한 품을 둘로 나누리니 (1) 화장세계의 인과의 자체 모습을 밝힘이요, (2) 화장세계에 벌려서 포섭한 장엄을 밝힘이요, (3) 간직할 대상인 국토의 인드라망 같은 차별을 밝힘이다. 세 문단이 순서와 같이 꽃을 감추어 세계를 장엄한다는 명칭을 해석한 내용이다.

2) 개별로 해석하다[別釋] 3.
(1) 첫 문단은 화장세계의 인과의 자체 모습[初段明華藏因果自體] 2.

가. 장항으로 밝히다[長行] 2.
가) 과덕이 사람에 속함을 거론하여 인행이 깊고 광대함을 밝히다
 [擧果屬人顯因深廣] 2.
(가) 간략히 설명하다[略明] (今初 3上4)

爾時에 普賢菩薩이 復告大衆言하시되, 諸佛子여 此華藏莊嚴世界海는 是毘盧遮那如來가 往昔於世界海微塵數劫에 修菩薩行時에 一一劫中에 親近世界海微塵數佛하사 一一佛所에 淨修世界海微塵數大願之所嚴淨이니라
그때 보현보살이 다시 대중에게 말하였다. "여러 불자들이여, 이 화장장엄 세계해는 비로자나 부처님이 지난 옛적 세계해의 티끌 수 겁 동안 보살행을 닦을 때에 낱낱 겁마다 세계해의 티끌 수 부처님을 친근하였고, 낱낱 부처님 계신 데서 세계해의 티끌 수 큰 서원을 닦아서 깨끗하게 장엄한 것이니라.

[疏] 今初에 分二니 先, 長行이오 後, 偈頌이라 長行이 亦二니 初, 擧果屬人하야 顯因深廣이오 二, 彰果體相하야 辨其寬容이라 今初也니 謂指此刹海는 是我本師修因所淨이라

■ 지금은 (1) (화장세계의 인과의 자체 모습)을 둘로 나누니, 가. 장항으로 밝힘이요, 나. 게송으로 거듭 밝힘이다. 가. 장항에도 또한 둘이니 가) 과덕이 사람에 속함을 거론하여 인행이 깊고 광대함을 밝힘이요, 나) 과덕의 체성과 양상을 밝혀서 그 넓게 용납함을 말함이다. 지금은 가)이니, 이른바 여기서 국토해를 지적한 것은 우리 본사 부처님

이 인행으로 수행하여 청정케 할 대상인 것이다.

(나) 자세하게 설명하다[廣明] 2.
ㄱ. 과목을 모아서 통틀어 해석하다[會科通釋] (然因 3上6)

[疏] 然因深廣이 有三勝相하니 一, 長時修니 刹海塵劫故라 不唯三祇오 二, 於多劫에 一一遇多勝緣이라 不唯勝觀釋迦等佛이오 三, 於多勝緣에 一一淨多大願으로 願淨國等이오 不唯淨一無生等이니 由上三重일새 故云深廣이니라

■ 그런데 인행이 깊고 광대함에 세 가지 뛰어난 모양이 있으니 (1) 오랜 시간 수행함이니, 국토해의 티끌 수 겁인 까닭이다. 삼아승지(三阿僧祇)뿐만 아니요, (2) 오랜 세월에 낱낱이 여러 수승한 인연을 만난 것이다. 석가모니 부처님 등을 수승하게 관찰할 뿐만이 아니요, (3) 여러 수승한 인연에서 낱낱이 청정하고 많은 대원(大願)으로 청정한 국토 등을 원하는 것이요, 청정하고 한결같이 태어남 없을 뿐만 아님 등이니, 위의 세 가지가 중첩함으로 말미암아 '깊고 광대하다'고 말한 것이다.

[鈔] 初, 明華藏等者는 然第二, 安布莊嚴도 亦是果相이니 故應對果分因하야 總爲二段이니 謂先明刹因하고 後彰果相이라 以第一段中에 長行에 具有因果하고 偈中2)에 雙明因果일새 故合於因하야 屬自體中이니라 謂指此刹海是我本師下는 疏文이 二니 先은 通釋經文이오 後는 隨難別釋이라 今初라 不唯勝觀等者는 俱舍論第十八에 說호대

---

2) 中은 南續金本作文.

於三無數劫에 各供養七萬하시고 又如次供養五六七千佛하시고 三無數劫滿에 逆次逢勝觀과 然燈寶髻佛호대 初는 釋迦牟尼라하니라 釋曰, 此二偈中에 初偈는 明供養佛數니 謂初無數劫에 供養七萬五千佛하시고 第二無數劫에 供養七萬六千佛하시고 第三無數劫에 供養七萬七千佛이라 後頌은 意明供養何佛3)이라 言逆次者는 從第三無數劫을 向前以明이니 謂第三無數劫滿에 逢勝觀佛하시고 第二無數劫滿에 逢然燈佛하시고 第一無數劫滿에 逢寶髻佛하시고 最初發心에 逢釋迦牟尼佛하사 發誓願言하사대 願我當作佛에 一如今世尊하리라 彼佛世尊이 末劫出世時에 法住千年하시니 今我如來가 一一同彼일새 故今疏云不唯勝觀者는 擧第三阿僧祇劫滿佛이오 言釋迦者는 擧初發心之佛이라

● (1) '화장세계 등을 밝힌다'는 것은 그런데 (2) 화장세계에 벌려서 포섭한 장엄도 또한 과덕의 모습이기도 하나니 그러므로 응당히 과덕의 부분인 원인에 상대하여 총합하여 두 문단이 되었다. 이른바 가. 국토의 원인을 밝히고, 나. 과덕의 모습을 밝혔다. 첫째 문단 중에 장항에서 인행과 과덕을 갖추어 있고, 게송 중에는 인행과 과덕을 함께 밝혔으므로 원인을 합해서 자체에 속하게 하였다. 謂指此刹海 아래는 소문이 둘이니 ㄱ. 경문을 통틀어 해석함이요, ㄴ. 힐난을 따라 개별로 해석함이다. 지금은 ㄱ.이다. '오직 승관 여래뿐이 아니다'라는 등은『구사론』제18권에 말하되, "3무수겁 동안에 각각 7만 부처님에게 공양 올렸다. 또 차례대로 5천, 6천, 7천의 부처님에게 공양을 올리셨네. / 3무수겁이 다 차는 동안에 거스른 순서로 승관(勝觀) 부처님과 연등(然燈) 부처님과 보계(寶髻) 부처님 만나셨고 최초에는 샤

---

3) 上六字는 南續金本作明逢何佛供養.

아카무니 부처님 만나셨네"라고 하였다. 해석하자면 이런 두 게송 중에 첫 게송은 부처님께 공양한 숫자를 밝혔으니, 이른바 첫째 아승지겁에 7만 5천 부처님께 공양 올리고, 둘째 아승지겁에는 7만 6천 부처님께 공양 올리고, 셋째 아승지겁에는 7만 7천 부처님께 공양 올리었다는 뜻이다. 뒤의 게송은 어떤 부처님께 공양 올렸는가를 의미로 밝혔다.

'거스른 순서'라고 말한 것은 셋째 아승지겁부터 앞을 향하여 밝혔으니, 이른바 셋째 아승지겁이 만족할 적에 승관 부처님을 만나 뵙고 둘째 아승지겁이 만족할 적에 연등 부처님을 만나 뵙고 첫째 아승지겁이 만족할 적에 보계(寶髻) 부처님을 만나 뵙고 최초로 발심했을 적에 석가모니 부처님을 만나 뵙고 서원을 발하여 말하되, "제가 미래에 부처가 되었을 적에 지금의 세존처럼 한결같기를 원하리라"라고 하였다. 저 부처님 세존이 말겁에 세상에 출현하시면 법이 천년을 머무셨으니 지금 우리 여래께서 낱낱이 저와 같으므로 지금 소가가 말하되 '승관 여래뿐이 아니다'라고 말한 것은 제3 아승지겁이 만족할 때의 부처님을 거론한 것이요, '석가모니'라 말한 것은 처음 발심했을 때의 부처님을 거론한 것이다.

而言等者는 乃有三義하니 一, 等然燈寶髻오 二, 等所供佛數오 三, 等餘敎所明이라 設言供養三十六恒과 三十八恒佛等이라도 皆未足爲多也니라 不唯淨一無生等4)者는 如智論說호대 五華로 供養然燈하시고 得無生法忍이라 故로 金剛經에 云, 若有少法可得하면 然燈佛이 則不與我授記等이라하니 無法可得에 是無生相이니라 而言等者는

---

4) 等은 南續金本作忍.

等餘法門이니 俱舍頌에 云, 但由悲普施하고 被析心無忿하며 讚歎 底沙佛하고 次無上菩提라 六波羅蜜多를 於如是四位에 一二又一 二하야 如次修圓滿하니라 釋曰, 初之四句는 卽是四位니 初位一滿은 謂普施成壇이오 次位二滿은 謂尸及忍이니 被析不報일새 故能滿尸 오 由內無忿일새 故成於忍이라 第三位中에 但一度滿이니 謂精進度 오 第四位中에는 定慧雙滿이니 故云一二又一二等이니라 言底沙者는 此云圓滿이니 讚佛偈에 云, 天地此界多聞室이여 逝宮天處는 十方 無라 丈夫牛王大沙門을 尋地山林徧無等이라하야 七日七夜가 忘下 一足하시고 歎底沙故로 超於彌勒九劫하야 先成佛하시니 智論之中에 亦同此說하니라 故六度滿이 前後不多어니와 今經은 一一佛所에 淨 修世界海微塵數大願이라하니 況多劫耶아 故5)로 結云, 由上三重일 새 故云深廣이라하니라

● 그러나 말한 등이란 비로소 세 가지 뜻이 있으니 (1) 연등불과 보계 불과 똑같음이요, (2) 공양 올린 부처님의 숫자와 똑같음이요, (3) 나머지 교법에서 밝힌 내용과 똑같다는 뜻이다. 설사 36항하사 부 처님이나 38항하사 부처님을 공양한다고 말하더라도 모두 많다고 만족하지 못한다. '오직 청정한 하나의 태어남 없음일 뿐이니다'라는 등은 『대지도론』에 설함과 같되, 다섯 송이 꽃으로 연등 여래에게 공 양 올리고 무생법인(無生法忍)을 얻었다는 것과 같다. 그러므로 『금강 경』에 말하되, "만일 여래가 적은 법이라도 얻은 것이 있다면 연등 부 처님이 곧 나에게 (석가모니라) 수기하지 않으셨으리라."하는 등이다. 법을 얻을 수 없는 것이 태어남 없는 모습인 것이다. 그러나 등이라 말한 것은 나머지 법문과 똑같다는 뜻이니 『구사론』게송에 이르되,

---

5) 故下에 南續金本有疏字.

"다만 자비로 널리 보시하셨고 몸이 꺾임을 당해도 성내지 않으며 저 사(底沙, 원만의 뜻) 부처님을 찬탄하시고 위없는 보리에 닿게 되셨네. / 여섯의 바라밀다 중에서도 그와 같은 넷의 위치에서 하나와 둘, 또 하나와 둘을 차례로 닦아 원만해지셨네"라고 하였다. 해석하자면 처음의 네 구절은 곧 네 가지 지위이니, 처음 지위에서 1아승지가 만족함은 이른바 널리 보시하여 단(檀)바라밀을 이루고, 다음 지위에서 2아승지가 만족함은 이른바 시라(尸羅)와 인욕(忍辱)이니 (몸과 사지(四肢)가) 꺾임을 당해도 말하지 못한 연고로 능히 시라를 만족함이요, 안으로 분(忿)함이 없음으로 말미암은 연고로 인욕을 성취하였다. 셋째 지위 중에 단지 한 바라밀다민 만족함이니 이른바 정진바라밀이요, 넷째 지위 중에는 선정과 지혜를 함께 만족함이니 그러므로 '하나와 둘, 또 하나와 둘 등'이라 하였다. '저사(底沙)'라 말한 것은 원만함이라 번역하나니, 부처님을 찬탄한 게송에 이르되, "하늘과 땅과 이 세계와 다문궁(多聞宮, 毘沙門 천궁)에도 없으며 서궁(逝宮, 범천궁)과 천궁과 시방에도 없으신 대장부 우왕(牛王), 큰 사문이시여, 땅과 산과 숲을 두루 찾아도 비할 이 없으시네"라고 하여, 일곱 낮과 일곱 밤이 지나도록 한 발 내림도 잊으시고 저사(底沙) 부처님을 찬탄하는 연고로 미륵(彌勒)의 9겁을 초월하여 먼저 부처가 되셨으니, 『대지도론』 중에도 또한 이와 같이 설명하였다. 그러므로 육바라밀을 만족함이 앞뒤로 많지 않거니와 본경에는 "낱낱 부처님 처소에서 세계해 티끌 수의 대원(大願)을 청정하게 닦는다"라고 하였는데, 하물며 많은 겁이겠는가? 그러므로 결론하여 말하되, "위의 세 가지 거듭함으로 말미암은 연고로 '깊고 광대하다'고 말한다"라고 하였다.

ㄴ. 힐난을 따라 개별로 해석하다[隨難別釋] (然瑜 5上4)

[疏] 然瑜伽起信等은 約三乘敎의 一方化儀와 一類世界하야 定說三祇어니와 今約一乘에 該通十方과 及樹形等界일새 故云刹海塵數라 是以로 寶雲經에 言하사대 我爲淺識衆生하야 說三僧祇劫修行이어니와 然我實經無量阿僧祇劫修行이라하니라 又時無別體오 依法上立이니 法旣無盡일새 時亦無窮이라 況念劫圓融이어니 不應剋執이니라

■ 그러나 『유가사지론』과 『기신론』 등의 삼승(三乘)의 교법의 한 방소에서 교화하는 모습과 한 종류의 세계를 잡아서 삼아승지를 정하여 설하겠지만, 지금은 일승(一乘)에서 시방과 나무 형상과 같은 세계를 포괄하여 통함을 잡았으므로 '국토해 티끌 수'라고 하였다. 이런 까닭에 『보운경(寶雲經)』에서 말하되, "나는 식(識)이 천박한 중생을 위하여 삼아승지겁의 수행을 말하였거니와 하지만 나는 실로 무량한 아승지겁의 수행을 지나갔다"라고 하였다. 또한 시간은 개별 체성이 없으며 법의 위를 의지하여 건립함이니, 법은 이미 다함이 없으므로 시간도 역시 끝이 없을 것이니, 하물며 겁이 원융함을 생각하겠는가? 응당히 끝내 고집하지 못하는 것이다.

[鈔] 然瑜伽下는 二, 隨難別釋이니 即重釋三祇호대 約三乘一乘以通이라 言該通十方者는 對上一方化儀라 言及樹形者는 對上一類世界니 且如娑婆一劫이 方知安養[6]의 得爲一日이니 則安養世界는 乃經三無數日耳라 更方袈裟幢刹하면 未經歲月이온 況於後後에 以劫으로 爲日之刹耶아 是則不可以此一方一類[7]로 定於成佛時劫之數니라

---
6) 養은 南續金本作樂.
7) 一類는 南續金本作類.

二, 異類刹者는 卽於一界에 卽具諸界호대 互不相見하고 時劫亦殊하니 安知修短이리오 故로 朝菌은 不知晦朔이어니 況識春秋耶아 況於大椿之歲耶아

● ㄴ. 然瑜伽 아래는 힐난을 따라 개별로 해석함이니 곧 삼아승지에 대해 거듭 해석하되, 삼승과 일승을 잡아 해명함이다. '시방을 포괄하여 통한다'고 말한 것은 위의 한 방소에서 교화하는 모습과 상대함이다. (1) '나무 형상에 미친다'고 말한 것은 위의 한 종류의 세계를 상대함이니 우선 사바세계의 1겁은 안양국(安養國)에서 하루를 얻음인 줄 비로소 아는 것과 같나니, 안양세계는 비로소 3무수겁의 날을 지난 것일 뿐이다. 다른 방위의 가사당(袈裟幢) 세계와 바꾸면 세월을 지나지 않은 것일 텐데 하물며 뒤로 갈수록 겁으로 하루의 국토를 삼았겠는가? 이처럼 가히 한 방소와 한 종류로 성불할 때 이 겁의 숫자를 정할 수가 없다. (2) 다른 종류의 국토는 곧 한 세계에 여러 세계를 갖추되 서로 번갈아 보지 아니하고 시간과 겁도 또한 다른 것이니 어찌 길고 짧음을 알겠는가? 그러므로 아침의 버섯인 것은 그믐과 초하루를 알지 못할 텐데 하물며 봄과 가을을 알겠는가? 하물며 대춘(大椿) 세계의 세월과 비교하겠는가?

言寶雲經者는 經에 云, 善男子야 菩薩이 不能思議如來境界니 如來境界는 不可思議언마는 但爲淺近衆生하야 說三僧祇修習所[8]得菩提라 而實發心已來로 不可計數라하니라 賢首가 釋云호대 不可計者는 不可計數阿僧祇也라하니라 義分齊에 云, 始敎三祇는 不同小乘[9]의 十十數之오 此卽倍倍數之니 仍說百劫修相好等이라 智度論에 破

---

8) 習所는 南續金本無, 經原本有: 案習經麗宋本作集 元明本作習.
9) 乘下에 南續金本有小乘二字.

此別修相好하고 不許三祇之外에 別修하니 即是實敎之意라 然實敎 之意가 自有二義하니 一, 定三僧祇는 一方化儀故며 又是實佛故라 起信[10])에 云, 或示超地速成正覺하야 以爲怯弱衆生故로 或說我於 無量阿僧祇劫에야 當成佛道케하야 以爲懈慢衆生故로 能示如是無 量方便不可思議나 而實菩薩은 種性根等하고 發心則等하고 所證亦 等하야 無有超過之法이라 以一切菩薩이 皆經於三阿僧祇劫故라하니 斯則定也오 二者는 不定이라 復有二意하니 一, 爲通餘類世界라 故 로 如勝天王說이니 即前樹形等剎이 是오 二, 據佛實德無限이니 故로 如寶雲經이라 若瑜伽說인대 有二種無數劫하니 一者는 日, 夜, 月, 半月等이니 方便顯時無量故오 二者는 如常說이라하니 若依初義인대 經無量劫이오 若依後義인대 但三僧祇라 然依此釋하면 不同寶雲이니 寶雲에 不言爲淺近衆生하야 說於大劫하고 爲於深勝하야 說日月劫 이라하니 明知意殊라 是則瑜伽는 亦是一方所宜說耳니라

又時無別體下는 別敎一乘은 融攝以說이니 如毘目仙人이 執善財手 하고 時經多劫하며 處歷無邊하시니 故不可以長短으로 思也니라 若顯 超勝인대 一生頓圓이오 若約甚深인대 多劫莫究니 故云不可定執이오 貴在入玄이니라

● '『보운경』에서 말한 것'은 경에 이르되, "선남자여, 보살이 능히 여래 의 경계를 사의할 수 있나니 여래의 경계는 불가사의하건마는 단지 얕은 중생을 위하여 삼아승지겁을 수습하여 얻은 보리를 진실로 발 심한 이래로 계탁하여 헤아릴 수 없다"라고 하였다. 현수(賢首)대사 가 해석하되, "계탁할 수 없다는 것은 아승지를 계탁하여 헤아릴 수 없다"라고 하였다. 이치의 영역에 이르되, "대승시교(大乘始敎)에서 삼

---

[10]) 信下에 南續金本有論字.

아승지는 소승에서 10과 10으로 헤아린 것이요, 이것은 곧 배와 배로 헤아림이니 그로 인하여 백겁 동안 상호 따위를 닦는다"고 말하였다. 『대지도론』에서 여기서 상호를 별도로 닦는 것을 타파하였고, 삼아승지 외에 별도로 닦음을 허용하지 않았으니 곧 실교(實敎)의 의미이다. 그런데 대승실교(大乘實敎)의 의미가 자연히 두 가지 뜻이 있으니 (1) 삼아승지를 정한 것은 한 방소에서 교화하는 모습인 까닭이며, 또한 실교의 부처님인 까닭이다. 『기신론(證發心)』에 이르되, "혹 지위를 초월하여 속히 정각을 이루는 모습을 보이는 것은 겁먹고 나약한 중생을 위하기 때문이요, 혹 말하기를 나는 무량한 아승지겁을 지나서야 불도를 이루었다 함은 게으른 중생을 위하기 때문이니라. 능히 이와 같이 무수한 방편을 시현함이 불가사의하지만 실제 보살은 종성과 근기가 동등하며 발심이 동등하며 증득한 바도 동등하여 초과할 법이 없나니, 일체 보살이 모두 삼아승지겁을 지나기 때문이니라"라 하였으니 이것은 정한 내용이다. (2) 정하지 않음이다. 다시 두 가지 의미가 있으니 하나는 나머지 종류의 세계와 통하기 때문이다. 그러므로 승천왕(勝天王)이 설함과 같나니, 곧 앞의 나무 형상과 같은 국토가 이것이요, 둘은 부처님의 실법의 덕이 한량이 없음을 의거하였으니 그러므로 『보운경』에 설함과 같다. 만일 『유가사지론』의 설명이라면 두 종류의 무수겁이 있으니 첫째, 해와 밤과 달과 반달 따위이니 방편으로 시간이 한량없음을 밝힌 까닭이요, 둘째, 일반적인 설명과 같다고 하였으니 만일 첫째 뜻을 의지하면 한량없는 겁이 지남이요, 만일 뒤의 뜻을 의지하면 단지 삼아승지뿐이다. 그런데 이런 해석을 의지하면 보운경과 같지 않나니, 『보운경』에는 "얕고 가까운 중생을 위하여 대겁을 말하였고, 깊고 뛰어난 중생을 위하여 해와

달의 겁을 말했다"고 하였으니 의미가 다름을 분명하게 알아라. 이
것은 『유가론』에서 또한 한 방소에서 마땅하게 설한 것일 뿐이다.
又時無別體 아래는 별교일승(別敎一乘)은 융섭하여 설함이니 마치 비
목선인(毘目仙人)이 선재동자의 손을 잡고 많은 겁의 시간을 보내며
그지없음을 처하고 지나감과 같나니, 그러므로 길고 짧음으로 생각
할 수 없다. 만일 뛰어나고 훌륭함을 밝힌다면 일생에 몰록 원만함이
요, 만일 매우 깊음을 잡는다면 많은 겁토록 궁구하지 못하므로 "정
하여 잡을 수가 없다"고 하였으며, 귀함은 현묘함에 들어감에 있다.

나) 과덕의 체성과 양상을 밝혀서 넓게 용납함을 말하다
　　[彰果體相辨其寬容] 4.
(가) 인행에 상대하여 과덕을 밝히다[對因辨果] (第二 7上1)
(나) 그 분량을 밝히다[彰其分量] (然所)

[疏] 第二, 諸佛子下는 彰果體相者는 植因旣深에 果必繁奧라 然所依刹
　　量이 諸敎不同하니 小乘은 但一娑婆오 三乘에 有大小之化하니 或色
　　究竟이 爲實이오 或他方에 別有淨邦이어니와 今一乘十佛之境은 大
　　小無礙하고 淨穢相融이라 且依一相하야 說有邊表어니와 實則一重에
　　橫尋無邊이온 況復重重에 塵含法界아

■ 나) 諸佛子 아래는 과덕의 체성과 양상을 밝힘이란 인행을 심은 것이
　　이미 깊어지면 과덕은 반드시 번다하고 심오할 것이다. 그런데 의지
　　할 대상인 국토의 분량이 모든 교법이 같지 않나니 (1) 소승은 단지
　　한 사바일 뿐이요, (2) 삼승은 크고 작은 교화가 있으니 혹은 색구경
　　천이 실법이요, 혹은 다른 방소에 별도로 청정한 국토가 있지만 (3)

지금 일승의 열 분 부처님의 경계는 대승과 소승에 무애하고 정토와 예토가 서로 융섭하다. 우선 한 가지 모양을 의지하여 가장자리와 표면이 있다고 말하겠지만 실제로 한 거듭에서도 가로로 끝없음을 찾을 것인데 하물며 다시 거듭거듭 하면 티끌에 법계를 포섭하겠는가!

[鈔] 第二諸佛子下는 彰果體相이라 疏文有四하니 一, 總相生起오 二, 彰其分量이오 三, 科釋經文이오 四, 用義通局이라 然所依下는 二, 彰其分量이라 言大小之化者는 如梵網經에 周匝千華上에 復現千釋迦는 卽大化也오 一華百億國이오 一國에 一釋迦는 卽小化也라 小化는 唯一四洲오 大化는 總該百億이라 且依一相等者는 且依一種義相의 不壞邊表하야 有蓮華外에 別佛刹海等이어니와 實則稱性하니 橫不可 尋일새 故云法界無差別이라 若以性으로 融相인대 則一塵中에 法界無量[11]이니라

- 나) 第二諸佛子 아래는 과덕의 체성과 양상을 밝힘이다. 소문에 넷이 있으니 (가) 총상으로 생겨남이요, (나) 그 분량을 밝힘이요, (다) 경문을 과목 나누어 해석함이요, (라) 뜻이 통하고 국한함을 사용함이다. (나) 然所依 아래는 그 분량을 밝힘이다. '(삼승은) 크고 작은 교화'라 말한 것은 저『범망경』에 천 송이 꽃 위에 두루 돌 적에 다시 천 분의 석가모니를 나툼은 곧 큰 교화이고, 한 송이 꽃에 백억 나라요 한 나라에 한 석가 부처님인 것은 곧 작은 교화이다. 작은 교화는 오직 한 사주세계요 큰 교화는 총합하여 백억 세계를 포괄함이다. '우선 한 가지 모양을 의지한다'는 등은 우선 한 종류의 뜻과 양상의

---

11) 量은 南續金本作盡.

가장자리와 표면을 무너뜨리지 않아서 연꽃 밖에 부처님 국토해 등과 다르거니와 실제로는 성품과 칭합하나니 가로로 찾을 수 없으므로 '법계가 차별이 없다'고 말하였다. 만일 성품으로 양상을 융섭하면 한 티끌 속에 법계가 한량이 없다는 뜻이다.

(다) 아래와 연속하여 열을 밝히다[連下顯十] (然準 7下2)

[疏] 然準下別顯하면 應有十事하니 一, 所依風輪이오 二, 風持香海오 三, 海出蓮華오 四, 華持刹海오 五, 繞臺輪山이오 六, 臺面寶地오 七, 地有香海오 八, 海間香河오 九, 河間樹等이오 十, 總結多嚴이라 今文之中에는 唯闕一河라

■ 그런데 아래와 준해서 개별로 밝힌다면 응당히 열 가지 일이 있으니 (1) 의지할 대상인 풍륜이요, (2) 풍륜은 향수해를 의지함이요, (3) 바다에서 연꽃이 나옴이요, (4) 꽃이 국토해를 지탱함이요, (5) 둘레에 윤위산의 대상이요, (6) 화장세계 표면의 보배로운 땅이요, (7) 땅속에 향수해가 있음이요, (8) 바다 사이에 향수 강물이요, (9) 강물 사이에 나무숲이요, (10) 많은 장엄을 총합하여 결론함이다. 지금 본경에는 오직 한 강물이 빠져 있다.

(라) 바르게 경문을 해석하다[正以釋經] 3.
ㄱ. 경문을 나누고 명칭을 나열하다[分文列名] (文且 7下5)

[疏] 文且分四니 第一, 能持風輪이오 第二, 所持香海오 第三, 海出蓮華오 第四, 華持刹海라

■ 경문을 우선 넷으로 나누리니 ㄱ) 지탱하는 주체인 풍륜이요, ㄴ) 지탱할 대상인 향수해요, ㄷ) 바다에서 연꽃이 나옴이요, ㄹ) 연꽃이 국토를 지탱함이다.

[鈔] 然準下別顯下는 第三, 科釋經文이라 言應有十事者는 以文으로 廣釋十事故니 此中長行은 略標列故라 是以로 古德이 一品之中에 先分土因하고 就果相中하야 卽分十段이어니와 今不依者는 以下六事에 各有長行偈頌하고 而前四事가 同一長行이니 故科十段이 於文에 不便이라 先科爲三이니 於第一華藏自體中長行之內에 方¹²⁾爲四耳니라

● ㄱ. 然準下別顯 아래는 과목 나누고 경문을 해석함이다. '응당히 열 가지 현상이 있다'고 말한 것은 소문으로 열 가지 현상을 자세하게 해석한 까닭이니, 이 가운데 장항은 간략히 표방하여 나열한 까닭이다. 이런 까닭에 고덕이 한 품 속에서 먼저 국토의 원인을 구분하고 과덕의 양상에 나아가서 열 문단으로 나누었지만 지금은 의지하지 않은 것은 아래에 여섯 가지 현상에 각기 장항과 게송이 있고 앞의 네 가지 현상은 장항이 동일하기 때문이다. 그러므로 열 문단으로 과목 나눈 것이 경문에 대해서 불편한 이유이다. 먼저 셋으로 과목 나누었으니 제1. 화장세계 자체 중의 장항 속에 바야흐로 넷으로 나눈 것일 뿐이다.

ㄴ. 국토의 원인을 따로 보이다[別示刹因] (然其 8上2)

---

12) 方下에 南續金本有分字.

[疏] 然其刹因이 有其總別은 已見上文이어니와 爲顯別義하야 且明一因이 成於一果니라

■ 그런데 그 국토의 원인이 그 총상과 별상이 있는 것은 이미 위의 소문에서 보았거니와, 별다른 뜻을 밝히기 위해서 우선 하나의 원인에 한 가지 결과를 이룬 것을 밝힌 것이다.

[鈔] 然其刹因下는 第四, 明用義通局이라 已見上文者는 卽起具因緣中이라 通義는 易知일새 故示別相이니라

● ㄴ. 然其刹因 아래는 작용하는 뜻이 통하고 국한함을 설명함이다. '이미 위의 소문에서 보았다'는 것은 곧 (가) 생겨나면서 갖춘 인연[起具因緣] 중에 전체적인 뜻은 쉽게 알 수 있으므로 개별 양상을 보인 것이다.

ㄷ. 경문을 따라 바로 해석하다[隨文正釋] 4.
ㄱ) 지탱하는 주체인 풍륜[能持風輪] 3.

(ㄱ) 총합하여 숫자로 표방하다[總標數] (今初 8上7)
(ㄴ) 간략히 명칭을 나열하다[略列名] (列中)

諸佛子여 此華藏莊嚴世界海가 有須彌山微塵數風輪所持하니 其最下風輪은 名平等住니 能持其上一切寶焰熾然莊嚴하며 次上風輪은 名出生種種寶莊嚴이니 能持其上淨光照耀摩尼王幢하며 次上風輪은 名寶威德이니 能持其上一切寶鈴하며 次上風輪은 名平等焰이니 能持其

上曰光明相摩尼王輪하며 次上風輪은 名種種普莊嚴이니 能持其上光明輪華하며 次上風輪은 名普淸淨이니 能持其上一切華焰師子座하며 次上風輪은 名聲徧十方이니 能持其上一切珠王幢하며 次上風輪은 名一切寶光明이니 能持其上一切摩尼王樹華하며 次上風輪은 名速疾普持니 能持其上一切香摩尼須彌雲하며 次上風輪은 名種種宮殿遊行이니 能持其上一切寶色香臺雲하니라

여러 불자들이여, 이 화장장엄 세계해에 수미산 티끌 수의 풍륜이 있어 받치었으니 (1) 맨 밑에 있는 풍륜은 이름이 평등하게 머무름이니 그 위에 있는 온갖 보배 불꽃 치성한 장엄을 받치었고, (2) 그 다음 풍륜은 이름이 가지가지 보배 장엄을 냄이니 그 위에 있는 깨끗한 광명 비치는 마니왕 당기를 받치었고, (3) 그 다음 풍륜은 이름이 보배 위덕이니 그 위에 있는 온갖 보배 방울을 받치었고, (4) 그 다음 풍륜은 이름이 평등불꽃이니 그 위에 있는 햇빛 광명 마니왕 바퀴를 받치었고 (5) 그 다음 풍륜은 이름이 가지가지 두루 장엄이니 그 위에 있는 광명바퀴 꽃을 받치었고, (6) 그 다음 풍륜은 이름이 널리 청정함이니 그 위에 있는 온갖 불길 사자좌를 받치었고, (7) 그 다음 풍륜은 이름이 소리가 시방에 두루 함이니 그 위에 있는 구슬왕 당기를 받치었고, (8) 그 다음 풍륜은 이름이 온갖 보배 광명이니 그 위에 있는 온갖 마니왕 나무 꽃을 받치었고, (9) 그 다음 풍륜은 이름이 빠르게 널리 가짐이니 그 위에 있는 온갖 향 마니 수미 구름을 받치었고, (10) 그 다음 풍륜은 이름이 가지가지 궁

전이 돌아다님이니 그 위에 있는 온갖 보배 빛 향대 구름을 받치었느니라.

[疏] 今初, 風輪之因은 卽大願等이니 亦如前釋이라 於中에 文三이니 初, 總標數오 二, 略列名이오 三, 別擧最上이라 列中에 名平等住者는 一, 徧持諸位故오 二, 稱實性故라 餘文13)은 可知로다 風並在下하고 寶在臺面에 以力遙持라

■ 지금은 ㄱ) 지탱하는 주체인 풍륜에서 풍륜의 원인은 곧 대원(大願) 따위이니 또한 앞에서 해석한 내용과 같다. 그중에 경문이 셋이니 (ㄱ) 총합하여 숫자로 표방함이요, (ㄴ) 간략히 명칭을 나열함이요, (ㄷ) 최상풍륜을 따로 거론함이다. (ㄴ) (간략히 명칭을) 나열함 중에 '(1) 평등하게 머무름'이라 이름한 것은 (1) 여러 지위를 두루 지탱하기 때문이요, (2) 실법의 성품과 칭합하기 때문이다. 나머지 경문은 알 수 있으리라. 풍륜이 아래에 아울러 있고 보배는 향대의 표면에 있으면 힘으로 멀리서 지탱하기 때문이다.

[鈔] 列中에 疏風力遙持14)者는 古有二釋하니 一은 云, 一重風輪이 持一重物이라하니 疏以出現品中에 有十風輪하야 持欲色等이 皆是遙持니 故今案定하노라

● (ㄴ) (간략히 명칭을) 나열함 중에 소가가 풍륜의 힘으로 멀리서 지탱한다는 것은 옛날에 두 가지 해석이 있으니 첫째, '한 겹의 풍륜이 한 겹의 사물을 지탱한다'라고 하였으니, 소가가 여래출현품 중에 열 가지 풍륜이 있어서 욕계와 색계를 지탱한다는 등이 모두 멀리서 지탱한 것

---

13) 文은 甲南續金本作名.
14) 上鈔는 南續金本作以力遙持.

이니, 그러므로 지금 참고하여 정한 것이다.

(ㄷ) 최상 풍륜을 따로 거론하다[別擧最上] (三擧 9上6)

諸佛子여 彼須彌山微塵數風輪의 最在上者는 名殊勝威光藏이니
여러 불자들이여, 저 수미산 티끌 수 풍륜에서 맨 위에 있는 것은 이름이 훌륭한 위엄 광명이니,

[疏] 三, 擧最上者는 勝力으로 能持香海일새 故立其名이니라
■ (ㄷ) 최상 풍륜을 따로 거론함은 뛰어난 힘으로 향수해를 능히 지탱하는 연고로 그런 명칭을 세운 것이다.

ㄴ) 지탱할 대상인 향수해[所持香海] (第二 9上8)

能持普光摩尼莊嚴香水海어든
보광마니장엄향수해를 받치었으니,

[疏] 第二, 能持下는 所持香海니 以摩尼發光으로 普照一切嚴海底岸과 及寶色香水일새 故立此名이라 又藏識을 名海니 具德深廣故오 流注를 名水니 刹那性故라 又佛性을 名水오 遠熏을 名香이니 聞未證故라 涅槃에 亦云, 有人聞香이라하니라
■ ㄴ) 能持 아래는 지탱할 대상인 향수해이니, 마니주에서 내뿜은 광명으로 온갖 장엄해의 밑바닥과 언덕 그리고 보배 색깔 향기 나는 물을

널리 비추는 연고로 이런 명칭을 세운 것이다. 또한 제8 장식(藏識)을 바다라 이름하였으니 공덕을 갖춤이 깊고 광대한 까닭이요, 흐르고 물 대는 것을 물이라 이름하나니, 증득하지 못함을 들은 까닭이다. 『열반경』에도 또한 "어떤 사람이 향기를 맡는다"고 말하기도 하였다.

[鈔] 所持香海下는 疏有二釋하니 一, 約事釋이오 二, 又藏識下는 約表라 於中又二니 一, 約衆生이오 二, 又佛性名水下는 約通生佛이니 佛性 이 卽是眞法性故라 故로 此品初에 海表三義어늘 今擧其二하고 略不 說悲하니라 涅槃亦云, 有人聞香은 卽第七經이니 至問明品하야 當具 引之리라

- ㄴ) 所持香海 아래는 소문에 두 가지 해석이 있으니, (ㄱ) 현상을 잡은 해석이요, (ㄴ) 又藏識 아래는 표면을 잡은 해석이다. 그중에 또 둘이니 a. 중생을 잡은 해석이요, b. 又佛性名水 아래는 중생과 부처가 통함을 잡은 해석이니 부처 성품이 곧 진여 법성인 까닭이다. 그러므로 이 화장세계품 첫 부분에 바다는 세 가지 뜻을 표하였는데, 지금은 그 둘을 거론하고 대비(大悲)는 생략하고 말하지 않았다. "『열반경』에도 또한 어떤 사람이 향기를 맡는다"고 말한 것은 곧 제7권 이니, 제10 보살문명품에 가서 마땅히 갖추어 인용할 것이다.

ㄷ) 향수해에서 큰 연꽃이 피어나다[海出蓮華] (第三 9下6)

此香水海에 有大蓮華하니 名種種光明蘂香幢이라
이 향수해에 큰 연꽃이 있으니 이름이 가지가지 광명 꽃술 향기 당기이다.

[疏] 第三, 此香水下는 所出蓮華니 藥放異光하고 又發勝香하야 高出降伏일새 故立此名이라 又所發萬行이 一一覺性일새 故曰光明이오 皆能普熏이 即香義也니라

■ ㄷ) 此香水 아래는 (향수해에서) 피어난 큰 연꽃이니 꽃술에서 특이한 향기를 내뿜고 또한 훌륭한 향기가 나와서 높이 나와서 (중생을) 항복받는 연고로 이런 명칭을 세운 것이다. 또한 발한 만 가지 행이 낱낱이 성품을 깨달았으므로 광명이라 이름한 것이요, 모두 능히 널리 풍기는 것은 곧 향기의 뜻이다.

[鈔] 又所發萬行下는 上約事釋이오 此約表法이니 但通相表行이라 若別說者인대 略示十德하야 表於十度니 一, 開敷鮮榮으로 以表施度오 二, 自性無染으로 以表戒度오 三, 香氣芬馥이오 四, 寶莖堅固오 五, 寶葉扶疎오 六, 寶藥光幢이오 七, 相巧成就오 八, 含藏蓮子오 九, 寶臺堅住오 十, 普放光明이니 下八은 如次顯於八度니라

● (ㄱ) 又所發萬行 아래는 현상을 잡은 해석이요, 여기는 (ㄴ) 표면을 잡은 해석이니 단지 전체 모양으로 행법을 표하였다. 만일 개별로 설명한다면 간략히 열 가지 공덕을 보여서 열 가지 바라밀을 표하였으니 (1) 꽃이 피어서 선명하고 영화로움은 보시바라밀을 표함이요, (2) 자체 성품이 물듦이 없음은 지계바라밀을 표함이요, (3) 향기가 온화함은 (인욕바라밀이요), (4) 보배로운 줄기가 견고함이요, (5) 보배 잎사귀가 시원하게 트임이요, (6) 보배 꽃술이 빛나는 당기요, (7) 모양을 잘 성취함이요, (8) 연꽃 씨앗으로 저장함이요, (9) 보배 향대(香臺)는 견고하게 머무름이요, (10) 광명을 널리 놓음이니, 아래 여덟 가지는 순서대로 여덟 바라밀을 밝힌 것이다.

ㄹ) 연꽃이 국토를 지탱하다[華持刹海] (第四 10上6)

華藏莊嚴世界海가 住在其中하니 四方이 均平하고 淸淨
堅固하며 金剛輪山이 周帀圍遶하고 地海衆樹가 各有區
別하나라
화장장엄 세계해가 그 복판에 있는데 사방이 고루 평탄하
며 청정하고 견고하여 금강륜산이 한 바퀴 돌리었으며, 땅
과 바다와 모든 나무들이 각각 구별되어 있느니라."

[疏] 第四, 華藏下는 所持刹海니 四方均平은 總顯形相이오 淸淨堅固는
彰其體性이오 金剛圍等은 別明所有니 卽下는 別顯이오 此爲其本이
니 一, 山이오 二, 地오 三, 海요 四, 樹라 各別區分은 卽總顯多嚴이라
但闕一河나 以下에 有別顯일새 故此略明하고 下亦略頌하니라

■ ㄹ) 華藏 아래는 연꽃이 국토를 지탱함이니, '사방으로 고루 평탄함'
은 총합하여 형상을 밝힘이요, 청정하고 견고함은 그 체성을 밝힘이
요, 금강 둘레 등은 가진 것을 개별로 설명함이니, 곧 아래는 개별로
밝힘이요, 이것은 그 근본이 되나니 (1) 산 (2) 땅 (3) 바다 (4) 나무
이다. 각기 개별로 구분함은 곧 총합하여 여러 장엄을 밝힘이다. 단
지 강 하나만 빠뜨렸을 뿐이지만 아래에 개별로 밝힌 것이 있으므로
여기서 간략히 밝혔고, 아래 게송에도 역시 생략하였다.

나. 보현보살의 게송[偈頌] 2.
가) 네 가지 문으로 밝혀 보이다[四門顯示] 2.
(가) 간략히 보이다[略示] (第二 10下6)

[疏] 第二, 偈中에 然長行과 偈頌에 有十例五對하니 謂有無, 廣略, 離合, 先後가 爲八이오 九는 或超間이오 十은 或頌已重頌이라 故釋頌文에 不可一例라 上下準之니라
- 나. 보현보살의 게송 중에 그런데 장항과 게송에 열 가지 사례로 다섯 대구가 있다. 이른바 있고 없음, 자세하고 간략함, 여의고 합함, 앞과 뒤가 여덟 가지가 됨이요, 아홉은 사이를 뛰어넘음이요, 열은 혹은 게송으로 거듭 노래함이다. 그러므로 게송 문장에 한 가지만 유례할 수 없음을 해석하였다. (그러므로) 위 아래로 준해야 한다.

(나) 과목에 따라 해석하다[隨釋] 4.
ㄱ. 숙세의 원인과 현재의 인연이니 경문에는 여의고 게송에는 합하다
[宿因現緣經離頌合] (此文 10下8)

是時에 普賢菩薩이 欲重宣其義하사 承佛神力하사 觀察十方하고 而說頌言하시되,
그때에 보현보살이 이 뜻을 거듭 펴려고 부처님의 위신력을 받들어 시방을 관찰하고 게송으로 말하였다.

[疏] 此文이 略有四例하니 一, 宿因現緣이니 經離頌合이오
- 여기의 경문이 간략히 네 가지 사례가 있으니 ㄱ. 숙세의 원인과 현재의 인연이니 경문에는 여의고 게송에는 합함이요,

[鈔] 一, 宿因現緣者는 此中에 名長行爲經은 以取長行綴葺하야 略說所應說義니 別相修多羅故라 言經離者는 宿因은 卽前顯因深廣이오 現

緣은 卽前風持香海等이니 此二는 離明[15])이라 言頌合者는 初偈頌의 總前半은 宿因이오 後半은 現緣이오 第二偈의 三句는 宿因이오 第四句는 是現緣故라

- ㄱ. 숙세의 원인과 현재의 인연이란 이 가운데 '장항으로 경문을 삼은 것'은 장항에서 엮어서 응당히 설해야 할 뜻을 간략히 설함을 취하였으니 별상의 수다라인 까닭이다. '경에서 여읜다고 말한 것'은 숙세의 원인은 곧 원인이 깊고 광대함을 앞에서 밝힌 것이요, 현재의 인연은 곧 앞의 풍륜이 향수해를 지탱함 등이니, 이 둘은 밝음을 여읜 것이다. '게송에서 합한다'고 말한 것은 첫 게송의 앞의 반[世尊往昔於諸有 微塵佛所修淨業]은 숙세의 원인을 총합함이요, 뒤의 반의 게송[故獲種種 寶光明 華藏莊嚴世界海]은 현재의 인연이요, 둘째 게송의 세 구절[廣大悲 雲徧一切 捨身無量等刹塵 以昔劫海修行力]은 숙세 원인이요, 넷째 구절[今 此世界無諸垢]은 현재의 인연이기 때문이다.

ㄴ. 성취한 과덕의 양상이니 경문에는 생략하였고 게송은 자세하다
  [所成果相經略頌廣] (二所 11上4)

[疏] 二, 所成果相이니 經略頌廣이오
- ㄴ. 성취한 과덕의 양상이니 경문에는 생략하였고 게송은 자세함이요,

[鈔] 二, 所成果相者는 長行에 云, 華藏世界海가 住在其中者는 卽所成 果相이니 此文則略이라 以十偈之內에 皆有果相일새 故云頌廣이니라
- ㄴ. 성취한 과덕의 양상이란 장항에 이르되, "화장 세계해가 그 가운

---

15) 離明은 甲南續金本作明離.

데 머무는 것은 곧 성취한 과덕의 양상이니, 여기 경문에는 생략하였
다. 열 게송 안에 모두 과덕의 양상이 있으므로 '게송에는 자세하다'
고 말하였다.

ㄷ. 현재 인연의 풍륜이니 경문에는 자세하고 게송에는 생략하다
　　[現緣風輪經廣頌略] (三現 11上7)

[疏] 三, 現緣風輪이니 經廣頌略이오
　■ ㄷ. 현재 인연의 풍륜이니 경문에는 자세하고 게송에는 생략함이요,

[鈔] 三現緣風輪者는 經列十種風輪이나 偈中에 但云風力所持無動搖
　　耳니라
　● ㄷ. 현재 인연의 풍륜이란 경문에 열 가지 풍륜을 나열하였지만 게송
　　에는 단지 '바람으로 받들어서 흔들리잖고'라고 말했을 뿐이다.

ㄹ. 산과 땅, 바다와 나무이니 경문에는 있고 게송에는 없다
　　[山地海樹經有頌無] (四山 11上9)

[疏] 四, 山地海樹니 經有頌無니라
　■ ㄹ. 산과 땅, 바다와 나무이니, 경문에는 있고 게송에는 없음이다.

[鈔] 四山地海樹者는 長行에 云, 金剛輪山이 周匝圍繞하며 地海衆樹가
　　各有區別이라하니 此는 經有也오 頌無는 可知로다 上言有四者는 但
　　有四例하니 唯廣略一種이 乃成一對오 離合有無가 但成一例耳라

若成對者인대 應須經合頌離하고 經無頌有하야사 方成三對耳니라
餘四例二對는 此中에 則無하고 下頌에 則有하니라

- ㄹ. '산과 땅, 바다와 나무'는 장항에 이르되, "금강륜산(金剛輪山)이 한 바퀴 돌리었으며, 땅과 바다와 모든 나무들이 각각 구별되어 있느니라"라고 하였으니 이 부분은 경문에는 있고 게송에는 없는 부분이니 알 수 있으리라. 위에서 '넷이 있다'고 말한 것은 단지 네 가지 사례뿐이니, 오직 자세하고 생략함의 한 종류만 비로소 한 대구가 됨이요, 여의고 합함, 있고 없음이 단지 한 가지 사례가 된 것일 뿐이다. 만일 대구를 이룬다면 응당히 모름지기 경문에는 합하고 게송에는 여의었고, 경문에는 없고 게송에는 있음을 구해야 비로소 세 가지 대구가 된 것일 뿐이다. 나머지 네 가지 사례와 두 가지 대구는 이 가운데는 없고 아래 게송에는 있는 부분이다.

나) 게송 문장을 바로 해석하다[正釋偈文] 2.
(가) 두 게송은 숙세 인행의 양상을 노래하다[初二頌因相] (十偈 11下5)

世尊往昔於諸有에　　微塵佛所修淨業이실새
故獲種種寶光明인　　華藏莊嚴世界海로다
세존께서 지난 옛적 여러 세상에
티끌 수의 부처님께 좋은 업 닦고
가지각색 보배 광명 얻으셨으니
이것이 화장장엄 세계해니라.

廣大悲雲徧一切하사　　捨身無量等刹塵하시니

以昔劫海修行力으로　　今此世界無諸垢로다
넓고 큰 자비 구름 세계에 가득
한량없이 버린 몸이 세계 티끌 수
옛날에 오랜 세월 행을 닦아서
오늘날 이 세계에 때가 없도다.

[疏] 十偈을 分二니 初二, 頌上因相이니 卽辨因招果라
■ 열 게송을 둘로 나누리니 (가) 두 게송은 위의 숙세 원인의 모양을 노래함이니 곧 원인이 결과를 초래함을 밝힘이다.

(나) 여덟 게송은 현재 결과의 모양을 노래하다[餘八頌果相] 4.
ㄱ. 한 개 반의 게송은 풍륜을 노래하다[一偈半頌風輪] (餘頌 11下9)

放大光明徧住空하니　　風力所持無動搖라
큰 광명을 놓아서 허공에 가득
바람으로 받들어서 흔들리잖고

佛藏摩尼普嚴飾하니　　如來願力令淸淨이로다
普散摩尼妙藏華하니　　以昔願力空中住라
불장마니 보배로 두루 꾸미니
여래의 원력으로 청정해졌네.
마니로 된 묘장화 널리 흩으니
옛날의 원력으로 허공에 있고

[疏] 餘頌果相이라 於中에 分四니 初一偈半은 頌風輪이니 皆上句는 所持오 下句는 能持라 初半偈는 以果持果오 後偈는 兼明能成之因이라 前半은 離障이니 願令淸淨故오 後半은 無礙니 願依空住故니라
- (나) 나머지 여덟 게송은 현재 결과의 모양을 노래함이다. 그중에 넷으로 나누리니 ㄴ. 한 개 반의 게송은 풍륜을 노래함이니, 모두 위 구절은 지탱할 대상이요, 아래 구절은 지탱하는 주체이다. ㄱ) 처음 반의 게송은 결과로 결과를 지탱함이요, ㄴ) 뒤의 게송[佛藏摩尼-]은 성취하는 주체의 원인을 겸하여 밝힌 부분이다. (ㄱ) 앞의 반은 장애를 여읨이니 원력으로 청정케 한 까닭이요, (ㄴ) 뒤의 반은 장애가 없음이니 원력으로 허공을 의지하여 머무르기 때문이다.

ㄴ. 한 게송은 향수해를 노래하다[一偈頌香海] (二有 12上5)

種種堅固莊嚴海여　　　光雲垂布滿十方이로다
諸摩尼中菩薩雲이　　　普詣十方光熾然이어든
가지가지 견고한 장엄 바다에
빛난 구름 드리워 시방에 가득
모든 마니 가운데 보살 구름이
시방에 두루 감에 광명이 치성

[疏] 二, 有一偈는 頌香海니 尋此면 了名이니라
- ㄴ. 한 게송은 향수해를 노래함이니, 이 게송에서 찾아보면 이름을 알 수 있다.

ㄷ. 세 개 반의 게송은 연꽃을 노래하다[三偈半頌頌蓮華] 3.
ㄱ) 갖가지 광명의 꽃술을 노래하다[初一偈半釋種種光明蘂]

(三有 12下3)

光焰成輪妙華飾하니　　法界周流靡不徧이로다
불꽃 광명 바퀴 이뤄 꽃으로 장식
법계에 두루 흘러 두루 퍼졌네.

一切寶中放淨光하니　　其光普照衆生海라
十方國土皆周徧하여　　咸令出苦向菩提로다
온갖 보배 가운데서 광명 놓으니
그 광명이 중생 바다 두루 비추고
시방세계 국토에 가득히 차서
고통 바다 벗어나 보리로 가네.

ㄴ) 향기의 뜻을 노래하다[次一偈釋香義]

寶中佛數等衆生하사　　從其毛孔出化形하시니
梵主帝釋輪王等이며　　一切衆生及諸佛이로다
보배 속에 부처님들 중생 수같이
털구멍서 나오는 변화한 형상
범천왕과 제석천왕 전륜왕이며
온갖 가지 중생과 부처님이라.

ㄷ) 한 게송은 깃대의 뜻을 해석하다[後一釋幢義]

  化現光明等法界하니 光中演說諸佛名이라
  種種方便示調伏하여 普應群心無不盡이로다
  화현한 광명들이 법계와 같고
  광명에서 부처 명호 연설하여서
  가지가지 방편으로 조복할 때에
  중생들의 마음 따라 모두 다하네.

[疏] 三, 有三頌半은 頌蓮華라 初一偈半은 釋種種光明蕊니 則顯此華가 以寶爲體오 次一偈는 釋香義니 就法하야 以明寶中出佛과 佛出世主가 如從質發香遠熏之義오 後一은 釋幢義니 演佛은 是高出義오 調生은 是摧伏義라

■ ㄷ. 세 개 반의 게송은 연꽃을 노래함이다. ㄱ) 한 개 반의 게송은 갖가지 광명의 꽃술을 해석함이니 이 연꽃이 보배로 체성이 됨을 밝힘이요, ㄴ) 한 게송은 향기의 뜻을 해석함이니 법에 나아가 보배 속에서 나오신 부처님과 부처님이 변화한 세간 주인이 마치 자체 바탕에서 나온 향기가 멀리 풍기는 뜻과 같음이요, ㄷ) 한 게송은 깃대의 뜻을 해석함이니, 부처님 명호를 연설함은 높이 뛰어남의 뜻이요, '중생을 조복함'은 곧 꺾어서 항복받는다는 뜻이다.

ㄹ. 두 게송은 국토에 자재함을 노래하다[二頌頌刹自在] 2.
ㄱ) 한 게송은 자재함을 노래하다[初偈自在] (四有 13上1)

華藏世界所有塵이여　　一一塵中見法界라
寶光現佛如雲集하니　　此是如來刹自在로다
화장장엄 세계에 있는 티끌들
낱낱 티끌 가운데 법계를 보니
광명 속에 부처님 구름 모이듯
이것은 부처님들 세계의 자재

ㄴ) 뒤 게송은 보현보살의 원인으로 결론하다[後偈結歸普因]

廣大願雲周法界하여　　於一切劫化群生이라
普賢智地行悉成하시니　　所有莊嚴從此出이로다
넓고 큰 서원 구름 법계에 가득
한량없는 겁마다 중생을 교화
보현의 지혜와 행 다 성취하니
하고 많은 장엄이 여기서 나네.

[疏] 四, 有二頌은 明刹自在니 總頌上所持刹海라 初偈는 自在니 一一稱性故로 卽同時具足相應門也라 心塵도 準思니라 寶光現佛者는 依正이 互融故라 後偈는 結歸普因이니 故能含攝이라

■ ㄹ. 두 게송은 국토에 자재함을 설명함이니, 위의 지탱할 대상인 국토해를 총합하여 노래함이다. ㄱ) 첫 게송은 자재함을 노래함이니, 낱낱이 성품과 칭합하는 까닭이니, 곧 동시에 구족히 서로 응하는 문[同時具足相應門]이다. 마음의 티끌도 준하여 생각해 보라. 보배 광명 속에서 부처님이 나타나심은 의보와 정보가 번갈아 융섭하기 때문이

다. ㄴ) 뒤의 게송은 보현의 인행으로 결론함이니 그러므로 능히 포섭하고 섭수한 것이다.

(2) 세계가 벌어 있고 퍼뜨린 장엄을 개별로 설명하다

[次段別明剎海安布莊嚴] 6.

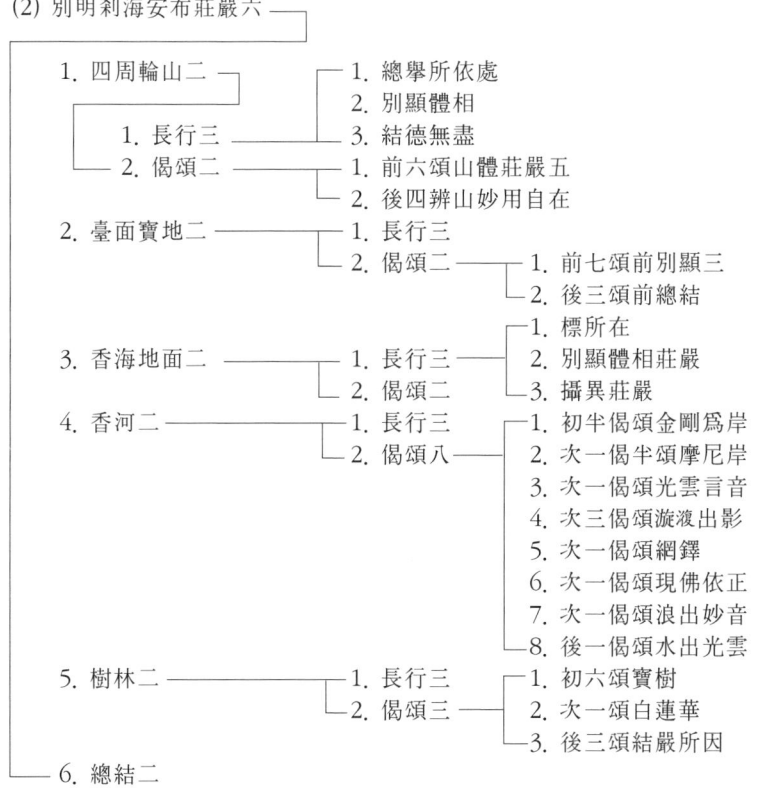

가. 네 가지 대윤위산[四周輪山] 2.

제5. 華藏世界品 ①　51

가) 장항으로 해석하다[長行] 3.
(가) 의지할 곳을 총합하여 거론하다[總擧所依處] (第二 13上7)

爾時에 普賢菩薩이 復告大衆言하시되, 諸佛子여 此華藏莊嚴世界海에 大輪圍山이 住日珠王蓮華之上이어든
그때에 보현보살이 다시 대중에게 말하였다. "여러 불자들이여, 이 화장장엄 세계해의 대철위산이 햇빛 구슬왕 연꽃 위에 머물렀으니,

[疏] 第二, 別顯安布莊嚴이라 文分爲六이니 第一, 四周輪山이오 二, 寶地오 三, 香海요 四, 香河오 五, 樹林이오 六, 總結이니 各別有偈라 今初輪山은 則淸淨戒德으로 內攝外防之所成也라 長行中에 三이니 初, 總擧所依오 二, 栴檀下는 別顯體相이오 三, 如是下는 結德無盡이라 今初, 山所依處는 卽地面四周요 日珠王者는 所依處地라 故로 舊經에 云, 依蓮華日寶王地住라하니라 亦有言호대 大華之上에 別有此蓮하야 爲山所依라하니 義似不順이라 所以地受此名者는 前華를 名種種光明藥라 偈中에 云, 光焰成輪이라하고 又云 一切寶中放淨光明이라하니 知此華가 以寶爲體라 是則如日輪之珠王으로 爲蓮華也니 斯卽總華之稱이니라

- (2) 세계가 벌여 있고 퍼뜨린 장엄을 개별로 밝힘이다. 경문을 여섯으로 나누리니 가. 네 가지 대윤위산이요, 나. 보배 땅이요, 다. 향수해요, 라. 향물강이요, 마. 나무와 숲이요, 바. 총합하여 결론함이니 각기 별도로 게송이 있다. 지금은 가. 네 가지 대윤위산은 청정한 계법의 공덕으로 안으로 바깥을 방어하여 성취한 바를 섭수함이다.

가) 장항으로 해석함 중에 셋이니, (가) 의지할 곳을 총합하여 거론함이요, (나) 旃檀 아래는 체성과 양상을 개별로 밝힘이요, (다) 如是 아래는 끝없는 공덕으로 결론함이다. 지금은 (가) (윤위산이) 의지할 곳을 총합하여 거론함은 곧 (향수해) 지면(地面)의 네 둘레요, '햇빛 구슬왕'이란 의지할 곳의 땅이다. 그러므로 60권 『화엄경』에 이르되, "연꽃 같은 햇빛 보배왕의 땅에 의지하여 머문다"라고 하였다. 또한 어떤 이가 말하되, "큰 연꽃 위에 별도로 이런 연꽃이 있어서 윤위산이 의지할 곳이 된다"라고 하였으니, 뜻이 수순하지 않은 것과 같다. 이런 까닭에 땅이 이런 이름을 받은 것은 앞의 꽃을 '갖가지 광명의 꽃술'이라 이름하였다. 게송 중에 이르되, '불꽃 광명 바퀴를 이뤄'라고 하였고, 또 이르되, '온갖 보배 가운데서 깨끗한 광명 놓으니'라고 하였으니, 이 꽃이 보배로 체성을 삼은 것을 알게 되었다. 이것은 햇빛 바퀴의 구슬왕으로 연꽃을 삼은 것과 같나니, 이것은 곧 총합하여 '꽃'이라 칭한 까닭이다.

(나) 체성과 양상을 개별로 밝히다[別顯體相] (二別 14上2)

旃檀摩尼로 以爲其身하고 威德寶王으로 以爲其峰하고
妙香摩尼로 而作其輪하고 焰藏金剛으로 所共成立이라
一切香水가 流注其間하며 衆寶爲林하여 妙華開敷하며
香草布地하고 明珠間飾하며 種種香華가 處處盈滿하며
摩尼爲網하여 周帀垂覆하니 如是等이 有世界海微塵數
衆妙莊嚴하니라
전단마니로 자체가 되고 위덕보왕으로 봉우리가 되고 묘향

마니로 바퀴가 되고 불꽃 광 금강으로 함께 이루었으며, 모든 향물들이 그 사이에 흐르고 모든 보배로 숲이 되고, 고운 꽃이 활짝 피고 향풀이 땅에 퍼졌으며, 깨끗한 진주로 사이사이 장식하고, 여러 가지 향과 꽃이 간 데마다 가득 차고, 마니로 그물이 되어 두루 덮였으니 이와 같이 세계해 티끌 수의 묘한 장엄이 있느니라."

[疏] 二, 別顯中에 前取堅利하야 且云金剛하고
- (나) (체성과 양상을) 개별로 밝힘 중에 앞은 견고하고 날카로움을 취하여 우선 금강(金剛)이라 말하고,

(다) 끝없는 공덕으로 결론하다[結德無盡] (今明 14上2)

[疏] 今明具德하야 略有十相하니 前四는 自體圓滿이오 後六은 外相莊嚴이라 一, 身爲總形이니 摩尼圓明하고 栴檀芬郁은 皆戒之德也라 二, 山峰이니 謂秀出孤絶하야 威伏諸惡이오 三, 山輪이니 古有二義하니 一은 山彎曲之處요 二는 山腹跳[16]出이 如師子座半月爲輪이라하니 準下偈文하면 輪居山下하야 爲山所依라 四, 成山之緣이라 上擧三事는 各別有體요 今顯金剛은 內含光焰하야 徧成其體가 如世土石이 雜而成山이라 金剛徧故로 得金輪名이라 餘六文은 顯하니 並在山間이니라

- 지금은 공덕을 구족하여 간략히 열 가지 양상을 밝혔으니, ㄱ) 앞의 네 구절은 자체가 원만함이요, ㄴ) 뒤의 여섯 구절은 바깥 양상으로

---

16) 跳는 源南續金本作朓, 刊定記作走 一本作趒.

장엄함이다. (1) 몸이 총체적 형상이 됨이니 마니구슬이 두렷이 밝으며, 전단향이 향기롭고 온화함은 모두 계법의 공덕이다. (2) 산봉우리이니 이른바 뛰어남이 절대로 외로워서 위덕으로 모든 악함을 조복함이요, (3) 윤위산은 옛날부터 두 가지 뜻이 있으니 첫째는 산이 굴곡진 곳이요, 둘째는 산의 배가 뛰어나고 특출함은 사자자리의 반달로 바퀴가 됨과 같다고 하였으니, 아래 게송 문장에 준하면 바퀴가 산 아래에 있어서 산의 의지처가 된 것이다. (4) 산을 만든 인연이다. 위에서 세 가지 일을 거론함은 각기 별도로 체성이 있으며, 지금은 금강(金剛)을 밝힘은 안으로 광명 불꽃을 포함하여 두루 하여 그 자체가 된 것은 마치 세상의 흙과 돌을 섞어서 산을 만든 것과 같다. 금강이 두루 한 연고로 금바퀴[金輪]라는 명칭을 얻었다. 나머지 여섯 구절은 경문에 뚜렷하나니 아울러 산의 사이에 있다.

나) 게송으로 거듭 밝히다[偈頌] 2.
(가) 여섯 게송은 산의 체성과 장엄을 노래하다[前六頌山體莊嚴] 5.
ㄱ. 한 게송은 윤위산을 노래하다[一偈頌圍山] (應頌 14下4)

爾時에 普賢菩薩이 欲重宣其義하사 承佛神力하사 觀察十方하고 而說頌言하시되,
그때 보현보살이 이 뜻을 거듭 펴려고 부처님의 위신력을 받들어 시방을 관찰하고 게송으로 말하였다.

世界大海無有邊이여　　寶輪淸淨種種色이라
所有莊嚴盡奇妙하니　　此由如來神力起로다

제5. 華藏世界品 ①　55

엄청난 세계해가 끝이 없는데
철위산이 청정하여 가지각색 빛
찬란한 장엄들이 모두 기묘해
여래의 신력으로 생기어난 것

[疏] 應頌有十이라 文分爲二하니 前六은 明山體相莊嚴이니 頌前別顯이오 後四는 辨山妙用自在며 亦顯依正無礙니 卽頌前結文이라 前中에 五니 初一은 總頌圍山이니 初句는 所圍오 次二句는 能圍오 後句는 出因이라 言無邊者는 有其二義하니 一, 但總相顯多일새 故云無邊이나 實有邊表오 二, 說有圍山外者는 是無邊之邊이니 不礙理而卽事故라 今云無邊者는 是邊之無邊이니 不壞相而卽理故라

■ 나) 게송으로 거듭 밝힘에 열이 있는데, 경문을 둘로 나누니 (가) 여섯 게송은 윤위산의 체성과 장엄을 노래함이니, 앞의 개별로 밝힘을 노래함이요, (나) 뒤의 네 게송은 윤위산의 묘한 작용이 자재함을 밝힘이며, 또한 의보와 정보가 무애함을 밝혔으니, 곧 앞의 결론한 문장을 노래함이다. (가) 중에 다섯이니 ㄱ. 한 게송은 윤위산을 총합하여 노래함이니, 첫 구절은 두를 대상이요, 다음 두 구절은 두르는 주체이고, 뒤 구절은 나온 원인이다. '끝없다'고 말한 것은 두 가지 뜻이 있으니 (1) 단지 총상으로 많음을 밝힌 연고로 끝없다고 말하였지만, 실제로 가장자리와 표면이 있는 것이다. (2) '윤위산의 바깥이 있다'고 말한 것은 '그지 없음 중의 끝'이니 이치를 장애하지 않으면서 현상과 합치한 까닭이다. 지금에 '끝없다'고 말한 것은 가장자리가 끝이 없음이니, 모양을 무너뜨리지 않고 이치와 합치하기 때문이다.

[鈔] 是無邊之邊者는 意明理無分限일새 總曰無邊이오 事有分限일새 故
名有邊이라 若依理成事인대 理性全隱하니 則無邊卽邊이오 若會事
歸理인대 事相全盡하니 則邊卽無邊이어니와 今則不爾하니 不失理而
事現17)일새 云無邊之邊이오 不壞事而理顯일새 云邊之無邊이니 此
是事理無礙義오 不是相卽相作之義니 思之어다

● '그지없음 중의 끝[無邊之邊]'이란 이치에는 분한이 없음을 의미로 밝혔
으므로 총합하여 '그지없다'고 말함이요, 현상에는 분한이 있으므로
'끝이 있다'고 이름하였다. 만일 이치에 의지하여 현상을 이룬다면 이
치의 체성이 완전히 숨게 되나니, 그지없음이 곧 끝이요, 만일 현상을
모아서 이치로 돌아간다면 현상의 모양이 완전히 다함이니, 끝이 곧
끝이 없음이겠지만 지금은 그렇지 않나니, 이치를 잃지 않고 현상이
나타나므로 '그지없음 중의 끝'이요, 현상을 무너뜨리지 않고 이치가
드러났으므로 '끝 중의 그지없음'이니, 이것은 현상과 이치가 무애한
뜻이요, 모양은 곧 서로 짓는다는 뜻이 아님이니 생각해 보라.

ㄴ. 한 게송은 철위산과 윤위산을 노래하다[一偈頌山輪] (二有 15上8)

摩尼寶輪妙香輪과　　　　及以眞珠燈焰輪이
種種妙寶爲嚴飾하니　　　清淨輪圍所安住로다
마니보배 바퀴와 향기 바퀴며
진주로 된 바퀴와 등불 바퀴들
기묘한 보배들로 장엄했으니
청정한 철위산이 머물러 있네.

---

17) 事現은 南續金本作現事.

[疏] 二, 有一頌은 頌前山輪이오
- ㄴ. 한 게송은 앞의 철위산과 윤위산을 노래함이요,

ㄷ. 한 게송은 윤위산의 체성을 노래하다[一偈頌山體] (三有 15상9)

堅固摩尼以爲藏하고　　閻浮檀金作嚴飾하여
舒光發焰徧十方하니　　內外暎徹皆淸淨이로다
견고한 마니보배 고방이 되고
염부다나 금으로 곱게 꾸미니
빛이 나고 불꽃 퍼져 시방에 가득
안과 밖이 수정처럼 깨끗하도다.

[疏] 三, 一頌은 山體요
- ㄷ. 한 게송은 윤위산의 체성을 노래함이요,

ㄹ. 한 게송은 윤위산을 이룬 인연을 노래하다[一偈頌山之緣]
(四一 15下4)

金剛摩尼所集成이어든　　復雨摩尼諸妙寶하니
其寶精奇非一種이라　　放淨光明普嚴麗로다
금강과 마니보배 모여서 되고
마니의 묘한 보배 다시 내리니
그 보배 기묘하여 하나뿐 아녀
청정한 광명 놓아 두루 꾸몄네.

[疏] 四, 一頌은 成山之緣이오
- ㄹ. 한 게송은 윤위산을 이룬 인연을 노래함이요,

ㅁ. 두 게송은 물로 의보 등을 장엄하다[二偈頌水嚴依等] (五六 15下9)

  香水分流無量色이오　　散諸華寶及栴檀하며
  衆蓮競發如衣布하고　　珍草羅生悉芬馥이로다
  향물이 흘러내려 한량없는 빛
  꽃과 보배 전단까지 널리 흩으니
  연꽃들이 만발하여 옷 펴놓은 듯
  고운 풀이 널려 나서 향기가 자욱

  無量寶樹普莊嚴하니　　開華發榮色熾然이라
  種種名衣在其內어든　　光雲四照常圓滿이로다
  한량없는 보배 나무 장엄하였고
  꽃이 피어 아름다운 빛까지 찬란
  가지가지 유명한 옷 그 속에 가득
  빛 구름이 두루 비쳐 늘 원만하네.

[疏] 五六二偈는 頌前水等諸嚴과 及加衣等이오
- 다섯째와 여섯째 두 게송은 앞의 물 등의 모든 장엄과 옷 따위를 더함을 노래함이요,

(나) 네 게송은 윤위산의 묘한 작용이 자재함을 밝히다

[後四辨山妙用自在] (後四 16上8)

無量無邊大菩薩이　　　執蓋焚香充法界라
悉發一切妙音聲하여　　普轉如來正法輪이로다
한량없고 끝없는 큰 보살들이
일산 들고 향을 사뤄 법계에 충만
여러 가지 묘한 음성 두루 내어서
여래의 법 바퀴를 굴리도다.

諸摩尼樹寶末成하니　　一一寶末現光明이어든
毘盧遮那淸淨身이　　　悉入其中普令見이로다
마니 나무 보배로 이루어졌고
보배의 가루마다 광명 놓으니
비로자나 부처님의 청정한 몸이
그 가운데 들었음을 모두 보도다.

諸莊嚴中現佛身하되　　無邊色相無央數라
悉往十方無不徧하시니　所化衆生亦無限이로다
장엄 속에 부처님의 몸을 나투니
그지없는 몸매와 한없는 빛깔
온 시방에 모두 가서 두루 하시니
교화하신 중생들도 한량이 없네.

一切莊嚴出妙音하여　　演說如來本願輪하되
十方所有淨刹海에　　佛自在力咸令徧이로다
여러 가지 장엄에서 음성을 내니
여래의 서원 법륜 연설하시니
시방에 가득히 찬 세계해들에
부처님의 자재한 힘 가득케 하네.

[疏] 後四, 妙用自在니 並顯可知로다
- (나) 뒤의 네 게송은 윤위산의 묘한 작용이 자재함이니, 경문과 함께 하면 드러날 것이니 알 수 있으리라.

나. 윤위산 속의 대지[臺面寶地] 2.

가) 장항으로 해석하다[長行] 3.
(가) 윤위산의 소재를 표방하다[標所在] (第二 16下1)

爾時에 普賢菩薩이 復告大衆言하시되, 諸佛子여 此世界海大輪圍山內의 所有大地가
그때에 보현보살이 다시 대중에게 말하였다. "여러 불자들이여, 이 세계해의 큰 철위산 안에 있는 큰 땅들은

[疏] 第二, 臺面寶地니 即體心性定之所成也라 長行文三이니 初, 標所在요 二, 一切下는 別顯體相莊嚴이오 三, 總結이라
- 나. 윤위산 속의 대지이니, 자체와 합치한 마음의 체성인 삼매[即體心

性定]로 이룬 것이다. 가) 장항의 경문이 셋이니, (가) 윤위산의 소재를 표방함이요, (나) 一切 아래는 체성과 양상으로 장엄함을 개별로 밝힘이요, (다) 총합하여 결론함이다.

(나) 체성과 양상으로 장엄함을 개별로 밝히다[別顯體相莊嚴]
(二中 16下10)

一切皆以金剛所成이라 堅固莊嚴하여 不可沮壞며 淸淨平坦하여 無有高下하며 摩尼爲輪하고 衆寶爲藏하며 一切衆生의 種種形狀인 諸摩尼寶로 以爲間錯하며 散衆寶末하고 布以蓮華하며 香藏摩尼를 分置其間하며 諸莊嚴具가 充徧如雲하되 三世一切諸佛國土의 所有莊嚴으로 而爲校飾하며 摩尼妙寶로 以爲其網하여 普現如來의 所有境界가 如天帝網하여 於中布列하니

모두 금강으로 되었으며, (1) 견고한 장엄을 깨뜨릴 수 없으며, (2) 청정하고 평탄하여 높고 낮은 데가 없으며, (3) 마니로 바퀴가 되고, (4) 모든 보배로 광이 되고, (5) 모든 중생의 가지가지 형상인 마니보배로 사이사이 장식하였으며, (6) 모든 보배의 가루를 흩고, (7) 연꽃을 널리 폈으며, (8) 향장마니를 사이사이 나누어 두고, (9) 모든 장엄거리가 구름같이 가득하여 삼세의 모든 세계에 있는 여러 가지 장엄으로 아름답게 꾸몄으며, (10) 마니보배로 그물이 되었는데 여래의 모든 경계를 두루 나타내어서 제석천의 보배 그물처럼 그 가운데 널리었느니라.

[疏] 二中에 十句니 初一은 地體니 標以金剛하고 釋以堅固不壞라 徧華藏地가 盡是金剛이니 故上菩提場地가 徹華藏也니라 二는 地相平淨이오 餘八은 皆莊嚴이니 謂三은 飾以寶輪이오 四는 畜以寶藏이오 五는 間以異寶오 六은 散以寶末이오 七은 布以蓮華오 八은 分置香摩尼요 九는 充以莊嚴具라 但云諸嚴에 嚴有多少하니 三世佛國之嚴而爲嚴者는 顯無盡之嚴具也라 十은 覆以寶網하야 隱映莊嚴이라 網有何用고 普現佛影이니라 此網何相고 如天帝網而布列也니라 又此帝網은 重現無盡하야 成上普現如來境界와 及上一一境界가 皆無盡也니라

■ (나) (체성과 양상으로 장엄함을) 개별로 밝힘 중에 열 구절이니 ㄱ. 한 구절은 땅의 체성이니, 금강으로 표방하고 견고하여 무너뜨리지 않음을 해석함이다. 화장세계에 가득한 땅이 모두 금강이므로 위의 보리도량의 땅이 화장세계에 사무침이다. ㄴ. 땅의 양상이 평탄하고 청정함이요, ㄷ. 나머지 여덟 구절은 모두 장엄이니, 이른바 (ㄱ) 셋째 구절[摩尼爲輪]은 보배 바퀴로 장식함이요, (ㄴ) 넷째 구절[衆寶爲藏]은 보배 창고로 쌓음이요, (ㄷ) 다섯째 구절[衆生種種形狀諸摩尼寶以爲間錯]은 다른 보배로 사이사이 장엄함이요, (ㄹ) 여섯째 구절[散衆寶末]은 보배 가루로 흩음이요, (ㅁ) 일곱째 구절[布以蓮華]은 연꽃을 퍼뜨리며, (ㅂ) 여덟째 구절[香藏摩尼 分置其間]은 향장마니로 나누어 두고, (ㅅ) 아홉째 구절[諸莊嚴具 充徧如雲]은 모든 장엄거리를 충만케 함이다. 단지 모든 장엄거리로 장엄함이 조금 있다고 말했으니, 삼세의 모든 세계에 있는 여러 가지 장엄거리로 아름답게 장엄한 것은 그지없는 장엄거리를 밝힌 것이다. (ㅇ) 열째 구절[摩尼妙寶 以爲其網]은 보배 그물로 덮어서 은근히 비추어 장엄한 것이다. 그물에 어떤 작용이 있는가? 부처님 그림자를 널리 나타내기 위함이다. 이런 그물이 어떤

모양인가? 제석천의 그물과 같이 퍼뜨려 나열함과 같다. 또한 이런 제석천의 그물은 거듭 나타남이 그지없어서 위의 여래의 경계와 위의 낱낱 경계를 널리 나타냄이 모두 그지없음을 성립한 것이다.

[鈔] 但云諸嚴下는 此句稍長일새 故牒釋之라 卽從諸莊嚴具下는 是第九句오 摩尼妙寶下는 皆第十句니라
- 但云諸嚴 아래는 이 구절이 점점 길어지므로 (경문을) 따와서 해석한 것이다. 卽從諸莊嚴具 아래는 아홉째 구절이요, 摩尼妙寶 아래는 모두 열째 구절이다.

(다) 총합하여 결론하다[總結] (經/諸佛 16下8)

諸佛子여 此世界海地에 有如是等世界海微塵數莊嚴하니라
여러 불자들이여, 이 세계해의 땅에 이러한 세계해 티끌 수의 장엄이 있느니라."

나) 보현보살의 게송[偈頌] 2.
(가) 앞의 일곱 게송은 개별로 밝힘을 노래하다[前七頌前別顯] 3.
ㄱ. 세 게송은 여덟 문단을 노래하다[初三頌前八段] (偈有 18上1)

爾時에 普賢菩薩이 欲重宣其義하사 承佛神力하사 觀察十方하고 而說偈言하시되,
그때에 보현보살이 이 뜻을 거듭 펴려고 부처님의 위신력

을 받들어 시방을 관찰하고 게송으로 말하였다.

其地平坦極淸淨하고　　安住堅固無能壞라
摩尼處處以爲嚴이요　　衆寶於中相間錯이로다
그 땅이 평탄하고 매우 청정해
견고하게 머물러서 부술 수 없고
마니주로 곳곳마다 장엄했으며
뭇 보배로 그 가운데 장식하였네.

金剛爲地甚可悅하니　　寶輪寶網具莊嚴이라
蓮華布上皆圓滿하고　　妙衣彌布悉周徧이로다
금강으로 땅이 되니 매우 즐겁고
보배 바퀴 보배 그물 장엄을 구족
연꽃이 위에 피어 원만하오며
좋은 옷 가득히 두루 하였네.

菩薩天冠寶瓔珞을　　悉布其地爲嚴好하고
栴檀摩尼普散中하니　　咸舒離垢妙光明이로다
보살의 하늘 관과 보배 영락이
땅 위에 널리어 곱게 꾸미고
전단 향 마니보배 두루 흩으니
때 없는 묘한 광명 널리 퍼지네.

寶華發焰出妙光하니　　光焰如雲照一切라

散此妙華及衆寶하여　　普覆於地爲嚴飾이로다
보배 꽃 불꽃 내고 미묘한 광명
빛난 불꽃 구름같이 온통 비치고
고운 꽃과 모든 보배 두루 흩어서
땅바닥에 널리 덮어 장엄하도다.

[疏] 偈有十頌을 分二니 前七은 頌前別顯이오 後三은 頌總結이라 前中에 三이니 初四는 頌前八段이라 而小不次者는 顯前無優劣故오 或重或廣者는 顯義無方也라 恐繁不配하노니 可以意得이니라

■ 나) 보현보살의 게송 중에 열 게송을 둘로 나누리니, (가) 앞의 일곱 게송은 개별로 밝힘을 노래함이요, (나) 뒤의 세 게송은 총합 결론을 노래함이다. (가) 중에 셋이니 ㄱ. 네 게송은 앞의 여덟 문단을 노래함이다. 조금 순서가 아닌 이유는 앞에는 우열이 없음을 밝히기 위함이요, '혹은 거듭하고 혹은 넓다'는 것은 뜻이 방소가 없음을 밝혔다. 번거로울까 두려워서 배대하지 않았으니 의미를 알 수 있으리라.

ㄴ. 두 게송은 장엄거리가 구름처럼 일어남을 노래하다
　　[次二頌嚴興如雲] (次二 18上8)

密雲興布滿十方하니　　廣大光明無有盡이라
普至十方一切土하여　　演說如來甘露法이로다
솜털 구름 일어나서 시방에 가득
크고 넓은 광명이 다함이 없이
시방의 모든 세계 두루 퍼지며

여래의 감로법문 연설하도다.

一切佛願摩尼內에　　　普現無邊廣大劫하니
最勝智者昔所行을　　　於此寶中無不見이로다
부처님들 원력으로 마니주 안에
끝없이 많은 겁이 나타나나니
좋은 지혜 가진 이의 옛날 수행을
이 마니보배에서 모두 보도다.

[疏] 次二는 頌嚴具如雲이오
■　ㄴ. 두 게송은 장엄거리가 구름처럼 일어남을 노래함이요,

ㄷ. 한 게송은 제석천의 그물과 같음을 노래하다[後一頌如天帝網]
(後一 18下1)

其地所有摩尼寶에　　　一切佛刹咸來入하며
彼諸佛刹一一塵에　　　一切國土亦入中이로다
그 땅에 쌓여 있는 마니보배에
부처님의 모든 세계 다 들어가고
저 세계의 하나하나 티끌 가운데
시방세계 국토들이 모두 들도다.

[疏] 後一偈는 頌如天帝網이니 謂一寶가 旣收一切에 則彼刹諸塵이 復攝一切하니 卽重重也라

제5. 華藏世界品 ①　67

■ ㄷ. 한 게송은 제석천의 그물과 같음을 노래함이니, 이른바 한 가지 보배가 이미 온갖 것을 거둘 적에 저 국토의 모든 티끌이 다시 온갖 것을 포섭하나니, 곧 거듭거듭 포섭함의 뜻이다.

(나) 세 게송은 총합 결론을 노래하다[後三頌前總結] 3.
ㄱ. 첫 게송은 도량에 속함을 결론하다[初偈結屬道場] (後三 18下9)

妙寶莊嚴華藏界에　　菩薩遊行徧十方하여
演說大士諸弘願하니　此是道場自在力이로다
묘한 보배 장엄한 화장세계에
보살들이 두루 다녀 시방에 가득
보살의 큰 서원을 연설하나니
이것은 이 도량의 자재하온 힘

ㄴ. 부처님 힘에 속함을 노래하다[次屬佛力]

摩尼妙寶莊嚴地에　　放淨光明備衆飾하여
充滿法界等虛空하니　佛力自然如是現이로다
마니주 보배들로 장엄한 땅에
깨끗한 광명 놓고 장식 갖추니
법계에 가득하고 허공과 같아
부처님의 힘으로 나타나는 것

ㄷ. 아는 주체인 보현으로 결론하다[後結能知之人]

諸有修治普賢願하여　　入佛境界大智人은
能知於此刹海中에　　如是一切諸神變이로다
여러 곳에서 보현보살 원을 닦았고
부처 경계 들어간 지혜로운 이
이 세계해 가운데 일어나는 일
이와 같은 신통변화 능히 알리라.

[疏] 後三偈는 頌總結者는 結其所屬이니 初偈는 結屬道場이오 次는 屬佛力이오 後는 結能知之人이라
- (나) 세 게송은 총합 결론을 노래함은 그 소속을 결론함이니, ㄱ. 첫 게송은 도량에 속함을 결론함이요, ㄴ. 부처님 힘에 속함을 노래함이요, ㄷ. 아는 주체인 보현으로 결론함이다.

다. 향수해의 지면[香海地面] 2.

가) 장항으로 해석하다[長行] 3.
(가) 향수해의 소재를 표방하다[標所在] (第三 19上3)

爾時에 普賢菩薩이 復告大衆言하시되, 諸佛子여 此世界海大地中에 有十不可說佛刹微塵數香水海18)하니
그때 보현보살이 다시 대중에게 말하였다. "여러 불자들이여, 이 세계해 큰 땅 안에는 말할 수 없는 부처님 세계의 티끌 수 향수해가 있으니,

---

18) 十字는 麗宋元思徑合卍合續本無, 依北藏補.

[疏] 第三, 地面香海者는 上之大海는 旣是藏識이니 今明心華之內에 攝
諸種子라 一一種子가 不離藏識海일새 故有多香海라 然이나 一一具
於性德일새 故皆有莊嚴이니라 長行을 分二니 初는 總擧數라 準下刹
種과 及梵本中하면 皆有十不可說이어늘 今闕十字하니 或是譯人之
漏며 或是傳寫之失이라 下標種處에도 亦然하니라

■ 다. 향수해의 지면은 위의 큰 바다는 이미 장식(藏識)이라 했으니, 지금은 마음의 꽃 안에 포섭된 모든 종자를 밝혔다. 낱낱 종자가 장식의 바다를 여의지 못하므로 향수해가 많은 것이다. 그러나 낱낱이 성품의 공덕을 갖추었으므로 모두 장엄이 있는 것이다. 가) 장항으로 해석함을 둘로 나누리니 (가) 총합하여 숫자를 거론함이다. 아래 국토의 종자와 범본에 준한다면 모두에 '열 개의 말할 수 없음[十不可說]'이 있었거늘 지금은 십(十)이란 글자를 빠뜨렸으니, 혹은 번역한 사람의 허물이기도 하며, 혹은 전사자(傳寫者)의 실수이기도 하다. 아래 종자와 처소를 표방함도 마찬가지이다.

[鈔] 準下刹種者는 以中一海가 管十海라 而此十海가 一道布列일새 結
有不可說佛刹微塵數香水海라 十道皆然하니 一海一種일새 故有十
不可說也라 言下標種者는 標云諸佛子야 此不可說佛刹微塵數香
水海中에 有不可說佛刹微塵數世界種이라하니 釋曰, 此卽標種處
無十字니 亦例合有니라

● '아래 국토 종자를 준함'이란 그 가운데 하나의 바다가 열 개의 바다를 관섭(管攝)한다. 그러나 이 열 개의 바다가 한 길로 퍼뜨려 나열했으므로 '말할 수 없는 불국토의 티끌 수 향수해가 있다'고 결론하였다. 열 개의 길도 모두 그러하나니, 하나의 바다에 하나의 종자인 연

고로 '열 개의 말할 수 없음'이 있다. '아래의 종자를 표방한다'고 말한 것은 표방하여 말하되, "여러 불자들이여, 이런 말할 수 없는 불국토의 티끌 수 향수해 가운데 말할 수 없는 불국토의 티끌 수 세계종이 있느니라"라고 하였다. 해석하자면 이것은 종자와 장소에 십(十)이란 글자가 없음을 표방하였으니, 또한 유례하여 있음과 합하기도 한다.

(나) 체성과 양상으로 장엄함을 개별로 밝히다[別顯體狀莊嚴]

(二一 19下8)

一切妙寶로 莊嚴其底하고 妙香摩尼로 莊嚴其岸하며 毘盧遮那摩尼寶王으로 以爲其網하고 香水暎徹에 具衆寶色하여 充滿其中하며 種種寶華가 旋布其上하고 旃檀細末이 澄垽其下하며 演佛言音하고 放寶光明하며 無邊菩薩이 持種種蓋하여 現神通力하고 一切世界所有莊嚴이 悉於中現하니라

(1) 여러 가지 묘한 보배로 바닥을 장엄하고 (2) 묘향마니로 언덕을 장엄하였으며 (3) 비로자나 마니보배로 그물이 되고 (4) 향기 물에 맑게 비치어 (5) 모든 빛을 구족한 향기로운 물이 그 속에 가득하였는데 가지각색 보배 꽃이 위에 덮이고 (6) 전단향의 앙금이 밑에 깔렸으며 (7) 부처님의 음성을 연설하고 (8) 보배 광명을 놓거든 (9) 그지없는 보살들이 가지가지 일산을 받고 (10) 신통한 힘을 나타내니, 온갖 세계에 있는 장엄들이 모두 그 가운데 나타나느니라.

[疏] 二, 一切下는 別顯莊嚴이라 準後總結하면 應云, 一一香海가 各有若干莊嚴이어늘 今文略無라 若按文取義하면 一切之言이 卽一切海니 總以妙寶로 而爲其底等이라 文有二十句하니 前十은 明海體狀이니 一, 底요 二, 岸이오 三, 網이오 四, 水요 五, 華요 六, 墍이오 七, 聲이오 八, 光이오 九, 人衛現通이오 十, 結廣無盡이라

■ (나) 一切 아래는 (체성과 양상으로 장엄함을) 개별로 밝힘이다. 뒤의 바. (장엄을) 총합 결론함과 준하면 응당히 '낱낱 향수해가 각기 약간의 장엄이 있거늘'이라 하였을 텐데, 지금 본경에는 생략하여 없다. 만일 경문을 참고하여 뜻을 취한다면 일체(一切)라는 말은 곧 온갖 바다란 뜻이니 총합하여 묘한 보배로 그 밑바닥이 되는 등이다. 경문에 20구절이 있으니 (나) 앞의 열 구절은 향수해의 체성과 양상으로 장엄함을 밝힘이니, (1) 밑바닥이요, (2) 언덕이요, (3) 그물 (4) 향물 (5) 보배꽃 (6) 앙금 (7) 부처님 음성 (8) 보배 광명 (9) 사람이 호위하고 신통을 나타냄이요, (10) 광대하고 끝없음으로 결론함이다.

(다) 색다른 것을 포섭한 장엄[攝異莊嚴] (後十 20上10)

十寶階陛가 行列分布하고 十寶欄楯이 周帀圍遶하며 四天下微塵數一切寶莊嚴芬陀利華가 敷榮水中하고 不可說百千億那由他數十寶尸羅幢과 恒河沙數一切寶衣鈴網幢과 恒河沙數無邊色相寶華樓閣과 百千億那由他數十寶蓮華城과 四天下微塵數衆寶樹林寶焰摩尼로 以爲其網하며 恒河沙數旃檀香인 諸佛言音光焰摩尼와 不可說百千億那由他數衆寶垣墻이 悉共圍遶하여 周徧嚴飾

하니라19)

(11) 열 가지 보배로 된 층계들이 열을 지어 나뉘었고, (12) 열 가지 보배로 된 난간이 주위에 둘렸으니, (13) 사천하의 티끌 수 보배로 장엄하고 (14) 분타리 꽃이 물 가운데 만발하였으며, (15) 말할 수 없는 백천억 나유타 수의 열 가지 보배로 된 시라 당기와 (16) 항하의 모래 수처럼 많은 온갖 보배 옷 방울 그물당기와 (17) 항하의 모래 수처럼 많은 그지없는 빛을 가진 보배 꽃 누각과 (18) 백천억 나유타 수의 열 가지 보배로 된 연꽃 성과 (19) 사천하의 티끌 수 보배 숲에 불꽃 마니로 그물이 된 것과 (20) 항하의 모래 수 전단향과 부처님들의 음성을 내는 빛난 마니와 (21) 말할 수 없는 백천억 나유타 보배 담장들이 함께 둘리어 화려하게 장엄하였느니라."

[疏] 後, 十寶下十句는 攝異莊嚴이니 唯白蓮華가 當於水中이오 餘皆在岸이라 言十寶者는 有云金銀, 琉璃, 硨磲, 瑪瑙, 珊瑚, 琥珀, 眞珠, 玫瑰, 琴瑟20)爲十이라하니 十中에 前七은 卽是七寶라 芬陀利者는 卽白蓮華니 亦是正敷榮時라 尸羅幢者는 應云試羅니 此云美玉이라 若言尸羅인대 此云淸淨이니 二義俱通이라 餘並可知니 以法門으로 合之하야 可以意得이니라

■ (다) 十寶 아래 열 구절은 색다른 것을 포섭한 장엄함인데 오직 하얀 분타리 꽃만 물 속에 있고, 나머지는 모두 언덕에 있다. '열 가지 보

---

19) 이 아래에서 17字가 더 있으니 疏鈔會本에 云, "杭注云 周徧嚴飾下 脫若廣說者 一一海各有世界海微塵數莊嚴 依疏鈔本應補入"이라 하다.
20) 琴瑟은 甲南續金本作琴瑟誤, 案瑟瑟는 寶名. (상동 p.22-)

배'라 말한 것은 어떤 이는 말하되, "① 금 ② 은 ③ 유리 ④ 자거 ⑤ 마노 ⑥ 산호 ⑦ 호박 ⑧ 진주 ⑨ 매괴 ⑩ 금슬(琴瑟)로 열 가지가 된다"라고 하였으니, 열 가지 중에 앞의 일곱 가지는 곧 칠보(寶)이다. 분타리(芬陀利)는 곧 하얀 연꽃이니 또한 정히 잘 피었을 때를 뜻하기도 한다. '시라 당기'는 응당히 시라(諰羅)라고 해야 하나니, 번역하면 '아름다운 옥[美玉]'이라 한다. 만일 시라(尸羅)라고 말한다면 청정함이라 번역하나니, 두 가지 뜻이 모두 통용된다. 나머지는 함께 보면 알 수 있을 것이니, 법문으로 합하면 의미를 얻을 수 있으리라.

[鈔] 芬陀利即白蓮華者는 即唐三藏等諸師所翻이라 而言亦是正敷榮時者는 即什公意니 故叡公의 法華序에 云, 華有三時之異하니 華而未敷를 名屈摩羅요 凋而將落을 名迦摩羅요 處中盛時를 名芬陀利라하며 生公도 亦云, 器像之妙는 莫踰蓮華요 蓮華之美는 榮在始敷요 始敷之盛은 則子盈於內며 色香味足이라 謂之芬陀利라하니 意亦同也라 今存二譯은 各是一義라 梵語多含일새 故兩存耳니라

● '분타리는 곧 하얀 연꽃'이란 곧 당나라 현장(玄奘)법사 등 여러 법사가 번역한 말이다. '그러나 또한 정히 잘 피었을 때'라 말한 것은 곧 나집(羅什)법사의 주장이니, 그러므로 승예(僧叡)법사의『법화경소』서문에 이르되, "연꽃은 세 시기의 다름이 있으니 꽃이 피지 않았을 때는 굴마라(屈摩羅)라 이름하고, 시들어 곧 떨어질 때는 가마라(迦摩羅)라 이름하고, 중간에 왕성하게 피었을 때를 분타리라 이름한다"라고 하였으며, 도생(道生)법사도 또한 말하되, "기세간 형상 중의 묘한 것은 연꽃을 뛰어넘는 것이 없으며, 연꽃은 처음 꽃이 피었을 때가 아름다움이요, 처음 피었다가 왕성할 때는 연꽃 씨가 안에 가득할 때 색

과 향과 맛이 충분하니 그런 것을 분타리라 한다"라고 하였으니 의미는 역시 동일하다. 지금 두 가지 번역을 두는 것은 각기 한 가지 뜻이 있기 때문이다. 범어는 여러 뜻을 포함하는 연고로 두 가지를 둔 것일 뿐이다.

나) 게송으로 거듭 밝히다[偈頌] 2.
(가) 세 게송의 열 구절은 향수해 밑바닥과 언덕을 노래하다
　[初三頌初十句頌底岸] (頌中 21下1) 3.

爾時에 普賢菩薩이 欲重宣其義하사 承佛神力하사 觀察十方하고 而說頌言하시되,
보현보살이 이 뜻을 거듭 펴려고 부처님의 위신력을 받들어 시방을 관찰하고 게송으로 말하였다.

ㄱ. 밑바닥을 노래하다[一頌底]

此世界中大地上에　　　　有香水海摩尼嚴이어든
清淨妙寶布其底하여　　　安住金剛不可壞로다
이 세계해 땅 위에 있는 향수해
마니주 보배들로 장엄 하였고
깨끗하고 묘한 보배 밑에 깔리어
금강 위에 머물러 부술 수 없네.

ㄴ. 언덕과 그물을 노래하다[二頌岸及網]

香藏摩尼積成岸이어든　　日焰珠輪布若雲하며
蓮華妙寶爲瓔珞하여　　　處處莊嚴淨無垢로다
향장마니 보배로 언덕이 되고
햇빛 불꽃 진주 바퀴 구름 퍼지듯
연꽃과 묘한 보배 영락이 되니
곳곳마다 장엄한 것 깨끗하여라.

ㄷ. 나머지 일곱 구절을 노래하다[三頌餘七]

香水澄渟具衆色하고　　　寶華旋布放光明하며
普震音聲聞遠近하니　　　以佛威神演妙法이로다
향수가 고요하여 여러 가지 빛
보배 꽃 둘러 퍼져 광명 놓으며
우렁차게 나는 음성 가깝게
부처님의 위신으로 법문 말하네.

[疏] 頌中에 菩薩持蓋은 經有頌無오 日焰光輪은 經無頌有라 且分爲二니 初三은 頌初十句니 一은 頌底요 二는 頌岸及網이니 瓔卽網類라 三은 頌餘七이니 細尋可見이니라

■ 나) 게송으로 거듭 밝힘 중에 '보살이 일산을 가지고'는 경문에는 있는데 게송에는 없으며, '햇빛 불꽃 광명 바퀴'는 경문에 없는데 게송에는 있는 구절이다. 우선 둘로 나누리니 (가) 세 게송의 앞의 열 구절을 노래함이니, ㄱ. 향수해 밑바닥을 노래함이요, ㄴ. 언덕과 그물을 노래함이니 영락(瓔珞)은 곧 제석천 그물의 종류이다. ㄷ. 나머지 일

곱 구절을 노래함이니 자세하게 살펴보면 알 수 있으리라.

(나) 일곱 게송은 뒤의 열 구절에서 층계 등을 노래하다

    [後七頌後十句頌階等] 7.

ㄱ. 층계와 난간을 노래하다[一頌階陛欄楯] (餘七 22上8)

    階陛莊嚴具衆寶어든　　　　復以摩尼爲間飾하며
    周迴欄楯悉寶成이어든　　　蓮華珠網如雲布로다
    층계에 장엄한 것 모든 보배요
    사이사이 마니주로 꾸미었는데
    둘려 있는 난간들도 보배로 되니
    연꽃과 진주 그물 구름 퍼지듯

ㄴ. 나무와 숲을 노래하다[二頌樹林]

    摩尼寶樹列成行하여　　　　華藥敷榮光赫奕이라
    種種樂音恒競奏하니　　　　佛神通力令如是로다
    마니로 된 보배 나무 줄을 지었고
    꽃들이 만발하여 빛이 찬란해
    가지가지 음악을 항상 사뢰니
    부처님의 신통으로 이러하니라.

ㄷ. 연꽃이 핀 장엄을 노래하다[三頌華敷]

種種妙寶芬陀利가　　敷布莊嚴香水海하니
香焰光明無暫停하여　　廣大圓滿皆充徧이로다
가지가지 보배로 된 분타리 꽃이
활짝 피어 향수해를 장엄했으며
향기 불꽃 광명이 쉴 새 없으니
넓고 크고 원만하게 가득하도다.

ㄹ. 보배 당기 양상을 노래하다[四頌幢相]

明珠寶幢恒熾盛에　　妙衣垂布爲嚴飾이라
摩尼鈴網演法音하여　　令其聞者趣佛智로다
밝은 진주 보배 당기 늘 치성하고
묘한 옷이 드리워서 장식이 찬란
마니로 된 방울 그물 법을 말하여
듣는 이들 부처 지혜 이르게 하네.

ㅁ. 연꽃 성과 진주 장엄을 노래하다[五頌城珠]

妙寶蓮華作城郭하니　　衆彩摩尼所嚴瑩이며
眞珠雲影布四隅하여　　如是莊嚴香水海로다
묘한 보배 연꽃으로 성곽이 되고
갖은 채색 마니로써 장엄했는데
진주 구름 그림자가 사방에 퍼져
이러하게 향수해를 장엄하도다.

ㅂ. 담장과 누각 장엄을 노래하다[六頌牆閣]

　　垣墻繚遶皆周帀하고　　樓閣相望布其上이어든
　　無量光明恒熾然하여　　種種莊嚴清淨海로다
　　담과 성이 빈틈없이 둘리었는데
　　누각들이 여기저기 지어졌거든
　　한량없는 광명이 늘 찬란하게
　　청정한 향수해를 장엄 하였네.

ㅅ. 모든 장엄이 부처님께 속함으로 결론하다[七頌結嚴屬佛]

　　毘盧遮那於往昔에　　種種剎海皆嚴淨하시니
　　如是廣大無有邊이　　悉是如來自在力이로다
　　비로자나 부처님 지난 옛적
　　가지가지 세계해를 엄정하신 일
　　이렇게 엄청나서 끝이 없으니
　　여래의 자재하신 신통력이라.

[疏] 餘七偈는 頌後十句나 而小不次니 謂一은 頌階陛欄楯이오 二는 頌樹林이오 三은 頌華敷오 四는 頌幢相이오 五는 頌城珠오 六은 頌牆閣이라 繚者纏也라 七은 頌結嚴屬佛이니 一, 昔因이오 二, 現力이니라

■ (나) 일곱 게송은 뒤의 열 구절에서 층계 등을 노래함이지만 순서가 조금 다르다. 말하자면 ㄱ. 층계와 난간을 노래함이요, ㄴ. 나무와 숲을 노래함이요, ㄷ. 연꽃이 핀 장엄을 노래함이요, ㄹ. 보배 당기

양상을 노래함이요, ㅁ. 연꽃 성과 진주 장엄을 노래함이요, ㅂ. 담
장과 누각 장엄을 노래함인데, 요(繞)는 얽힘의 뜻이다. ㅅ. 모든 장
엄이 부처님께 속함으로 결론함이니, ① 예전 원인이요, ② 현재의 신
통력 때문이다.

라. 향물강으로 장엄하다[香河] 2.

가) 장항으로 해석하다[長行] 3.
(가) 숫자를 거론하여 표방하다[擧數] (第四 22下3)

爾時에 普賢菩薩이 復告大衆言하시되, 諸佛子여 一一
香水海에 各有四天下微塵數香水河가 右旋圍遶어든
그때 보현보살이 다시 대중에게 말하였다. "여러 불자들이
여, 낱낱 향수해마다 각각 사천하의 티끌 수 향물강이 있어
오른쪽으로 돌아 둘리었으니,

[疏] 第四, 海間香河니 卽隨一一心하야 同時相應하야 功德流注也라 長
行이 亦三이니 初, 擧數요 二, 一切下는 辨嚴이오 三, 若廣下는 結廣
이라
■ 라. 향수해 중간의 향물강의 장엄이니 곧 낱낱의 마음을 따라 같은
시기에 서로 응하여 공덕이 흘러 들어간다는 뜻이다. 가) 장항으로
해석함에 또한 셋이니 (가) 숫자를 거론하여 표방함이요, (나) 一切
아래는 장엄을 밝힘이요, (다) 若廣 아래는 광대함을 결론함이다.

[鈔] 卽隨一一心者는 大海를 旣喩藏識하니 小海는 復表種子라 二皆心王故라 河表同時心所니 謂善十一과 徧行과 別境이라 二千福河가 流注心地也니라

● '곧 낱낱의 마음을 따른다'는 것은 큰 바다는 이미 장식(藏識)에 비유하였고, 작은 바다는 다시 종자로 표하였다. 둘이 모두 심왕(心王)이기 때문이다. 강물은 동시에 심소(心所)를 표하였으니 이른바 선심소(善心所) 열한 가지와 변행심소(徧行心所)와 별경심소(別境心所)이다. '2천 가지 복스러운 강물이 마음의 땅에 흘러 들어간다'는 뜻이다.

(나) 장엄을 밝히다[辨嚴] (嚴中 23上5)

一切皆以金剛으로 爲岸하고 淨光摩尼로 以爲嚴飾이라 常現諸佛의 寶色光雲과 及諸衆生의 所有言音하며 其河所有漩澓之處에 一切諸佛의 所修因行과 種種形相이 皆從中出하며 摩尼爲網하고 衆寶鈴鐸이라 諸世界海所有莊嚴이 悉於中現하며 摩尼寶雲으로 以覆其上하여 其雲이 普現華藏世界毘盧遮那의 十方化佛과 及一切佛神通之事하고 復出妙音하여 稱揚三世佛菩薩名하며 其香水中에 常出一切寶焰光雲하여 相續不絶하니

(1) 모든 강이 모두 금강으로 언덕이 되고 (2) 깨끗한 빛 마니보배로 훌륭하게 장식하였으며 (3) 부처님들의 보배 빛 광명 구름과 (4) 모든 중생의 여러 가지 말이 항상 나타나느니라. (5) 그 강의 소용도는 곳마다 여러 부처님의 인행을 닦으시던 가지가지 형상이 그 속으로부터 나오고 (6) 마니

로 그물이 되고 (6) 뭇 보배로 풍경이 되었으며, (7) 모든 세계해에 있는 장엄들이 그 가운데 나타나고 (8) 마니보배 구름이 그 위에 덮였으며, 그 구름에는 화장세계의 비로자나불과 시방세계의 화신 부처님과 모든 부처님의 신통한 일들이 나타나고 (9) 또 아름다운 음성을 내어 삼세의 부처님과 보살들이 이름을 일컬으며, (10) 그 향수에서는 온갖 보배 불꽃 광명 구름이 항상 나와서 계속하여 끊어지지 아니하거니와

[疏] 嚴中에 嚴事가 並無差別일새 故云一切皆以니 謂並用寶體, 寶嚴과 聖靈游集과 光雲相映과 萬象浮輝라 十句를 可知로다
- (나) 장엄을 밝힘 중에 장엄하는 일이 아울러 차별이 없으므로 '온갖 것 모두 때문'이라 하나니, 말하자면 아울러 보배 체성과 보배 장엄과 성스럽고 신령함이 돌아가 모임과 광명 구름이 서로 비침과 만 가지 형상이 떠올라 빛남이다. 열 구절은 알 수 있으리라.

(다) 광대함을 결론하다[結廣] (三結 23上8)

若廣說者인댄 一一河에 各有世界海微塵數莊嚴하니라
만일 널리 말한다면 낱낱 향물강에 각각 세계해 티끌 수의 장엄이 있느니라."

[疏] 三, 結廣中에 既繞小海之小河에 已有刹海塵數之嚴하니 彌顯諸標結文이 非唯約事요 皆是一多無礙耳니라

■ (다) 광대함을 결론함 중에 이미 작은 향수해의 작은 강물을 두를 적에 이미 국토해 티끌 수의 장엄이 있으니, 모든 표방함과 결론한 경문을 더욱 밝힌 것이 오직 현상을 잡은 해석뿐이요, 모두 하나와 여럿이 무애함의 뜻일 뿐이다.

[鈔] 嚴中嚴事下는 釋第二辨嚴也라 疏中에 先, 略釋이오 後, 結十句를 可知로다 今先示十句하고 後示別釋호리라 十句者는 一, 岸體金剛이오 二, 淨光下에 摩尼로 嚴岸이오 三, 常現下에 現佛光色이오 四, 及諸下에 出同類音이오 五, 其河下에 漩澓出影이오 六, 摩尼下에 網鐸垂覆오 七, 諸世界下에 總顯多嚴이오 八, 摩尼寶雲下에 寶雲覆上이오 九, 復出妙音下에 浪出妙音이오 十, 其香水下에 水湧光雲이니 以文易知일새 故로 長行에는 不出하고 但偈中에 具示니라 後, 示略釋者인대 疏云寶體는 是初句요 寶嚴은 是第二句요 聖靈遊集은 即三四五句오 光雲相映은 即六八與十이오 萬象浮輝는 即七九二句니라

● (나) 嚴中嚴事 아래는 장엄을 밝힘을 해석함이다. 소문 중에 ㄱ. 간략히 해석함이요, ㄴ. 열 구절을 결론함은 알 수 있으리라. 지금은 먼저 열 구절을 보이고 뒤에 별상을 보여 해석하겠다. 열 구절이란 (1) 언덕의 자체가 금강으로 되고, (2) 淨光 아래는 마니로 언덕을 장엄하고 (3) 常現 아래에 부처님의 광명의 색상을 나타냄이요, (4) 及諸 아래는 같은 종류의 음성을 냄이요, (5) 其河 아래는 돌아서 그림자를 내보임이요, (6) 摩尼 아래는 그물과 풍경을 드리우고 덮음이요, (7) 諸世界 아래는 여러 장엄을 총합하여 밝힘이요, (8) 摩尼寶雲 아래는 보배 구름으로 위를 덮음이요, (9) 復出妙音 아래는 묘한 음성을 밝게 내보임이요, (10) 其香水 아래는 향물에서 광명 구름이 솟

아오름이니, 경문을 알기 쉬우므로 장항에는 내보이지 않았고 단지 게송에는 갖추어 보인 것이다. ㄷ. 간략히 해석함을 보인다면 소에서 보배 체성이라 말한 것은 첫 구절이요, 보배 장엄은 둘째 구절이요, '성스럽고 신령함이 돌아가 모임'은 곧 셋째, 넷째, 다섯째 구절이요, '광명 구름이 서로 비침'은 곧 여섯째, 여덟째, 열째 구절이요, '만 가지 형상이 떠올라 빛남'은 곧 일곱째, 아홉째 두 구절에 해당한다.

나) 게송으로 거듭 밝히다[偈頌] 8.
(가) 반의 게송은 금강으로 언덕이 된 것을 노래하다[初半偈頌金剛爲岸]

(偈中 23下3)

爾時에 普賢菩薩이 欲重宣其義하사 承佛神力하사 觀察十方하고 而說頌言하시되,
그때 보현보살이 이 뜻을 거듭 펴려고 부처님의 위신력을 받들어 시방을 관찰하고 게송으로 말하였다.

清淨香流滿大河하니　　金剛妙寶爲其岸하며
깨끗하온 향물이 큰 강에 가득
금강이란 보배로 언덕이 되고

[疏] 偈中에 初半偈는 頌岸體金剛이오
■ 나) 게송으로 거듭 밝힘 중에 (가) 반의 게송은 금강으로 언덕이 된 것을 노래함이요,

(나) 한 개 반의 게송은 마니로 언덕을 장엄함을 노래하다

    [次一偈半頌摩尼岸] (次一 23下3)

    寶末爲輪布其地하니   種種嚴飾皆珍好로다
    보배 가루 바퀴 되어 땅에 폈으니
    가지가지 장엄이 모두 훌륭해

    寶階行列妙莊嚴하고   欄楯周迴悉殊麗하며
    眞珠爲藏衆華飾하니   種種瓔鬘共垂下로다
    보배 층계 줄을 짓고 묘하게 장엄
    돌려 있는 난간들도 모두 화려해
    진주로 광이 되고 꽃으로 장식
    가지각색 영락화만 드리웠도다.

[疏] 次, 一偈半은 頌摩尼嚴岸이오
  ■ (나) 한 개 반의 게송은 마니로 언덕을 장엄함을 노래함이요.

(다) 한 게송은 광명 구름과 음성으로 말함을 노래하다

    [次一偈頌光雲言音] (三一 23下10)

    香水寶光淸淨色이   恒吐摩尼競疾流어든
    衆華隨浪皆搖動하여   悉奏樂音宣妙法이로다
    향수의 보배 광명 깨끗한 빛깔
    마니를 늘 토하여 빨리 흐르니

모든 꽃이 물결 따라 흔들리면서
　　풍악을 사뢰어서 법문을 연설

[疏] 三, 一頌은 光雲言音이오
■ (다) 한 게송은 광명 구름과 음성으로 말함을 노래함이요,

(라) 세 게송은 돌고 돌아 그림자를 내보임을 노래하다
　　[次三偈頌漩澓出影] (次三 24上7)

　　細末旃檀作泥坌하니　　一切妙寶同洞澓21)이라
　　香藏氛氳布在中하여　　發焰流芬普周徧이로다
　　곱게 깔린 전단 가루 앙금이 되고
　　여러 가지 묘한 보배 소용도는데
　　향기 광이 포근하게 그 속에 있어
　　빛을 내고 향기 풍겨 두루 하도다.

　　河中出生諸妙寶하여　　悉放光明色燦然이어든
　　其光布影成臺座하니　　華蓋珠瓔皆具足이로다
　　강 속에서 묘한 보배 솟아 나오고
　　광명을 함께 놓아 빛이 찬란코
　　광명의 그림자가 좌대가 되니
　　꽃 일산과 진주 영락 구족하였네.

---

21) 洞澓은 宮本作廻復 宋藏準弘昭本作洞澓, 準大正作廻復.

摩尼王中現佛身하여　　光明普照十方刹이라
以此爲輪嚴飾地하니　　香水暎徹常盈滿이로다
마니 속에 부처님 몸 나타나시니
그 광명이 시방세계 널리 비추고
이것이 바퀴 되어 땅을 꾸미고
맑게 비친 향물이 항상 가득해

[疏] 次三, 皆頌漩澓出影이오
■ (라) 세 게송은 돌고 돌아 그림자를 내보임을 노래함이요,

(마) 한 게송은 마니 그물과 풍경을 노래하다
　　[次一偈頌網鐸] (七頌 23上10)

摩尼爲網金爲鐸하여　　徧覆香河演佛音하되
克宣一切菩提道와　　及以普賢之妙行이로다
마니로 그물 되고 금으로 풍경
향물강에 두루 덮인 부처님 음성
보리에 나아가는 모든 길이며
보현의 묘한 행을 연설하도다.

[疏] 七, 頌網鐸垂覆와 及總現諸嚴이니 前現事嚴하고 此說道行이라
■ (마) 한 게송은 마니 그물을 드리우고 풍경으로 덮음을 노래함이니,
　　앞에는 현재의 일로 장엄하고 여기서는 도의 행을 말하였다.

제5. 華藏世界品 ①

(바) 한 게송은 부처님의 의보와 정보를 나타냄을 노래하다

　　[次一偈頌現佛依正] (八頌 24下4)

　　　寶岸摩尼極淸淨하여　　　恒出如來本願音하되
　　　一切諸佛曩所行을　　　其音普演皆令見이로다
　　　언덕 이룬 마니보배 한없이 청정
　　　여래의 근본 서원 음성을 내니
　　　옛날에 부처님들 행하던 일을
　　　그 소리로 연설하여 보게 하도다.

[疏] 八, 頌現佛依正이오
　■ (바) 한 게송은 부처님의 의보와 정보를 나타냄을 노래함이요,

(사) 한 게송은 묘한 음성을 밝게 냄을 노래하다[次一偈頌浪出妙音]
　　　　　　　　　　　　　　　　　　　(九頌 24下7)

　　　其河所有漩流處에　　　菩薩如雲常踊出하여
　　　悉往廣大刹土中하며　　　乃至法界咸充滿이로다
　　　향물강이 구비구비 흐르는 곳에
　　　보살들이 구름같이 솟아 나와서
　　　크고 넓은 세계 국토 골고루 가며
　　　온 시방의 법계까지 가득 차도다.

[疏] 九, 頌浪出妙音이오

■ (사) 한 게송은 묘한 음성을 밝게 냄을 노래함이요,

(아) 한 게송은 물에서 광명 구름이 나옴을 노래하다[後一偈頌水出光雲]
(十頌 24下10)

淸淨珠王布若雲하여　　一切香河悉彌覆하니
其珠等佛眉間相하여　　炳然顯現諸佛影이로다
깨끗한 진주왕이 구름 퍼지듯
간 데마다 향물강에 두루 덮이고
그 구슬이 부처님의 백호상 같아
부처님들 그림자를 환히 나투네.

[疏] 十, 頌水出光雲이라 更有影略하니 可以意得이니라
■ (아) 한 게송은 물에서 광명 구름이 나옴을 노래함이다. 다시 비추어 생략함이 있으니 의미를 얻을 수 있다.

마. 향물강의 흰 연꽃과 나무와 숲으로 장엄하다[樹林] 2.

가) 장항으로 밝히다[長行] 3.
(가) 총상으로 표방하다[總標] (第五 25上3)

爾時에 普賢菩薩이 復告大衆言하시되, 諸佛子여 此諸香
水河兩間之地를 悉以妙寶로 種種莊嚴하니
그때 보현보살이 다시 대중에게 말하였다. "여러 불자들이

여, 이 향물강의 사이에는 모두 아름다운 보배로 가지가지 장엄하였으니,

[疏] 第五, 河間華林이라 長行有三하니 初, 總標요 次, 一一下는 別顯이오 後, 其香水下는 總結이라

■ 마. 향물강 사이의 흰 연꽃과 나무와 숲으로 장엄함이다. 가) 장항으로 밝힘에도 셋이 있으니 (가) 총상으로 표방함이요, (나) 一一 아래는 두 가지 일을 별상으로 밝힘이요, (다) 其香水 아래는 총합하여 결론함이다.

(나) 두 가지 일을 별상으로 밝히다[別顯二事] (別顯 25下6)

一一各有四天下微塵數衆寶莊嚴인 芬陀利華가 周帀徧滿하며 各有四天下微塵數衆寶樹林이 次第行列이라 一一樹中에 恒出一切諸莊嚴雲하며 摩尼寶王이 照耀其間하며 種種華香이 處處盈滿하며 其樹에 復出微妙音聲하여 說諸如來一切劫中所修大願하며 復散種種摩尼寶王하여 充徧其地하니 所謂蓮華輪摩尼寶王과 香焰光雲摩尼寶王과 種種嚴飾摩尼寶王과 現不可思議莊嚴色摩尼寶王과 日光明衣藏摩尼寶王과 周徧十方普垂布光網雲摩尼寶王과 現一切諸佛神變摩尼寶王과 現一切衆生業報海摩尼寶王이라 如是等이 有世界海微塵數하니 其香水河兩間之地에 一一悉具如是莊嚴하니라

(1) 낱낱 강마다 사천하 티끌 수의 모든 보배로 장엄하고 분

타리 꽃이 두루 가득하였으며, (2) 각각 사천하 티끌 수의 보배 나무 숲이 있어 차례차례 줄을 지었고, 낱낱 나무에서는 항상 모든 장엄 구름을 내며, (3) 마니 보배가 그 사이를 찬란하게 비추고 가지각색 꽃과 향이 처처에 가득 찼으며, (4) 그 나무에서 또 묘한 음성을 내어 여래들이 모든 겁에서 닦으시던 큰 서원을 연설하고, (5) 또 가지각색 마니보왕을 흩어 땅이 가득하였으니 이른바 연꽃 바퀴 마니보왕, 향기 불꽃 광명 구름 마니보왕, 가지가지 장식한 마니보왕, 헤아릴 수 없는 장엄한 빛을 나타내는 마니보왕, 햇빛 광명 옷을 걺은 마니보왕, 시방에 가득하게 광명 그물 구름을 펼치는 마니보왕, 온갖 부처님의 신통변화 나타내는 마니보왕, 온갖 중생의 업보를 나타내는 마니보왕이었다. 이런 것이 세계해의 티끌 수가 있어 향물강과 향물강 사이마다 낱낱이 이러한 장엄을 갖추었느니라."

[疏] 別顯二事는 謂華及樹라 水陸各一이나 實有多事라 然此一段은 文勢少異하야 不列十事하야 以顯無盡하고 而但擧二하야 展轉明多하니 謂初一은 白蓮이오 後一은 寶樹라 於此一樹에 出五業用하니 一, 出莊嚴雲이오 二, 寶王照耀오 三, 華香盈滿이오 四, 出音演法이오 五, 雨寶徧地라 於中에 文有總別과 及結이라 別有八事하야 通三世間하니 初六은 現器요 次一은 現正覺이오 後一은 現衆生世間이라 如劒葉林等은 現惡業報요 天意樹等은 卽善業報요 男女林中에 朝生暮落은 皆業報海라

■ (나) 두 가지 일을 개별로 밝힘이니 이른바 꽃과 나무이다. 물과 육

지가 각기 하나이지만 실제로는 여러 가지 일이다. 그런데 이 한 문단은 경문의 세력이 조금 달라서 열 가지 일을 나열하지 않고 그지없음을 밝혔고, 단지 둘만 거론하여 전전이 여럿을 밝혔으니 이른바 처음 하나는 흰 연꽃이요, 뒤의 하나는 보배 나무이다. 이런 하나의 나무에 다섯 가지 업과 작용을 내보였으니 (1) 장엄 구름을 내보임이요, (2) 보배왕을 밝게 비춤이요, (3) 꽃 향기가 가득 참이요, (4) 음성을 내어 법을 연설함이요, (5) 보배로운 비가 땅에 두루 함이다. 그 중에 경문에는 총상과 별상과 결론이 있다. 별상에 여덟 가지 일이 있어서 삼세간과 통하나니 ㄱ. 처음 여섯 구절은 기세간(器世間)을 나타냄이요, ㄴ. 정각(正覺)을 나타냄이요, ㄷ. 중생세간(衆生世間)을 나타냄이다. 칼과 잎사귀와 숲과 같은 등은 악업(惡業)의 과보를 나타냄이요, 하늘의 생각과 나무 등은 선업(善業)의 과보요, 남자 여자의 숲 중에 아침에 생기고 저녁에 떨어짐은 모두 업보(業報)의 바다이다.

[鈔] 如劍葉林者는 其林樹葉이 猶如刀劍하야 下卽傷人이라 言如天意樹者는 涅槃四十二問中에 當第二十四問이니 云, 云何觀三寶를 猶如天意樹니 言天意樹者는 隨天意轉故니 至第九經하야 方始答之云하사대 復次善男子야 如菴羅樹와 及閻浮[22]樹가 一年에 三變하고 有時生華호대 光色敷榮하고 有是生葉호대 滋茂蓊鬱하며 有時凋落호대 狀如[23]枯死니라 善男子야 於意云何오 是樹가 實爲枯死不耶아 不也니다 世尊하 善男子야 如來亦爾하야 於三界中에 示三種身하사 有時初生하고 有時長大하고 有時涅槃이나 而如來身은 實非無常이라하니라 釋曰, 意明三寶가 隨物轉變이나 而實常存이 如天意樹가 隨天

---

22) 浮下에 南續金本有提字.
23) 如는 經作似, 南續金本作若.

意轉이나 而實不死라 隨天之意하니 明是善業矣로다

- '칼과 잎사귀와 숲과 같은' 등은 그 숲과 잎사귀 등이 칼과 같아서 아래로 가면 사람을 상하게 한다. '하늘의 생각과 나무와 같다'고 말한 것은 『열반경』의 42가지 질문 중에 24번째 질문에 해당하나니, 무엇 때문에 삼보를 하늘의 생각과 나무와 같다고 하였는가? '하늘의 생각과 나무'라 말한 것은 하늘의 생각을 따라 바뀐 까닭이니 제9권에 이르러 비로소 대답하여 말하되, "또다시 선남자여, 암라(菴羅) 나무와 염부(閻浮) 나무는 일 년에 세 번씩 변하여 어떤 때는 꽃이 피어 빛나는 색깔이 찬란하며, 어떤 때는 잎이 피어 대단히 무성하고 울창하며, 어떤 때는 낙엽 지는 모습이 말라 죽은 듯하다. 선남자야, 네 생각에는 어떠한가? 이 나무는 참으로 말라 죽은 것이냐?" "아닙니다, 세존이시여!" "선남자야, 여래도 역시 그러하다. 삼계(三界)에서 세 종류의 몸을 나타내나니, 어느 때는 처음으로 탄생하고 어느 때는 장대해지고 어느 때는 열반에 든다. 하지만 여래의 몸은 실로 무상한 것이 아니다"라고 하였다. 해석하자면 생각으로 삼보가 물건을 따라 전변함을 밝혔지만 실로 항상 존재함이 마치 하늘의 생각과 나무가 하늘의 생각을 따라 바뀜과 같지만 실로는 죽지 않음과 같다. 하늘의 생각을 따르는 것은 선업인 것이 분명하다.

言男女林者는 即楞伽第一百六問이니 云何男女林이닛고 一百七問에 云何訶梨勒이며 阿摩勒이닛고 解曰, 謂令觀世間을 如男女林等이라 依立世阿毘曇論第一에 云, 閻浮提林外에 有二林하니 一은 名訶梨勒이오 二는 名阿摩勒이라 此二林南에 復有七林하고 中有人林하니 是人林中에 果形如人이라 如閻浮提勝人王種호대 若男子十六歲하

며 如女[24] 十五歲하야 莊嚴具足하고 狀如行嫁라 是人林果가 可愛
如是오 其子蔕形은 如人頭髻니 未離欲者는 見此果子하면 便生愛心
하며 諸外道等이 有離欲人이라도 若見此果하면 卽失禪定하야 欲心還
生하나라 其子熟時에 唯鳥競食하나니 鳥食之餘는 殘落於地하면 如
尸陀林하야 甚可厭惡라 諸退禪定者는 見是相已에 深生厭離하야 還
得本定이라하니 意表世間男女如林이오 所見榮飾이 悉皆如幻이 與
此無別이라 徧計所執으로 妄謂之實이나 菩薩觀之에 都無所有니라
故로 楞伽에 云, 觀諸衆生을 如死屍無知니 以妄想故로 見有往來나
若離妄想하면 如彼死屍에 無鬼入中하야 云爲自在라하니라 故로 有
經說호대 菩薩所見世間資生이 無非實相이라하니 此之謂矣니라

● '남자 여자의 숲'이라 말한 것은 곧 『능가경』의 제106번째 질문이니 "어떤 것을 남자와 여자의 숲이라 하는가?" 107번째 질문에는 이르되, "어떤 것을 가리륵(訶梨勒)이며, 아마륵(阿摩勒)이라 합니까?" 해석하기를 이른바 하여금 세간을 관찰하게 함을 남녀의 숲과 같다는 등이다. 『입세아비담론(立世阿毘曇論)』 제1권에 이르되, "염부제의 숲 밖에 두 가지 숲이 있으니 하나는 이름이 가리륵(訶梨勒)이요, 둘은 아마륵(阿摩勒)이라 이름한다. 이 두 가지 숲의 남쪽에 다시 일곱 개의 숲이 있고, 중간에 사람의 숲이 있으니 이 사람의 숲 중에 과일 형상이 사람과 같다. 마치 염부제의 훌륭한 인왕(人王)의 종족과 같되 남자는 16세와 같으며 여자는 15세와 같아서 장엄이 구족하고 형상이 시집가는 형상과 같았다. 이 사람 숲의 과일이 이처럼 사랑스럽고 그 씨앗의 가시 모양이 사람의 머리 상투와 같나니, 욕심을 여의지 못한 이는 이런 과일과 씨앗을 보면 문득 사랑하는 마음이 생기며 모든 외

---

24) 如下에 南續金本有一字.

도 등이 욕심을 여읜 사람이 있더라도 만일 이런 과일을 보면 곧 선정을 잃어버려서 욕심이 도리어 생겨난다. 그 씨앗이 익었을 때에 오직 새가 다투어 쪼아 먹을 뿐이니 새가 먹고 나서는 땅에 남아 떨어지면 시다림(尸陀林)처럼 매우 심하게 악해진다. 모든 선정에서 물러난 이는 이런 모양을 보고 나서 싫어하는 생각이 깊이 생겨서 본래의 선정을 도리어 얻었다"라고 하였으니, 의미는 세간의 남녀가 숲과 같음을 표하였고, 본 것이 영화롭게 장식함이 모두 허깨비와 같음이 이것과 차별됨이 없다. 변계소집성으로 망녕되게 실법이라 말하지만 보살이 관찰할 적에 도무지 있지 않다. 그러므로 『능가경』에 이르되, "모든 중생을 죽은 시체가 알지 못함과 같이 관찰하나니 망녕된 생각으로 인해 왕래함을 보지만 만일 망상을 여의면 저 죽은 시체에게 귀신이 들어감 없는 것과 같아서 '자재로워진다'고 하였다"라고 말하였다. 그러므로 어떤 경에 설하되 "보살이 세간의 생활도구가 실상 아님이 없음을 본 것이다"라고 하였으니, 이렇게 말하였다.

(다) 총합하여 결론하다[總結] (如是 37上10)

[疏] 如是等下는 且結樹之雨寶니 已有刹海塵數라 例上出雲等四하야 一一皆然이라 一樹之中에 已有多刹海之嚴矣라 次例芬陀利華가 亦同於樹하야 其華와 與樹가 各有四天下塵하야 一一皆爾라 如華樹等類하야 復應有刹海塵數之物일새 故爲無盡之嚴也니라

■ 如是等 아래는 우선 나무에 내리는 보배 같은 비를 결론한 내용이니, 이미 국토해의 티끌 수가 있다. 위의 구름을 내는 등 네 가지와 유례하여 낱낱이 모두 그러하다. 한 나무 중에 이미 많은 국토의 장엄이

있다. 다음에 분타리와 유례함이 또한 나무와 같아서 그 꽃과 나무가 각기 사천하의 티끌 수가 있어서 낱낱이 모두 그러하다. 꽃과 나무 등의 종류와 같아서 다시 응하여 국토해 티끌 수의 물건이 있는 연고로 그지없는 장엄이 되는 것이다.

나) 게송으로 거듭 밝히다[偈頌] 3.
(가) 여섯 게송은 보배 나무를 노래하다[初六頌寶樹] (後應 28上9)

爾時에 普賢菩薩이 欲重宣其義하사 承佛神力하사 觀察十方하고 而說頌言하시되,
그때에 보현보살이 이 뜻을 거듭 펴려고 부처님의 위신력을 받들어 시방을 관찰하고 게송으로 말하였다.

其地平坦極淸淨하니　　眞金摩尼共嚴飾이요
諸樹行列蔭其中하니　　聳幹垂條華若雲25)이로다
이 땅이 평탄하고 매우 청정해
진금과 마니로써 함께 꾸몄네.
여러 나무 줄을 짓고 그늘 덮이니
솟은 줄기 뻗은 가지 구름 같도다.

枝條妙寶所莊嚴에　　華焰成輪光四照어든
摩尼爲果如雲布하여　　普使十方常現覩로다
가지와 회초리들 보배로 장엄

---

25) 華는 明宮淸合綱杭鼓纂績金本作萃, 麗宋元思南本作華, 合注云 萃는 南藏作華 杭注云 北藏萃 南藏作華.

꽃과 불꽃 바퀴 되어 두루 비치고
마니로 된 과일이 구름 퍼지듯
시방세계 중생들께 보게 하도다.

摩尼布地皆充滿이어든　　衆華寶末共莊嚴하고
復以摩尼作宮殿하여　　　悉現衆生諸影像이로다
마니보배 땅에 깔려 가득하였고
모든 꽃과 보배 가루 장엄했으며
마니로 궁전까지 또 지었느니
중생들의 모든 영상 나타나도다.

諸佛影像摩尼王을　　　普散其地靡不周하니
如是赫奕徧十方하여　　一一塵中咸見佛이로다
부처님의 영상인 마니 보배왕
땅 위에 널리 흩어 두루 하였고
이렇게 찬란하게 시방에 퍼져
낱낱 티끌 속에서 부처님 보네.

妙寶莊嚴善分布하고　　　眞珠燈網相間錯이어든
處處悉有摩尼輪하여　　　一一皆現佛神通이로다
묘한 보배 장엄이 잘 널리었고
진주로 된 등과 그물 섞이었는데
곳곳마다 마니 바퀴 모두 있어서
하나하나 부처 신통 나타내도다.

衆寶莊嚴放大光하고　　光中普現諸化佛하니
　　　一一周行靡不徧하사　　悉以十力廣開演이로다
　　　모든 보배 장엄에서 큰 광명 놓고
　　　광명 속에 화신 부처 모두 나타나
　　　간 데마다 두루 다녀 가득하여서
　　　열 가지 힘으로써 널리 말하네.

[疏] 後, 應頌은 不次라 文分爲三이니 初六은 頌寶樹라
- 나) 게송으로 거듭 밝힘은 순서가 맞지 않다. 경문을 셋으로 나누리니 (가) 여섯 게송은 보배 나무를 노래함이다.

(나) 한 게송은 하얀 연꽃을 노래하다[次一頌白蓮華] (次一 28下2)

　　　摩尼妙寶芬陀利가　　一切水中咸徧滿하되
　　　其華種種各不同하여　　悉現光明無盡歇이로다
　　　마니의 보배로 된 분타리 꽃이
　　　온갖 향물강 속에 가득했는데
　　　여러 꽃이 가지가지 같지 않거든
　　　모두 다 광명 놓아 다하지 않네.

[疏] 次一은 頌白蓮華라
- (나) 한 게송은 하얀 연꽃을 노래함이요,

(다) 세 게송은 결론하여 장엄하는 원인을 노래하다[後三頌結嚴所因] 3.

ㄱ. 총합하여 설명하다[總明] (後三 28下9)

    三世所有諸莊嚴이   摩尼果中皆顯現하되
    體性無生不可取니   此是如來自在力이로다
    세 세상에 여러 가지 모든 장엄들
    마니 열매 가운데 나타나지만
    그 성품 나도 않고 잡도 못하니
    이를 일러 여래의 자재하신 힘

    此地一切莊嚴中에   悉現如來廣大身하되
    彼亦不來亦不去니   佛昔願力皆令見이로다
    여기 있는 여러 가지 장엄 가운데
    여래의 넓고 큰 몸 나타나지만
    오지도 아니하고 가는 일 없고
    부처님의 원력으로 보게 되도다.

    此地一一微塵中에   一切佛子修行道하여
    各見所記當來刹이   隨其意樂悉淸淨[26]이로다
    이 땅의 하나하나 티끌 가운데
    여러 모든 불자들이 도를 닦으며
    수기받은 오는 세계 제각기 보되
    좋아하는 마음대로 모두 다 청정

---

[26] 刹 續本作別.

[疏] 後三, 結嚴所因이니 謂由佛等力하야 明體用無礙하야 現而常如라
- (다) 세 게송은 결론하여 장엄하는 원인을 노래함이니, 이른바 부처님 등의 힘으로 말미암아 체성과 작용이 무애하여 나타나면서도 항상 여여함을 설명한 내용이다.

ㄴ. 힐난을 보인 것을 개별로 해석하다[別釋示難] 6.
ㄱ) 네 구절을 잡아서 설명하다[約四句以明] (然此 28下10)

[疏] 然此三偈는 有多意趣하니 一者, 初一偈는 則器世間이오 次一은 智正覺이오 後一은 衆生이니 欲明一一事中에 皆現三世間嚴이로대 影略其文耳니라
- 그런데 이런 세 게송은 많은 의취(意趣)가 있으니 첫째, 한 게송은 기세간이요, 둘째, 한 게송은 지정각세간이요, 셋째, 한 게송은 중생세간이니, 낱낱의 일 가운데 모두 삼세간의 장엄을 나타냄을 밝히려고 하되 그 경문을 비추어 생략했을 뿐이다.

[鈔] 後三, 結嚴所因이라 疏文有三하니 初, 總明이오 二, 然此三偈下는 別釋이오 三, 方顯華嚴下는 結歎이라 二中[27]에 示難思相이 總有六重하고 六重之中에 皆通一偈나 而各取一句中言이라 又此四句가 各是一義니 如第一偈에 初句는 所現之境이오 二는 能現之處오 三은 所現之相이오 四는 能現之因이라 下二도 例然이니라 其第一重料揀은 初句所現不同이라 三偈가 各一世間이로대 而初偈는 是初句오 次偈는 是第二句오 後偈는 是第二三兩句니라 影略其文者는 謂隨一能

---

[27] 上十字는 南金本無, 二中은 續本作然此三偈下 二別釋.

現하야 能現三世間이니 今各擧其一일새 故云影略이오 非但此義가 六重이 皆影略이니라

- (다) 세 게송은 결론하여 장엄하는 원인을 노래함이다. 소문에 셋이 있으니 ㄱ. 총상으로 설명함이요, ㄴ. 然此三偈 아래는 힐난을 보인 것을 별상으로 해석함이요, ㄷ. 方顯華嚴 아래는 총합하여 결론함이다. ㄴ. 중에 생각하기 어려운 모양을 보임이 총합하면 여섯 거듭함이 있고, 여섯 거듭함 중에 모두 한 게송으로 통하지만 각기 한 구절 중의 말을 취하였다. 또한 이런 네 구절이 각기 한 가지 뜻이니, 마치 첫째 게송에서 첫 구절[三世所有諸莊嚴]은 나타낼 경계요, 둘째 구절[摩尼果中皆顯現]은 나타내는 주체의 장소요, 셋째 구절[體性無生不可取]은 나타낼 대상의 양상이요, 넷째 구절[此是如來自在力]은 나타내는 주체의 원인이다. 아래 두 게송도 유례하면 마찬가지이다. 그 첫째 거듭으로 구분할 적에 첫 구절은 나타낼 대상이 같지 않다. 세 게송이 각기 한 세간이로되 첫 게송은 첫 구절이요, 둘째 게송은 둘째 구절[悉現如來廣大身]이요, 뒤 게송은 둘째, 셋째의 두 구절[一切佛子修行道 各見所記當來刹]이다. '그 경문을 비추어 생략했다'는 것은 이른바 한 가지 나타내는 주체를 따라서 능히 삼세간에 나타났으니 지금은 각기 그 하나를 거론한 연고로 '비추어 생략했다'고 말한 것이요, 단지 이런 뜻이 여섯 거듭으로 모두 비추어 생략함뿐이 아니다.

ㄴ) 나타난 곳을 거듭 잡아서 설명하다[重約現處以明] (又初 29上10)

[疏] 又初는 明一果能現이오 次는 例一切莊嚴이오 後는 明塵塵皆爾니 從略至廣이며 從麤至細니라

■ 또한 처음은 한 가지 결과를 능히 나타냄을 설명하였고, 다음은 온 갖 장엄과 유례함이요, 뒤는 티끌과 티끌마다 모두 그러함을 설명하였으니, 간략함에서 자세함까지이고 거친 데서부터 미세함까지이다.

[鈔] 又初明一果能現下는 第二重, 約現處以明이니 初偈는 是第二句오 後二偈는 皆第一句니라
● ㄴ) 又初明一果能現 아래는 둘째 거듭에 나타난 곳을 거듭 잡아서 설명함이니 첫 게송은 둘째 구절이요, 뒤의 두 게송은 모두 첫째 구절을 노래함이다.

ㄷ) 나타낸 주체가 원인이 차이남을 거듭 잡아 해석하다
[重約能現因差] (又初 29下4)

[疏] 又初는 明佛力이오 次는 彰願力이오 後는 隨樂力이니라
■ 또한 첫 게송은 부처님의 힘을 밝힘이요, 다음 게송은 원력을 밝힘이요, 뒤 게송은 즐거움을 따르는 힘이다.

[鈔] 又初明佛力下는 第三重, 約能現因差하야 各顯一因이니 皆第四句니라
● ㄷ) 又初明佛力 아래는 셋째 거듭에 나타낸 주체가 원인이 차이남을 잡아서 각기 한 가지 원인을 밝힘이니 모두 넷째 구절에 있다.

ㄹ) 또한 현재의 원인이 분명히 다름을 잡아 해석하다[亦約現因明異]
(又初 29下6)

[疏] 又初는 果요 後는 因이오 願通因果니라
- 또한 처음은 결과요, 뒤는 원인이요, 서원이 원인과 결과에 통한다.

[鈔] 又初果後因者는 是第四重이니 亦約現因明異하야 重釋第四句나 而約因果不同이니라
- '또한 처음은 결과요, 뒤는 원인'이란 넷째 거듭이니, 또한 현재 원인이 분명히 다름을 잡아서 넷째 구절을 거듭 해석하였지만 원인과 결과가 다름을 잡은 해석이다.

ㅁ) 또한 나타내는 주체가 원인인 구절을 잡아 해석하다
[亦約能現因句] (又初 29下9)

[疏] 又初는 自오 後는 他오 願通自他니라
- 또한 처음은 자리행이요, 뒤는 이타행이요, 서원은 자리와 이타에 통한다.

[鈔] 又初自下는 第五는 亦約能現因이라 句亦第四니 約二利不同이니라
- ㅁ) 又初自 아래는 다섯째 거듭이니 또한 나타내는 주체가 원인인 구절을 잡아 해석함이다. 구절도 또한 넷째 구절이니 이리행(二利行)이 다름을 잡은 해석이다.

ㅂ) 나타낼 대상의 체성과 양상의 분명한 차이를 거듭 잡아서 해석하다
[重約所現性相明差] (又初 30上1)

[疏] 又初는 明卽性無性하야 體本不生이오 次는 明卽相無相하야 現無來去오 後는 明不壞於相하야 各見不同이니

- 또한 첫 게송은 성품과 성품 없음과 합치하여 체성은 본래 태어나지 않음이요, 다음 게송은 모양과 모양 없음과 합치하여 오고 감이 없음을 나타냄이요, 뒤 게송은 모양을 무너뜨리지 않아서 각기 보는 것이 다름을 설명하였으니,

[鈔] 初明卽性無性下는 第六重, 約所現性相明差라 三偈가 皆第三句니 以各見不同하야 同體無來等故라 此之一義는 更須解釋이니 謂若順上釋인대 旣從佛力等因일새 故所現之體가 卽無生等이오 二者는 此句가 亦是能現이니 由體無生故로 現而叵取오 稱性而來일새 故無來去오 隨機隱顯일새 各見不同이니라

- ㅂ) 初明卽性無性 아래는 여섯째 거듭이니, 나타낼 대상의 체성과 양상의 분명한 차이를 거듭 잡아서 해석함이다. 세 게송이 모두 셋째 구절이니 각기 보는 것이 달라서 체성이 오는 것이 없음 등과 같기 때문이다. 이런 한 가지 뜻은 다시 해석해야 하나니 말하자면 (1) 만일 위를 따라 해석한다면 이미 부처님 힘 등의 원인을 따르는 연고로 나타낼 대상의 체성이 곧 태어남 없음 등이요, (2) 이 구절이 또한 나타내는 주체이니 체성이 태어남 없음을 말미암은 연고로 나타나도 취할 수 없음이요, 성품과 칭합하여 오는 연고로 오고 감이 없음이요, 근기를 따라 숨고 나타나므로 각기 소견이 다른 것이다.

ㄷ. 총합하여 결론하다[總結] (方顯 30上8)

[疏] 方顯華藏之嚴이 皆言亡慮絕하야 非可情求也니라
- 바야흐로 화장세계의 장엄을 나타냄이 모두 말이 없고 생각이 끊어져서 생각으로 구할 수 없음을 밝힌 내용이다.

바. 화장세계의 장엄을 총결하다[總結] 2.

가) 장항으로 밝히다[長行] 2.
(가) 헤아리기 어려운 장엄을 표방하다[標莊嚴難測] (第六 30下1)

爾時에 普賢菩薩이 復告大衆言하시되, 諸佛子여 諸佛世尊의 世界海莊嚴이 不可思議니

그때 보현보살이 다시 대중에게 말하였다. "여러 불자들이여, 모든 부처님 세존의 세계해의 장엄을 헤아릴 수 없느니라.

[疏] 第六, 辨總結莊嚴이라 上來諸段이 雖說莊嚴이나 猶未能盡일새 故今總顯一一之境이 若說不說에 皆具刹海塵數功德莊嚴이라 是以로 文에 云一切境界라하니라 長行文이 二니 先, 標莊嚴難測이오
- 바. 화장세계의 장엄을 총결함을 밝힘이다. 여기까지 여러 문단이 비록 장엄을 설했지만 아직 능히 다하지 못했으므로 지금 낱낱 경계가 말하고 말하지 않을 적에 모두 국토해 티끌 수 공덕으로 장엄함을 갖추었다. 이런 까닭으로 경문에 이르되, '온갖 경계'라고 하였다. 장항의 경문이 둘이니 (가) 헤아리기 어려운 장엄을 표방함이요,

(나) 이유를 묻고 해석하다[徵釋所由] 3.

ㄱ. 경문을 따와서 바로 해석하다[牒經正釋] (二何 30下7)

何以故오 諸佛子여 此華藏莊嚴世界海의 一切境界가 一一皆以世界海微塵數清淨功德之所莊嚴일새니라
왜냐하면 이 화장장엄세계해의 온갖 경계는 낱낱이 세계해 티끌 수의 청정한 공덕으로 장엄한 까닭이니라."

[疏] 二, 何以下는 徵釋所由라 清淨功德이 文含二義하니 一, 謂衆多果嚴이 即是清淨功德이오 二, 謂一一果嚴이 從多清淨功德因生이라 以因望果컨대 應成四句니 謂多因一果의 一因多果等이라 故隨一一事하야 即曰難思라

■ (나) 何以 아래는 이유를 묻고 해석함이다. 청정한 공덕이 경문에 두 가지 뜻을 포함하였으니 (1) 이른바 여러 가지 결과로 장엄함이 곧 청정한 공덕이요, (2) 이른바 낱낱의 결과로 장엄함이 많은 청정한 공덕의 원인에서 생긴 것이다. 원인으로 결과를 바라보면 응당히 네 구절이 되었으니, 말하자면 ① 여러 원인에 한 가지 결과요, ② 한 가지 원인에 여러 결과 등이다. 그러므로 낱낱의 일을 따라서 바로 '생각하기 어렵다'고 말하였다.

[鈔] 應成四句者는 文出二句니 三, 一因一果요 四, 多因多果니 隨修一行하야 無德不招라 廣如問明과 及昇兜率品하니라 四句相融일새 故一一難思니라

● '응당히 네 구절이 되었다'는 것은 경문에서 두 구절이 나왔으니 ③ 한 가지 원인에 한 가지 결과요, ④ 여러 원인에 여러 결과이니 한 가

지 행법을 닦음을 따라서 부르지 못하는 공덕이 없다. 자세한 것은 제10 보살문명품과 제23 승도솔천궁품의 내용과 같다. 네 구절은 서로 융섭하므로 하나하나 생각하기 어렵다.

ㄴ. 게송을 인용하여 해석하다[引偈釋成] 2.
ㄱ) 원인에 대한 해석[釋因] (是以 31上4)
ㄴ) 결과에 대한 해석[釋果] (若語)

[疏] 是以로 頌에 云, 但由如來昔所行하야 神通願力而出生이 斯卽因也라 若語果嚴인대 略有五相하니 一者는 令多니 周給一切오 二者는 令常이니 永無乏絶이오 三者는 令妙니 悅可衆心이오 四者는 稱性이니 無生無相이오 五者는 自在鎔融無礙라 偈文에 具之하니 總斯五義일새 故曰難思라

■ 이런 까닭으로 게송에 이르되, "모두 다 부처님의 행하시던 바 신통과 서원으로 생겨나는 일"이라 한 이것이 곧 원인의 장엄이다. 만일 결과의 장엄을 말한다면 대략 다섯 가지 양상이 있으니 (1) 하여금 많게 함이니 온갖 것에 두루 공급함이요, (2) 하여금 항상하게 함이니 영원히 부족하거나 단절됨이 없음이요, (3) 묘하게 함이니 대중의 마음을 기쁘게 함이요, (4) 성품과 칭합함이니 남도 없고 모양도 없음의 뜻이요, (5) 자재하고 녹아 융섭하여 장애가 없음이다. 게송 문장에 갖추었으니 이런 다섯 가지 뜻을 총합한 연고로 '헤아리기 어렵다'고 말하였다.

[鈔] 一者令多等者는 第四偈一切刹海咸周徧이 是令周給他也오 第二

偈中에 靡暫停과 第三偈中의 恒聞見이 是令常也오 第三偈中의 其音美妙가 是令妙也오 第十偈中의 無等無生無有相이 是稱性也오
- (1) '하여금 많게 함' 등이란 넷째 게송에서 '온 법계 세계해에 모두 그러네'라 한 것이 하여금 다른 이에게 두루 공급한다는 뜻이다. 둘째 게송에 말한 '(신통과 모든 변화) 쉬지 않음'과 셋째 게송 중의 '언제나 (보배 속에) 듣고 본다'고 한 것이 항상하게 함의 뜻이다. 셋째 게송의 '그 음성 미묘하고 (부사의하여)'라 한 것이 하여금 미묘하게 한다는 뜻이다. 열째 게송 중의 '나도 않고 모양 없고 짝도 없으나'라 한 것이 성품과 칭합함의 뜻이다.

ㄷ. 정진하여 원융함을 밝히다[進顯圓融] (況因 31下5)

[疏] 況因果相卽아
- 하물며 원인과 결과가 서로 합치함이겠는가?

[鈔] 第八偈[28]의 能於一切微塵中에 普現其身淨衆刹과 及第九偈의 一刹那中悉能現이 皆自在也니라
- 여덟째 게송의 "자유롭게 여러 세계 티끌 속에서 그 몸에 좋은 세계 나타내리라"라 함과 아홉째 게송의 "한 찰나 가운데서 나타내리라"라고 한 것이 모두 자유로움이다.

나) 게송으로 거듭 밝히다[偈頌] 2.
(가) 여섯 게송은 과덕의 작용이 뛰어나다[前六果用勝] 3.

---

[28] 偈下에 南續金本有等字.

ㄱ. 네 게송은 장엄의 작용을 개별로 밝히다[初四別明嚴用]

(偈文 32上8)

爾時에 普賢菩薩이 欲重宣其義하사 承佛神力하사 觀察十方하고 而說頌言하시되,
그때 보현보살이 이 뜻을 거듭 펴려고 부처님의 위신력을 받들어 시방을 관찰하고 게송으로 말하였다.

此刹海中一切處가　　悉以衆寶爲嚴飾이라
發焰騰空布若雲하니　光明洞徹常彌覆로다
이 세계해 가운데 가는 곳마다
여러 가지 보배로 장엄하였고
내는 불꽃 구름처럼 허공에 퍼져
뚫어 비친 광명이 항상 덮였네.

摩尼吐雲無有盡하니　十方佛影於中現이라
神通變化靡暫停하시니　一切菩薩咸來集이로다
마니에서 나는 구름 다함없는데
시방여래 그림자 거기 나타나
신통과 모든 변화 쉬지 않으니
여러 많은 보살들이 와서 모이네.

一切摩尼演佛音하니　其音美妙不思議라
毘盧遮那昔所行을　於此寶內恒聞見이로다

마디마다 부처님의 음성을 내니
그 음성 미묘하고 부사의하여
비로자나 부처님 행하시던 일
언제나 보배 속에 들고 보도다.

淸淨光明徧照尊이　　　莊嚴具中皆現影하되
變化分身衆圍遶하여　　一切刹海咸周徧이로다
청정하신 비로자나 부처님 세존
그 영상 장엄 속에 나타나시되
화신불을 대중들이 둘러 앉았고
온 법계 세계해에 모두 그러네.

[疏] 偈文有十하니 大分爲二라 前六은 果嚴用勝이오 後四는 對因辨果라 前中에 分三이니 初四는 別明嚴用이오

■ 나) 게송으로 거듭 밝힘에 열 개 문장이 있으니 크게 둘로 나누리라. (가) 여섯 게송은 과덕의 작용이 뛰어남이요, (나) 네 게송은 원인에 상대하여 결과를 밝힘이다. (가) 중에 셋으로 나누리니 ㄱ. 네 게송은 장엄의 작용을 개별로 밝힘이요,

ㄴ. 한 게송은 현재의 인연에 속함으로 결론하다[次一結屬現緣]
(次一 32下2)

所有化佛皆如幻하시니　　求其來處不可得이로되
以佛境界威神力으로　　一切刹中如是現[29]이로다

여러 화신 부처님들 환술 같아서
오신 곳을 구하여도 찾을 수 없고
부처님의 경계인 위신력으로
모든 세계의 가운데 나타나시네.

[疏] 次一은 結屬現緣이오
- ㄴ. 한 게송은 현재의 인연에 속함으로 결론함이요,

ㄷ. 한 게송은 여러 종류를 총합하여 결론하다[後一總結多類]
(後一 32下5)

如來自在神通事가　　悉徧十方諸國土하시니
以此刹海淨莊嚴하여　　一切皆於寶中現이로다
여래의 자재하고 신통하신 힘
시방의 모든 국토 가득하시니
이러한 세계해의 깨끗한 장엄
모든 일이 보배 속에 나타나도다.

[疏] 後一은 總結多類라
- ㄷ. 한 게송은 여러 종류를 총합하여 결론함이다.

(나) 네 게송은 원인에 상대하여 결과를 밝히다[後四對因辨果] 4.
ㄱ. 행과 원으로 변화를 얻어 내다[以行願獲變化] (後四 32下8)

---

29) 現은 麗本作見.

十方所有諸變化여　　　一切皆如鏡中像하니
　　　但由如來昔所行하여　　神通願力而出生이로다
　　　시방의 여러 가지 변화하신 일
　　　모든 것이 거울 속의 그림자 같아
　　　모두 다 부처님의 행하시던 바
　　　신통과 서원으로 생겨나는 일

[疏] 後四는 對因辨果中에 一은 由行願神通爲因일새 故獲變化如鏡像果오
■ (나) 네 게송은 원인에 상대하여 결과를 밝힘 중에 ㄱ. 행과 원과 신통으로 말미암아 원인이 되었으므로 변화로 거울 속의 그림자 같은 결과를 얻어 냄이요,

ㄴ. 보현행으로 청정한 국토를 얻다[以普行得淨刹] (二以 33上2)

　　　若有能修普賢行하여　　入於菩薩勝智海면
　　　能於一切微塵中에　　　普現其身淨衆刹이로다
　　　누구든지 보현행을 닦기만 하면
　　　보살의 좋은 지혜 들어간 뒤에
　　　자유롭게 여러 세계 티끌 속에서
　　　그 몸에 좋은 세계 나타내리라.

[疏] 二, 以普行勝智로 爲因일새 故得一塵淨衆刹果오
■ ㄴ. 보현행의 좋은 지혜로 원인을 삼은 연고로 한 티끌 속 청정한 대중과 국토라는 결과를 얻음이요,

ㄷ. 선지식을 친근하여 단박에 나타남을 얻다[近善友得頓現]

(三由 33上5)

不可思議億大劫에　　親近一切諸如來일새
如其一切之所行을　　一刹那中悉能現이로다
헤아릴 수가 없는 억천 겁 동안
여러 세계 여래들을 친근하면서
그러하게 각처에서 행하던 일을
한 찰나 가운데서 나타내리라.

[疏] 三, 由長時近友爲因일새 故得刹那頓現之果오
　■　ㄷ. 오랜 시간 선지식을 친근함으로 말미암아 찰나 간에 단박에 나
　　　타내는 결과를 얻는 것이요,

ㄹ. 청정한 국토를 보고 모방하게 하다[見淨國使倣之] (四彰 32上8)

諸佛國土如虛空하여　　無等無生無有相이어늘
爲利衆生普嚴淨하사　　本願力故住其中이로다
부처님의 국토는 허공 같아서
나도 않고 모양 없고 짝도 없으나
중생에게 이익 주려 깨끗이 장엄
원력으로 그 가운데 머무시니라.

[疏] 四, 彰淨國之意하야 使倣而行之라 前半은 智境이니 嚴卽無嚴이라

謂自受用土가 周徧無等이오 法性之土體性이 無生이니 二皆無相이오 後半은 悲應이니 無嚴之嚴이라 嚴徧法界하야 無住之住가 常住刹中이니라 上釋莊嚴竟하다

- ㄹ. 청정한 국토라는 생각을 밝혀서 하여금 모방하여 행하게 한 것이다. ㄱ) 앞의 반의 게송은 지혜 경계이니, 장엄은 곧 장엄이 없음이다. 이른바 자수용토가 두루 하여 짝할 이 없음이요, 법성토의 체성이 남이 없음이지만 두 가지 모두가 모양 없음의 뜻이요, ㄴ) 뒤의 반의 게송은 자비로 응함이니 장엄이 없는 장엄이다. 두루 법계를 장엄하여 머무름 없이 머무는 것이 국토 중에 항상 머문다는 뜻이다. 여기까지 장엄에 대한 해석을 마친다.

[鈔] 後半悲應30)은 卽他受用과 及變化淨이니 一偈之中에 四土具矣니라
- ㄴ) 뒤의 반의 게송은 자비로 응함은 곧 타수용신과 변화신의 정토이니 한 게송 중에 네 가지 국토를 갖추었다.

(3) 티끌 수 세계와 마니보망의 차별[後段別明所持刹網差別] 3.

가. 설법 허락함을 대중에게 고하다[告衆許說] (第三 33下5)

爾時에 普賢菩薩이 復告大衆言하시되, 諸佛子여 此中에 有何等世界住오 我今當說하리라
그때에 보현보살이 다시 대중에게 말하였다. "여러 불자들이여, 이 가운데 어떠한 세계가 머무는지를 내가 이제 말하

---

30) 上四字는 南續金本作悲應已下後半.

리라.

[疏] 第三, 明所持刹網이니 釋品目世界之言이라 又前은 明本刹이오 今辨末界니 故兼染淨이라 文分三別이니 第一, 告衆許說이라 二, 諸佛子此不可說下는 雙標二章이오 三, 諸佛子彼諸世界種下는 廣釋二章이라

■ (3) 티끌 수 세계와 마니보망의 차별을 설명함이니, 품의 제목에 '세계'라는 말을 해석함이다. 또한 앞은 본래 국토를 밝힘이요, 지금은 지말 세계를 밝힘이니, 그러므로 더럽고 청정함을 겸하였다. 경문에 셋으로 나누어 구별하였으니 가. 설법 허락함을 대중에게 고함이요, 나. 諸佛子此不可說 아래는 두 가름을 함께 표방함이요, 다. 諸佛子彼諸世界種 아래는 두 가지 가름을 자세하게 해석함이다.

나. 두 가름을 함께 표방하다[雙標二章] 4.
가) 가름을 따라서 표방하여 지적하다[牒章標指] (標二 34上2)
나) 그 영역을 밝히다[彰其分齊] (然刹)

諸佛子여 此十不可說佛刹微塵數香水海中에 有十不可說佛刹微塵數世界種이 安住어든 一一世界種에 復有十不可說佛刹微塵數世界[31]하니라
여러 불자들이여, 이 말할 수 없는 세계의 티끌 수 같은 향수해 가운데 말할 수 없는 세계 티끌 수의 세계종이 있고, 낱낱 세계종에는 말할 수 없는 세계의 티끌 수 같은 세계가 있느니라.

---

31) 上兩十字는 麗宋元思續無 明清合綱杭纂鼓金有, 復有下南北宋論俱無十字 杭注云 復有下藏本有十字, 案準下經及疏鈔 復有下應無十字.

[疏] 標二章者는 謂種及刹이라 然이나 刹種은 依刹海하고 諸刹은 依刹種하니 則寬陜을 可知어니와
- 나. 두 가름을 함께 표방함은 이른바 종자와 국토이다. 그러나 국토종은 국토해에 의지하고, 모든 국토는 국토종에 의지하나니 넓고 좁음은 알 수 있으리라.

다) 묻고 해석하여 이름을 얻다[徵釋得名] 2.
(가) 종자를 잡아서 해석하다[約種釋] 2.
ㄱ. 바로 밝히다[正顯] (名從 34上3)
ㄴ. 힐난을 해명하다[通難] (而言)

[疏] 名從何得고 欲明世界無邊에 方便顯多일새 故立此名이니 謂積多世界하야 共在一處하야 攝諸流類일새 故名爲種이오 如是種類가 復有衆多하야 深廣無邊일새 故名爲海니 如積多魚하야 以成一種하고 魚龍龜鼈과 山泉島嶼가 乃有多種하야 並悉攝在一大海中이니라 而言世界無邊者는 海外有海일새 海海無窮也니라
- 명칭은 무엇에서 얻는가? 그지없는 세계를 밝히려 할 적에 방편이 많음을 밝히는 연고로 이런 명칭을 세웠으니, 이른바 많은 세계를 쌓아서 함께 한 곳에 두어서 모든 부류를 포섭하므로 '종(種)'이라 이름하였고, 이런 종류가 다시 여러 가지 많음이 있어서 깊고 광대하고 끝이 없는 연고로 '바다'라 이름하였다. 마치 많은 물고기를 쌓아서 한 종을 이루고 물고기와 용, 거북과 자라, 산과 샘물, 큰 섬과 작은 섬이 비로소 여러 종류가 있어서 아울러 모두 하나의 큰 바다 속에 포섭하여 있다. 그러나 '그지없는 세계'라 말한 것은 바다 밖에 바다가 있으

므로 바다와 바다가 끝이 없는 것이다.

(나) 종성을 잡아서 해석하다[約種性釋] 2.
ㄱ. 바로 해석하다[正釋] (若爾 34上8)

[疏] 若爾인대 種無別體오 攬界以成이어늘 何以下文에 說有形體아 雖依種類하야 以立種名이나 何妨此種에 別有其體리오 如多蜂孔이 共成一窠나 豈妨此窠가 別有其體리오 上擧魚龍은 蓋分喩耳니라

■ 만일 그렇다면 종자에는 별다른 체성이 없고, 세계를 잡아서 이루었거늘 '어찌하여 아래 경문에 형체가 있다고 말하는가?' 비록 종자와 부류를 의지하여 종자의 명칭을 세웠지만 이 종자에 무엇이 방해로운가? 마치 많은 벌집의 구멍이 함께 한 벌집을 만들어 사는 것과 같지만 어찌 이 벌집이 방해로운가? 그 체성이 따로이 있겠는가? 위에서는 물고기와 용을 거론한 것은 대개 나누어 비유한 것일 뿐이다.

ㄴ. 결론하다[結成] 2.
ㄱ) 바로 결론하다[正結成] (卽依 34下1)
ㄴ) 진경과 회통하여 밝히다[會顯] (舊經)

[疏] 卽依後義인대 亦得名爲種性이니 依於此種하야 能生世界가 如依一禾하야 有多穀粒이라 舊經에 云性은 多取此義니 恐濫體性일새 故改爲種이라 言有不可說者는

■ 곧 뒤의 뜻을 의지한다면 또한 '종성(種性)'이라는 이름을 얻게 되나니, 이런 종자를 의지하여 능히 세계를 생겨나게 함이 마치 한 볍씨에

의지하여 많은 나락의 곡식이 있게 됨과 같다. 구역 경전[晉經, 60권 화엄경]에 이르되, "성품은 대부분 이런 뜻을 취했으니, 체성이 잘못일까 두려운 연고로 종자로 고쳤다"라고 말하였다. '말할 수 없음이 있다'고 말한 것은,

라) 경문이 빠진 것을 밝히다[明文脫漏] (若準 34下3)

[疏] 若準下文인대 香海及種에 皆有十不可說이라 梵本亦有어늘 今脫十字하니 多是傳寫之漏耳니라
■ 만일 아래 경문에 준한다면 향수해와 국토종에 모두 '열 개의 말할 수 없음[十不可說]'이 있게 되었다. 범본에도 역시 있는데 지금 '십(十)'이란 글자가 빠졌으니 대부분 전사자(傳寫者)가 잘못한 것일 뿐이다.

[鈔] 標二章者謂種及刹下는 疏文有三하니 一, 總釋徵名이오 二, 欲明世界下는 雙顯名相이오 三, 而言世界下는 對難釋通이라 於中에 二니 初, 通世界無邊難이오 後, 若爾下는 釋種無體難이오 雖依種類下는 釋通이라 於中에 先, 正釋이오 二, 結成이라 今初32)니 前爲成海일새 故取種類가 略無別體어니와 今別喩蜂窠는 以彰有體라 蜂孔은 如刹하고 一窠는 如種이니 則顯魚龍하야 乃33)成分喩니라 卽依後義下는 二, 結成也니 先會同晉經하야 成種性義라 種有二義하니 一, 類요 二, 性이라 以禾로 喩種하고 以粒喩刹이니 禾能生穀일새 故有性義라 二, 恐濫下는 顯今經意오 亦是通難이니 難云호대 若有種生之義인대 何不依昔하야 爲世界性고할새 故爲此通이니 則種兼二義라 今經에

---

32) 上鈔는 南金本作雖依種類下 初正釋也 此下에 續本有也字.
33) 乃는 南續金本作但.

存之니라

● 標二章者謂種及刹 아래는 소문에 셋이 있으니 (가) 명칭을 물은 것을 총합하여 해석함이요, (나) 欲明世界 아래는 이름과 모양을 함께 밝힘이요, (다) 而言世界 아래는 힐난을 상대하여 해명함을 해석함이다. 그중에 둘이니 ㄱ. 세계가 그지없다는 힐난에 해명함이요, ㄴ. 若爾 아래는 종자가 체성이 없다는 힐난을 해명함이요, ㄷ. 雖依種類 아래는 통함을 해석함이다. 그중에 ㄱ) 바로 해석함이요, ㄴ) 결론함이다. 지금은 ㄱ)이니 앞은 바다를 이룬 연고로 종류가 생략되고 별다른 체성이 없음을 취하였다. 지금은 꿀벌과 벌집에 별도로 비유한 것은 체성이 있음을 밝히기 위함이다. 벌집의 구멍은 국토와 같고, 하나의 벌집은 종자와 같나니 물고기와 용을 밝혀서 비로소 부분적인 비유를 이룬 것이다. ㄴ) 卽依後義 아래는 결론함이니, (ㄱ) 먼저 진경과 같아서 종성의 뜻 이룸을 회통하였다. 종자에 두 가지 뜻이 있으니 ① 종류요 ② 체성이다. 벼로 종자에 비유하고 나락으로 국토에 비유하였으니 벼가 능히 곡식을 만드는 연고로 체성의 뜻이 있는 것이다. (ㄴ) 恐濫 아래는 본경의 의미를 밝힘이요, 또한 힐난에도 해명하였다. 힐난하여 말하되, "만일 종자에서 생긴다는 뜻이 있다면 어째서 예를 의지하지 않고 세계의 성품을 삼았는가?"라고 하므로 여기서 해명한 것이니, 종자에 두 가지 뜻을 겸한 것이다. 지금 본경에는 남아 있다.

다. 두 가지 가름을 자세하게 해석하다[廣釋二章] 2.
가) 총합하여 과목 나누다[總判] (三廣 35上6)

諸佛子여 彼諸世界種이 於世界海中에 各各依住며 各各形狀이며 各各體性이며 各各方所며 各各趣入이며 各各莊嚴이며 各各分齊며 各各行列이며 各各無差別이며 各各力加持니라

여러 불자들이여, 저 세계종들이 이 세계해 가운데서 (1) 각각으로 의지하여 머물고 (2) 각각 형상이 있고 (3) 각각 체성이 있고 (4) 각각 방소가 다르고 (5) 각각으로 나아가고 (6) 각각으로 장엄하고 (7) 각각으로 나뉘었고 (8) 각각 열을 짓고 (9) 각각 차별이 없고 (10) 각각 힘으로 가지하였느니라.

[疏] 三, 廣釋二章中에 文分爲二니 初, 通明刹種不同하야 釋刹種章이오 二, 別明刹種香海하야 雙釋二章이라 二段이 各有長行與偈니라 今初長行이 文二니 初, 列十門이오 後, 隨門廣釋이니 今初也라

■ 다. 두 가지 가름을 자세하게 해석함 중에 경문을 둘로 나누리니 (가) 세계종이 다름을 통틀어 밝혀서 '국토종의 가름'에 대해 해석함이요, (나) 국토종과 향수해를 개별로 밝혀서 두 가름을 함께 해석함이다. 두 문단이 각기 장항과 게송이 있다. 지금은 (가)에 장항에 경문이 둘이니 ㄱ) 열 가지 문을 나열함이요, ㄴ) 문을 따라 자세하게 해석함이니 지금은 (가)이다.

나) 개별로 해석하다[別釋] 2.
(가) 세계종이 다름을 통틀어 밝히다[通明刹種不同] 2.

ㄱ. 장항으로 밝히다[長行] 2.
ㄱ) 열 가지 문을 나열하여 해석하다[釋列十門] 2.
(ㄱ) 의지할 대상을 해석하다[釋所依] (然此 85上9)

[疏] 然此十門刹種之異가 並悉不離所依華藏일새 故云於世界海中이라
하니라
■ 그런데 이런 열 가지 문의 국토종이 다름이 아울러 모두 의지할 대상인 화장세계를 여의지 않는 연고로 '저 세계해 중에'라고 한 것이다.

(ㄴ) 열 가지 일을 해석하다[釋十事] 5.
a. 앞과 상대하여 구분하다[對前料揀] 2.
a) 앞과 상대하여 서로 비교하다[對前相望] (所列 35上10)
b) 개별 모양으로 서로 비교하다[別相相望] (若別)

[疏] 所列十事를 與成就品으로 都望에 全異하니 彼通一切海오 此明一海中**34)**種故라 若別別相望인대 互有互無하니 起具因緣과 淸淨과 佛出과 劫住와 轉變은 彼有此無하고 方所와 分齊와 行列과 趣入과 力持等五는 彼無此有하며 依住와 形體와 莊嚴과 無別은 彼此名同이라 前後互出하니 都有十五니라 皆顯十者는 俱表無盡이오 而或異者는 彰義多端이오 復有同者는 恐濫全別이니라
■ 나열한 바 열 가지 일을 세계성취품과 더불어 전체로 바라볼 적에 완전히 다르니, 저기는 온갖 바다와 통함이요, 여기서는 하나의 바다 중의 국토종을 밝혔기 때문에 (다른 것이다.) 만일 따로따로 서로 비교

---

34) 中은 南續金本無, 源本作之中所有刹.

하면 번갈아 있고 번갈아 없나니 (가) 생겨나며 갖춘 인연과 (바) 국토가 청정함과 (사) 부처님 출흥하심과 (아) 겁에 머무름과 (자) 겁이 전변함[35]은 저기는 있는데 여기는 없으며, (1) 방소(方所)와 (2) 영역[分齊]과 (3) 줄지어 나열함[行列]과 (4) 나아가 들어감[趣入]과 (5) 부처님 힘을 가짐[力持] 등 다섯 가지는 저기는 없는데 여기는 있으며, (나) 의지해 머무름[依住]과 (다) 형상 체성과 (라) 장엄과 (차) 차별 없음은 저기 세계성취품이나 여기 화장세계품이나 같은 명칭이다. 앞과 뒤에 번갈아 나오니 모두 15가지가 된다. 모두 열 가지로 밝힌 것은 함께 끝없음을 표한 것이요, 그러나 혹은 다르기도 한 것은 뜻이 여러 갈래[端]임을 밝힌 까닭이요, 다시 같은 것이 있음은 잘못이 완전히 차별됨을 두려워하기 때문이다.

b. 비방과 힐난에 대해 해명하다[釋通妨難] (何以 35下7)

[疏] 何以起具가 前有此無오 前段은 總明成立因果요 此中에는 正辨何等世界住故라 餘可思準이니라

■ 어찌하여 (가) 생겨나며 갖춘 인연이 앞에는 있고 여기는 없는가? 앞의 문단은 성립한 원인과 결과를 총합하여 설명함이요, 여기서는 어떤 세계가 머무는가를 바로 밝힌 까닭이다. 나머지는 준하여 생각할 수 있다.

[鈔] 所列十事下는 對前會釋이라 於中亦四니 一, 總顯不同이오 二, 若別別相望下는 互出同異오 三, 皆顯十下는 彰互所以오 四, 何以起具

---

[35] 여기의 五事는 앞의 세계성취품의 (가) 起具因緣 (나) 所依住 (다) 形狀差別 (라) 刹體性 (마) 刹莊嚴 (바) 刹清淨 (사) 佛出興 (아) 劫住 (자) 劫轉變 (차) 劫轉變無差別 중의 다섯 가지를 가리킨다.

下는 牒問釋成36)이니 卽初問也라 問意에 云, 一種起具等五는 此無前有하고 方所等五는 此有前無로다 從前段總明下는 答也니 答中에 對上牒起具問이라 餘可思準者는 卽是結例餘四니 但用何等世界住言하야 總通五難이니 劫住는 卽是果오 起具是因이니 此通은 易了어니와 餘四는 猶難하니 謂淸淨과 佛出과 劫住와 轉變은 正是果相이니 正辨果37)住어늘 何得全無오 今云無者는 淸淨方便은 亦是約因이오 又不通染이어니와 今則通染하고 又不語因이라 佛住는 約人이어니와 故亦無之라 劫住와 轉變은 此二竪明이니 今語現住며 亦非此要일새 故略不說이니라

● a) 所列十事 아래는 앞과 상대하여 회통하여 해석함이다. 그중에도 넷이니 (a) 다른 점을 총합하여 밝힘이요, (b) 若別別相望 아래는 같고 다른 점을 번갈아 내보임이요, (c) 皆顯十 아래는 내보인 이유를 번갈아 밝힘이요, (d) 何以起具 아래는 질문을 따와서 해석함이니 곧 첫째 질문이다. 질문한 의미에 말하되, "㊀ 종자에서 (가) 생겨나며 갖춘 인연 등 다섯 가지는 여기는 없고 앞에는 있으며, (1) 방소(方所) 등 다섯 가지는 여기는 있는데 앞에는 없는 내용이다"라고 하였다. b) 前段總明 아래는 (비방과 힐난에 대해) 해명함이니, ㊁ 대답함 중에 위의 생겨나며 갖춘 인연에서 질문을 따온 것이다. '나머지는 준하여 생각할 수 있다'는 것은 곧 나머지 네 가지를 유례하여 결론함이니, 단지 '어떤 세계에 머무는가?'라는 말을 사용하여 다섯 가지 힐난에 대해 총합하여 해명함이니 (아) 겁에 머무름은 바로 결과요, (가) 생겨나며 갖춘 인연은 원인이니, 여기서 해명함은 알기 쉽거니와 나머지 네 가지는 오히려 어렵다. 말하자면 (바) 국토가 청정함과

---

36) 上四字는 南金本作下.
37) 果는 南續金本作界.

(사) 부처님 출흥하심과 (아) 겁에 머무름과 (자) 겁이 전변함은 바로 결과의 양상이니 바로 과덕으로 머무름을 밝힌 내용인데, 어찌하여 완전히 없다고 하겠는가? 지금에 '없다'고 말한 것은 (바) (국토의) 방편이 청정함은 또한 원인을 잡은 해석이요, 또한 더러움과 통하지 않겠지만 지금은 더러움에도 통하고 또한 원인이라 말하지도 못한다. 부처님이 머무심은 사람을 잡은 해석이지만 그러므로 역시 없는 것이기도 하다. (아) 겁에 머무름과 (자) 겁이 전변함의 이 둘은 세로로 밝힌 내용이니 지금에는 현재에 머무른다고 말하며, 또한 여기서는 중요한 것이 아니므로 생략하고 말하지 않은 것이다.

c. 경문을 따라 개별로 해석하다[隨文別釋] 2.
a) 앞을 지적하고 뒤를 시작하다[指前生後] (然與 36上8)

[疏] 然與前同은 已如前釋이어니와 不同五事를 今當說之리라
- 그런데 앞과 같음은 이미 앞에서 해석함과 같거니와 같지 않은 다섯 가지 일[(a) 방소 (b) 나아가 들어감[趣入] (c)영역[分齊] (d) 줄지어 나열함[行列] (e) 부처님 힘을 가짐[力持]]을 지금 마땅히 말하리라.

[鈔] 然與前同下는 三, 隨文別釋하야 但解五句라
- c. 然與前同 아래는 경문을 따라 개별로 해석함이니 단지 다섯 구절만 풀이함이다.

b) 경문을 바로 해석하다[正釋經文] 5.
(a) 방소[方所] (各各 36上10)

[疏] 各各方所者는 若圓滿方所인댄 周滿法界하야 無處不有니 不卽三界며 不離三界어니와 若隨宜方所인댄 隨十方中하야 向背各別이니라

- '(4) 각각의 방소가 다름'은 원만한 방소라면 법계에 두루 충만하여 없는 곳이 없나니 삼계와 합치하지 않으며, 삼계를 여의지도 않거니와 만일 마땅함을 따른 방소라면 시방을 따라서 뒤를 향하여 각각 다르다.

[鈔] 若圓滿方所等者는 釋此五句니 皆是十八圓滿中意라 次下에 當明하리라 此中에 每句가 各³⁸⁾二義니 方所二者는 圓滿方所는 卽自受用方所니 如上引唯識하야 明自受用土相이오 隨宜方所者는 卽他受用과 及變化淨이라 然依佛地인댄 十八圓滿은 唯約他受用說이어니와 今約圓通일새 故進入自受用하야 下該變化니라

- '원만한 방소' 등이란 이 다섯 구절을 해석함이니, 모두 '18가지 원만함' 중의 의미이다. 다음 아래에 마땅히 밝히리라. 이 가운데 매 구절마다 각기 두 가지 뜻이니 방소가 둘이란 (1) 원만한 방소(圓滿方所)는 곧 자수용신(自受用身)의 방소이니 위에서 『성유식론』을 인용하여 자수용토의 모양을 밝힌 것과 같으며, (2) 마땅함을 따르는 방소[隨宜方所]는 곧 타수용신과 변화신의 정토이다. 그런데 부처님 지위를 의지하면 18가지 원만함은 오직 타수용신을 잡아서 설명한 것이지만 지금은 원만하게 통함을 잡으므로 정진하여 자수용토에 들어가서 아래로 변화신을 포섭한 내용이다.

(b) 나아가 들어감[趣入] (各各 36下8)

---

38) 各下에 南續金本有具字.

[疏] 各各趣入者는 依門趣入이니 約法門者인대 謂三解脫이라 又互相現
入이나 而無來去等이니라
- '(5) 각각으로 나아가 들어감'이란 문에 의지해 나아가 들어감이니 법문을 잡는다면 이른바 세 가지 해탈문이다. 또한 서로 번갈아 나타나고 들어가지만 오고 감이 없는 따위이다.

[鈔] 依門趣入者는 彼有事門은 卽如向說이오 二, 約法爲門이니 今但出此니라 又互相現入者는 是約此宗以辨門義니 並如下說이니라
- '문에 의지해 나아가 들어감'이란 (1) 저 현상이 있는 문은 곧 앞에서 설한 바와 같고, (2) 법을 잡아 문을 삼나니 지금은 단지 여기서 나왔을 뿐이다. 또한 '서로 번갈아 나타나고 들어감'이란 이 화엄의 종지를 잡아 문의 뜻을 밝혔으니 아울러 아래에 설한 바와 같다.

(c) 나뉜 영역[分齊] (各各 37上2)

[疏] 各各分齊者는 約事隨宜인대 廣陜異故오 約佛分齊인대 則十方無際니라
- '(7) 각각으로 나뉘었고'는 현상이 마땅함을 따름을 잡는다면 넓고 좁음이 다르기 때문이요, 부처님의 영역을 잡는다면 시방에 짬이 없음이다.

[鈔] 分齊分二니 隨宜는 卽他受用等이오 約佛은 卽自受用土니라 行列과 與下第十加持도 各約事法하야 分爲二니라 問이라 圓滿方所에는 云無處不有라하고 圓滿分齊에는 十方無際라하니 二相何別고 答이라 若

識隨宜方所分齊하면 卽知圓滿二相不同이니 謂隨宜方所者는 此之淨土가 十方之內에 爲在何方고 如極樂은 在西하고 妙喜는 在東等이라 言分齊者는 此之淨土가 廣狹云何오 或等一娑婆하며 或等百千이 是分齊也니 是則圓滿方所는 明無處不有者는 卽徧在一切處也오 分齊에 云³⁹⁾十方無際者는 量周法界也⁴⁰⁾니라

● 나눈 영역을 둘로 나누리니 (c) 수의분제(隨宜分齊)는 곧 타수용토 등이요, 부처님을 잡은 것은 곧 자수용토이다. (d) 줄지어 나열함과 아래의 열째 (e) 힘으로 가지함도 각기 현상법을 잡아서 둘로 나누었다. 질문한다. (a) 원만한 방소는 '없는 곳이 없다'라고 말하였고, (c) 원만한 영역에는 '시방에 끝이 없다'라고 말하고, 두 가지 양상이 어떻게 다른가? 대답한다. 만일 마땅함을 따른 방소와 영역을 알면 곧 원만한 두 양상이 다름을 알았으니, 이른바 마땅함을 따른 방소는 여기의 정토가 시방의 속에 어느 방소에 있음이 되는가? 마치 극락세계는 서쪽에 있고 묘희(妙喜)세계는 동쪽에 있다는 등과 같다. '영역[分齊]'이라 말한 것은 이곳의 정토가 넓고 좁음이 어떠한가? 혹은 사바세계와 똑같기도 하며 혹은 백천 가지와 같기도 함이 바로 영역이니, 이것이 원만한 방소인 것은 '없는 곳이 없다'고 설명한 것은 곧 온갖 곳에 두루 있다는 뜻이요, 영역에 이르되 '시방세계에 끝이 없다'고 말한 것은 분량이 법계에 두루 하다는 뜻이다.

(d) 줄지어 나열하다[行列] (各各 37下1)

[疏] 各各行列은 卽是道路니 約事可知어니와 約法인대 謂大念慧行으로

---

39) 云은 南續金本作也.
40) 此下에 金本有行列與下第十加持約事法爲二.

以爲游路니라
- '(8) 각각 열을 짓고'는 곧 도로이니 현상을 잡으면 알 수 있지만 법을 잡으면 이른바 큰 생각과 지혜와 행으로 다니는 길을 삼는다는 뜻이다.

(e) 힘으로 가지하다[力加持] (各各 37下2)

[疏] 各各力加持者는 卽約食能令住어니와 約法인대 廣大法味喜樂으로 所持니라
- '(10) 각각 힘으로 가지(加持)함'이란 곧 밥으로 능히 영원히 머무름을 잡은 해석이지만, 법을 잡으면 광대한 법의 맛과 기쁨으로 지탱할 대상을 삼는다는 뜻이다.

d. 서로 포섭함을 개별로 밝히다[別明相攝] 2.
a) 18가지 원만함을 포섭하다[攝十八圓滿] 4.
(a) 표방하여 해석하다[標釋] (又此 37下5)
(b) 명칭을 열거하다[列名] (言十)

[疏] 又此互出하야 顯佛淨土가 十八圓滿이니 十五攝故라 言十八者는 顯色과 形色과 分量과 方所와 因果와 及主와 輔翼과 眷屬과 任持와 事業과 攝益과 無畏와 住處와 路와 乘과 門과 及依持니라
- 또한 여기는 번갈아 나와서 부처님 정토를 밝힌 것이 18가지 원만함이니 15가지에 포섭되기 때문이다. 18가지라 말한 것은 ① 밝은 색깔[顯色] ② 형색 ③ 분량 ④ 방소 ⑤ 원인 ⑥ 결과 ⑦ 주인 ⑧ 돕는 대중[輔翼] ⑨ 권속 ⑩ 맡겨 지탱함[任持] ⑪ 사업 ⑫ 포섭한 이익[攝益]

⑬ 두려움 없음 ⑭ 머무는 장소 ⑮ 도로(道路) ⑯ 교법[乘] ⑰ 문(門) ⑱ 의지하여 지탱함[依持]이다.

[鈔] 又此互出下는 第四, 別示義門이라 於中에 三이니 初, 攝十八圓滿이오 二, 攝世界成就오 三, 刊定所宗이라 初中에 四니 一, 總標요 二, 列名이오 三, 正攝이오 四, 同異라 今⁴¹⁾初,⁴²⁾ 總將二品之文하야 共攝十八圓滿이니라

言十八下는 第二, 列名이라 文無次第와 及圓滿言이나 而十八具足하니 一, 顯色圓滿이오 二, 形色圓滿이오 三, 分量圓滿이오 四, 方所圓滿이오 五, 因圓滿이오 六, 果圓滿이오 七, 主요 八, 輔翼이오 九, 眷屬이오 十, 任持요 十一, 事業이오 十二, 攝益이오 十三, 無畏오 十四, 住處요 十五, 路오 十六, 乘이오 十七, 門이오 十八, 依持圓滿이라

● d. 又此互出 아래는 뜻의 문이 (서로 포섭함을) 개별로 보임이다. 그중에 셋이니 a) 18가지 원만을 포섭함이요, b) 세계성취품을 포섭함이요, c) 간정공이 근본으로 삼은 바이다. a) 중에 넷이니 (a) 총합하여 표방함이요, (b) 명칭을 열거함이요, (c) 바로 포섭함이요, (d) 같고 다른 점을 설명함이다. 지금은 (a)에서 두 품의 경문을 총합하여 가지고 18가지 원만함을 함께 포섭함이다.

(b) 言十八 아래는 명칭을 열거함이다. 경문에 순서와 원만함이란 말이 없지만 18가지가 구족되었으니 ① 밝은 색이 원만함 ② 형색이 원만함 ③ 분량이 원만함 ④ 방소가 원만함 ⑤ 원인이 원만함 ⑥ 결과가 원만함 ⑦ 주인이 원만함 ⑧ 도운 대중이 원만함 ⑨ 권속이 원만함 ⑩ 맡겨 지탱함이 원만함 ⑪ 사업이 원만함 ⑫ 섭수한 이익이 원만

---

41) 上四十七字는 南金本作又此互出下라.
42) 此下에 南金本有標釋也三字, 續本有標釋也今初五字.

함 ⑬ 두려움 없음이 원만함 ⑭ 머무는 곳이 원만함 ⑮ 도로가 원만
함 ⑯ 교법이 원만함 ⑰ 문이 원만함 ⑱ 의지함이 원만함이다.

(c) 서로 포섭함을 바로 설명하다[正明相攝] (云何 38上4)

[疏] 云何攝耶아 此具因緣은 卽因圓滿이오 依住는 卽是依持요 形狀은
卽當形色이오 體는 攝二種하니 一, 攝顯色이니 七寶光明으로 爲體性
故오 二, 攝果滿이니 隨類之果는 可知요 約佛하면 大圓鏡智相應淨
識之所變故니 故로 上偈에 云, 或一念心에 普示現으로 爲體라하니라
莊嚴은 攝三이니 謂一, 攝住處니 如來莊嚴으로 爲住處故오 二, 攝輔
翼이니 菩薩嚴故오 三, 攝眷屬이니 有餘衆故라 淸淨이 攝三이니 一,
攝事業이니 謂作有情之義利故오 二, 攝攝益이니 謂現證解脫하고 滅
彼煩惱와 及災橫故오 三, 攝無畏니 謂內無災橫하고 外無怖畏故라
此中佛住는 攝二圓滿이니 一, 攝主오 二, 攝乘이니 或說一乘等故라
方所와 分齊는 二名全同이오 行列은 卽路오 趣入은 卽門이오 力持는
爲任持니라

■ 어떻게 포섭하는가? 여기의 (가) 생겨나며 갖춘 인연은 곧 ⑤ 원인이
원만함이요, (나) 의지하여 머무름은 곧 ⑱ 의지함이 원만함이요,
(다) 형상은 ② 형색이 원만함에 해당하고, (라) 국토의 체성은 두 가
지를 포섭하나니 첫째 ① 밝은 색이 원만함을 포섭하나니 칠보의 광
명으로 체성을 삼기 때문이요, 둘째, ⑥ 결과가 원만함을 포섭하나
니 부류를 따른 결과는 알 수 있을 것이요, 부처님을 잡으면 대원경
지와 상응하는 청정한 식(識)으로 변화한 결과인 까닭이다. 그러므
로 위의 게송에 이르되, "혹은 한 생각의 마음에 널리 보이고 나타냄

을 체성으로 삼는다"라고 하였다. (마) 국토장엄은 세 가지를 포섭하나니 이른바 ⑭ 머무는 곳이 원만함을 포섭하나니 여래의 장엄으로 머무는 곳을 삼기 때문이요, ⑧ 도운 대중이 원만함을 포섭하나니 보살의 장엄인 까닭이요, ⑨ 권속이 원만함을 포섭하나니 나머지 대중이 있기 때문이다. (바) 방편이 청정함은 세 가지를 포섭하나니 ⑪ 사업이 원만함을 포섭하나니 이른바 유정의 뜻과 이익을 만들어 내기 때문이요, ⑫ 섭수한 이익이 원만함을 포섭하나니 이른바 현재에 해탈문을 증득하고 저 번뇌와 삼재나 횡액을 없애기 때문이요, ⑬ 두려움 없음이 원만함을 포섭하나니 이른바 안으로 삼재나 횡액이 없고 밖으로 두려움이 없기 때문이다. 이 가운데 (사) 부처님이 머무시는 곳[佛出興]은 두 가지 원만함을 포섭하나니 ⑦ 주인이 원만함을 포섭하고 ⑯ 교법이 원만함을 포섭하나니 혹은 일승법 등을 설하기 때문이요, ④ 방소가 원만함과 ③ 분량이 원만함 두 가지는 명칭까지 완전히 같으며, (d) 줄지어 나열함은 곧 ⑮ 도로가 원만함이요, (b) 나아가 들어감은 곧 ⑰ 문이 원만함이요, (e) 힘으로 가지함은 ⑩ 맡겨 지탱함이 원만함이 되었다.

- [鈔] 云何攝耶下는 第三, 正明相攝이니 先, 徵이오 此具下는 釋이라 釋中 文意는 皆是佛地論中之意니 細尋可知라 十八名相은 第五廻向에 更當廣釋이어니와 此但擧於此十五名하야 攝彼十八하고 其有難者는 引經會釋이니라
- ● (c) 云何攝耶 아래는 서로 포섭함을 바로 설명함이니 ① 질문함이요 ② 此具 아래는 해석함이다. ② 해석함 중의 문장과 의미는 모두『불지경론』[43)]의 주장이니 자세하게 살펴보면 알 수 있으리라. 18가지 명

칭과 행상은 제5 무진공덕장 회향에 가서 다시 자세하게 해석하겠지만 여기서는 단지 이 15가지 명칭을 거론하여 저 18가지 원만함을 포섭하고 그 힐난이 있는 것은 경문을 인용하여 회통하여 해석하였다.

(d) 같고 다른 점을 설명하다[明同異] 2.
㊀ 있고 없음과 같고 다른 점을 설명하다[明有無同異] 2.
① 저것으로 이것을 포섭하다[以彼攝此] (劫住 38下8)
② 저기에 포섭됨을 사용하지 않다[不用彼攝] (亦可)

[疏] 劫住와 轉變은 十八中에 無나 義同於果와 及事業攝이나라 亦可成二十圓滿이라도 於理無違니 謂劫住는 窮未來故오 轉變은 即如來神通變化라 世界海普淸淨轉變은 即圓滿義니라

- 아) 겁에 머무름과 자) 겁이 전변함은 18가지 중에 없지만 뜻으로는 ⑥ 결과가 원만함과 ⑪ 사업이 원만함에 함께 포섭된 것이다. 또한 20가지 원만함을 만들었더라도 이치에 어긋남이 없다. 말하자면 (아) 겁에 머무름은 미래제까지 다하기 때문이요, (자) 겁이 전변함은 곧 여래의 신통력과 변화함이다. 세계해가 널리 청정하게 전변함이 곧 원만함의 뜻인 것이다.

[鈔] 劫住轉變下는 第四, 明同異라 通有四種同異인대 此有二門하니 一,

---

43) 『불지경론』제1권의 주장이다. 經云 "論曰. 此顯如來住處圓滿. 謂佛淨土如是. 淨土復由十八圓滿事故. 說名圓滿. 謂顯色圓滿形色圓滿分量圓滿方所圓滿因圓滿果圓滿主圓滿輔翼圓滿眷屬圓滿住持圓滿事業圓滿攝益圓滿無畏圓滿住處圓滿路圓滿乘圓滿門圓滿依持圓滿. 由十九句如其次第顯示如是十八圓滿. 即此圓滿所嚴宮殿名佛淨土. 佛住如是大宮殿中說此契經受用變化二佛土中. 今此淨土何土所攝. 說此經佛爲是何身. 有義此土變化土攝. 說此經佛是變化身. 聲聞等衆住此土中. 現對如來開說是經. 歡喜信受而奉行故."(大正藏 제26책 No. 1530-)

立名同異니 如上別對中에 明이오 二, 開合同異니 亦如上說이라 然
上의 體와 及佛住가 各攝於二하고 淸淨과 莊嚴이 各攝於三하니 則四
門攝十이오 餘之八門은 各攝其一이라 則十二門으로 以⁴⁴⁾攝十八이
니 卽開合異也니라 三, 有無同異니 卽是劫住와 及劫轉變이라 釋無
所以에 略有二意하니 一, 以彼攝此니 謂果攝劫住라 有刹之果에 必
有劫住之時分故니라 事業圓滿이 攝此轉變이니 菩薩神通과 如來作
用이 皆轉變故라 二者, 不用彼攝이니 何必定須十八圓滿이리오 加於
此二에 以成二十數니 正圓滿故라 如以六通으로 爲十通等이니라 謂
劫住窮未來⁴⁵⁾故下는 示於二種圓滿之相이라

● (d) 劫住轉變 아래는 같고 다른 점을 설명함이다. 통틀어 네 가지 같고 다른 점이 있는데, 여기에 두 문이 있으니 (1) 세운 명칭이 같고 다름이니, 위에 개별로 상대한 중에 설명함과 같음이요, (2) 열고 합함이 같고 다름이니 또한 위의 설명과 같다. 그런데 위의 체성과 부처님이 머무심이 각기 둘을 포섭하고 방편 청정과 장엄은 각기 셋을 포섭하였으니 네 문으로 열 가지를 포섭한 것이요, 나머지 여덟 문은 각기 그 하나를 포섭하였으니, 12문으로 18원만을 포섭하였으니 곧 열고 합함이 다른 것이다. (3) 있고 없음이 같고 다름이니 곧 (아) 겁에 머무름과 (자) 겁이 전변함이다. 없는 이유를 해석할 적에 간략히 두 가지 의미가 있으니 ㉠ 저것으로 이것을 포섭함이니 이른바 ⓖ 결과가 원만함이 (아) 겁에 머무름을 포섭한 것이다. 국토가 있는 결과에 반드시 겁에 머무르는 시분이 있기 때문이다. ⑪ 사업이 원만함이 여기의 (자) 겁이 전변함을 포섭하였으니 보살의 신통과 여래의 작용은 모두 (자) 겁이 전변함이기 때문이다. (2) 저기서 포섭함을 사용하지

---

44) 以는 南續金本作已.
45) 謂下에 南續金本有以字.

않음이니 어찌 반드시 18가지 원만함으로 정함이 필요하겠는가? 이런 둘을 더할 적에 20가지 숫자를 이루나니 바르고 원만하기 때문이다. 마치 여섯 가지 신통으로 열 가지 신통을 삼은 것과 같다. 謂劫住窮未來故 아래는 두 가지 원만한 모양을 보인 것이다.

㈢ 통하고 국한함이 같고 다름을 설명하다[明通局同異] 2.
① 바로 설명하다[正明] (其無 39下2)

[疏] 其無差別은 彼文雖無나 卽由此故로 方顯圓滿이라 餘皆隨宜일새 故云各各이라
■ 그 차별 없음은 저 경문에는 비록 없지만 이것으로 말미암아 비로소 원만함을 밝혔다. 나머지는 모두 마땅함을 따른 연고로 '각각'이라 하였다.

[鈔] 其無差別下는 明通局同異니 彼十八事는 各各不同이어니와 今無差別은 通該十八이니 由無差別하야 約融攝說일새 故令十八로 得圓滿名이라 則此十四는 皆約隨宜니 由此無差일새 故名圓滿이니라
● ㈢ 其無差別 아래는 통하고 국한함이 같고 다름을 설명함이니, 저기 18가지 일이 각각이 같지 않겠지만 지금의 차별 없음은 18가지를 통틀어 포섭하였으니, 차별 없음으로 말미암아 융섭함을 잡아서 말하는 연고로 18가지로 하여금 원만함이란 명칭을 얻은 것이다. 여기의 14가지는 모두 마땅함을 따름을 잡았으니 여기의 차별 없음을 말미암은 연고로 원만함이라 이름한 것이다.

② 자취를 토대로 힐난이 생겨나다[躡跡生難] (無差 39下7)

[疏] 無差는 旣同이어늘 云何各各고 所無差事가 有多種故니라
- 차별 없음은 이미 같은데 어떤 것이 각각인가? 차별 없음의 대상인 일이 여러 종류가 있기 때문이다.

[鈔] 無差旣同下는 躡跡生難이니 上云餘十四事가 皆是隨宜故로 稱各各이오 其無差別은 稱實而說이라 令餘圓滿인대 則無差別은 非各各義어늘 何以經에 云各各無差오 今答此云所無差別事有多種故者는 上經中에 明塵塵刹刹과 佛佛生生이 皆悉融攝하니 事事相望에 卽云 一一이어니와 各各融攝이 卽是無差니라
- ② 無差旣同 아래는 자취를 토대로 힐난이 생겨남이니, 위에서 말한 나머지 14가지 일이 모두 마땅함을 따르는 연고로 각각이라 칭한 것이요, 그 차별 없음은 실법에 칭합하여 말한 것이다. 나머지로 하여금 원만하게 한다면 차별 없음은 각각의 뜻이 아닐 텐데 어찌하여 경문에서 '각각이 차별이 없다'고 하였는가? 지금은 여기서 말한 '차별 없음의 대상인 일이 여러 종류가 있기 때문'에 대답한 이유는 위의 경문 중에 티끌마다 국토마다, 부처와 부처, 중생과 중생이 모두 다 원융하게 포섭하였으니, 현상과 현상을 서로 비교할 적에 곧 '낱낱'이라 말했지만 각각이 원융하게 포섭함이 곧 차별 없다는 뜻이다.

b) 세계성취품을 포섭하여 설명하다[攝成就品] (若將 40上3)

[疏] 若將此十하야 對成就品十에 亦得相攝이나 恐厭繁文하노라

■ 만일 여기 화장세계품의 열 가지를 가지고 세계성취품의 열 가지와 상대할 적에 또한 서로 포섭함을 얻기도 하겠지만 문장이 번거로움을 싫어할까 두렵다.

[鈔] 若將此十下는 第二, 攝成就品이라 前攝十八은 共以二品으로 皆爲能攝이어니와 今此는 對前하야 自分能所하야 而得互攝이라 疏恐責繁하야 不能具出이나 須盡理하야 一一示之니 此華藏品이 攝成就品者는 此中에 趣入이 攝彼起具因緣과 及淸淨二事니 以趣入이 即三解脫門이오 可爲刹因이니 令刹淨故라 此中力持가 攝餘三事니 謂佛出과 劫住와 及劫轉變이니 以力持가 即是廣大法喜라 無佛이면 從何得法喜耶아 況有佛持라도 若佛不出이면 但以食持오 若佛出世면 即有法持라 若以食持면 住時即少어니와 若用法持하면 住劫이 則長이라 二種力持가 皆通轉變하니 法持는 則染變爲淨이오 食持는 則淨變爲染이라 故로 俱舍에 說호대 三災起時에 由二種因하니 一, 耽着美味오 二者, 懶惰라 故以食持로 淨變爲染이라 上以此二로 攝於彼五에 五事全同하니 故十具矣니라

● b) 若將此十 아래는 세계성취품을 포섭하여 설명함이다. 앞에서 18가지 원만함을 포섭함은 함께 두 품으로 모두 포섭하는 주체를 삼은 것이거니와 지금 여기는 앞과 상대하여 자연히 주체와 대상으로 구분하여 번갈아 포섭함을 얻었다. 소가가 번거로움을 꾸짖음을 두려워해서 능히 갖추어 내보이지 않았지만 초문(鈔文)에서는 모름지기 이치를 다하여 하나하나 보일 것이다. 이 '화장세계품이 세계성취품을 포섭한다'는 것은 이 가운데 (5) 나아가 들어감[趣入]이 저 (가) 생겨나면서 갖춘 인연과 (바) (국토가) 청정함의 두 가지 일을 포섭하였으

니, 나아가 들어감이 곧 세 가지 해탈문이요, 국토의 원인으로 삼을 수 있으니 국토를 청정케 하기 때문이다. 이 가운데 (10) 힘으로 가지함이 (저기의) 나머지 세 가지를 포섭하나니, 이른바 (사) 부처님 출흥하심과 (아) 겁이 머무름과 (자) 겁이 전변함이니, 힘으로 가지함이 바로 광대한 법의 기쁨인 것이다. 부처님이 없으면 어디에서 법의 기쁨을 얻겠는가? 하물며 부처님의 가지함이 있더라도 부처님이 출흥하지 않는다면 단지 밥으로 지탱할 뿐이요, 만일 부처님이 세간에 나오시면 곧 법으로 지탱함이 있다. 만일 음식으로 지탱하면 머무는 시분이 적겠지만 만일 법을 써서 가지하면 머무는 겁이 길어질 것이다. 두 가지 힘으로 가지함이 모두 겁이 전변함과 통하나니, 법으로 가지함은 더러움을 바꾸어 청정하게 하고, 음식으로 가지함은 청정함을 바꾸어 더럽게 할 것이다. 그러므로 『구사론』(제12권 분별세품)에 설하되, "삼재가 일어날 적에 두 가지 원인으로 근본이 되나니, 첫째는 좋은 음식을 탐낸 것이요, 둘째는 성질이 나태한 것이다"라고 하였다. 그러므로 음식으로 가지하면 청정함이 변하여 더러움이 되는 것이다. 위에서 이런 두 가지로 저기의 다섯 가지를 포섭할 적에 다섯 가지 일이 완전히 같나니, 그러므로 열 가지를 갖추는 것이다.

若以成就로 攝華藏者인대 上以此二門으로 攝於彼五하니 則以彼五로 攝於此二라 此餘三事는 謂方所라 分齊와 幷及行列이라 彼何攝耶아 卽五同中에 依住와 形狀의 二事로 所攝이니 以但有依住에 則有方所와 及行列故오 但有形狀에 則有分齊라 則以彼七로 攝此五事에 五事全同이니 則十亦具라 故於二處에 各擧十事하야 無所不收며 巧顯多端이라 故互隱顯이나 理實互出하야 爲顯十八이니라

● 만일 세계성취품으로 화장세계품을 포섭한다면 위에서 여기의 두 문으로 저기의 다섯 가지를 포섭한 것은 저기의 다섯 가지로 여기의 두 가지를 포섭한 것이다. 여기의 나머지 세 가지 일은 이른바 (4) 방소(方所)와 (6) 나뉜 영역[分齊]과 (7) 줄지어 나열함[行列]이다. 저기 세계성취품은 어떻게 포섭하는가? 다섯 가지 같은 것 중에 (1) 의지해 머무름과 (2) 형상의 두 가지 일이 포섭할 대상이니 단지 의지해 머무름 뿐이면 (4) 방소와 (7) 줄지어 열거함이 있는 것이요, 단지 (2) 형상만 있을 적에는 (6) 분제가 있는 것이다. 저기 세계성취품의 일곱 가지로 여기 화장세계품의 다섯 가지 일을 포섭할 적에 다섯 가지 일이 완전히 같나니 (그리하여) 열 가지도 역시 갖춘 것이다. 그러므로 두 곳에서 각기 열 가지 일을 거론하여 거두지 못함이 없으며, 여러 단서를 잘 밝힌 것이다. 그러므로 번갈아 숨고 나타나지만 이치는 실제로 번갈아 내보여서 18가지를 밝힘이 된다.

e. 총합적으로 결론하고 찬탄하다[總結讚歎] (又上 41上3)

[疏] 又上諸文이 一一段中에 具多圓滿하야 一一融攝하니 故異餘宗이니라
■ 또한 위의 모든 경문이 낱낱 문단 중에서 많은 원만함을 갖추어서 낱낱이 원융하게 포섭하였으니 그러므로 나머지 종지와는 다른 것이다.

ㄴ) 문에 따라 자세히 해석하다[隨門廣釋] 3.
(ㄱ) 세계종에 의지하여 머무르다[依住] (二隨 41下1)

諸佛子여 此世界種이 或有依大蓮華海住하며 或有依無

邊色寶華海住하며 或有依一切眞珠藏寶瓔珞海住하며 或有依香水海住하며 或有依一切華海住하며 或有依摩尼寶網海住하며 或有依漩流光海住하며 或有依菩薩寶莊嚴冠海住하며 或有依種種衆生身海住하며 或有依一切佛音聲摩尼王海住하니 如是等을 若廣說者인댄 有世界海微塵數하니라

여러 불자들이여, 이 세계종들이 (1) 혹은 큰 연꽃 바다를 의지하여 머물고, (2) 혹은 끝없는 빛깔 보배 꽃 바다를 의지하여 머물고, (3) 혹은 온갖 진주광인 보배 영락 바다를 의지하여 머물고, (4) 혹은 향수해를 의지하여 머물고, (5) 혹은 온갖 꽃 바다를 의지하여 머물고, (6) 혹은 마니보배 그물 바다를 의지하여 머물고, (7) 혹은 소용도는 광명 바다를 의지하여 머물고, (8) 혹은 보살의 보배로 장엄한 관 바다를 의지하여 머물고, (9) 혹은 가지가지 중생의 몸 바다를 의지하여 머물고, (10) 혹은 온갖 부처님의 음성을 내는 마니왕 바다를 의지하여 머무나니, 이런 것을 널리 말하면 세계해의 티끌 수가 있느니라.

[疏] 二, 隨門廣釋하야 但釋其三이니 謂依住와 形과 體라 餘七은 雖略이나 義上已說이라 今初, 依住中에 初는 列이오 後는 結이니 文並可知로다

■ ㄴ) 문에 따라 자세히 해석함 중에 단지 그 세 가지만 해석하였으니 이른바 (ㄱ) 의지해 머무름과 (ㄴ) 형상과 (ㄷ) 체성이다. 나머지 일곱 가지는 비록 생략하였지만 뜻은 위에서 이미 말하였다. 지금은 (ㄱ) 세계종에 의지해 머무름 중에 a. 나열함이요, b. 결론함이니 경

문과 함께하면 알 수 있으리라.

(ㄴ) 세계종에 섭수된 형상[形狀] (二形 41下10)

諸佛子여 彼一切世界種이 或有作須彌山形하며 或作江河形하며 或作廻轉形하며 或作漩流形하며 或作輪輞形하며 或作壇墠形하며 或作樹林形하며 或作樓閣形하며 或作山幢形하며 或作普方形하며 或作胎藏形하며 或作蓮華形하며 或作佉勒迦形하며 或作衆生身形하며 或作雲形하며 或作諸佛相好形하며 或作圓滿光明形하며 或作種種珠網形하며 或作一切門闥形하며 或作諸莊嚴具形하니 如是等을 若廣說者인댄 有世界海微塵數하니라

여러 불자들이여, 저 모든 세계종이 (1) 혹은 수미산 형상으로 되고, (2) 혹은 강과 내의 형상으로 되고, (3) 혹은 회전하는 형상으로 되고, (4) 혹은 소용도는 물 형상으로 되고, (5) 혹은 수레바퀴 형상으로 되고, (6) 혹은 단을 모은 형상으로 되고, (7) 혹은 나무 숲 형상으로 되고, (8) 혹은 누각 형상으로 되고, (9) 혹은 산과 당기 형상으로 되고, (10) 혹은 여러 모난 형상으로 되고, (11) 혹은 탯속 형상으로 되고, (12) 혹은 연꽃 형상으로 되고, (13) 혹은 카륵가 형상으로 되고, (14) 혹은 중생의 몸 형상으로 되고, (15) 혹은 구름 형상으로 되고, (16) 혹은 부처님의 잘생긴 몸매 형상으로 되고, (17) 혹은 원만한 광명 형상으로 되고, (18) 혹은 가지가지 진주 그물 형상으로 되고, (19) 혹은 온갖 문과 창 형상

으로 되고, (20) 혹은 모든 장엄거리 형상으로 되었나니, 이런 것을 널리 말하자면 세계해의 티끌 수가 있느니라.

[疏] 二, 形狀中이라 初는 列二十種이오 後는 結塵數不同이라 今初, 廻轉形者는 㡌襞[46]往來之形也라 壇墠形者는 築土爲壇이오 除地爲墠이라 佉勒迦者는 梵音이니 此云竹篅也니라

■ (ㄴ) 세계종에 섭수된 형상이다. 그중에 a. 스무 가지를 열거함이요, b. 티끌 수로 같지 않음을 결론함이다. 지금은 a.에 (3) 회전하는 형상이란 주름 잡힌 속옷으로 오고 가는 형상이다. (6) 단을 모은 형상이란 흙을 쌓아서 단을 만들고, 터를 청소하여 제사 터를 만든 것이다. (13) 카륵가[佉勒迦]는 범어 소리이니 '대 그릇'이라 번역한다.

(ㄷ) 세계종의 체성[體性] (三明 42下6)

諸佛子여 彼一切世界種이 或有以十方摩尼雲爲體하며 或有以衆色焰爲體하며 或有以諸光明爲體하며 或有以寶香焰爲體하며 或有以一切寶莊嚴多羅華爲體하며 或有以菩薩影像爲體하며 或有以諸佛光明爲體하며 或有以佛色相爲體하며 或有以一寶光爲體하며 或有以衆寶光爲體하며 或有以一切衆生福德海音聲爲體하며 或有以一切衆生諸業海音聲爲體하며 或有以一切佛境界淸淨音聲爲體하며 或有以一切菩薩大願海音聲爲體하며 或有以一切佛方便音聲爲體하며 或有以一切刹莊嚴具

---

46) 㡌襞은 南續本作攝襞, 源原纂金本作攝襞; 案襞本作襞 音疊 猶摺疊也 亦作襵襞 攝襞 攇疊; 瑜伽卷四 音釋 襵陟葉切 與摺同.

成壞音聲爲體하며 或有以無邊佛音聲爲體하며 或有以一切佛變化音聲爲體하며 或有以一切衆生善音聲爲體하며 或有以一切佛功德海淸淨音聲爲體하니 如是等을 若廣說者인댄 有世界海微塵數하니라

여러 불자들이여, 온갖 세계종이 (1) 혹은 시방의 마니 구름으로 자체가 되고 (2) 혹은 뭇 빛깔 불꽃으로 자체가 되고, (3) 혹은 모든 광명으로 자체가 되고, (4) 혹은 보배 향 불꽃으로 자체가 되고, (5) 혹은 온갖 보배로 장엄한 다라 꽃으로 자체가 되고, (6) 혹은 보살의 영상으로 자체가 되고, (7) 혹은 부처님의 광명으로 자체가 되고, (8) 혹은 부처님의 빛깔 몸매로 자체가 되고, (9) 혹은 한 보배의 광명으로 자체가 되고, (10) 혹은 뭇 보배의 광명으로 자체가 되고, (11) 혹은 온갖 중생의 복덕 바다 음성으로 자체가 되고, (12) 혹은 온갖 중생의 업 바다 음성으로 자체가 되고, (13) 혹은 모든 부처님의 경계인 청정한 음성으로 자체가 되고, (14) 혹은 온갖 보살의 큰 원력 바다 음성으로 자체가 되고, (15) 혹은 모든 부처님의 방편 음성으로 자체가 되고, (16) 혹은 온갖 세계의 장엄거리가 이루고 부서지는 음성으로 자체가 되고, (17) 혹은 끝없는 부처님 음성으로 자체가 되고, (18) 혹은 온갖 부처님의 변화하는 음성으로 자체가 되고, (19) 혹은 온갖 중생의 선한 음성으로 자체가 되고, (20) 혹은 온갖 부처님의 공덕 바다 청정한 음성으로 자체가 되었나니, 이런 것을 널리 말하자면 세계해의 티끌 수가 있느니라."

[疏] 三, 明體中에 先은 列이오 後는 結이라 列中에 亦二十種이니 前十은 色相이오 後十은 是聲이라 會釋은 如前하니라
- (ㄷ) 세계종의 체성 중에 a. 나열함이요, b. 결론함이다. a. 나열함 중에 또한 20종이니, a) 앞의 열 가지는 색상이요, b) 뒤의 열 가지는 음성이다. 회통하여 해석함은 앞과 같다.

ㄴ. 게송으로 거듭 밝히다[偈頌] 6.
ㄱ) 한 게송은 (세계종이) 의지하고 머무름을 노래하다[頌依住]

(應頌 43上2)

爾時에 普賢菩薩이 欲重宣其義하사 承佛神力하사 觀察十方하고 而說頌言하시되,
그때에 보현보살이 이 뜻을 거듭 펴려고 부처님의 위신력을 받들어 시방을 관찰하고 게송으로 말하였다.

刹種堅固妙莊嚴이여　　廣大淸淨光明藏이
依止蓮華寶海住하며　　或有住於香海等이로다
세계종의 견고하고 묘한 장엄은
넓고 크고 청정한 광명장이니
연꽃 보배 바다를 의지도 하고
어떤 것은 향수해에 머물렀도다.

[疏] 應頌有十을 分爲六段하니 初一은 頌依住라
- ㄴ. 게송으로 거듭 밝힘에 열 게송이 있는데, 여섯 문단으로 나누리

니, ㄱ) 한 게송은 (세계종이) 의지하고 머무름을 노래함이다.

ㄴ) 한 게송은 (세계종의) 형상을 노래하다[次一頌形狀] (次一 43上5)

  須彌城樹壇墠形인　　一切刹種徧十方이어든
  種種莊嚴形相別하여　　各各布列而安住로다
  수미산과 성과 나무, 단 모은 형상
  온갖 가지 세계종이 시방에 가득
  가지가지 장엄과 형상이 달라
  각각으로 열을 지어 머물렀도다.

[疏] 次一은 形狀과 及布列安住라
■ ㄴ) 한 게송은 (세계종의) 형상과 벌여 있고 퍼뜨려 안주하는 장엄을 노래함이다.

ㄷ) 세 게송은 (세계종의) 체성을 노래하다[次三頌體性] (次三 43下2)

  或有體是淨光明이요　　或是華藏及寶雲이며
  或有刹種焰所成이라　　安住摩尼不壞藏이로다
  어떤 것의 체성은 깨끗한 광명
  어떤 것은 연꽃 광과 보배 구름과
  불꽃으로 이루어진 세계종들이
  깰 수 없는 마니장에 머물러 있네.

燈雲焰彩光明等이여　　種種無邊淸淨色이며
或有言音以爲體하니　　是佛所演不思議로다
등 구름과 불꽃 채색 광명들이며
가지가지 끝없이 청정한 빛깔
음성으로 체성을 삼기도 하니
부처님의 연설하신 부사의한 일

或是願力所出音과　　神變音聲爲體性하니
一切衆生大福業과　　佛功德音亦如是로다
어떤 것은 원력으로 내는 음성과
신통변화 음성으로 자체도 되고
중생들의 크고 큰 복덕 업이며
부처님의 공덕음도 그러하니라.

[疏] 次三은 體性이라

■　ㄷ) 세 게송은 (세계종의) 체성을 노래함이다.

ㄹ) 세 게송은 세 가지 일을 노래하다[次三頌三事] 2.
(ㄱ) 한 게송은 들어갈 문, 방소, 장엄을 해석하다[釋初一偈] (次三 42下9)

刹種一一差別門이　　不可思議無有盡이라
如是十方皆徧滿하니　　廣大莊嚴現神力이로다
세계종의 하나하나 차별한 문은
헤아릴 수도 없고 다함도 없어

제5. 華藏世界品 ① 　145

이러하게 시방에 두루 가득해
크고 넓은 장엄으로 신통 나투네.

[疏] 次三은 頌於五⁴⁷⁾事니 謂初偈初二句는 頌所入門이오 次句는 方所오 第四句는 莊嚴이라
- ㄹ) 세 게송은 세 가지 일을 노래함이니, 이른바 첫 게송의 두 구절은 들어갈 문을 노래함이요, 다음 구절은 방소요, 넷째 구절은 장엄이다.

(ㄴ) 두 게송을 해석하다[釋後偈] 3.
a. 반대로 해석하다[反釋] 2.
a) 첫 게송은 여럿으로 하나에 들어가다[初偈以多入一] (皆入 44上4)

十方所有廣大刹이　　悉來入此世界種하니
雖見十方普入中이나　而實無來無所入이로다
시방에 널려 있는 넓고 큰 세계
모두가 이 세계종 들어왔는데
시방세계 들어옴을 보긴 하지만
실지로는 오도 않고 든 것도 없네.

b) 뒤 게송은 하나와 여럿이 번갈아 들어가다[後偈一多互入]

以一刹種入一切하며　　一切入一亦無餘하니
體相如本無差別이라　　無等無量悉周徧이로다

---
47) 五는 源甲南續金本作三.

한 찰종이 온갖 것에 들기도 하고
온갖 찰종 한 찰종에 든다 하지만
본래 체성 조금도 다름없으며
짝도 없고 한량없이 두루 하였네.

[疏] 餘二偈中에 廣大刹之本相이 卽是分齊廣陜이라 此彼相入은 亦頌趣
入이니 初偈는 以多入一이오 後偈는 一多互入하야 皆入而無入이니
入則壞緣起오 不入에 壞性用이라

■ (ㄴ) 나머지 두 게송 중에 광대한 국토의 근본 모양이 곧 나뉜 영역
[分齊]이 넓고 좁음이다. 이곳과 저곳에서 서로 들어감은 또한 나아가
들어감[趣入]을 노래함이기도 하였으니, a) 첫 게송은 여럿으로 하나
에 들어감이요, b) 뒤 게송은 하나와 여럿이 번갈아 들어가서 모두
들어가면서도 들어감이 없음이니, 들어감은 연기법을 무너뜨림이요,
들어가지 않음은 체성과 작용을 무너뜨린다는 뜻이다.

[鈔] 此彼相入亦頌趣入者는 故上疏中에 釋趣入義에 已爲此解라 於中
有二하니 先, 略屬偈文이오 後, 皆入而無入下는 通釋二偈라 入無入
言은 前偈中에 有나 義通後偈일새 故致皆言이라 總有三意하니 初一
은 反釋이니 通緣起相由와 及法性融通二門이라 約緣起門者인댄 凡
緣起法이 要有三義하니 一, 諸緣各異義오 二, 互徧相資義오 三, 俱
存無礙義라 今云入則壞緣起者는 反釋不入이니 入則失緣하야 則無
諸緣各異之義라 言不入則壞性用者는 反釋入義는 則不得不入이니
不入則不得力用交徹故로 無互徧相資義하야 則壞用也라 若具入
不入하면 則俱存無礙하야 成緣起門이라 言法性融通門者는 卽性之

一字가 凡⁴⁸⁾法性融通에 要不壞相而卽眞性이라 入則壞緣起者는 無可相入이오 不入則壞性者는 則性不徧一切法故라 由不壞相⁴⁹⁾ 而能普徧하야사 方是法性融通義也라

- '이곳과 저곳에서 서로 들어감은 또한 나아가 들어감[趣入]을 노래함' 이란 그러므로 위의 소문 중에 나아가 들어감의 뜻을 해석할 적에 이미 이런 해석을 한 것이다. 그중에 둘이 있으니 a) 간략히 게송 문장에 소속함이요, b) 皆入而無入 아래는 두 게송을 통틀어 해석함이다. '들어가면서도 들어감이 없다'는 말은 앞의 게송 중에 있지만 뜻은 뒤 게송과 통하므로 '모두'라는 말이 되었다. 총합하여 세 가지 의미가 있으니 (a) 반대로 해석함이니 연기로 서로 말미암음과 법성이 융통함의 두 문과 통함이다. 연기문을 잡으면 대개 연기법은 중요한 것이 세 가지 뜻이 있으니 (1) 모든 인연은 각기 다르다는 뜻이요, (2) 번갈아 두루 서로 돕는다는 뜻이요, (3) 장애 없음이 모두 존재하는 뜻이다. 지금은 말하되, '들어감은 연기법을 무너뜨림'이란 들어가지 못함을 반대로 해석함이니, 들어가면 연기를 잃어서 모든 인연이 각기 다르다는 뜻이 없다는 뜻이다. '들어가지 않음은 체성과 작용을 무너뜨린다'고 말한 것은 들어가는 뜻은 어쩔 수 없이 들어감을 반대로 해석함이다. 들어가지 않으면 '힘과 작용으로 철저하게 교차함[力用交徹]'을 얻지 못하는 연고로 번갈아 두루 서로 돕는다는 뜻이 없어서 작용을 무너뜨리게 된다. 만일 들어감과 들어가지 않음을 구족하면 무애를 모두 두어서 연기문을 성립함이다. '법성이 융통하는 문'이라 말한 것은 곧 '성(性)'이란 한 글자가 대개 법성이 융통할 적에 모양을 무너뜨리지 않고 진여의 성품과 합치함이 중요하다. '들

---

48) 凡은 南續金本作夫.
49) 相下에 南金本有性字, 續本有入字.

어가면 연기법을 무너뜨린다'는 것은 서로 들어갈 수 없음이요, '들어가지 않으면 성품을 무너뜨린다'는 것은 성품이 온갖 법에 두루 하지 않기 때문이다. 모양을 무너뜨리지 않음을 말미암아 능히 널리 두루 하게 해야만 비로소 법성이 융통한 뜻이다.

b. 순리로 해석하다[順釋] (又要 44下7)

[疏] 又要由不入하야사 方能入耳니라
- 또한 들어가지 않음이 중요함을 말미암아야 비로소 능히 들어간다는 뜻이다.

[鈔] 二, 又要由不入方能入者는 卽順釋也니 亦通二門이나 唯就相說이라 若約緣起門인대 要由諸緣歷然不入하야사 方能50)相資하야 徧相入耳어니와 若約法性融通門者인대 要由事相歷然하야사 方隨理融하야 入一切法이니 故說若唯約理에 無可卽入이니라
- b. '또한 들어가지 않음이 중요함을 말미암아야 비로소 능히 들어감'이란 순리로 해석함이다. 또한 두 문에 통하지만 오직 모양에 나아가 말했을 뿐이다. 만일 연기문을 잡는다면 모든 인연이 역력히 들어감이 중요함을 말미암아야 비로소 능히 서로 도와서 두루 서로 들어갈 뿐이거니와 만일 법성이 융통한 문을 잡는다면 현상의 모양이 역력함이 중요하게 말미암아야 비로소 이치가 융통함을 따라서 온갖 법에 들어감이니, 그러므로 저 오직 이치만 잡을 적에 합치하고 들어갈 수 없음을 말하였다.

---

50) 能은 南續金本作得.

c. 함께 해석하다[雙釋] (又約 45上2)

[疏] 又約體本空故로 無來無入이오 約相不壞故로 如本無差니 以性融相일새 故得互入이니라
- 또한 체성이 본래 공함을 잡은 연고로 오는 것도 없고 들어감도 없으며, 모양을 무너뜨리지 않음을 잡은 연고로 본래 차별이 없음과 같나니, 체성으로 양상을 융섭하는 연고로 번갈아 들어감을 얻는다.

[鈔] 三, 又約體本空下는 亦順明而雙約性相이라 上第一義는 相卽不入히고 性卽能入이어니와 今此一義는 獨相獨性으로 俱不能入이니 要二相融하야사 方能入故라 言若[51]約體空則無來無入者는 是若唯約性인대 無可卽入義라 言約相不壞如本無差者는 卽若唯約事인대 不能卽入이니 上二는 皆是不入之義라 言以性融相故得互入者는 卽釋入義니 是顯正義라 謂不異理之一事가 全攝法性時에 令彼不異理之多事로 隨所依理하야 皆於一中에 同時現等이라 一事가 攝理旣爾하야 多事攝理도 亦然이라 則一事가 隨所依理하야 皆於多中에 同時頓[52]現일새 故得互入이니 是爲法性融通門이라 如義分齊[53]하니라
- c. 又約體本空 아래는 또한 순리로 설명하면서 체성과 양상을 함께 잡아 해석함이다. 위의 첫째 뜻은 양상은 곧 들어가지 못하고, 성품은 곧 능히 들어가지만 지금 이 한 가지 뜻은 유독 모양과 유독 체성만으로 모두 능히 들어가지 못하나니 둘이 서로 융통함이 중요해야만 비로소 능히 들어가기 때문이다. '체성이 본래 공함을 잡은 연고

---

51) 若은 南續金本作又.
52) 同時頓은 南續金本作也.
53) 上四字는 南續金本作也.

로 오는 것도 없고 들어감도 없다'고 말한 것은 만일 오로지 체성만을 잡았다면 합치하고 들어감의 뜻이 아닐 수 있다. '모양을 무너뜨리지 않음을 잡은 연고로 본래 차별이 없음과 같다'고 말한 것은 곧 만일 현상만 잡는다면 합치하거나 들어감이 아님이니, 위의 둘은 모두 들어가지 않음의 뜻이다. '체성으로 양상을 융섭하는 연고로 번갈아 들어감을 얻는다'고 말한 것은 곧 들어감의 뜻을 해석함이니, 바른 이치를 밝힌 부분이다. 이른바 이치와 다르지 않은 한 가지 현상이 완전히 법의 성품을 포섭할 때에 이치와 다르지 않은 많은 현상들로 하여금 의지할 이치를 따라 모두 하나 중에서 동시에 나타나게 한다는 등이다. 한 가지 현상이 이치를 포섭함이 이미 그러하듯이 많은 일로 이치를 포섭함도 마찬가지이다. 그렇다면 한 가지 일이 의지할 이치를 따라 모두 여러 가지 중에도 동시에 바로 나타나므로 서로 들어감을 얻게 되는 것이니, 바로 법성에 융통하는 문이 된다. 이치의 영역과 같은 내용이다.

ㅁ) 한 게송은 차별 없음을 노래하다[次一頌無差] (次一 45下5)

一切國土微塵中에　　普見如來在其所하사
願海言音若雷震하여　　一切衆生悉調伏이로다
모든 세계 극토들의 티끌 속에서
그 가운데 계신 여래 뵈옵게 되니
원력 바다 말씀 소리 천둥 우는 듯
여러 가지 중생들을 조복하시네.

[疏] 次一은 頌無差니 謂塵容佛海가 等無差故니라
- ㅁ) 한 게송은 차별 없음을 노래함이니 이른바 티끌이 부처님 바다를 용납함이 차별 없음과 같기 때문이다.

ㅂ) 한 게송은 부처님 힘으로 가지함을 노래하다[後一頌力持]

(後一 45下8)

佛身周徧一切刹하시며　　無數菩薩亦充滿하니
如來自在無等倫하사　　普化一切諸含識이로다
부처님 몸 모든 세계 두루 하시고
수가 없는 보살들도 가득히 차서
여래의 자재한 힘 짝할 이 없어
여러 종류 중생들을 교화하도다.

[疏] 後一은 頌力持니 主伴이 皆是神力任持라 普化之言은 兼於法味니라
- ㅂ) 한 게송은 부처님 힘으로 가지함을 노래함이니 주인과 반려가 모두 신력으로 맡겨 가지함이다. 널리 교화한다는 말은 법의 맛을 겸하고 있다.

(나) 화장세계의 세계종의 국토와 향수해를 개별로 설명하다
　　[別明種刹香海] 2.

ㄱ. 향수해의 소재를 밝히다[長行] 3.
ㄱ) 여러 숫자를 총합하여 거론하다[總擧諸數] (第二 46上3)

爾時에 普賢菩薩이 復告大衆言하시되, 諸佛子여 此十
不可說佛刹微塵數香水海가 在華藏莊嚴世界海中하되
如天帝網하여 分布而住54)하나니라

그때 보현보살이 다시 대중에게 말하였다. "여러 불자들이
여, 이 말할 수 없는 세계의 티끌 수 향수해가 화장장엄 세
계해 가운데 있는데 제석천궁의 진주 그물처럼 분포하여 머
물러 있느니라.

[疏] 第二, 別明種刹香海라 雙釋二章者는 謂香海는 依刹海하고 刹種은
依香海하고 諸刹은 依刹種이니 亦有長行偈頌이라 長行分三이니 初,
總擧諸海所依오 二, 次第別顯海種及刹이오 第三, 總略結釋이라 今
初也니 上來에 雖復但標刹種과 及刹二章이나 而釋依住中에 皆云
依海라하야 故列海數라 此多香海가 並在刹海地面일새 故云所依라
言如帝網者는 大都分布가 則似車輪이오 其有別者는 謂帝釋殿網이
貫天珠成호대 以一大珠로 當心하고 次以其次大珠로 貫穿匝繞라 如
是展轉遞繞하야 經百千匝이오 若上下四面四角望之에 皆行伍相當
이라 今此香海가 雖在地面이나 分布相似하며 又有涉入重重之義일새
故云如也니라

■ (나) 화장세계의 세계종의 국토와 향수해를 개별로 설명함이다.
(ㄱ) 두 가름을 함께 해석함이란 이른바 향수해는 국토를 의지하고
국토종은 향수해를 의지하고 모든 국토는 국토종을 의지하나니 또
한 ㄱ. 장항과 ㄴ. 게송이 있다. ㄱ. 장항을 셋으로 나누리니 (ㄱ)
모든 향수해의 의지할 곳을 총합하여 거론함이요, (ㄴ) 향수해와 세

---

54) 十은 麗宋元思續本無, 明淸合綱杭鼓纂金本有; 合注云 此下에 宋論無十字.

계종과 국토를 차례로 밝힘이요, (ㄷ) 간략함을 총합하여 결론함이다. 지금은 (ㄱ)이니 여기까지 비록 다시 다만 국토종과 국토의 두 가름을 표방하였지만 a. 의지해 머무름을 해석함 중에 모두 '바다에 의지한다'고 말한 연고로 향수해의 숫자를 나열한 것이다. 여기의 많은 향수해가 아울러 국토해의 지면에 있으므로 '의지할 대상'이라 말하였다. '제석천의 그물과 같다'고 말한 것은 크게 모두 분포함이 수레바퀴와 같으며, 그 별상이 있는 것은 이른바 제석전(帝釋殿)의 그물이 하늘의 구슬을 꿰어서 이루었으되 하나의 큰 진주로 마음에 해당하고, 다음에 그 다음 큰 진주로 꿰뚫어서 두른 것이다. 이와 같이 전전이 번갈아 둘러서 백천 바퀴를 지나감이요, 저 위아래 사면과 네 모퉁이를 바라볼 적에 모두 줄과 대오(隊伍)가 서로 맞게 됨이다. 지금 여기의 향수해가 비록 지면에 있지만 나누어 퍼뜨림과 같으며, 또한 건너서 들어감이 거듭거듭한 뜻이 있으므로 '(그물)처럼'이라 한 것이다.

ㄴ) 차례로 개별로 밝히다[次第別顯] 3.
(ㄱ) 중앙의 끝없는 묘한 꽃 광명 향수해[辨中央] 2.

a. 향수해에서 연꽃이 피어남을 밝히다[明香海出華] 3.
a) 향수해의 명칭[香海名] (第二 46下6)
b) 연꽃의 이름[蓮華名] (二華)
c) 세계종의 명칭[種名] (三種)

諸佛子여 此最中央香水海가 名無邊妙華光이라 以現一

切菩薩形摩尼王幢으로 爲底하고 出大蓮華하니 名一切
香摩尼王莊嚴이요 有世界種이 而住其上하니 名普照十
方熾然寶光明이라 以一切莊嚴具로 爲體하여

여러 불자들이여, 맨 복판에 있는 이 향수해의 이름은 끝없
는 묘한 꽃 광명이니, 모든 보살의 형상을 나타내는 마니왕
당기로 바닥이 되었고, 큰 연화가 났으니 이름이 일체향마
니왕 장엄이며, 한 세계종이 그 위에 있으니 이름은 시방에
두루 비치는 치성한 보배 광명이다. 온갖 장엄거리로 체성
이 되었으며,

[疏] 第二, 諸佛子此最中央下는 次第別顯諸海種刹이라 文分爲三이니
初, 辨中間一海오 次, 辨右旋十海오 後, 明十海所管之海라 然十
海가 各管不可說佛刹塵數之海하니 總顯則有十不可說佛刹塵數오
次第說者인대 但有一百一十一海오 餘皆略指라 今初, 中央一海를
文分爲二니 先, 明香海出華하야 以持刹種이오 後, 有不可說下는 明
所持世界라 前中有三하니 初, 香海名은 以多華發光故며 亦由菩薩
行華로 而爲因故라 二, 華名이니 謂以香摩尼로 嚴此華故라 又從摩
尼底하야 而出生故라 約法인대 卽萬行圓明之所成故니 海能有華일
새 故受華名이오 華依於海일새 取海底稱이니라 三, 種名이니 約事에
寶光遠照故요 約法에 其世界種은 正是所含種子니 一一皆有大智
光明이 徧照法界義故며 性德互嚴故니라

- ㄴ) 諸佛子此最中央 아래는 모든 향수해와 세계종과 국토에 대해
차례로 밝힘이다. 경문을 셋으로 나누리니, (ㄱ) 중간의 한 향수해를
밝힘이요, (ㄴ) 오른쪽으로 열 가지 향수해를 밝힘이요, (ㄷ) 열 가

지 향수해에 따른 향수해를 밝힘이다. 그런데 열 가지 향수해가 각기 말할 수 없는 불국토의 티끌 수 향수해를 관섭하나니, 총합하여 밝히면 열 개의 말할 수 없는 티끌 수 불국토가 있으며, 차례로 말한다면 단지 1백 1십 1 향수해가 있을 뿐이요, 나머지는 모두 간략히 가리켰다. 지금은 (ㄱ) 중앙의 한 향수해를 둘로 나누리니, a. 향수해에서 연꽃이 피어서 국토종을 지탱함이요, b. 有不可說 아래는 지탱하는 세계를 밝힘이다. a. 중에 셋이 있으니 a) 향수해의 명칭은 많은 꽃이 광명을 내뿜기 때문이며, 또한 보살행의 꽃으로 말미암아 원인을 삼기 때문이다. b) 연꽃의 이름이니 이른바 향기 마니로 이 연꽃을 장엄하기 때문이다. 또한 마니의 밑바닥에서 출생한 까닭이다. 법을 잡으면 만 가지 수행에 두렷이 밝아서 성취한 결과인 까닭이니, 향수해에 능히 꽃이 있으므로 연꽃의 이름을 받은 것이요, 연꽃이 바다를 의지했으므로 바다의 밑바닥을 취하여 칭한 것이다. c) 세계종의 명칭이니 현상을 잡을 적에 보배 광명이 멀리서 비추는 까닭이요, 법을 잡을 적에 그 세계종은 바로 머금고 있는 종자이니, 낱낱이 모두 큰 지혜광명이 법계를 두루 비추는 뜻이 있기 때문이며, 성품의 덕이 번갈아 장엄하기 때문이다.

[鈔] 海能有華等者는 以海名이 無邊妙華光故니 如蓮華池가 池受華名하야 華依於海라 取海底稱者는 海以摩尼王幢으로 爲底일새 故로 華名摩尼王莊嚴이니 如泥中華를 華受泥稱이니라

● '향수해에 능히 꽃이 있다'는 등은 향수해의 명칭이 끝없는 묘한 꽃 광명인 까닭이니, 마치 연꽃의 못이 꽃 이름을 받아서 연꽃이 바다를 의지한 것과 같다. '바다의 밑바닥을 취하여 칭했다'는 것은 향수해

에 마니왕 당기로 밑바닥을 삼은 연고로 연꽃 이름이 마니왕 장엄이니 마치 진흙 속의 연꽃을 꽃이 진흙의 명칭을 받음과 같다.

b. 지탱하는 세계를 밝히다[明所持世界] 3.
a) 큰 숫자를 총합하여 거론하다[總擧大數] (第二 47下7)

有不可說佛刹微塵數世界가 於中布列[55]하니라
말할 수 없는 부처님 세계 티끌 수의 세계가 그 가운데 퍼져 있느니라.

[疏] 第二, 所持世界中에 三이니 初, 總擧大數오 次, 其最下方下는 別辨 二十層大刹이오 後, 諸佛子下는 類結所餘라 初文은 可知로다
- b. 지탱하는 세계를 밝힘 중에 셋이니 a) 큰 숫자를 총합하여 거론함이요, b) 其最下方 아래는 20층의 큰 국토를 개별로 밝힘이요, c) 諸佛子 아래는 나머지 세계종을 유례하여 결론함이다. a)의 경문은 알 수 있으리라.

b) 20층 세계를 개별로 설명하다[別辨二十層] 20.
㊀ 제1층 최승광변조세계 7.

(a) 명칭을 거론하다[擧名] (第二 48上1)
(b) 짬을 밝히다[辨際] (二辨)

---

55) 有下에 合卍綱本有十字, 合注云 有下에 宋論無十字; 杭注云 有下에 藏本無十字 流通本有十字.

其最下方에 有世界하니 名最勝光徧照라 以一切金剛莊
嚴光耀輪으로 爲際하고
그 맨 밑에 있는 세계는 이름이 가장 훌륭한 빛이 두루 비침
이니, 온갖 금강으로 장엄한 빛이 찬란한 바퀴로 짬을 삼고

[疏] 第二, 別辨中에 準標及結인대 皆有不可說刹塵이라 其別辨中에 但
列十九佛刹塵數가 爲二十重이오 其能繞刹은 但有二百一十佛刹
塵數라 下當會釋호리라 二十層을 卽分二十段이라 最下層中에 文有
七事하니 一, 擧名이오 二, 辨際니 謂世界所據之際가 如金剛際라

- b) 20층 광대한 국토를 개별로 설명함 중에 표방함과 결론함을 쥰
한다면 모두에 '말할 수 없는 국토의 티끌'이 있다. 그 개별로 밝힘
중에 단지 열 개의 티끌 수 불국토를 나열한 것이 20번 거듭이 됨이
요, 그 둘러 있는 주체의 국토는 단지 2백 1십의 티끌 수 불국토만 있
다. 아래에 가서 회통하여 해석하리라. 20층 세계를 곧 20문단으로
나누었으니 가장 아래층 중에 경문이 일곱 가지 일이 있으니, 명칭을
거론함이요, (b) 짬을 밝힘이니 이른바 세계가 의거한 짬이 금강의
짬[金剛際]과 같다.

[鈔] 但有二百一十者는 第一層은 一佛刹[56]塵數世界오 第二層은 二佛
刹一上加二爲三이오 第三層은 加三爲六이오 第四層은 加四爲十이
오 第五層은 加五成十五요 第六層은 加六이 成二十一이오 第七層에
加七成二十八이오 第八層은 加八成三十六이오 第九層은 加九成四
十五요 第十層은 加十爲[57]五十五라 下十層은 有五十五하고 上十

---

56) 刹下에 南續金本有微字.
57) 爲는 續金本作成.

層은 一一漸加하니 算數에 亦有五十五오 而各有十하니 謂十一, 十二, 十三, 十四等이라 上十層에 更有一百하니 都有一百五十五오 幷下十層五十五일새 故有二百一十矣니라 問이라 旣有二十層인대 何以但云十九佛刹이 爲主刹耶아 答이라 以最下一層에 但云一世界는 非一佛刹塵數世界니 故云從此一界去云, 此上에 過一佛刹微塵數世界하야 至第二層일새 故二層에 共有一佛刹塵數刹耳라 如竪二千錢하야 爲二十百에 最下에 取一錢이 如最下一刹이라 此上에 過一百 58)錢하야 爲第二層이니 方共一百爾59)라 此上에 過一百하야 至第三層이 方是二百이오 乃至二十層하면 方有60)一千九百文耳라 故로 二十層이 成十九佛刹이니 思之니라 下當會釋者는 卽第三會能繞所繞니 類結之耳61)라

- '단지 2백 1십만 있다'는 것은 제1층은 하나의 티끌 수 불국토 세계요, 제2층은 두 개의 불국토가 하나인 위에 둘을 더하여 셋이 된 것이요, 제3층은 셋을 더하여 여섯이 되었고, 제4층은 넷을 더하여 열이 되었고, 제5층은 다섯을 더하여 열다섯이 되었고, 제6층은 여섯을 더하여 스물하나가 되었고, 제7층은 일곱을 더하여 스물여덟이 되었고, 제8층은 여덟을 더하여 서른여섯이 되었고, 제9층은 아홉을 더하여 마흔다섯이 되었고, 제10층은 열을 더하여 쉰다섯이 되었다. 아래 10층은 쉰다섯이 있고, 위의 10층은 하나하나 점점 더하니 숫자를 계산하면 또한 쉰다섯이 있으며, 각기 열이 있으니 이른바 11, 12, 13, 14 등이다. 위의 10층에 다시 1백이 있으니 포함하면 1백 55가

---

58) 百下에 南續金本有取一二字.
59) 爾는 南續金本作耳.
60) 有는 南續金本作是.
61) 耳는 南續金本作中.

있고 더불어 아래 10층이 55이므로 2백 1십이 있는 것이다. 묻는다. 이미 20층이 있는데 어찌하여 단지 19개의 불국토가 주된 국토가 된다고 말하는가? 대답한다. 가장 아래 1층에 단지 한 세계라 말한 것은 한 개의 티끌 수 불국토 세계가 아님이니 그래서 이 한 세계로부터 말하되, "이 위에 한 개의 티끌 수 불국토 세계를 지나서 제2층에 이르는 연고로 2층에 함께 하나의 티끌 수 불국토의 국토가 있을 뿐이다. 마치 2천 전을 세움과 같아서 20의 백이 될 적에 가장 아래쪽에 1천을 취함이 가장 아래 국토와 같다. 이 위에 1백 전을 지나서 제2층이 되었으니 바야흐로 함께 1백이 되었을 뿐이다. 이 위에 1백을 지나서 제3층에 이르면 비로소 2백인 것이요, 나아가 20층에 이르면 비로소 1천 9백의 경문이 있을 뿐이다. 그러므로 20층이 19개의 불국토를 이룬 것이니 생각해 보라. '아래에 가서 회통하여 해석함'이란 곧 제3 수미산정법회에 두르는 주체와 두를 대상이니 유례하여 결론했을 뿐이다.

(c) 의지하여 머무르다[依住] (三依 49上5)
(d) 형상을 밝히다[形狀] (四形)

依衆寶摩尼華而住하니 **其狀**이 **猶如摩尼寶形**하여
여러 보배마니 꽃을 의지하여 머물며, 그 형상은 마니보배 모양과 같은데

[疏] 三, 依住라 若準此名하면 大同刹種所依蓮華라 而舊釋에 云, 於前無邊香海所出華上에 更有此華가 持此一界者는 以例上諸層에 別

有依住일새 故爲此釋이니 何妨最下가 依於總華리오 思之니라 四, 形
如摩尼者는 爲摩尼狀이 有於八楞하야 似方不方하고 似圓不圓일새
故異下八隅라

■ (c) 의지하여 머무름이다. 만일 이런 명칭에 준하면 국토종이 의지할
대상이 연꽃과 크게는 같다. 그러나 예전 해석에는 이르되, "앞의 끝
없는 향수해에서 나온 연꽃 위에 다시 이런 꽃이 이 한 세계를 지탱함
이 있다"고 한 것이 위의 여러 층 세계에 별도로 의지해 머무름이 있음
에 유례한 연고로 이렇게 해석하였으니, 가장 아래가 총합적인 연꽃
에 의지함이 무엇이 방해되겠는가? 생각해 보라.
(d) '형상은 마니보배 모양과 같다'는 것은 마니의 형상이 여덟 가지
모퉁이가 있어서 모난 듯 모나지 않은 것 같고, 둥근 듯 둥글지 않은
것 같으므로 아래 여덟 가지 구석진 곳과 다르다.

(e) 위에 덮이다[上覆] (五上 49下3)
(f) 권속을 밝히다[眷屬] (六眷)
(g) 근본 세계종의 부처님[本界佛] (七本)

一切寶華莊嚴雲으로 彌覆其上하고 佛刹微塵數世界가
周帀圍遶하여 種種安住하며 種種莊嚴하니 佛號는 淨眼
離垢燈이시니라

온갖 보배 꽃 장엄 구름이 이 위에 덮이고 한 부처님 세계의
티끌 수 세계가 두루 둘러쌌으며, 가지가지로 머물고 가지
가지로 장엄하였는데 부처님 명호는 깨끗한 눈 때 여읜 등
불이니라.

[疏] 五, 上覆요 六, 眷屬이오 七, 本界佛名이라 離二障垢며 智眼淸淨이며 照世如燈이라 然이나 佛德無邊하나니 各隨一義니라 二層已去에 或有 八事하니 謂加去此遠近故오 或有九事하니 加純淨言故라 準此에 若 無此言이면 卽通染淨이로다 此上眷屬은 漸加刹數라 中間諸事는 可 以準知니라

- (e) (보배꽃 구름이) 위에 덮임이요, (f) 권속을 밝힘이요, (g) 근본 세계종 의 부처님 명호이다. 두 가지 장애의 때를 여의었고, 지혜의 눈이 청정 하며 등불처럼 세계를 비춘다는 뜻이다. 그러나 부처님 공덕이 끝이 없나니 각기 한 가지 뜻을 따른다. 제2층이 이미 떨어짐에 혹은 여덟 가지 일이 있으니, 이른바 여기서 멀고 가까움을 더한 까닭이요, 혹 은 아홉 가지 일이 있으니 순수하게 청정함이란 말을 더한 까닭이다. 이것과 준할 적에 만일 이런 말이 없으면 곧 더럽고 청정함에 통한다 는 뜻이다. 이 위의 권속은 국토의 숫자를 점차 더한 것이다. 중간의 모든 일은 준하여 생각할 수 있으리라.

[鈔] 六眷屬者는 卽經中에 云, 種種安布와 種種莊嚴이 是辨眷屬刹相狀 耳니라

- (f) 권속이란 곧 경문 중에 이르되, "갖가지로 벌여 놓고 퍼뜨림과 갖 가지 장엄이 권속 국토의 모양만을 밝힌 것일 뿐이다."

㊂ 제2층 종종향 연꽃 묘한 장엄 향수해 (50上3)

此上에 過佛刹微塵數世界하여 有世界하니 名種種香蓮 華妙莊嚴이라 以一切莊嚴具로 爲際하고 依寶蓮華網而

住하니 其狀이 猶如師子之座하여 一切寶色珠帳雲으로 彌覆其上하고 二佛刹微塵數世界가 周帀圍遶하니 佛號는 師子光勝照이시니라

이 위로 부처님 세계의 티끌 수 세계를 지나가서 세계가 있으니 이름은 가지가지 향기 연꽃 묘한 장엄이다. 온갖 장엄거리로 짬을 삼고 보배 연꽃 그물을 의지하여 머물며, 그 형상은 사자좌와 같은데 온갖 보배 빛 진주 휘장 구름이 그 위에 덮이고, 두 부처님 세계의 티끌 수 세계가 두루 둘러쌌으며, 부처님 명호는 사자 광명 훌륭하게 비침이니라.

㊂ 제3층 일체보 장엄보조광 향수해 (50上7)

此上에 過佛刹微塵數世界하여 有世界하니 名一切寶莊嚴普照光이라 以香風輪으로 爲際하고 依種種寶華瓔珞住하니 其形八隅라 妙光摩尼日輪雲으로 而覆其上하고 三佛刹微塵數世界가 周帀圍遶하니 佛號는 淨光智勝幢이시니라

이 위로 부처님 세계의 티끌 수 세계를 지나가서 세계가 있으니 이름은 온갖 보배 장엄 널리 비치는 광명이다. 향기 풍류으로 짬을 삼고 가지가지 보배 꽃 영락을 의지하여 머물러, 그 형상은 여덟 모인데 묘한 빛 마니 햇바퀴 구름이 그 위에 덮이고, 세 부처님 티끌 수 세계가 두루 둘러쌌으며 부처님 명호는 깨끗한 지혜광명 좋은 당기이니라.

㈣ 제4층 종종광명화 장엄 향수해 (50下1)

此上에 過佛刹微塵數世界하여 有世界하니 名種種光明華莊嚴이라 以一切寶王으로 爲際하고 依衆色金剛尸羅幢海住하니 其狀이 猶如摩尼蓮華하여 以金剛摩尼寶光雲으로 而覆其上하고 四佛刹微塵數世界가 周帀圍遶하여 純一淸淨하니 佛號는 金剛光明無量精進力善出現이시니라
이 위로 부처님 세계의 티끌 수 세계를 지나가서 세계가 있으니 이름은 가지가지 광명 꽃 장엄이다. 온갖 보배왕으로 짬을 삼고 뭇 빛깔 금강 시라 당기 바다를 의지하여 머물며, 그 형상은 마니 연꽃 같은데 금강 마니보배 광명 구름이 그 위에 덮이고 네 부처님 세계의 티끌 수 세계가 두루 둘러쌌으며, 순일하게 청정하고 부처님 명호는 금강 광명의 한량없는 정진력으로 잘 출현함이니라.

㈤ 제5층 보방묘화광 장엄 향수해 (50下6)

此上에 過佛刹微塵數世界하여 有世界하니 名普放妙華光이라 以一切寶鈴莊嚴網으로 爲際하고 依一切樹林莊嚴寶輪網海住하니 其形이 普方而多有隅角이라 梵音摩尼王雲으로 以覆其上하고 五佛刹微塵數世界가 周帀圍遶하니 佛號는 香光喜力海시니라
이 위로 부처님 세계의 티끌 수 세계를 지나가서 세계가 있

으니 이름은 묘한 꽃 광명 널리 놓음이다. 온갖 보배 방울 장엄 그물로 짬을 삼고, 온갖 숲 장엄 보배 바퀴 그물 바다를 의지하여 머물며, 그 형상은 두루 방정한 듯하여서 모가 많은데, 범천 음성 마니왕 구름이 그 위에 덮이고, 다섯 부처님 세계의 티끌 수 세계가 두루 둘러쌌으며, 부처님 명호는 향기 광명 기쁜 힘 바다니라.

[疏] 五中에 云普方者는 都望에 即方이나 而一面之中에 亦有多隅角⁶²⁾이라 隅는 即是角이니 文體容爾니라

■ ㈤ 제5층 중에 '널리 놓는다'고 말한 것은 전체를 바라볼 적에 곧 방정하지만 한쪽 면에는 또한 많은 모퉁이가 있다. 모퉁이는 곧 구석의 뜻이니 경문의 체성은 포용한다는 뜻일 뿐이다.

㈥ 제6층 정묘광명 장엄 향수해 (51上2)

此上에 過佛刹微塵數世界하여 有世界하니 名淨妙光明이라 以寶王莊嚴幢으로 爲際하고 依金剛宮殿海住하니 其形四方이라 摩尼輪髻帳雲으로 而覆其上하고 六佛刹微塵數世界가 周帀圍遶하니 佛號는 普光自在幢이시니라

이 위로 부처님 세계의 티끌 수 세계를 지나가서 세계가 있으니 이름은 깨끗하고 묘한 광명이다. 보배왕 장엄 당기로 짬을 삼고 금강 궁전 바다를 의지하여 머물며, 그 형상은 네모인데 마니 바퀴 상투 휘장 구름이 그 위에 덮이고, 여섯

---

62) 隅角은 大作角隅, 源甲南續金本作角.

부처님 세계의 티끌 수가 두루 둘러쌌으며, 부처님 명호는 넓은 빛 자재한 당기니라.

㈦ 제7층 중화염 장엄 향수해 (51上6)

此上에 過佛刹微塵數世界하여 有世界하니 名衆華焰莊嚴이라 以種種華莊嚴으로 爲際하고 依一切寶色焰海住하니 其狀이 猶如樓閣之形하여 一切寶色衣眞珠欄楯雲으로 而覆其上하고 七佛刹微塵數世界가 周帀圍遶하여 純一淸淨하니 佛號는 歡喜海功德名稱自在光이시니라
이 위로 부처님 세계의 티끌 수 세계를 지나가서 세계가 있으니 이름은 여러 가지 꽃 불빛 장엄이다. 가지각색 꽃 장엄으로 짬을 삼고 온갖 보배 빛 불꽃바다를 의지하여 머물며, 그 형상은 누각 모양 같은데 온갖 보배 빛깔 옷 진주 난간 구름이 덮이고, 일곱 부처님 세계의 티끌 수 세계가 두루 둘러쌌으며, 순일하게 청정하고 부처님 명호는 즐거운 바다 공덕 소문 자재한 빛이니라.

㈧ 제8층 출생위력지 장엄 향수해 (51下1)

此上에 過佛刹微塵數世界하여 有世界하니 名出生威力地라 以出一切聲摩尼王莊嚴으로 爲際하고 依種種寶色蓮華座虛空海住하니 其狀이 猶如因陀羅網하여 以無邊色華網雲으로 而覆其上하고 八佛刹微塵數世界가 周帀

圍遶하니 佛號는 廣大名稱智海幢이시니라
이 위로 부처님 세계의 티끌 수 세계를 지나가서 세계가 있으니 이름은 위력 내는 땅이다. 온갖 소리 마니왕 장엄으로 짬을 삼고 가지가지 보배 빛 연화좌 허공 바다를 의지하여 머물며, 그 형상은 인드라 그물과 같은데 끝없는 빛깔 꽃 그물 구름이 그 위에 덮이고 여덟 부처님 세계의 티끌 수 세계가 두루 둘러쌌으며, 부처님 명호는 굉장하게 이름난 지혜 바다 당기니라.

㈨ 제9층 출묘음성 장엄 향수해 (51下6)

此上에 過佛刹微塵數世界하여 有世界하니 名出妙音聲이라 以心王摩尼莊嚴輪으로 爲際하고 依恒出一切妙音聲莊嚴雲摩尼王海住하니 其狀이 猶如梵天身形하여 無量寶莊嚴師子座雲으로 而覆其上하고 九佛刹微塵數世界가 周帀圍遶하니 佛號는 淸淨月光明相無能摧伏이시니라
이 위로 부처님 세계의 티끌 수 세계를 지나가서 세계가 있으니 이름은 묘한 음성 냄이다. 심왕 마니 장엄 바퀴로 짬을 삼고 온갖 묘한 음성 항상 내는 장엄 구름 마니왕 바다를 의지하여 머물며, 그 형상이 범천의 몸매와 같은데 한량없는 보배로 장엄한 사자좌 구름이 그 위에 덮이고, 아홉 부처님 세계의 티끌 수 세계가 두루 둘러쌌으며, 부처님 명호는 깨끗한 달 광명을 꺾을 이 없음이니라.

⊕ 제10층 금강당 장엄 향수해 (52上1)

此上에 過佛刹微塵數世界하여 有世界하니 名金剛幢이
라 以無邊莊嚴眞珠藏寶瓔珞으로 爲際하고 依一切莊嚴
寶師子座摩尼海住하니 其狀周圓이라 十須彌山微塵數
一切香摩尼華須彌雲으로 彌覆其上하고 十佛刹微塵數
世界가 周帀圍遶하여 純一淸淨하니 佛號는 一切法海最
勝王이시니라

이 위로 부처님 세계의 티끌 수 세계를 지나가서 세계가 있
으니 이름은 금강 당기이다. 끝없이 장엄한 진주장 보배 영
락으로 짬을 삼고 온갖 장엄 보배 사자좌 마니 바다를 의지
하여 머물며, 그 형상은 둥근데 열 수미산 티끌 수의 온갖
향 마니 꽃 수미 구름이 그 위에 덮이고 열 부처님 세계의
티끌 수 세계가 두루 둘러쌌으며, 순일하게 청정하고 부처
님 명호는 온갖 법 바다의 가장 훌륭한 왕이니라.

⊕ 제11층 상출현제청보광명 장엄 향수해 (52上6)

此上에 過佛刹微塵數世界하여 有世界하니 名恒出現帝
靑寶光明이라 以極堅牢不可壞金剛莊嚴으로 爲際하고
依種種殊異華海住하니 其狀이 猶如半月之形하여 諸天
寶帳雲으로 而覆其上하고 十一佛刹微塵數世界가 周帀
圍遶하니 佛號는 無量功德法이시니라

이 위로 부처님 세계의 티끌 수 세계를 지나가서 세계가 있

으니 이름은 제청보광명을 항상 냄이다. 매우 굳어 깰 수 없는 금강 장엄으로 짬을 삼고 가지가지 기이한 꽃 바다를 의지하여 머물며, 그 형상은 반달 모양 같은데 여러 하늘 보배 휘장 구름이 그 위에 덮이고 열한 부처님 세계의 티끌 수 세계가 두루 둘러쌌으며 부처님 명호는 한량없는 공덕법이니라.

㊗ 제12층 광명조요 장엄 향수해 (52上10)

此上에 過佛刹微塵數世界하여 有世界하니 名光明照耀라 以普光莊嚴으로 爲際하고 依華旋香水海住하니 狀如華旋이라 種種衣雲으로 而覆其上하고 十二佛刹微塵數世界가 周帀圍遶하니 佛號는 超釋梵이시니라

이 위로 부처님 세계의 티끌 수 세계를 지나가서 세계가 있으니 이름은 광명이 찬란하게 비침이다. 넓은 광명 장엄으로 짬을 삼고 꽃 돌림 향수해를 의지하여 머물며, 그 형상은 꽃 돌림 같은데 각색 옥 구름이 그 위에 덮이고 열두 부처님 세계의 티끌 수 세계가 두루 둘러쌌으며 부처님 명호는 제석과 범천을 뛰어남이니라.

㊗ 제13층의 사바세계 금강장엄 향수해 (52下4)

此上에 過佛刹微塵數世界하여 至此世界하니 名娑婆라 以金剛莊嚴으로 爲際하고 依種種色風輪所持蓮華網住하니 狀如虛空이라 以普圓滿天宮殿莊嚴虛空雲으로 而

覆其上하고 十三佛刹微塵數世界가 周帀圍遶하니 其佛
은 卽是毘盧遮那如來世尊63)이시니라
이 위로 부처님 세계의 티끌 수 세계를 지나가서 세계가 있
으니 이름은 사바이다. 금강 장엄으로 땅을 삼고 가지각색
빛 풍륜으로 유지하는 연꽃 그물을 의지하여 머물며, 형상
은 둥글어서 허공에 있는 하늘 궁전을 장엄하는 허공 구름
이 그 위에 덮이고 열세 부처님 세계의 티끌 수 세계가 두루
둘러쌌으며, 그 부처님은 곧 비로자나 여래 세존이시니라.

[疏] 其第十三64)主刹은 卽此娑婆라 言形如虛空者는 靜法이 云, 大小乘
經에 並說虛空은 體無形質하야 不可見相이어늘 今云有形者는 廻文
者誤라 梵本에 云, 三曼多周圓 第嚩皤嚩曩天宮 伽伽那虛空 阿楞伽羅
莊嚴蓋覆 僧塞怛那形狀이라하니 廻文하면 應以形狀으로 置周圓之前하고
虛空을 安天宮之上하야 然後에 合綴飾云, 其形周圓이 以空居天宮
莊嚴之具로 而覆其上이라하니 靜法此正이 深有理致어니와 今依經通
之인대 亦有理在하니 謂空雖無形이나 隨俗說故라 以俗典에 指空爲
天하시니 謂65)天爲圓穹이오 其形如鼇이라 故說天勢는 圍平野라하니라
亦如法華에 云, 梵王이 爲衆生之父니 亦隨俗說耳니라

■ ㉝ 제13층의 주된 국토는 곧 사바세계이다. '형상은 둥글어서 허공
과 같다'고 말한 것은 정법사(靜法師, 惠苑을 지칭)가 말하되, "대소승
의 경문에서 아울러 허공을 말함은 체성이 형질이 없어서 모양을 볼
수 없거늘 지금은 '형상이 있다'는 것은 경문을 돌린 이의 잘못이다.

---
63) 空下雲字는 麗元本無, 元藏準大正有, 案刊定記 引梵本無雲字.
64) 三下에 甲續金本有層字.
65) 謂는 金本作諸誤.

범본에 이르되, '삼만다(三曼多, 둘레가 둥글다는 뜻) 제부파부랑(第嚩蟠嚩曩, 천궁의 뜻) 가가나(伽伽那, 허공의 뜻) 아능가라(阿楞伽羅, 장엄하여 덮다의 뜻) 승새달나(僧塞怛那, 형상의 뜻)'라 하였으니 문장을 돌리면 응당히 '형상으로 두루 원만한 앞면을 두고 허공을 천궁의 위에 안치하여' 이니, 그런 뒤에 합하여 연결하여 윤문하여 말하되 '그 형상이 둘레가 원만함이 천궁의 장엄한 도구를 허공에 두어서 그 위를 덮는다' 라 하였으니, 정법사가 이처럼 수정한 것이 깊이 이치가 있거니와 지금은 경문을 의지하여 회통하면 또한 이치가 있으니, 이른바 허공이 비록 형상은 없지만 속설(俗說)을 따른 까닭이다. 속전(俗典)에서는 허공을 가리켜 하늘이라 하여 이른바 하늘은 끝까지 둥근 것이요, 그 형상은 평평한 냄비와 같다. 그러므로 하늘의 형세는 평야를 둘러싼 모습이다"라고 말하였다. 또한 『법화경』(제23 약왕본사품)에도 이르되, "범천왕은 중생의 아버지가 된다"고 하였으니 또한 세속의 말을 따른 것일 뿐이다.

[鈔] 謂天爲圓穹者는 外典에 說天호대 或謂有形이라하니 故云天形이 穹隆하야 其形如鏊이라 故天圓地方이니라 若莊子云인대 天者는 自然也니 則無形質이라하니라 亦如法華者는 卽第六經藥王本事品中에 云, 譬如大梵天王이 爲一切衆生之父하야 此經도 亦復如是하야 爲一切衆生之父라하니 以梵王이 劫初時[66]生하고 後有諸天이 下降梵王일새 凡天이 皆悉妄計梵王이 爲父라 諸經論에 皆破爲非호대 是外道計라하니라 今法華經에 如來가 自引以譬法華하시니 豈佛이 不知是父爲妄이리오 故是世尊이 隨俗說耳니라 今亦隨俗하야 說天有形인달하야

---

66) 時는 南續金本作初.

於理何違리오 然今疏가 非⁶⁷⁾不許靜法之見이라 但已著在經을 小有可通이면 卽爲會釋하고 不欲使人으로 輕毁聖敎耳니라

- '하늘을 끝까지 둥글다'고 말한 것은 외전(外典)에서 하늘을 설명하되, '혹은 형상이 있다고 말하기도 한다'고 하였으니, 그러므로 말하되, '하늘 형상이 끝까지 융성해서 그 형태가 냄비와 같다.' 그러므로 하늘은 둥글고 땅은 네모난 것이다. 『장자(莊子)』에서는 말하되, "하늘은 스스로 그러한 것이니 형질이 없다"라고 하였다. '또한 『법화경』과 같다'는 것은 제6권 약왕본사품에 이르되, "비유하건대 대범천왕이 온갖 중생의 아버지가 됨과 같아서 이 경도 또한 그러해서 일체 중생의 아버지가 된다"라 하였으니, 범천왕이 겁초(劫初)에 생겨나고 뒤에 여러 하늘이 있어서 아래로 범천왕이 내려왔으므로 모든 하늘이 모두 다 범천왕이 아버지가 된다고 망녕되게 계탁한 것이다. 모든 경과 논서에도 '모두 잘못이라 타파하여 외도의 계탁이다'라고 하였다. 지금 『법화경』에는 여래가 스스로를 이끌어 법화경에 비유하였으니, 어찌 부처님이 아버지라 한 것이 잘못인 줄 알지 못하겠는가? 그러므로 세존께서 세속의 말을 따랐을 뿐이다. 지금도 역시 세속을 따라서 하늘이 형질이 있는 것과 같아서 이치에 무엇이 위배되리오! 그러나 지금 소가는 정법사의 소견을 허용하지 않은 것이 아니다. 단지 이미 뚜렷이 경에 있는 것만으로 조금은 회통할 수 있으면 곧 회통하여 해석하고 사람을 시켜서 성인의 가르침을 가벼이 여기거나 훼손하려고 한 것이 아닐 뿐이다.

㉔ 제14층 적정이진광 장엄 향수해 (53下10)

---

67) 非는 南續金本作意非是三字.

此上에 過佛刹微塵數世界하여 有世界하니 名寂靜離塵光이라 以一切寶莊嚴으로 爲際하고 依種種寶衣海住하니 其狀이 猶如執金剛形하여 無邊色金剛雲으로 而覆其上하고 十四佛刹微塵數世界가 周帀圍遶하니 佛號는 徧法界勝音이시니라

이 위로 부처님 세계의 티끌 수 세계를 지나가서 세계가 있으니 이름은 고요하고 티끌 여읜 광명이다. 온갖 보배 장엄으로 짬을 삼고 가지가지 보배 옷 바다를 의지하여 머물며, 그 형상은 집금강신 모양과 같은데 끝없는 빛깔 금강 구름이 그 위에 덮이고 열네 부처님 세계의 티끌 수 세계가 두루 둘러쌌으며, 부처님 명호는 법계에 두루 한 좋은 음성이니라.

㊄ 제15층 중묘광명등 장엄 향수해 (54上4)

此上에 過佛刹微塵數世界하여 有世界하니 名衆妙光明燈이라 以一切莊嚴帳으로 爲際하고 依淨華網海住하니 其狀이 猶如卍字之形하여 摩尼樹香水海雲으로 而覆其上하고 十五佛刹微塵數世界가 周帀圍遶하여 純一淸淨하니 佛號는 不可摧伏力普照幢이시니라

이 위로 부처님 세계의 티끌 수 세계를 지나가서 세계가 있으니 이름은 여러 가지 묘한 광명 등불이다. 온갖 장엄한 휘장으로 짬을 삼고 깨끗한 꽃 그물 바다를 의지하여 머물며, 그 형상은 '卍' 자 모양 같은데 마니 나무 향수해 구름이 그 위에 덮이고, 열다섯 부처님 세계의 티끌 수 세계가 두루 둘

러쌌으며, 순일하게 청정하고 부처님 명호는 꺾을 수 없는 힘 널리 비치는 당기이니라.

[疏] 第十五云形如卍字者는 靜法이 云, 室利68)靺瑳는 本非是字오 乃是德者之相이라 正云吉祥海雲이니 衆德深廣이 如海하고 益物如雲이라 古來三藏이 誤譯洛刹曩하야 爲惡刹欘하고 遂以相으로 爲字일새 故爲謬耳라하니라 然此相이 以爲吉祥萬德之所集成일새 因目爲萬은 意在語略義含이니 合云萬相耳니라 餘並易了로다

㉞ 제15층에 '형상은 '卍' 자 모양 같다'는 것은 정법사가 말하되, "실리말차(室利靺瑳)는 본래 이런 글자가 아니요, 비로소 덕스러운 모습이다. 바로 말하면 '길상스러운 바다 구름'이니 여러 덕이 깊고 광대함이 바다와 같고 중생을 이익함이 구름과 같은 것이다. 예로부터 삼장이 낙찰랑(洛刹曩)을 잘못 번역하여 악찰나(惡刹欘)라 하였고, 드디어 형상으로 글자를 삼았으므로 오류라는 것일 뿐이다. 그러나 이런 형상이 길상스런 만 가지 덕이 모여서 이루어진 것이므로 지목하여 만이 됨은 의미가 말은 생략되었지만 뜻은 포함되어 있으니, 합하여 말하면 만 가지 형상일 뿐이다."라고 하였다. 나머지는 함께하면 쉽게 알 수 있으리라.

[鈔] 誤譯洛刹曩者는 洛刹曩은 此云相也오 惡刹欘는 此云字也니 聲勢相近일새 故使有誤라 梵本이 是室利69)靺瑳洛刹曩이니 合云吉祥海雲相也니라

---

68) 利는 原南續金本作離, 源及刊定記與慧苑音義均作利.
69) 利는 續金本作離, 南本作利誤.

然此相下는 疏出古德이 以吉祥海雲으로 爲萬所由라 合云萬相者는 卽結成靜法正義니 縱汝吉祥海雲으로 爲萬인대 合言萬相이오 不合云萬字니라

● '낙찰랑을 잘못 번역하였다'는 것은 낙찰랑은 모양이라 번역함이요, 악찰나는 글자라 번역하였으니 음성의 형세가 서로 근접하므로 잘못이 있게 된 것이다. 범본은 곧 실리말차낙찰랑(室利靺瑳洛刹曩)이니 합하여 '길상한 바다 구름의 모양'이라 한 것이다. 然此相 아래는 소에서 고덕이 길상한 바다 구름으로 만 가지 이유가 됨을 내보인 것이다. 합하여 '만 가지 형상'이라 말한 것은 곧 정법사의 바른 뜻을 결론함이니 설사 너의 길상한 바다 구름으로 만 가지가 되었더라도 합하여 '만 가지 모양'이라 말하고, 합하지 않으면 '만(萬)' 자라 한 것이다.

㊂ 제16층 청정광변조 장엄 향수해 (54下9)

此上에 過佛刹微塵數世界하여 有世界하니 名清淨光徧照라 以無盡寶雲摩尼王으로 爲際하고 依種種香焰蓮華海住하니 其狀이 猶如龜甲之形하여 圓光摩尼輪旃檀雲으로 而覆其上하고 十六佛刹微塵數世界가 周帀圍遶하니 佛號는 清淨目功德眼이시니라

이 위로 부처님 세계의 티끌 수 세계를 지나가서 세계가 있으니 이름은 깨끗한 빛 두루 비침이다. 그지없는 보배 구름 마니왕으로 짬을 삼고 가지가지 향기 불꽃 연꽃 바다를 의지하여 머물며, 그 형상은 거북 껍질 모양 같은데 둥근 마니바퀴 전단 구름이 그 위에 덮이고 열여섯 부처님 세계의 티

끝 수 세계가 두루 둘러쌌으며, 부처님 명호는 깨끗한 공덕 눈이니라.

㉗ 제17층의 보장엄장 장엄 향수해 (55上3)

此上에 過佛刹微塵數世界하여 有世界하니 名寶莊嚴藏이라 以一切衆生形摩尼王으로 爲際하고 依光明藏摩尼王海住하니 其形八隅라 以一切輪圍山寶莊嚴華樹網으로 彌覆其上하고 十七佛刹微塵數世界가 周帀圍遶하니 佛號는 無礙智光明徧照十方이시니라

이 위로 부처님 세계의 티끌 수 세계를 지나가서 세계가 있으니 이름은 보배 장엄이다. 온갖 중생 모양인 마니왕으로 짬을 삼고 광명장 마니왕 바다를 의지하여 머물며, 그 형상은 여덟 모인데 온갖 윤위산 보배로 장엄한 꽃나무 그물이 그 위에 덮이고 열일곱 부처님 세계의 티끌 수 세계가 두루 둘러쌌으며, 부처님 명호는 걸림 없는 지혜광명이 시방에 두루 비침이니라.

㉘ 제18층의 이진세계 장엄 향수해 (55上8)

此上에 過佛刹微塵數世界하여 有世界하니 名離塵이라 以一切殊妙相莊嚴으로 爲際하고 依衆妙華師子座海住하니 狀如珠瓔이라 以一切寶香摩尼王圓光雲으로 而覆其上하고 十八佛刹微塵數世界가 周帀圍遶하여 純一淸

淨하니 佛號는 無量方便最勝幢이시니라

이 위로 부처님 세계의 티끌 수 세계를 지나가서 세계가 있으니 이름은 티끌 여읨이다. 온갖 훌륭한 형상 장엄으로 짬을 삼고 여러 묘한 꽃 사자좌 바다를 의지하여 머물며, 형상은 진주 영락 같은데 온갖 보배 향 마니왕 둥근 빛 구름이 그 위에 덮이고, 열여덟 부처님 세계의 티끌 수 세계가 두루 둘러쌌으며, 순일하게 청정하고 부처님 명호는 한량없는 방편 가장 훌륭한 당이니라.

㊅ 제19층의 청정광보조 장엄 향수해 (55下2)

此上에 過佛剎微塵數世界하여 有世界하니 名淸淨光普照라 以出無盡寶雲摩尼王으로 爲際하고 依無量色香焰須彌山海住하니 其狀이 猶如寶華旋布하여 以無邊色光明摩尼王帝靑雲으로 而覆其上하고 十九佛剎微塵數世界가 周帀圍遶하니 佛號는 普照法界虛空光이시니라

이 위로 부처님 세계의 티끌 수 세계를 지나가서 세계가 있으니 이름은 깨끗한 빛 널리 비침이다. 다함없는 보배 구름을 내는 마니왕으로 짬을 삼고 그지없는 빛 향기 불꽃 수미산 바다를 의지하여 머물며, 그 형상이 보배 꽃 돌아 퍼진 것 같은데 그지없는 빛 광명 마니왕 제청 구름이 그 위에 덮이고 열아홉 부처님 세계의 티끌 수 세계가 두루 둘러쌌으며, 부처님 명호는 법계에 두루 비치는 허공 광명이니라.

㉓ 제20층의 묘보염세계 장엄 향수해 (55下7)

此上에 過佛刹微塵數世界하여 有世界하니 名妙寶焰이라 以普光明日月寶로 爲際하고 依一切諸天形摩尼王海住하니 其狀이 猶如寶莊嚴具하여 以一切寶衣幢雲과 及摩尼燈藏網으로 而覆其上하고 二十佛刹微塵數世界가 周帀圍遶하여 純一淸淨하니 佛號는 福德相光明이시니라
이 위로 부처님 세계의 티끌 수 세계를 지나가서 세계가 있으니 이름은 묘한 보배 불꽃이다. 넓은 광명 일월보로 짬을 삼고 온갖 하늘 형상인 마니왕 바다를 의지하여 머물며, 그 형상이 보배 장엄거리 같은데 온갖 보배 옷 당기 구름과 마니 등불광 그물이 그 위에 덮이고, 스무 부처님 세계의 티끌 수 세계가 두루 둘러쌌으며, 순일하게 청정하고 부처님 명호는 복덕상 광명이다.

c) 나머지를 유례하여 결론하다[類結所餘] 4.
(a) 전체 숫자를 총합 결론하다[總結都數] (第三 56上4)

諸佛子여 此徧照十方熾然寶光明世界種에 有如是等不可說佛刹微塵數廣大世界하여
여러 불자들이여, 이 시방에 두루 비치는 치성한 보배 광명 세계종에 이렇게 말할 수 없는 부처님 세계의 티끌 수 넓고 큰 세계가 있으니,

[疏] 第三, 類結所餘라 此中에 非唯結數라 兼總顯上文所依住等이니라 文分爲四니 一, 總結都數오 二, 各各所依下는 結形類오 三, 此一一下는 結眷屬이오 四, 如是所說下는 彰其所在라 今初니 卽擧本刹種하야 結有若干이라 此所結刹은 定是主刹이니 以下文에 指此不可說佛刹하야 更有兩重繞故라 其直上中間에 但有十九佛刹이로대 而結有不可說者는 以旁論故라 不爾면 豈一刹種最下가 唯一主刹이리오 故知如向所說主刹은 橫竪로 共論有不可說이니 故下에 結其所在云호대 及在香水河中이라하니 思之어다

■ c) 나머지를 유례하여 결론함이다. 이 가운데 숫자를 결론했을 뿐만 아니라 겸하여 위의 경문의 의지해 머물 곳 등을 총합하여 밝힌 것이다. 경문을 넷으로 나누니, (a) 전체 숫자를 총합하여 결론함이요, (b) 各各所依 아래는 형상의 종류를 결론함이요, (c) 此一一 아래는 권속에 대해 결론함이요, (d) 如是所說 아래는 그 있는 곳을 밝힘이다. 지금은 (a)이니, 곧 근본 세계종을 거론하여 약간이 있음을 결론함이다. 여기서 결론한 세계종을 주된 세계로 정함이니, 아래 경문에서 이런 말할 수 없는 부처님 세계를 가리켜서 다시 두 겹으로 둘러쌌기 때문이다. 그 곧바로 위와 중간에 단지 19개의 부처님 세계만 있지만 '말할 수 없는 세계가 있다'고 결론한 것은 방론(旁論)이기 때문이다. 그렇지 않다면 어찌 하나의 부처님 세계종의 가장 아래는 오직 하나의 주된 세계 뿐이리오. 그러므로 앞에서 말한 바 주된 세계는 가로나 세로로 말할 수 없는 세계가 있음을 함께 논한 줄을 알았으니, 그러므로 아래에 그 있는 곳을 결론하여 말하되, "향물강 중간에 있다"고 하였으니 생각해 보라.

[鈔] 此所結刹者는 以昔人이 云, 經言此一一世界者는 此上에 二百一十佛刹塵數之刹耳오 非此上不可說佛刹塵數之刹也라 以二百一十塵數刹로 爲所繞하야 兩重繞竟에 方有不可說耳라 故로 立理云, 若不將此하야 以會大數하면 一, 卽此刹種中에 非唯有不可說刹塵數廣大世界요 二, 卽三處說數가 相違라하니라 釋曰, 此公意에 云, 若所繞에 已有不可說佛刹塵數하고 更加兩重繞刹인대 則有衆多不可說佛刹塵數刹也라

言三處說數相違者는 一, 是標中에 有不可說이오 二, 中間說에 但有二百一十이오 三, 是結文의 兩重能繞니 初則有不可說이오 後則有無量不可說이오 中間則不滿不可說이라할새 故相違也라하니 此釋이 亦似有理나 而經의 此一一言이 遠承於前二百一十하면 殊已隔越이라 文中에 旣云如是有不可說佛刹微塵數佛刹이라하고 卽云此一一世界가 各有十佛刹微塵數廣大世界周匝圍繞라하니 明知合繞前不可說也로다 又以二百一十으로 爲所繞者는 前中間說刹은 但超間明有二百一十이라 望其文意인대 直上十九佛刹塵數之刹에 一一各有衆多佛刹圍繞니 應有不可說不可說也로다 何者오 且如最下一刹에 已有一佛刹微塵數佛刹이 圍繞하고 向上에 過一佛刹微塵數世界하야사 方至第二層一刹이오 有二佛刹微塵數世界가 圍繞하니 此第一層이라 向上至第二層하면 中間諸刹이 何以無繞리오 刹若無繞면 則刹網不成이니 故知直上一佛刹塵數之刹에 一一皆應有繞로대 不能具說이니 故有超過하야 擧二十重耳니라

● 여기서 결론한 세계는 옛 어른이 말하되, "경에서 '이런 낱낱 세계'라 한 것은 이 위에 2백 1십 부처님 세계의 티끌 수 세계일 뿐이요, 이 위에 말할 수 없는 부처님 세계 티끌 수의 세계가 있다는 것은 아니다. 2

백 1십 개의 티끌 수 세계로 두를 대상이 되어 두 겹으로 두른 뒤에 비로소 말할 수 없음이 있을 뿐이다." 그러므로 이치를 세워서 말하되, "만일 이것을 가져서 큰 숫자로 알지 않으면 첫째, 이 세계종 중에 오직 말할 수 없는 부처님 세계 티끌 수 광대한 세계뿐이 아님이요, 둘째, 세 곳에서 말한 숫자가 서로 위배될 것이다"라고 하였다. 해석하자면 이 법사의 주장은 말하면 "저 둘러싼 대상에 이미 말할 수 없는 부처님 세계 티끌 수가 있고, 다시 두 겹으로 두른 세계를 더한다면 여러 많은 말할 수 없는 부처님 세계 티끌 수 세계가 있다"는 뜻이다. '세 곳에서 말한 숫자가 서로 위배된다'고 말한 것은 (1) 이런 표방함 중에 말할 수 없음이 있는 것이요, (2) 중간의 설명에 단지 2백 1십만 있음이요, (3) 결론한 문장의 두 겹으로 둘러싼 주장이니 처음은 말할 수 없음이 있고, 뒤는 한량없이 말할 수 없음이 있으며, 중간에는 말할 수 없음을 가득 채우지 못한다고 했으므로 서로 위배된 것이다. 이런 해석도 이치가 있는 것 같지만 경문의 이런 '낱낱이'란 말이 멀리 앞의 2백 1십을 계승하면 완전히 다르게 된다. 경문에는 이미 '이와 같이 말할 수 없는 부처님 세계 티끌 수 부처님 세계가 두루 둘러쌌다'고 하였으니, 앞의 말할 수 없음을 합쳐서 두른 것을 분명히 알겠다. 또한 2백 1십 개로 둘러쌀 대상이 된 것은 앞과 중간의 부처님 세계는 단지 사이를 뛰어넘어서 2백 1십 개가 있음이 분명할 뿐이다. 그 경문의 뜻과 비교하면 곧바로 위의 19개의 부처님 세계 티끌 수 세계에 낱낱이 각기 여러 많은 부처님 세계가 둘러쌈이 있는 것이니 응당히 말할 수 없이 말할 수 없음이 있는 것이다. 왜냐하면 우선 가장 아래 하나의 세계에 이미 하나의 부처님 세계 티끌 수 세계를 지나가야만 비로소 제2층의 한 세계에 이르는 것이요, 두 개의 부처님 세계 티끌 수 세계가 둘러쌈이 있으니 여기는 제1층인 것과 같다. 위로 향하여 제2층에 이르면 중간의 여러 세계가 어찌하여 둘러쌈이 없겠는가? 세계가 만일 둘러쌈이 없으면 세계의 그물이 이루어지지 못하나니, 그러므로 알라. 곧바로 위의 하나의 부처님 세계 티끌 수 세계에 낱낱이 모두 응당히 둘러쌈이 있지만 능히 갖추어 말하지 못하는 연고로 뛰어넘어서 스무 가지 거듭을 거론한 것일 뿐이다.

旣最下層一刹에 有一佛刹塵數刹繞하며 此上次第二刹에 更加一刹 爲能繞하며 第三에도 亦加一刹하며 如是漸上至百하며 加百至千하고 加十至萬하며 加萬至滿佛刹70)塵數라 到第二層에 還加一佛刹微塵 數刹이 爲能繞일새 故有二佛刹塵數刹繞며 如是乃至第二十層에 亦 復如是하야 一一漸增이라 故但直上至一佛刹塵數世界에 幷其能繞 가 已有衆多佛刹71)塵數箇佛刹微塵數世界에는 不可知數나 且就一 期之數하야 云不可說耳니 明知所繞는 定是主刹이로다 若爾인대 云何 不與標文으로 相違아 標文에 但云一刹種에 有不可說佛刹微塵數世 界故라하니 旣加兩重能繞에 有多多故라 答이라 此有二意하니 一, 言 不可說者는 就主標耳오 二者, 其兩重能繞는 並不出不可說刹塵刹 中이라 何者오 觀其文意하면 但是諸刹이 互爲主伴하야 爲相繞耳니 如百人共聚하야 一人爲主에 則九十九人이 繞之오 餘九十九人이 一 一爲主時에 皆得九十九人繞之라 若不爾者인대 最下一刹에 已有一 佛刹塵數世界圍繞하고 此能繞刹에 更有兩重能繞하니 已有不可說 不可說刹塵數刹也라 思之너라 明知互爲主伴호대 則本數不增이로다

● 이미 가장 아래층의 한 세계에 하나의 부처님 세계 티끌 수 세계가 둘

---

70) 刹下에 南續金本有微字.
71) 刹下에 南續金本有微字.

러쌈이 있으며 이 위의 다음에 둘째 세계에 다시 한 세계를 더하여 능히 둘러쌌으며, 셋째 세계에도 또한 한 세계를 더하며, 이처럼 점차로 위로 올라가 백 번째에 이르며, 백을 더하여 천 번째에 이르며, 천을 더하여 만에 이르며, 만을 더하여 부처님 세계 티끌 수를 가득함에 이른 것이다. 제2층에 이를 적에 드디어 한 개의 부처님 세계 티끌 수 세계를 더하여 둘러싼 주체가 된 연고로 두 개의 부처님 세계 티끌 수 세계가 둘러쌈이 있으며, 이와 같이 나아가 제20층에 이를 적에도 또한 마찬가지여서 하나하나 점차로 더한 것이다. 그러므로 단지 곧바로 위로 하나의 부처님 세계 티끌 수 세계에 이를 적에만 그 둘러싼 주체가 이미 여러 많은 부처님 세계 티끌 수의 부처님 세계 티끌 수 세계가 있을 적에 그 숫자를 알 수가 없겠지만 우선 한 기간의 숫자에 나아가서 '말할 수 없다'고 말했을 뿐이니, 둘러쌀 대상의 (세계는) 주된 세계종인 것이 정해진 것을 분명히 알겠다. 만약 그렇다면 어찌하여 표방한 경문과 서로 위배되지 않겠는가? 표방한 경문에는 단지 말하되 "하나의 세계종에 말할 수 없는 부처님 세계 티끌 수가 있기 때문이다"라고 하였으니 이미 두 겹의 둘러싼 주체를 더할 적에 많고 많음이 있기 때문이다. 대답한다. 여기에 두 가지 의미가 있으니 (1) 말할 수 없음이라 말한 것은 주된 세계종에 나아가 표방했을 뿐이요, (2) 두 겹으로 둘러싼 주체는 아울러 말할 수 없는 부처님 세계 티끌 수 세계에서 나오지 않았다. 왜냐하면 그 경문의 의미를 관찰하면 단지 모든 세계가 번갈아 주인과 반려가 모여서 한 사람을 위주로 하면 아흔아홉 사람이 둘러싼 것이요, 나머지 아흔아홉 사람이 하나하나 주인이 되었을 적에 모두 아흔아홉 사람이 둘러싼 것이다. 만일 그렇지 않다면 가장 아래 한 세계에 이미 하나의 부처님 세계 티끌 수

세계가 둘러쌈이 있고, 이런 둘러싼 주체의 세계에 다시 두 겹의 둘러
싼 주체가 있게 되나니, 이미 '말할 수 없이 말할 수 없는 부처님 세계
티끌 수 세계가 있다'는 것이다. 생각해 보라. 번갈아 주인과 반려가
되지만 근본 숫자는 증가하지 않음을 분명히 알라.

(b) 형상의 종류를 결론하다[結形類] 3.
㈠ 열 개의 문을 나열하다[列十門] (二結 58下6)

各各所依住와 各各形狀과 各各體性과 各各方面과 各
各趣入과 各各莊嚴과 各各分齊와 各各行列과 各各無
差別과 各各力加持가 周帀圍遶하니라
(1) 각각으로 의지하여 머물며, (2) 각각 형상이며, (3) 각
각 체성이며, (4) 각각 방면이며, (5) 각각 나아가며, (6) 각
각 장엄하며, (7) 각각 나뉘었으며, (8) 각각 열을 지었으며,
(9) 각각 차별이 없으며, (10) 각각 힘으로 가지하여 두루
둘러쌌느니라.

[疏] 二, 結形類中에 三이니 初는 列十門이라 旣言周匝圍繞하니 則知旁去로다
■ (b) 형상의 종류를 결론함 중에 셋이니 ㈠ 열 개의 문을 나열함이다.
이미 '두루 둘러쌌다'고 말하였으니 옆으로 감을 아는 것이다.

[鈔] 而疏言旁去者는 經中에 現說下狹上濶이 如倒立浮圖와 仰安鴈齒하
시니 亦合更說上尖下廣이 如正浮圖와 俯安雁齒니 則上下櫛比하야
皆悉周滿하야 間無空處가 方爲刹網이니 上下四周가 皆悉相當이로다

經欲揀別諸重하고 不能備擧일새 故且增數로 說繞刹殊니라 又欲令斜望相當일새 故爲此說이니 所以梵網經에 云, 世界不同이 猶如網孔이라하니라 若但取二百一十하야 以爲所繞인대 殊非得意로다

- '그러나 소가가 옆으로 간다'고 말한 것은 경문 중에 아래는 좁고 위는 넓음을 나타내 설한 것이 마치 부도(浮圖)를 거꾸로 세움과 기러기의 이빨을 위로 안치함과 같나니, 또한 합하여 다시 '위는 뾰족하고 아래는 넓다'고 말한 것이 마치 정히 부도나 기러기의 이빨을 구부려 안치함과 같나니, 위와 아래를 빗대어 견주어서 모두 두루 원만하여 중간에 빈 곳이 없는 것이 비로소 세계종의 그물이 되었으니, 위와 아래의 사방에 두루 함이 모두 다 서로 해당한다. 경문에서 모든 거듭함을 구분하려 하고 능히 갖추어 거론하지 않은 연고로 우선 증가한 숫자로 둘러싼 세계가 다름을 말하였다. 또한 하여금 경사지게 바라보아 서로 해당하게 하려는 연고로 이렇게 말한 것이다. 그런 까닭에 『범망경』에 이르되, "세계가 동일하지 않음이 마치 그물의 구멍과 같다"라고 하였다. 만일 단지 2백 1십을 취하여 둘러쌀 대상을 삼았다면 달리 의미를 얻은 것이 아닐 것이다.

㈡ 열 개의 문을 자세하게 설명하다[廣說十門] (二所 59下9)
㈢ 전체의 숫자로 돌아감을 결론하다[結歸都數] (三如)

所謂十佛刹微塵數迴轉形世界와 十佛刹微塵數江河形世界와 十佛刹微塵數旋流形世界와 十佛刹微塵數輪輞形世界와 十佛刹微塵數壇墠形世界와 十佛刹微塵數樹林形世界와 十佛刹微塵數樓觀形世界와 十佛刹微塵數

尸羅幢形世界와 十佛刹微塵數普方形世界와 十佛刹微
塵數胎藏形世界와 十佛刹微塵數蓮華形世界와 十佛刹
微塵數佉勒迦形世界와 十佛刹微塵數種種衆生形世界
와 十佛刹微塵數佛相形世界와 十佛刹微塵數圓光形世
界와 十佛刹微塵數雲形世界와 十佛刹微塵數網形世界
와 十佛刹微塵數門闥形世界라 如是等이 有不可說佛刹
微塵數어든

이른바 (1) 열 부처님 세계의 티끌 수 회전하는 형상의 세계, (2) 열 부처님 세계의 티끌 수 강과 내 형상의 세계, (3) 열 부처님 세계의 티끌 수 소용도는 물 형상의 세계, (4) 열 부처님 세계의 티끌 수 단을 모은 형상의 세계, (5) 열 부처님 세계의 티끌 수 누각 형상의 세계, (6) 열 부처님 세계의 티끌 수 여러 모난 형상의 세계, (7) 열 부처님 세계의 티끌 수 탯 속 형상의 세계, (8) 열 부처님 세계의 티끌 수 연꽃 형상의 세계, (9) 열 부처님 세계의 티끌 수 카륵가 형상의 세계, (10) 열 부처님 세계의 티끌 수 가지가지 중생 형상의 세계, (11) 열 부처님 세계의 티끌 수 원만한 광명 형상의 세계, (12) 열 부처님 세계의 티끌 수 구름 형상의 세계, (13) 열 부처님 세계의 티끌 수 그물 형상의 세계, (14) 열 부처님 세계의 티끌 수 문과 창 형상의 세계이니, 이런 것이 말할 수 없는 부처님 세계의 티끌 수가 있느니라.

[疏] 二, 所謂下는 廣說十門形狀이라 有十八事하야 望前刹種形中하면 闕須彌山形과 及嚴具形하고 餘皆全同이니 但此는 約刹爲異耳니라

三, 如是等下는 結歸都數라

■ ㈢ 所謂 아래는 열 개의 문의 형상을 자세하게 설명함이다. 열여덟 가지 현상이 있어서 앞의 세계종의 형상과 비교하면 수미산 형상과 장엄거리 형상이 빠져 있고, 나머지는 모두 완전히 같나니, 단지 여기는 세계종을 잡아서 다른 것일 뿐이다. ㈢ 如是等 아래는 전체의 숫자로 돌아감을 결론함이다.

(c) 권속에 대해 결론하다[結眷屬] (三結 60上3)

此一一世界에 各有十佛刹微塵數廣大世界가 周帀圍遶하고 此諸世界에 一一復有如上所說微塵數世界하여 而爲眷屬하니
이 낱낱 세계에는 각각 열 부처님 세계의 티끌 수 엄청난 세계가 있어 두루 둘러쌌으며, 이 모든 세계에는 낱낱 다시 위에서 말할 것 같은 티끌 수 세계가 있어 권속이 되었나니,

[疏] 三, 結眷屬中에 然有兩重主伴하니 一一者는 指上不可說塵數也라 若望前文主刹인대 直上繞數가 漸增이어니와 今總相說일새 故云一一各有十刹塵也니라 又是欲顯無盡義故니라 一一復有如上所說微塵數者는 如上之言은 文含二義하니 一, 卽總指前能繞所繞之數가 繞一世界니 不欲繁文일새 故云如上이오 二者, 如上은 亦用十佛刹爲能繞也라 依此則似譯人이 文繁理隱이니 何不言一一復有十佛刹塵數耶아 若依前義인대 則譯者之妙니라

■ (c) 권속에 대해 결론함 중에 그런데 두 겹의 주인과 반려가 있으니,

제5. 華藏世界品 ① 187

'낱낱'이란 위의 말할 수 없는 티끌 수를 가리킨다. 만일 앞의 경문의 주된 세계종과 비교하면 곧바로 위로 둘러싼 숫자가 점차 증가하지만 지금은 총상으로 말했으므로 "낱낱에 각기 열 개의 세계 티끌 수가 있다"고 말하였다. 또한 그지없다는 뜻을 밝히려는 것이다. '낱낱에 다시 위에서 말한 바와 같은 티끌 수가 있다'는 것에서 '위와 같다'는 말은 경문에 두 가지 뜻을 포함하고 있다. (1) 총합하여 앞의 둘러싼 주체와 둘러쌀 대상의 숫자가 한 세계를 둘러쌈을 가리킨 것이니, 문장이 번거롭게 하지 않으려고 '위와 같다'라 말한 것이다. (2) 위와 같음은 또한 열 개의 부처님 세계를 싸서 둘러싼 주체를 삼은 것이다. 여기에 의지하면 번역자가 경문은 번거롭고 이치가 숨을 것 같게 되나니 어찌하여 낱낱에 다시 열 개의 부처님 세계의 티끌 수 세계가 있다고 말하지 않겠는가? 만일 앞의 뜻에 의지한다면 번역자의 묘한 기술이리라.

[鈔] 依此則似者는 若言十佛刹이라하면 但有三字어늘 今云如上所說이라하니 則有四字일새 故爲文繁이오 但云如上所說은 言不分明하니 卽是理隱이니라 若依前義者는 能繞所繞가 其數旣多어늘 但云如上하니 則言省略일새 故云妙耳니라 雖有二釋이나 疏意는 存第二釋하야 但用十佛刹塵數而爲能繞하니 爲順經宗이며 明無盡故라 前後體勢가 類皆然故니라 餘如疏文하니 細尋可見이니라

● '여기에 의지하면 ~과 같다'는 것은 만일 열 개의 부처님 세계라 말하면 단지 세 글자만 있을 텐데 지금은 '위와 말한 바와 같다'고 하였으니, 네 글자가 있게 되므로 경문이 번거롭게 될 것이요, 단지 위에 말한 바와 같다고 말함은 분명하지 않음을 말한 것이니, 곧 이치가

숨은 것이 된다. '만일 앞의 뜻에 의지한다'는 것은 둘러싼 주체와 둘러쌀 대상이 그 숫자가 이미 많거늘 단지 위와 같다고만 말하였으니, 말을 생략한 연고로 '묘한 기술'이라 한 것이다. 비록 두 가지 해석이 있지만 소가의 주장은 둘째 해석에 있으므로 단지 열 개의 부처님 세계의 티끌 수를 써서 둘러싼 주체를 삼았으니, 본경의 종지를 따르기 위함이며, 그지없음을 밝히려는 것이다. 앞과 뒤의 체성과 세력이 유례하면 모두 그렇기 때문이다. 나머지는 소문과 같나니, 자세히 살펴보면 볼 수 있으리라.

(d) 그 있는 곳을 밝히다[彰其所在] (四彰 60下9)

如是所說一切世界가 皆在此無邊妙華光香水海와 及圍遶此海香水河中하나니라
이렇게 말하는 온갖 세계는 모두 이 끝없는 묘한 꽃 광명 향수해를 둘러싼 향물강 가운데 있느니라."

[疏] 四, 彰所在니 卽最中香海라 旣言及在香72)河하시니 明知旁去로다
■ (d) 그 있는 곳을 밝힘이니, 곧 중앙의 향수해를 뜻한다. 이미 '향물강 가운데 있다'고 하였으니 옆으로 가는 것임을 분명히 알겠다.

---

72) 香下에 續金本有水字.

大方廣佛華嚴經 제9권
大方廣佛華嚴經疏鈔 제9권의 ① 寒字卷下
제5 華藏世界品 ②

제5 화장세계품 ② 화장세계의 규모 ①을 밝히면서, 보현보살이 다시 대중에게 말한다.

"여러 불자들이여, 이 끝없는 묘한 꽃 광명 향수해 동쪽에 다음 향수해가 있으니 이름이 때 여읜 불꽃 광이요, 큰 연화가 났으니 이름이 일체 마니왕의 묘한 장엄이며, 세계종이 그 위에 있으니 이름은 두루 비치는 세계 돌림이라. 보살행의 사자후 음성으로 체성이 되었으며 ….”

이렇게 열 개의 불찰 미진수 세계의 구성을 살펴 볼 수가 있다. 오른쪽으로 도는 열 개의 향수해에서 가장 먼저 제1 동방의 이구염장향수해의 20층 세계가 벌어지고, 제2 남방의 무진광명륜향수해와 나아가 제10. 천성보첩향수해 등으로 이루어진다. 마지막 본문에 이르되,

"이 위로 부처님 세계의 티끌 수 세계를 지나가서 세계가 있으니 이름은 사랑스런 범음성이요, 형상은 부처 손 같은데 보배 빛 그물 바다를 의지하여 머물며, 보살 몸 온갖 장엄 구름이 그 위에 덮이고, 스무 부처님 세계의 티끌 수 세계가 둘러쌌으며, 순일하게 청정하고 부처님 명호는 법계에 두루 비치는 걸림 없는 빛이니라."

> 大方廣佛華嚴經 제9권
> 大方廣佛華嚴經疏鈔 제9권 寒字卷下

제5. 연꽃을 감추어 세계해를 장엄하는 품[華藏世界品] ②

(ㄴ) 오른쪽으로 도는 열 개의 향수해를 밝히다[明右旋十海] 2.
a. 중간의 바다를 따오다[牒中海] (第二 1上7)

爾時에 普賢菩薩이 復告大衆言하시되, 諸佛子여 此無
邊妙華光香水海東에
그때 보현보살이 다시 대중에게 말하였다. "여러 불자들이
여, 이 끝없는 묘한 꽃 광명 향수해 동쪽에

[疏] 第二, 明右旋十海니 卽繞處中之海에 有其十也라 各有種刹하나라
　　 十海를 卽爲十段이니 今初는 第一離垢焰藏海라 文二니 先, 牒中海
　　 하야 以定方이라 卽是所繞니 從東爲首니라
- (ㄴ) 오른쪽으로 도는 열 개의 향수해이니, 곧 도는 곳의 중간의 향수해에 열 가지 향수해가 있으니, 각기 세계종과 국토가 있다. 열 가지 향수해가 열 문단이 되었으니 지금은 a) 제1 동방의 이구염장향수해이다. 경문이 둘이니, (a) 중간의 바다를 따와서 방위를 정한 것이다. 곧 둘러쌀 대상이니 동쪽에서 머리가 된 것이다.

b. 둘러싼 주체인 향수해를 밝히다[明能繞之海] 10.

a) 동방의 이구염장향수해(離垢焰藏香水海) 2.

(a) 바다와 꽃, 세계와 당기를 밝히다[明海華刹幢] (二次 1下3)

次有香水海하니 名離垢焰藏이며 出大蓮華하니 名一切香摩尼王妙莊嚴이요 有世界種이 而住其上하니 名徧照刹旋이라 以菩薩行吼音으로 爲體하니라
다음 향수해가 있으니 (1) 이름이 때 여읜 불꽃 광이요, (2) 큰 연화가 났으니 이름이 일체 마니왕의 묘한 장엄이며, (3) 세계종이 그 위에 있으니 이름은 두루 비치는 세계 돌림이라. (4) 보살행의 사자후 음성으로 체성이 되었으며,

[疏] 二, 次有下는 明能繞之海라 於中에 二니 先, 明海華刹種이요 後, 此中最下方下는 明種所持刹이니 有二十重이라 下九海도 例然이니라 今第一海二十重中에 各有七事하니
■ b. 次有 아래는 둘러싼 향수해를 밝힘이다. 그중에 둘이니 (a) 바다와 꽃, 세계와 당기를 밝힘이요, (b) 此中最下方 아래는 세계종이 떠받치는 국토를 설명함이니 스무 가지 거듭이 있다. 아래 아홉 향수해도 유례하면 마찬가지이다. 지금 a) 제1 동방의 이구염장향수해의 20층 중에 각기 일곱 가지 현상이 있으니,

(b) 세계종이 떠받치는 세계[明種所持刹] 20.
① 궁전장엄당세계[宮殿莊嚴幢] (一相 1下6)

此中最下方에 有世界하니 名宮殿莊嚴幢이라 其形이 四方이며 依一切寶莊嚴海住하여 蓮華光網雲으로 彌覆其上하고 佛刹微塵數世界가 圍遶하여 純一淸淨하니 佛號는 眉間光徧照시며

① 이 가운데 맨 밑에 있는 세계는 이름이 궁전 장엄 당기이니 형상이 네모났고 온갖 보배 장엄 바다를 의지하여 머물며, 연꽃 광명 그물 구름이 그 위에 덮이고, 부처님 세계의 티끌 수 세계가 둘러쌌으며, 순일하게 청정하고 부처님 명호는 미간 광명이 널리 비침이니라.

[疏] 一, 相去遠近이오 二, 刹名이오 三, 形狀이오 四, 所依요 五, 上覆요 六, 眷屬이오 七, 佛號라 或有說體하며 或說淸淨하니 卽或八과 或九라 其第一重에는 無去遠近하고 但有最下方言이라 然이나 文並可知로다 有難에 卽釋이니라

㉮ 서로 떨어진 거리가 멀고 가까움이요, ㉯ 세계의 명칭과 ㉰ 그 형상이요, ㉱ 의지할 대상이요, ㉲ 위에서 (연꽃 광명 그물이) 덮임이요, ㉳ 권속 세계요, ㉴ 부처님 명호이다. 혹은 어떤 이는 체성을 말하기도 하며, 혹은 청정을 말하기도 한다. 혹은 여덟 가지로 혹은 아홉 가지로 설명하기도 한다. 그 제1층에는 서로 떨어진 멀고 가까움이 없고, 단지 최하방(最下方)이란 말만 있다. 그러나 경문과 함께하면 알 수 있으리라. 힐난이 있으면 바로 해석하겠다.

② 덕화장세계[德華藏] (2下2)

此上에 過佛刹微塵數世界하여 有世界하니 名德華藏이라 其形周圓이며 依一切寶華藥海住하여 眞珠幢師子座雲으로 彌覆其上하고 二佛刹微塵數世界가 圍遶하니 佛號는 一切無邊法海慧시며
② 이 위로 부처님 세계의 티끌 수 세계를 지나가서 세계가 있으니 이름은 덕화장이다. 그 형상이 둥글고 온갖 보배 꽃술 바다를 의지하여 머물며, 진주 당기 사자좌 구름이 그 위에 덮이고 두 부처님 세계의 티끌 수 세계가 둘러쌌으며, 부처님 명호는 온갖 끝없는 법 바다 지혜니라.

③ 선변화묘향륜세계[善變化妙香輪] (2下5)

此上에 過佛刹微塵數世界하여 有世界하니 名善變化妙香輪이라 形如金剛이며 依一切寶莊嚴鈴網海住하여 種種莊嚴圓光雲으로 彌覆其上하고 三佛刹微塵數世界가 圍遶하니 佛號는 功德相光明普照시며
③ 이 위로 부처님 세계의 티끌 수 세계를 지나가서 세계가 있으니 이름은 잘 변화하는 묘한 향 바퀴이다. 형상이 금강 같은데 온갖 보배로 장엄한 방울 그물 바다를 의지하여 머물며, 가지가지 장엄한 둥근 광명 구름이 그 위에 덮이고 세 부처님 세계의 티끌 수 세계가 둘러쌌으며, 부처님 명호는 공덕상 광명이 두루 비침이니라.

④ 묘색광명세계[妙色光明] (2下9)

此上에 過佛刹微塵數世界하여 有世界하니 名妙色光明이
라 其狀이 猶如摩尼寶輪이며 依無邊色寶香水海住하여
普光明眞珠樓閣雲으로 彌覆其上하고 四佛刹微塵數世界
가 圍遶하여 純一淸淨하니 佛號는 善眷屬出興徧照시며
④ 이 위로 부처님 세계의 티끌 수 세계를 지나가서 세계가
있으니 이름은 묘한 빛 광명이다. 형상이 마니보배 바퀴 같
은데 끝없는 빛 보배 향수해를 의지하여 머물며, 넓은 광명
진주 누각 구름이 그 위에 덮이고 네 부처님 세계의 티끌 수
세계가 둘러쌌으며, 순일하게 청정하고 부처님 명호는 선
한 권속으로 출현하여 두루 비침이니라.

⑤ 선개부세계[善蓋覆] (3上3)

此上에 過佛刹微塵數世界하여 有世界하니 名善蓋覆라
狀如蓮華며 依金剛香水海住하여 離塵光明香水雲으로
彌覆其上하고 五佛刹微塵數世界가 圍遶하니 佛號는 法
喜無盡慧시며
⑤ 이 위로 부처님 세계의 티끌 수 세계를 지나가서 세계가
있으니 이름은 잘 덮음이다. 형상이 연꽃 같은데 금강 향수
해를 의지하여 머물며, 티끌 여읜 광명 향물 구름이 그 위에
덮이고 다섯 부처님 세계의 티끌 수 세계가 둘러쌌으며, 부
처님 명호는 법에 즐거운 그지없는 지혜니라.

⑥ 시리화광륜세계[尸利華光輪] (3上6)

此上에 過佛刹微塵數世界하여 有世界하니 名尸利華光輪이라 其形三角이며 依一切堅固寶莊嚴海住하여 菩薩摩尼冠光明雲으로 彌覆其上하고 六佛刹微塵數世界가 圍遶하니 佛號는 淸淨普光明이시며

⑥ 이 위로 부처님 세계의 티끌 수 세계를 지나가서 세계가 있으니 이름은 시리 꽃 광명 바퀴이다. 형상이 세모났는데 온갖 견고한 보배 장엄 바다를 의지하여 머물며, 보살의 마니 관 광명 구름이 그 위에 덮이고 여섯 부처님 세계의 티끌 수 세계가 둘러쌌으며, 부처님 명호는 청정한 넓은 광명 구름이니라.

⑦ 보련화장엄세계[寶蓮華莊嚴] (3上10)

此上에 過佛刹微塵數世界하여 有世界하니 名寶蓮華莊嚴이라 形如半月이며 依一切蓮華莊嚴海住하여 一切寶華雲으로 彌覆其上하고 七佛刹微塵數世界가 圍遶하여 純一淸淨하니 佛號는 功德華淸淨眼이시며

⑦ 이 위로 부처님 세계의 티끌 수 세계를 지나가서 세계가 있으니 이름은 보배 연꽃 장엄이다. 형상이 반달 같은데 온갖 장엄 바다를 의지하여 머물며, 온갖 보배 꽃 구름이 그 위에 덮이고 일곱 부처님 세계의 티끌 수 세계가 둘러쌌으며, 순일하게 청정하고 부처님 명호는 공덕의 꽃 청정한 눈이니라.

⑧ 무구염장엄세계[無垢焰莊嚴] (3下4)

此上에 過佛刹微塵數世界하여 有世界하니 名無垢焰莊嚴이라 其狀이 猶如寶燈行列이며 依寶焰藏海住하여 常雨香水種種身雲으로 彌覆其上하고 八佛刹微塵數世界가 圍遶하니 佛號는 慧力無能勝이시며
⑧ 이 위로 부처님 세계의 티끌 수 세계를 지나가서 세계가 있으니 이름은 때 없는 불꽃 장엄이다. 형상이 보배 등불 항렬 같은데 보배 불꽃 광 바다를 의지하여 머물며, 향수를 항상 버리는 가지가지 몸 구름이 그 위에 덮이고 여덟 부처님 세계의 티끌 수 세계가 들러쌌으며, 부처님 명호는 지혜 힘을 이길 이 없음이니라.

⑨ 묘범음세계[妙梵音] (3下8)

此上에 過佛刹微塵數世界하여 有世界하니 名妙梵音이라 形如卍字며 依寶衣幢海住하여 一切華莊嚴帳雲으로 彌覆其上하고 九佛刹微塵數世界가 圍遶하니 佛號는 廣大目如空中淨月이시며
⑨ 이 위로 부처님 세계의 티끌 수 세계를 지나가서 세계가 있으니 이름은 묘한 범천 음성이다. 형상이 '卍' 자 같은데 보배 옷 당기 바다를 의지하여 머물며, 온갖 꽃으로 장엄한 휘장 구름이 그 위에 덮이고 아홉 부처님 세계의 티끌 수 세계가 들러쌌으며, 부처님 명호는 넓고 큰 눈이 공중의 깨끗

한 달 같음이니라.

⑩ 미진수음성세계[微塵數音聲] (4上1)

此上에 過佛刹微塵數世界하여 有世界하니 名微塵數音
聲이라 其狀이 猶如因陀羅網이며 依一切寶水海住하여
一切樂音寶蓋雲으로 彌覆其上하고 十佛刹微塵數世界
가 圍遶하여 純一淸淨하니 佛號는 金色須彌燈이시며
⑩ 이 위로 부처님 세계의 티끌 수 세계를 지나가서 세계가
있으니 이름은 티끌 수 음성이다. 형상이 인드라 그물과 같
은데 온갖 보배물 바다를 의지하여 머물며, 온갖 음악 소리
보배 일산 구름이 그 위에 덮이고 열 부처님 세계의 티끌 수
세계가 둘러쌌으며, 순일하게 청정하고 부처님 명호는 금
빛 수미 등불이니라.

⑪ 보색장엄세계[寶色莊嚴] (4上5)

此上에 過佛刹微塵數世界하여 有世界하니 名寶色莊嚴
이라 形如卍字며 依帝釋形寶王海住하여 日光明華雲으
로 彌覆其上하고 十一佛刹微塵數世界가 圍遶하니 佛號
는 遍照法界光明智시며
⑪ 이 위로 부처님 세계의 티끌 수 세계를 지나가서 세계가
있으니 이름은 보배 빛 장엄이다. 형상은 '卍' 자 같은데 제
석 형상의 보배 왕 바다를 의지하여 머물며, 햇빛 광명 꽃

구름이 그 위에 덮이고 열한 부처님 세계의 티끌 수 세계가 둘러쌌으며, 부처님 명호는 법계를 훤칠하게 비추는 광명 지혜니라.

⑫ 금색묘광세계[金色妙光] (4上8)

此上에 過佛刹微塵數世界하여 有世界하니 名金色妙光이라 其狀이 猶如廣大城郭이며 依一切寶莊嚴海住하여 道場寶華雲으로 彌覆其上하고 十二佛刹微塵數世界가 圍遶하니 佛號는 寶燈普照幢이시며
⑫ 이 위로 부처님 세계의 티끌 수 세계를 지나가서 세계가 있으니 이름은 금색 묘한 광명이다. 형상이 넓고 큰 성곽과 같은데 온갖 보배 장엄 바다를 의지하여 머물며, 도량 보배 꽃 구름이 그 위에 덮이고 열두 부처님 세계의 티끌 수 세계가 둘러쌌으며, 부처님 명호는 보배 등불 널리 비치는 당기니라.

⑬ 변조광명륜세계[徧照光明輪] (4下2)

此上에 過佛刹微塵數世界하여 有世界하니 名徧照光明輪이라 狀如華旋이며 依寶衣旋海住하여 佛音聲寶王樓閣雲으로 彌覆其上하고 十三佛刹微塵數世界가 圍遶하여 純一淸淨하니 佛號는 蓮華焰徧照시며
⑬ 이 위로 부처님 세계의 티끌 수 세계를 지나가서 세계가

있으니 이름은 두루 비치는 광명 바퀴이다. 형상이 꽃 돌림 같은데 보배 옷 돌림 바다를 의지하여 머물며, 부처님 음성 보배왕 누각 구름이 그 위에 덮이고 열세 부처님 세계의 티끌 수 세계가 둘러쌌으며, 순일하게 청정하고 부처님 명호는 연화 불꽃 두루 비침이니라.

⑭ 보장장엄세계[寶藏莊嚴] (4下6)

此上에 過佛刹微塵數世界하여 有世界하니 名寶藏莊嚴이라 狀如四洲며 依寶瓔珞須彌住하여 寶焰摩尼雲으로 彌覆其上하고 十四佛刹微塵數世界가 圍遶하니 佛號는 無盡福開敷華시며

⑭ 이 위로 부처님 세계의 티끌 수 세계를 지나가서 세계가 있으니 이름은 보배광 장엄이다. 형상이 사주 세계 같은데 보배 영락 수미산을 의지하여 머물며, 보배 불꽃 마니 구름이 그 위에 덮이고 열네 부처님 세계의 티끌 수 세계가 둘러쌌으며, 부처님 명호는 그지없는 복으로 핀 꽃이니라.

[疏] 其第十四重中에 云形如四洲者는 水中可居曰洲니 準俱舍컨대 東洲如半月이오 南洲如車이오 西洲如滿月이오 北洲[73]則戞方이라하니라 四洲形異어늘 而云如者는 則全似此界也라 此中에 文無標結大數나 準例可知耳니라

■ ⑭ 그 제14층의 보장장엄 세계 중에 '형상이 사주(四洲) 세계와 같다'

---

73) 洲는 源甲南續金本作則.

고 말한 것은 물 속에 살 수 있음을 주(洲)라 이름하나니,『구사론』에 준해 보면 "동쪽 주는 반달 모양 같고, 남쪽 주는 수레 모양이고, 서쪽 주는 보름달 같고, 북쪽 주는 보습처럼 모가 났다"고 하였다. 사주(四洲) 세계가 형상은 다르거늘 '같다'고 말한 것은 전체가 이 세계와 같다는 뜻이다. 이 가운데 경문에 표방함과 큰 숫자로 결론함이 없지만 준하여 유례하면 알 수 있으리라.

[鈔] 準俱舍云者는 略其義耳라 具足하면 頌에 云, 南贍部如車하니 三邊各二千이오 南邊有三[74]半이며 東毘提訶洲는 其形如半月하니 三邊如贍部오 東[75]邊三[76]百半[77]이며 西瞿陀尼洲는 其相圓無缺하니 逕二千五百이오 周圍此三倍며 北俱盧는 㲉方이니 面各二千等이라하니 南[78]則北濶南狹이라 餘可知로다 故로 結云四洲相殊니라 今云如者는 上擧論爲問하고 今爲會釋이라 言全似此界者는 此四洲安布가 是一佛居니 今此世界가 同此[79]四洲之界耳니라 此中文無標結大數等者는 例中間海니 如第八經末이니라

● '구사론에 준하여 말함'이란 그 뜻을 간략히 한 것일 뿐이다. 갖추어 말하면 (『구사론』제11권 분별세품) 게송에 이르되, "남섬부주는 수레의 모양과 같은데 세 쪽은 각각 2천 유선나이고 남쪽만은 3유선나 반이 되네. / 동쪽 비제하주의 모양은 그 모양이 반달과 같은데 세 쪽의 넓이는 남섬부주와 같으며 동쪽은 3백 5십 유선나이네. / 서쪽 구

---

74) 有三은 原南續金本作三百, 據論及頌改正.
75) 東은 原南續金本作南 據論及頌改正.
76) 三은 南續金本作二誤, 論原本作三.
77) 東洲四句는 原南續金本在南洲三句前 玆據頌移正.
78) 南은 原本作東, 南續金本無; 案此指南洲 玆據論補正.
79) 此는 續金本作如.

타니주의 모양은 그 모양이 둥글어 결함이 없으며 지름은 2천 5백 유선나이고 둘레는 그의 세 배가 되네. / 북쪽 구로주는 모가 나서 사면이 각각 똑같이 2천 유선나이며"라고 하였다. 남섬부주는 북쪽은 넓고 남쪽은 좁다는 뜻이니 나머지는 알 수 있으리라. 그러므로 결론하여 '사주(四洲)의 모양이 다르다'라고 하였다. 지금에 '같다'고 말한 것은 위에서 논문을 거론하여 질문하였고, 지금은 회통하여 해석한 것이다. '전체가 이 세계와 같다'고 말한 것은 이런 사주(四洲)세계의 벌여 있고 퍼뜨린 세계가 한 부처님이 계시는 곳이니, 지금 이 사바세계는 이 사주세계와 같을 뿐이다. 이 가운데 경문에 표방함과 큰 숫자를 결론함이 없는 것은 중간의 향수해와 유례하나니 제8권 경문의 끝부분과 같다.

⑮ 여경상보현세계[如鏡像普現] (5下1)

此上에 過佛刹微塵數世界하여 有世界하니 名如鏡像普現이라 其狀이 猶如阿修羅身이며 依金剛蓮華海住하여 寶冠光影雲으로 彌覆其上하고 十五佛刹微塵數世界가 圍遶하니 佛號는 甘露音이시며
⑮ 이 위로 부처님 세계의 티끌 수 세계를 지나가서 세계가 있으니 이름은 거울에 그림자처럼 두루 나타남이다. 형상이 아수라의 몸 같은데 금강 연꽃 바다를 의지하여 머물며, 보배 관 그림자 구름이 그 위에 덮이고 열다섯 부처님 세계의 티끌 수 세계가 둘러쌌으며, 부처님 명호는 감로 음성이니라.

⑯ 전단월세계[旃檀月] (5下4)

此上에 過佛刹微塵數世界하여 有世界하니 名旃檀月이
라 其形八隅며 依金剛旃檀寶海住하여 眞珠華摩尼雲으
로 彌覆其上하고 十六佛刹微塵數世界가 圍遶하여 純一
淸淨하니 佛號는 最勝法無等智시며
⑯ 이 위로 부처님 세계의 티끌 수 세계를 지나가서 세계가
있으니 이름은 전단 달이다. 형상이 팔모났는데 금강 전단
보배 바다를 의지하여 머물며, 진주 꽃 마니 구름이 그 위에
덮이고 열여섯 부처님 세계의 티끌 수 세계가 둘러쌌으며,
순일하게 청정하고 부처님 명호는 가장 훌륭한 법 짝할 이
없는 지혜니라.

⑰ 이구광명세계[離垢光明] (5下8)

此上에 過佛刹微塵數世界하여 有世界하니 名離垢光明
이라 其狀猶如香水旋流며 依無邊色寶光海住하여 妙香
光明雲으로 彌覆其上하고 十七佛刹微塵數世界가 圍遶
하니 佛號는 徧照虛空光明音이시며
⑰ 이 위로 부처님 세계의 티끌 수 세계를 지나가서 세계가
있으니 이름은 때 여읜 광명이다. 형상이 향물이 소용돌아
흐르는 것과 같은데 끝이 없는 빛 보배 광명 바다를 의지하
여 머물며, 묘한 향 광명 구름이 그 위에 덮이고 열일곱 부
처님 세계의 티끌 수 세계가 둘러쌌으며, 부처님 명호는 허

공에 두루 비치는 광명 음성이니라.

⑱ 묘화장엄세계[妙華莊嚴] (6上2)

此上에 過佛刹微塵數世界하여 有世界하니 名妙華莊嚴
이라 其狀猶如旋遶之形이며 依一切華海住하여 一切樂
音摩尼雲으로 彌覆其上하고 十八佛刹微塵數世界가 圍
遶하니 佛號는 普現勝光明이시며
⑱ 이 위로 부처님 세계의 티끌 수 세계를 지나가서 세계가
있으니 이름은 묘한 꽃 장엄이다. 형상은 빙빙 도는 모양 같
은데 온갖 꽃 바다를 의지하여 머물며, 온갖 음악 소리 마니
구름이 그 위에 덮이고 열여덟 부처님 세계의 티끌 수 세계
가 둘러쌌으며, 부처님 명호는 훌륭한 광명을 널리 나타냄
이다.

⑲ 승음장엄세계[勝音莊嚴] (6上6)

此上에 過佛刹微塵數世界하여 有世界하니 名勝音莊嚴
이라 其狀猶如師子之座며 依金師子座海住하여 衆色蓮
華藏師子座雲으로 彌覆其上하고 十九佛刹微塵數世界
가 圍遶하니 佛號는 無邊功德稱普光明이시며
⑲ 이 위로 부처님 세계의 티끌 수 세계를 지나가서 세계가
있으니 이름은 훌륭한 음성 장엄이다. 형상이 사자좌 같은
데 금사자좌 바다를 의지하여 머물며, 여러 빛깔 연화장 사

자좌 구름이 그 위에 덮이고 열아홉 부처님 세계의 티끌 수 세계가 둘러쌌으며, 부처님 명호는 끝없는 공덕 소문 넓은 광명이니라.

⑳ 고승등세계[高勝燈] (6上10)

此上에 過佛刹微塵數世界하여 有世界하니 名高勝燈이라 狀如佛掌이며 依寶衣服香幢海住하여 日輪普照寶王樓閣雲으로 彌覆其上하고 二十佛刹微塵數世界가 圍遶하여 純一淸淨하니 佛號는 普照虛空燈이시니라
⑳ 이 위로 부처님 세계의 티끌 수 세계를 지나가서 세계가 있으니 이름은 높고 좋은 등불이다. 형상이 부처 손바닥 같은데 보배 옷 향기 당기 바다를 의지하여 머물며, 햇빛 두루 비치는 보배왕 누각 구름이 그 위에 덮이고 스무 부처님 세계의 티끌 수 세계가 둘러쌌으며, 순일하게 청정하고 부처님 명호는 허공을 널리 비추는 등불이니라.

b) 남방의 무진광명륜(無盡光明輪)향수해 2.

(a) 바다와 꽃, 세계와 당기를 밝히다[明海華刹幢] (第二 6下5)

諸佛子여 此離垢焰藏香水海南에
여러 불자들이여, 이 때 여읜 불꽃광 향수해 남쪽에

[疏] 第二, 從諸佛子此離垢燄藏香水海南下는 第二, 無盡光明輪海라 此下九海에 文皆有二니 先, 牒前海爲所依오 後, 有香水海下는 明能依之海라 皆不牒中海爲所繞일새 故云南也니라 第三海去에 但言[80]右旋하고 又不云南者는 十海如環하야 繞於中海일새 故不正南也니 如以十碟[81]으로 繞於一盤에 方所可見이라 又第二已去에 或無蓮華者는 前總釋種中에 云, 或有依蓮華住하며 或有依海라하니 故或無也라

■ b) 從諸佛子此離垢燄藏香水海南 아래는 남방의 무진광명륜(無盡光明輪)향수해이다. 이 아래의 아홉 바다에 경문이 모두 둘이 있으니 (a) 앞의 바다를 따와서 의지처를 삼음이요, (b) 有香水海 아래는 의지하는 주체의 바다를 밝힘이다. 모두 중간 바다를 따와서 에워쌀 대상을 삼았으므로 남쪽이라 말함이다. 셋째 바다와 떨어진 뒤에 단지 오른쪽으로 돈다고 말하고 또한 '남쪽'이라 말하지 않은 것은 열 가지 바다가 고리와 같아서 중앙의 바다를 둘렀으므로 정남쪽이 아닌 것이다. 마치 열 개의 접시로 한 소반을 두를 적에 방소를 볼 수 있음과 같다. 또한 둘째 향수해 이후에 혹은 연꽃이 없기도 한 것은 앞의 세계종을 총합 해석한 중에 말하되 "혹은 어떤 이는 연꽃에 의지해 머물기도 하고 혹은 어떤 이는 바다를 의지하기도 하였다"라고 하였으니 그러므로 혹은 없기도 한 것이다.

(b) 세계종이 떠받치는 세계[明種所持刹] 20.
① 불당장엄(佛幢莊嚴)세계 (7上2)
② 애견화세계 ③ 묘음세계 ④ 중보장엄세계 ⑤ 향장금강세계
⑥ 정묘음세계 ⑦ 보련화장엄세계 ⑧ 여안락세계 ⑨ 무구망세계

---

80) 言은 續金本作云.
81) 碟은 原南本作疊 甲續金本作碟.

⑩ 화림당변조세계

次有香水海하니 名無盡光明輪이요 世界種은 名佛幢莊
嚴이라 以一切佛功德海音聲으로 爲體하니라 此中最下
方애 有世界하니 名愛見華라 狀如寶輪이며 依摩尼樹藏
寶王海住하야 化現菩薩形寶藏雲으로 彌覆其上하고 佛
刹微塵數世界가 圍遶하야 純一淸淨하니 佛號는 蓮華光
歡喜面이시며 此上애 過佛刹微塵數世界하야 有世界하
니 名妙音이요 佛號는 須彌寶燈이시며 此上애 過佛刹微
塵數世界하야 有世界하니 名衆寶莊嚴光이요 佛號는 法
界音聲幢이시며 此上애 過佛刹微塵數世界하야 有世界
하니 名香藏金剛이요 佛號는 光明音이시며 此上애 過佛
刹微塵數世界하야 有世界하니 名淨妙音이요 佛號는 最
勝精進力이시며 此上애 過佛刹微塵數世界하야 有世界
하니 名寶蓮華莊嚴이요 佛號는 法城雲雷音이시며 此上
애 過佛刹微塵數世界하야 有世界하니 名與安樂이요 佛
號는 大名稱智慧燈이시며 此上애 過佛刹微塵數世界하
야 有世界하니 名無垢網이요 佛號는 師子光功德海시며
此上애 過佛刹微塵數世界하야 有世界하니 名華林幢徧
照요 佛號는 大智蓮華光이시며

다음 향수해가 있으니 이름이 그지없는 광명 바퀴요,
① 세계종의 이름은 부처 당기 장엄이다. 온갖 부처님
공덕 바다 음성으로 체성을 삼았느니라. ② 이 가운데 맨
밑에 세계가 있으니 이름은 애견화이다. 형상은 보배 바퀴

같은데 마니 나무 속 보배왕 바다를 의지하여 머물며, 보살의 형상을 화현하는 보배 광 구름이 그 위에 덮이고 부처님 세계의 티끌 수 세계가 둘러쌌으며, 순일하게 청정하고 부처님 명호는 연꽃 빛 환희한 얼굴이니라. ③ 이 위로 부처님 세계의 티끌 수 세계를 지나가서 세계가 있으니 이름은 묘한 음성이요, 부처님 명호는 수미 보배 등불이다. ④ 이 위로 부처님 세계의 티끌 수 세계를 지나가서 세계가 있으니 이름은 뭇 보배 장엄한 빛이요, 부처님 명호는 법계 음성 당기이니라. ⑤ 이 위로 부처님 세계의 티끌 수 세계를 지나가서 세계가 있으니 이름은 향장 금강이요, 부처님 명호는 광명 음성이니라. ⑥ 이 위로 부처님 세계의 티끌 수 세계를 지나가서 세계가 있으니 이름은 깨끗하고 묘한 음성이요, 부처님 명호는 가장 훌륭한 정진력이니라. ⑦ 이 위로 부처님 세계의 티끌 수 세계를 지나가서 세계가 있으니 이름은 보배 연꽃 장엄이요, 부처님 명호는 법성 구름 우레 소리니라. ⑧ 이 위로 부처님 세계의 티끌 수 세계를 지나가서 세계가 있으니 이름은 안락을 줌이요, 부처님 명호는 큰 소문난 지혜 등불이다. ⑨ 이 위로 부처님 세계의 티끌 수 세계를 지나가서 세계가 있으니 이름은 때 없는 그물이요, 부처님 명호는 사자 광명 공덕 바다니라. ⑩ 이 위로 부처님 세계의 티끌 수 세계를 지나가서 세계가 있으니 이름은 꽃 숲 당기요, 부처님 명호는 큰 지혜 연꽃 광명이니라.

[疏] 後, 能依之海에 文亦有二니 先, 明海華刹種이오

■ (b) 세계종의 의지할 국토에 대해 밝힘에 경문이 또한 둘이 있으니
　(1) 바다와 꽃, 세계종을 밝힘이요,

⑪ 무량장엄세계 ⑫ 보광보장엄세계 ⑬ 화왕세계 ⑭ 이구장세계
⑮ 보광명세계 ⑯ 출생보영락세계 ⑰ 묘륜변부세계 ⑱ 보화당세계
⑲ 무량장엄세계 ⑳ 무진광장엄세계

此上에 過佛刹微塵數世界하여 有世界하니 名無量莊嚴이요 佛號는 普眼法界幢이시며 此上에 過佛刹微塵數世界하여 有世界하니 名普光寶莊嚴이요 佛號는 勝智大商主82)시며 此上에 過佛刹微塵數世界하여 有世界하니 名華王이요 佛號는 月光幢이시며 此上에 過佛刹微塵數世界하여 有世界하니 名離垢藏이요 佛號는 淸淨覺이시며 此上에 過佛刹微塵數世界하여 有世界하니 名寶光明이요 佛號는 一切智虛空燈이시며 此上에 過佛刹微塵數世界하여 有世界하니 名出生寶瓔珞이요 佛號는 諸度福海相光明이시며 此上에 過佛刹微塵數世界하여 有世界하니 名妙輪徧覆요 佛號는 調伏一切染著心令歡喜시며 此上에 過佛刹微塵數世界하여 有世界하니 名寶華幢이요 佛號는 廣博功德音大名稱이시며 此上에 過佛刹微塵數世界하여 有世界하니 名無量莊嚴이요 佛號는 平等智光明功德海시며 此上에 過佛刹微塵數世界하여 有世界하니 名無盡光莊嚴幢이라 狀如蓮華며 依一切寶網海住하여

---

82) 寶는 宮合卍續杭作明寶 明淸本作明 麗宋元南續金本作寶; 流通本作普光明寶.

蓮華光摩尼網으로 彌覆其上하고 二十佛刹微塵數世界가 圍遶하여 純一淸淨하니 佛號는 法界淨光明이시니라
⑪ 이 위로 부처님 세계의 티끌 수 세계를 지나가서 세계가 있으니 이름은 한량없는 장엄이요, 부처님 명호는 넓은 눈 법계 당이니라. ⑫ 이 위로 부처님 세계의 티끌 수 세계를 지나가서 세계가 있으니 이름은 넓은 빛 보배 장엄이요, 부처님 명호는 훌륭한 지혜 큰 장사 물주니라. ⑬ 이 위로 부처님 세계의 티끌 수 세계를 지나가서 세계가 있으니 이름은 연꽃 왕이요, 부처님 명호는 달빛 당이니라. ⑭ 이 위로 부처님 세계의 티끌 수 세계를 지나가서 세계가 있으니 이름은 때 여읜 광이요, 부처님 명호는 청정한 각이니라. ⑮ 이 위로 부처님 세계의 티끌 수 세계를 지나가서 세계가 있으니 이름은 보배 광명이요, 부처님 명호는 온갖 지혜 허공 등불이니라. ⑯ 이 위로 부처님 세계의 티끌 수 세계를 지나가서 세계가 있으니 이름은 보배 영락 냄이요, 부처님 명호는 모든 바라밀다 복 바다 광명이니라. ⑰ 이 위로 부처님 세계의 티끌 수 세계를 지나가서 세계가 있으니 이름은 묘한 바퀴 두루 덮음이요, 부처님 명호는 온갖 물든 마음을 조복하여 즐겁게 함이니라. ⑱ 이 위로 부처님 세계의 티끌 수 세계를 지나가서 세계가 있으니 이름은 보배 꽃 당이요, 부처님 명호는 넓은 공덕 소리 큰 소문이니라. ⑲ 이 위로 부처님 세계의 티끌 수 세계를 지나가서 세계가 있으니 이름은 한량없는 장엄이요, 부처님 명호는 평등한 지혜광명 공덕 바다니라. ⑳ 이 위로 부처님 세계의 티끌 수 세계를 지

나가서 세계가 있으니 이름은 그지없는 광명 장엄 깃대니라. 형상은 연꽃 같은데 온갖 보배 그물 바다를 의지하여 머물며, 연꽃 빛 마니 그물이 그 위에 덮이고 스무 부처님 세계의 티끌 수 세계가 둘러쌌으며, 순일하게 청정하고 부처님 명호는 법계의 깨끗한 광명이니라.

[疏] 此中最下方下는 所持之刹二十重이라 中에 初一世界에 文卽有七하고 後一은 文八이니 加純淨故라 中間은 唯三이니 謂相去數量과 刹名과 佛號라 餘八海도 例然하니 已辨二海니라

- (b) 此中最下方 아래는 20층 세계가 떠받치는 세계를 밝힘이다. 그 중에 ① 불당장엄세계에 경문이 일곱이 있고, 뒤의 ⑳ 무진광장엄세계는 경문이 여덟이니 순일하고 청정함을 더했기 때문이다. 중간은 오직 셋뿐이니 이른바 서로 떨어진 수량과 세계 명칭과 부처님 명호이다. 나머지 여덟 개의 향수해도 유례하면 마찬가지이니, 이미 두 바다에서 밝힌 내용이다.

c) 금강보염광명(金剛寶焰光明)향수해 2.

(a) 바다와 꽃, 세계와 당기를 밝히다[明海華刹幢] (第三 9上10)

諸佛子여 此無盡光明輪香水海右旋에 次有香水海하니 名金剛寶焰光이요 世界種은 名佛光莊嚴藏이라 以稱說一切如來名音聲으로 爲體하니라
여러 불자들이여, 이 그지없는 광명 바퀴 향수해에서 오른

쪽으로 돌아서 다음에 향수해가 있으니 이름이 금강 보배 불꽃 빛이요, 세계종의 이름은 부처님 광명 장엄장이다. 온갖 여래의 이름을 일컫는 음성으로 체성을 삼았느니라.

[疏] 第三, 金剛寶燄光明海83)라
- c) 금강보염광명(金剛寶燄光明)향수해이다.

(b) 20층 세계가 떠받치는 세계[明種所持刹] 20.
① 보염연화세계 ② 광염장세계 ③ 보륜묘세계 ④ 전단수화당세계
⑤ 불찰묘장엄세계 ⑥ 묘광장엄세계 ⑦ 무변상세계 ⑧ 염운당세계
⑨ 중보장엄세계 ⑩ 광대출리세계

此中最下方에 有世界하니 名寶焰蓮華라 其狀이 猶如摩尼色眉間毫相이며 依一切寶色水旋海住하여 一切莊嚴樓閣雲으로 彌覆其上하고 佛刹微塵數世界가 圍遶하여 純一淸淨하니 佛號는 無垢寶光明이시며 此上에 過佛刹微塵數世界하여 有世界하니 名光焰藏이요 佛號는 無礙自在智慧光이시며 此上에 過佛刹微塵數世界하여 有世界하니 名寶輪妙莊嚴이요 佛號는 一切寶光明이시며 此上에 過佛刹微塵數世界하여 有世界하니 名栴檀樹華幢이요 佛號는 淸淨智光明이시며 此上에 過佛刹微塵數世界하여 有世界하니 名佛刹妙莊嚴이요 佛號는 廣大歡喜

---

83) 海下에 續本有二, 初牒前海爲所依 二明能依之海分二. 初明海華刹種 此中最下方下 二明所持二十重; 案自三海以下 原南金本無科文 上已故는 源續本準上疏補入科文 玆皆從略 下七海準此.

音이시며 此上에 過佛刹微塵數世界하여 有世界하니 名
妙光莊嚴이요 佛號는 法界自在智시며 此上에 過佛刹微
塵數世界하여 有世界하니 名無邊相이요 佛號는 無礙智
시며 此上에 過佛刹微塵數世界하여 有世界하니 名焰雲
幢이요 佛號는 演說不退輪이시며 此上에 過佛刹微塵數
世界하여 有世界하니 名衆寶莊嚴淸淨輪이요 佛號는 離
垢華光明이시며 此上에 過佛刹微塵數世界하여 有世界
하니 名廣大出離요 佛號는 無礙智日眼이시며

① 이 가운데 맨 밑에 세계가 있으니 이름은 보배 불꽃 연화이다. 형상은 마니 빛 미간 백호상 같은데 온갖 보배 빛 물이 소용도는 바다를 의지하여 머물며, 온갖 장엄한 누각 구름이 그 위에 덮이고 부처님 세계의 티끌 수 세계가 둘러쌌으며, 순일하게 청정하고 부처님 명호는 때 없는 보배 광명이니라. ② 이 위로 부처님 세계의 티끌 수 세계를 지나가서 세계가 있으니 이름은 광명 불꽃 광이요, 부처님 명호는 걸림 없이 자재한 지혜광명이니라. ③ 이 위로 부처님 세계의 티끌 수 세계를 지나가서 세계가 있으니 이름은 보배 바퀴 묘한 장엄이요, 부처님 명호는 온갖 보배 광명이니라. ④ 이 위로 부처님 세계의 티끌 수 세계를 지나가서 세계가 있으니 이름은 전단 나무 꽃 당기요, 부처님 명호는 청정한 지혜 광명이니라. ⑤ 이 위로 부처님 세계의 티끌 수 세계를 지나가서 세계가 있으니 이름은 부처님 세계 묘한 장엄이요, 부처님 명호는 넓고 큰 즐거운 음성이니라. ⑥ 이 위로 부처님 세계의 티끌 수 세계를 지나가서 세계가 있으니 이름은 묘

한 장엄이요, 부처님 명호는 법계에 자재한 지혜니라. ⑦ 이 위로 부처님 세계의 티끌 수 세계를 지나가서 세계가 있으니 이름은 끝이 없는 모양이요, 부처님 명호는 걸림이 없는 지혜니라. ⑧ 이 위로 부처님 세계의 티끌 수 세계를 지나가서 세계가 있으니 이름은 불꽃 구름 당기요, 부처님 명호는 물러나지 않는 바퀴 연설함이니라. ⑨ 이 위로 부처님 세계의 티끌 수 세계를 지나가서 세계가 있으니 이름은 뭇 보배로 장엄한 깨끗한 바퀴요, 부처님 명호는 때 여읜 연꽃 광명이니라. ⑩ 이 위로 부처님 세계의 티끌 수 세계를 지나가서 세계가 있으니 이름은 엄청나게 벗어남이요, 부처님 명호는 걸림 없는 지혜 해 눈이니라.

⑪ 묘장엄금강세계 ⑫ 지혜보세계 ⑬ 연화지심묘음세계 ⑭ 종종색광명세계 ⑮ 묘보당세계 ⑯ 마니화대상세계 ⑰ 심심해세계 ⑱ 수미광세계 ⑲ 금연화세계 ⑳ 보장엄세계

此上에 過佛刹微塵數世界하여 有世界하니 名妙莊嚴金剛座요 佛號는 法界智大光明이시며 此上에 過佛刹微塵數世界하여 有世界하니 名智慧普莊嚴이요 佛號는 智炬光明王이시며 此上에 過佛刹微塵數世界하여 有世界하니 名蓮華池深妙音이요 佛號는 一切智普照시며 此上에 過佛刹微塵數世界하여 有世界하니 名種種色光明이요 佛號는 普光華王雲이시며 此上에 過佛刹微塵數世界하여 有世界하니 名妙寶幢이요 佛號는 功德光이시며 此上

에 過佛刹微塵數世界하여 有世界하니 名摩尼華毫相光
이요 佛號는 普音雲이시며 此上에 過佛刹微塵數世界하
여 有世界하니 名甚深海요 佛號는 十方衆生主시며 此上
에 過佛刹微塵數世界하여 有世界하니 名須彌光이요 佛
號는 法界普智音이시며 此上에 過佛刹微塵數世界하여
有世界하니 名金蓮華요 佛號는 福德藏普光明이시며 此
上에 過佛刹微塵數世界하여 有世界하니 名寶莊嚴藏이
라 形如卍字며 依一切香摩尼莊嚴樹海住하여 清淨光明
雲으로 彌覆其上하고 二十佛刹微塵數世界가 圍遶하여
純一清淨하니 佛號는 大變化光明網이시니라

⑪ 이 위로 부처님 세계의 티끌 수 세계를 지나가서 세계가 있으니 이름은 묘하게 장엄한 금강 좌대요, 부처님 명호는 법계 지혜의 큰 광명이니라. ⑫ 이 위로 부처님 세계의 티끌 수 세계를 지나가서 세계가 있으니 이름은 지혜 두루 장엄이요, 부처님 명호는 지혜 횃불 광명이니라. ⑬ 이 위로 부처님 세계의 티끌 수 세계를 지나가서 세계가 있으니 이름은 연꽃 못 깊고 묘한 음성이요, 부처님 명호는 온갖 지혜 널리 비침이니라. ⑭ 이 위로 부처님 세계의 티끌 수 세계를 지나가서 세계가 있으니 이름은 가지각색 빛 광명이요, 부처님 명호는 넓은 빛 연화왕 구름이니라. ⑮ 이 위로 부처님 세계의 티끌 수 세계를 지나가서 세계가 있으니 이름은 묘한 보배 당기요, 부처님 명호는 공덕 광명이니라. ⑯ 이 위로 부처님 세계의 티끌 수 세계를 지나가서 세계가 있으니 이름은 마니 꽃 백호상 빛이요, 부처님 명호는 넓은 음성 구

름이니라. ⑰ 이 위로 부처님 세계의 티끌 수 세계를 지나가서 세계가 있으니 이름은 깊고 깊은 바다요, 부처님 명호는 시방 중생의 님이니라. ⑱ 이 위로 부처님 세계의 티끌 수 세계를 지나가서 세계가 있으니 이름은 수미 광명이요, 부처님 명호는 법계의 넓은 음성이니라. ⑲ 이 위로 부처님 세계의 티끌 수 세계를 지나가서 세계가 있으니 이름은 금연화요, 부처님 명호는 복덕장 넓은 광명이니라. ⑳ 이 위로 부처님 세계의 티끌 수 세계를 지나가서 세계가 있으니 이름은 보배 장엄광이요, 형상은 '卍' 자 같은데 온갖 향 마니로 장엄한 나무 바다를 의지하여 머물며, 청정한 광명 구름이 그 위에 덮이고 스무 부처님 세계의 티끌 수 세계가 둘러 쌌으며, 순일하게 청정하고 부처님 명호는 크게 변화한 광명 그물이니라.

d) 제청보장엄(帝青寶莊嚴)향수해 2.

(a) 바다와 꽃, 세계와 당기를 밝히다[明海華刹幢] (第四 11下8)

諸佛子여 此金剛寶焰香水海右旋에 次有香水海하니 名帝青寶莊嚴이요 世界種은 名光照十方이라 依一切妙莊嚴蓮華香雲住하여 以無邊佛音聲으로 爲體하니라
여러 불자들이여, 이 금강 보배 불꽃 빛 향수해에서 오른쪽으로 돌아서 다음에 향수해가 있으니 이름이 제청보장엄이요, 세계종의 이름은 빛이 시방에 비침이니, 온갖 묘한 장엄

연꽃 향기 구름을 의지하여 머물며, 끝이 없는 부처님 음성으로 체성을 삼았느니라.

[疏] 第四, 帝靑寶莊嚴海라
- d) 제청보장엄향수해이다.

(b) 20층 세계가 떠받치는 세계[明種所持刹] 20.
① 시방무진색장륜세계 ② 정묘세계 ③ 출현연화좌세계 ④ 보당음세계
⑤ 금강보세계 ⑥ 인다라화월세계 ⑦ 묘륜장세계 ⑧ 묘음장세계
⑨ 청정월세계 ⑩ 무변장엄상세계

於此最下方에 有世界하니 名十方無盡色藏輪이라 其狀이 周迴에 有無量角이며 依無邊色一切寶藏海住하여 因陀羅網으로 而覆其上하고 佛刹微塵數世界가 圍遶하여 純一淸淨하니 佛號는 蓮華眼光明徧照시며 此上에 過佛刹微塵數世界하여 有世界하니 名淨妙莊嚴藏이요 佛號는 無上慧大師子시며 此上에 過佛刹微塵數世界하여 有世界하니 名出現蓮華座요 佛號는 徧照法界光明王이시며 此上에 過佛刹微塵數世界하여 有世界하니 名寶幢音이요 佛號는 大功德普名稱이시며 此上에 過佛刹微塵數世界하여 有世界하니 名金剛寶莊嚴藏이요 佛號는 蓮華日光明이시며 此上에 過佛刹微塵數世界하여 有世界하니 名因陀羅華月이요 佛號는 法自在智慧幢이시며 此上에 過佛刹微塵數世界하여 有世界하니 名妙輪藏이요 佛

號는 大喜淸淨音이시며 此上에 過佛刹微塵數世界하여 有世界하니 名妙音藏이요 佛號는 大力善商主시며 此上에 過佛刹微塵數世界하여 有世界하니 名淸淨月이요 佛號는 須彌光智慧力이시며 此上에 過佛刹微塵數世界하여 有世界하니 名無邊莊嚴相이요 佛號는 方便願淨月光이시며

① 여기에서 맨 밑에 세계가 있으니 이름은 시방의 다함없는 빛 광 바퀴요, 형상은 두루 돌아 한량없는 모가 있는데 끝없는 빛인 온갖 보배 광 바다를 의지하여 머물며, 인드라 그물이 그 위에 덮이고 부처님 세계의 티끌 수 세계가 둘러 쌌으며, 순일하게 청정하고 부처님 명호는 연꽃 눈 광명이 두루 비침이니라. ② 이 위로 부처님 세계의 티끌 수 세계를 지나가서 세계가 있으니 이름은 깨끗하고 묘한 장엄장이요, 부처님 명호는 위없는 지혜니라. ③ 이 위로 부처님 세계의 티끌 수 세계를 지나가서 세계가 있으니 이름은 연꽃 내는 좌대요, 부처님 명호는 법계에 널리 비치는 광명왕이니라. ④ 이 위로 부처님 세계의 티끌 수 세계를 지나가서 세계가 있으니 이름은 보배 당기 음성이요, 부처님 명호는 큰 공덕 넓은 이름이니라. ⑤ 이 위로 부처님 세계의 티끌 수 세계를 지나가서 세계가 있으니 이름은 금강 보배 장엄장이요, 부처님 명호는 연꽃 해 광명이니라. ⑥ 이 위로 부처님 세계의 티끌 수 세계를 지나가서 세계가 있으니 이름은 인드라 연꽃 달이요, 부처님 명호는 법에 자재한 지혜 당기니라. ⑦ 이 위로 부처님 세계의 티끌 수 세계를 지나가서 세계가 있

으니 이름은 묘한 바퀴 광이요, 부처님 명호는 크게 기쁜 청정한 음성이니라. ⑧ 이 위로 부처님 세계의 티끌 수 세계를 지나가서 세계가 있으니 이름은 묘한 음성 장이요, 부처님 명호는 기운 세고 무던한 장사 물주니라. ⑨ 이 위로 부처님 세계의 티끌 수 세계를 지나가서 세계가 있으니 이름은 청정월이요, 부처님 명호는 수미 광명 지혜 힘이니라. ⑩ 이 위로 부처님 세계의 티끌 수 세계를 지나가서 세계가 있으니 이름은 끝없는 장엄 형상이요, 부처님 명호는 방편 서원 깨끗한 달빛이니라.

⑪ 묘화음세계 ⑫ 일체보세계 ⑬ 견고지세계 ⑭ 보광선화세계
⑮ 선수호세계 ⑯ 전단보화세계 ⑰ 현종종색상세계 ⑱ 화현시방세계
⑲ 수미운당세계 ⑳ 연화변조세계

此上에 過佛刹微塵數世界하여 有世界하니 名妙華音이요 佛號는 法海大願音이시며 此上에 過佛刹微塵數世界하여 有世界하니 名一切寶莊嚴이요 佛號는 功德寶光明相이시며 此上에 過佛刹微塵數世界하여 有世界하니 名堅固地요 佛號는 美音最勝天이시며 此上에 過佛刹微塵數世界하여 有世界하니 名普光善化요 佛號는 大精進寂靜慧시며 此上에 過佛刹微塵數世界하여 有世界하니 名善守護莊嚴行이요 佛號는 見者生歡喜시며 此上에 過佛刹微塵數世界하여 有世界하니 名旃檀寶華藏이요 佛號는 甚深不可動智慧光徧照시며 此上에 過佛刹微塵數世

界하여 有世界하니 名現種種色相海요 佛號는 普放不思議勝義王光明이시며 此上에 過佛刹微塵數世界하여 有世界하니 名化現十方大光明이요 佛號는 勝功德威光無與等이시며 此上에 過佛刹微塵數世界하여 有世界하니 名須彌雲幢이요 佛號는 極淨光明眼이시며 此上에 過佛刹微塵數世界하여 有世界하니 名蓮華徧照라 其狀周圓이며 依無邊色衆妙香摩尼海住하여 一切乘莊嚴雲으로 而覆其上하고 二十佛刹微塵數世界가 圍遶하여 純一清淨하니 佛號는 解脫精進日이시니라

⑪ 이 위로 부처님 세계의 티끌 수 세계를 지나가서 세계가 있으니 이름은 묘한 꽃 음성이요, 부처님 명호는 법 바다 큰 서원 소리이니라. ⑫ 이 위로 부처님 세계의 티끌 수 세계를 지나가서 세계가 있으니 이름은 온갖 보배 장엄이요, 부처님 명호는 공덕 보배 장엄 모양이니라. ⑬ 이 위로 부처님 세계의 티끌 수 세계를 지나가서 세계가 있으니 이름은 견고한 땅이요, 부처님 명호는 고운 음성 가장 좋은 하늘이니라. ⑭ 이 위로 부처님 세계의 티끌 수 세계를 지나가서 세계가 있으니 이름은 넓은 광명으로 잘 변화함이요, 부처님 명호는 큰 정진 고요한 지혜니라. ⑮ 이 위로 부처님 세계의 티끌 수 세계를 지나가서 세계가 있으니 이름은 잘 수호하는 장엄한 행이요, 부처님 명호는 보는 이가 환희함이니라. ⑯ 이 위로 부처님 세계의 티끌 수 세계를 지나가서 세계가 있으니 이름은 전단 보배 연꽃 밥이요, 부처님 명호는 깊고 흔들 수 없는 지혜광명 두루 비침이니라. ⑰ 이 위로 부처님

세계의 티끌 수 세계를 지나가서 세계가 있으니 이름은 가지각색 빛깔 바다요, 부처님 명호는 부사의한 진리의 왕 광명을 놓음이니라. ⑱ 이 위로 부처님 세계의 티끌 수 세계를 지나가서 세계가 있으니 이름은 시방에 화현하는 큰 광명이요, 부처님 명호는 훌륭한 공덕과 위광을 짝할 이 없음이니라. ⑲ 이 위로 부처님 세계의 티끌 수 세계를 지나가서 세계가 있으니 이름은 수미 구름 당기요, 부처님 명호는 매우 깨끗한 광명 눈이니라. ⑳ 이 위로 부처님 세계의 티끌 수 세계를 지나가서 세계가 있으니 이름은 연꽃이 두루 비침이요, 형상은 둥근데 끝없는 빛 묘한 향 마니 바다를 의지하여 머물며, 온갖 법 장엄 구름이 그 위에 덮이고 스무 부처님 세계의 티끌 수 세계가 둘러쌌으며, 순일하게 청정하고 부처님 명호는 해탈 정진하는 해니라.

e) 금강륜장엄저향수해[金剛輪莊嚴底海] 2.

(a) 바다와 꽃, 세계와 깃대를 밝히다[明海華刹幢] (第五 14上6)

諸佛子여 此帝青寶莊嚴香水海右旋에 次有香水海하니 名金剛輪莊嚴底요 世界種은 名妙間錯因陀羅網이라 普賢智所生音聲으로 爲體84)하니라
여러 불자들이여, 이 제청보장엄 향수해에서 오른쪽으로 돌아서 다음에 향수해가 있으니 이름이 금강 바퀴로 밑을 장엄

---

84) 妙下有寶字, 宋元明淸本無.(소초회본 제2책 권17 p.76-)

함이요, 세계종의 이름은 묘하게 사이사이 섞인 인드라 그물이요, 보현의 지혜로 내는 음성으로 체성을 삼았느니라.

[疏] 第五, 金剛輪莊嚴底海라
■ e) 금강륜장엄저향수해이다.

(b) 20층 세계가 떠받치는 세계[明種所持刹] 20.
① 연화망세계 ② 무진일광명세계 ③ 보방묘광명세계 ④ 수화당세계
⑤ 진주개세계 ⑥ 무변음세계 ⑦ 보견수세계 ⑧ 사자제망광세계
⑨ 중보간착세계 ⑩ 무구광명지세계

此中最下方에 有世界하니 名蓮華網이라 其狀이 猶如須彌山形이며 依衆妙華山幢海住하여 佛境界摩尼王帝網雲으로 而覆其上하고 佛刹微塵數世界가 圍遶하여 純一淸淨하니 佛號는 法身普覺慧시며 此上에 過佛刹微塵數世界하여 有世界하니 名無盡日光明이요 佛號는 最勝大覺慧시며 此上에 過佛刹微塵數世界하여 有世界하니 名普放妙光明이요 佛號는 大福雲無盡力이시며 此上에 過佛刹微塵數世界하여 有世界하니 名樹華幢이요 佛號는 無邊智法界音이시며 此上에 過佛刹微塵數世界하여 有世界하니 名眞珠蓋요 佛號는 波羅密師子頻申이시며 此上에 過佛刹微塵數世界하여 有世界하니 名無邊音이요 佛號는 一切智妙覺慧시며 此上에 過佛刹微塵數世界하여 有世界하니 名普見樹峰이요 佛號는 普現衆生前이시

며 此上에 過佛刹微塵數世界하여 有世界하니 名師子帝
網光이요 佛號는 無垢日金色光焰雲이시며 此上에 過佛
刹微塵數世界하여 有世界하니 名衆寶間錯이요 佛號는
帝幢最勝慧시며 此上에 過佛刹微塵數世界하여 有世界
하니 名無垢光明地요 佛號는 一切力淸淨月이시며

①이 가운데 맨 밑에 세계가 있으니 이름은 연꽃 그물이요, 형상은 수미산 모양인데 여러 묘한 꽃 당기 바다를 의지하여 머물며, 부처님 경계 마니왕 제석천 그물 구름이 그 위에 덮이고 부처님 세계의 티끌 수 세계가 둘러쌌으며, 순일하게 청정하고 부처님 명호는 법신 두루 깨달은 지혜니라. ②이 위로 부처님 세계의 티끌 수 세계를 지나가서 세계가 있으니 이름은 그지없는 해 광명이요, 부처님 명호는 가장 좋은 대각 지혜니라. ③이 위로 부처님 세계의 티끌 수 세계를 지나가서 세계가 있으니 이름은 묘한 광명 널리 놓음이요, 부처님 명호는 큰 복 구름 다하지 않는 힘이니라. ④이 위로 부처님 세계의 티끌 수 세계를 지나가서 세계가 있으니 이름은 나무 꽃 당기요, 부처님 명호는 끝없는 지혜 법계 음성이니라. ⑤이 위로 부처님 세계의 티끌 수 세계를 지나가서 세계가 있으니 이름은 진주 일산이요, 부처님 명호는 바라밀 사자빈신이니라. ⑥이 위로 부처님 세계의 티끌 수 세계를 지나가서 세계가 있으니 이름은 끝없는 음성이요, 부처님 명호는 온갖 지혜인 묘각 지혜니라. ⑦이 위로 부처님 세계의 티끌 수 세계를 지나가서 세계가 있으니 이름은 널리 보는 나무 봉우리요, 부처님 명호는 중생 앞에 널리 나

타남이니라. ⑧ 이 위로 부처님 세계의 티끌 수 세계를 지나가서 세계가 있으니 이름은 사자 제석천 그물 광명이요, 부처님 명호는 때 없는 금빛 광명 불꽃 구름이니라. ⑨ 이 위로 부처님 세계의 티끌 수 세계를 지나가서 세계가 있으니 이름은 뭇 보배 사이사이 섞임이요, 부처님 명호는 제석천 당기 훌륭한 지혜니라. ⑩ 이 위로 부처님 세계의 티끌 수 세계를 지나가서 세계가 있으니 이름은 때 없는 광명한 땅이요, 부처님 명호는 온갖 힘 깨끗한 달이니라.

⑪ 항출탄불공덕음세계 ⑫ 고염장세계 ⑬ 광엄도량세계
⑭ 출생일체보장엄세계 ⑮ 광엄묘궁전세계 ⑯ 이진적정세계
⑰ 마니화당세계 ⑱ 보운장세계

此上에 過佛刹微塵數世界하여 有世界하니 名恒出歎佛功德音이요 佛號는 如虛空普覺慧시며 此上에 過佛刹微塵數世界하여 有世界하니 名高焰藏이요 佛號는 化現十方大雲幢이시며 此上에 過佛刹微塵數世界하여 有世界하니 名光嚴道場이요 佛號는 無等智徧照시며 此上에 過佛刹微塵數世界하여 有世界하니 名出生一切寶莊嚴이요 佛號는 廣度衆生神通王이시며 此上에 過佛刹微塵數世界하여 有世界하니 名光嚴妙宮殿이요 佛號는 一切義成廣大慧시며 此上에 過佛刹微塵數世界하여 有世界하니 名離塵寂靜이요 佛號는 不唐現이시며 此上에 過佛刹微塵數世界하여 有世界하니 名摩尼華幢이요 佛號는 悅

意吉祥音이시며 此上에 過佛刹微塵數世界하여 有世界하니 名普雲藏이라 其狀猶如樓閣之形이며 依種種宮殿香水海住하여 一切寶燈으로 彌覆其上하고 二十佛刹微塵數世界가 圍遶하여 純一淸淨하니 佛號는 最勝覺神通王이시니라

⑪ 이 위로 부처님 세계의 티끌 수 세계를 지나가서 세계가 있으니 이름은 부처님 공덕 찬탄하는 음성 항상 냄이요, 부처님 명호는 허공 같은 넓은 각의 지혜니라. ⑫ 이 위로 부처님 세계의 티끌 수 세계를 지나가서 세계가 있으니 이름은 높은 불꽃 광이요, 부처님 명호는 시방에 화현하는 큰 구름 당기니라. ⑬ 이 위로 부처님 세계의 티끌 수 세계를 지나가서 세계가 있으니 이름은 빛 장엄 도량이요, 부처님 명호는 짝할 이 없는 지혜 널리 비침이니라. ⑭ 이 위로 부처님 세계의 티끌 수 세계를 지나가서 세계가 있으니 이름은 온갖 보배 내는 장엄이요, 부처님 명호는 중생 널리 제도하는 신통왕이니라. ⑮ 이 위로 부처님 세계의 티끌 수 세계를 지나가서 세계가 있으니 이름은 광명 장엄 묘한 궁전이요, 부처님 명호는 온갖 뜻 성취한 넓고 큰 지혜니라. ⑯ 이 위로 부처님 세계의 티끌 수 세계를 지나가서 세계가 있으니 이름은 티끌 여의어 고요함이요, 부처님 명호는 이유 없이 나타나지 않음이니라. ⑰ 이 위로 부처님 세계의 티끌 수 세계를 지나가서 세계가 있으니 이름은 마니 꽃 당기요, 부처님 명호는 기쁘고 길상한 음성이니라. ⑱ 이 위로 부처님 세계의 티끌 수 세계를 지나가서 세계가 있으니 이름은 넓은 구름 광이요, 형

상은 누각 모양인데 가지가지 궁전 향수해를 의지하여 머물며, 온갖 보배 등불 구름이 그 위에 덮이고, 스무 부처님 세계의 티끌 수 세계가 둘러쌌으며, 순일하게 청정하고 부처님 명호는 가장 훌륭한 깨달음의 신통왕이니라.

f) 연화인드라망향수해[蓮華因陀羅網海] 2.

(a) 바다와 꽃, 세계와 깃대를 밝히다[明海華刹幢] (第六 16上10)

諸佛子여 此金剛輪莊嚴底香水海右旋에 次有香水海하니 名蓮華因陀羅網이요 世界種은 名普現十方影이라 依一切香摩尼莊嚴蓮華住하여 一切佛智光音聲으로 爲體하나라

여러 불자들이여, 이 금강 바퀴로 밑을 장엄한 향수해에서 오른쪽으로 돌아서 다음에 향수해가 있으니 이름이 연꽃 인드라 그물이요, 세계종의 이름은 시방에 두루 나타내는 그림자이다. 온갖 향 마니로 장엄한 연화를 의지하여 머물며, 온갖 부처님 지혜의 광명 음성으로 체성을 삼았느니라.

[疏] 第六, 蓮華因陀羅網海라
■ f) 연화인드라망향수해이다.

(b) 20층 세계가 떠받치는 세계[明種所持刹] 20.
① 중생해보세계 ② 묘향륜세계 ③ 묘광륜세계 ④ 후성마니당세계

⑤ 극견고륜세계 ⑥ 중행광세계 ⑦ 사자좌변조세계 ⑧ 보염장엄세계
⑨ 무량등세계 ⑩ 상문불음세계

此中最下方에 有世界하니 名衆生海寶光明이라 其狀猶如眞珠之藏이며 依一切摩尼瓔珞海旋住하여 水光明摩尼雲으로 而覆其上하고 佛刹微塵數世界圍遶하여 純一淸淨하니 佛號는 不思議功德徧照月이시며 此上에 過佛刹微塵數世界하여 有世界하니 名妙香輪이요 佛號는 無量力幢이시며 此上에 過佛刹微塵數世界하여 有世界하니 名妙光輪이요 佛號는 法界光音覺悟慧시며 此上에 過佛刹微塵數世界하여 有世界하니 名吼聲摩尼幢이요 佛號는 蓮華光恒垂妙臂시며 此上에 過佛刹微塵數世界하여 有世界하니 名極堅固輪이요 佛號는 不退轉功德海光明이시며 此上에 過佛刹微塵數世界하여 有世界하니 名衆行光莊嚴이요 佛號는 一切智普勝尊이시며 此上에 過佛刹微塵數世界하여 有世界하니 名師子座徧照요 佛號는 師子光無量力覺慧시며 此上에 過佛刹微塵數世界하여 有世界하니 名寶焰莊嚴이요 佛號는 一切法淸淨智시며 此上에 過佛刹微塵數世界하여 有世界하니 名無量燈이요 佛號는 無憂相이시며 此上에 過佛刹微塵數世界하여 有世界하니 名常聞佛音이요 佛號는 自然勝威光이시며
①이 가운데 맨 밑에 세계가 있으니 이름이 중생 바다 보배 광명이요, 형상은 진주로 된 광과 같은데 온갖 마니 영락 바다 돌림을 의지하여 머물며, 물 광명 마니 구름이 그 위에

덮이고, 순일하게 청정하고 부처님 명호는 부사의 공덕 두루 비치는 달이니라. ② 이 위로 부처님 세계의 티끌 수 세계를 지나가서 세계가 있으니 이름은 묘한 향 바퀴요, 부처님 명호는 한량없는 힘 당이니라. ③ 이 위로 부처님 세계의 티끌 수 세계를 지나가서 세계가 있으니 이름은 묘한 빛 바퀴요, 부처님 명호는 법계의 빛과 음성 깨달은 지혜니라. ④ 이 위로 부처님 세계의 티끌 수 세계를 지나가서 세계가 있으니 이름은 영각 소리 마니 당기요, 부처님 명호는 연꽃 빛 늘 드리우는 묘한 광이니라. ⑤ 이 위로 부처님 세계의 티끌 수 세계를 지나가서 세계가 있으니 이름은 매우 견고한 바퀴요, 부처님 명호는 물러나지 않는 공덕 바다 광명이니라. ⑥ 이 위로 부처님 세계의 티끌 수 세계를 지나가서 세계가 있으니 이름은 뭇 행의 장엄이요, 부처님 명호는 온갖 지혜 두루 뛰어난 세존이니라. ⑦ 이 위로 부처님 세계의 티끌 수 세계를 지나가서 세계가 있으니 이름은 사자좌 두루 비침이요, 부처님 명호는 사자 광명 한량없는 힘 깨달은 지혜니라. ⑧ 이 위로 부처님 세계의 티끌 수 세계를 지나가서 세계가 있으니 이름은 보배 불꽃 장엄이요, 부처님 명호는 온갖 법 깨끗한 지혜니라. ⑨ 이 위로 부처님 세계의 티끌 수 세계를 지나가서 세계가 있으니 이름은 한량없는 등불이요, 부처님 명호는 근심 없는 모습이니라. ⑩ 이 위로 부처님 세계의 티끌 수 세계를 지나가서 세계가 있으니 이름은 부처님 음성 항상 들음이요, 부처님 명호는 자연히 수승한 위엄 광명이니라.

⑪ 청정변화세계 ⑫ 보입시방세계 ⑬ 치연염세계 ⑭ 향광변조세계
⑮ 무량화취륜세계 ⑯ 중묘보세계 ⑰ 금광해세계 ⑱ 진주화장세계
⑲ 제석수미세계 ⑳ 무변보보조세계

此上에 過佛刹微塵數世界하여 有世界하니 名淸淨變化요 佛號는 金蓮華光明이시며 此上에 過佛刹微塵數世界하여 有世界하니 名普入十方이요 佛號는 觀法界頻申慧시며 此上에 過佛刹微塵數世界하여 有世界하니 名熾然焰이요 佛號는 光焰樹緊那羅王이시며 此上에 過佛刹微塵數世界하여 有世界하니 名香光徧照요 佛號는 香燈善化王이시며 此上에 過佛刹微塵數世界하여 有世界하니 名無量華聚輪이요 佛號는 普現佛功德이시며 此上에 過佛刹微塵數世界하여 有世界하니 名衆妙普淸淨이요 佛號는 一切法平等神通王이시며 此上에 過佛刹微塵數世界하여 有世界하니 名金光海요 佛號는 十方自在大變化시며 此上에 過佛刹微塵數世界하여 有世界하니 名眞珠華藏이요 佛號는 世界寶光明不可思議慧시며 此上에 過佛刹微塵數世界하여 有世界하니 名帝釋須彌師子座요 佛號는 勝力光이시며 此上에 過佛刹微塵數世界하여 有世界하니 名無邊寶普照라 其形이 四方이며 依華林海住하여 普雨無邊色摩尼王帝網으로 而覆其上하고 二十佛刹微塵數世界가 圍遶하여 純一淸淨하니 佛號는 徧照世間最勝音[85])이시니라

---

85) 而는 麗本作彌, 元明宮淸本作而.

⑪ 이 위로 부처님 세계의 티끌 수 세계를 지나가서 세계가 있으니 이름은 청정한 변화요, 부처님 명호는 금연화 광명이니라. ⑫ 이 위로 부처님 세계의 티끌 수 세계를 지나가서 세계가 있으니 이름은 두루 시방에 들어감이요, 부처님 명호는 법계를 관찰하고 빈신하는 지혜니라. ⑬ 이 위로 부처님 세계의 티끌 수 세계를 지나가서 세계가 있으니 이름은 치성한 불꽃이요, 부처님 명호는 빛난 불꽃 나무 긴나라왕이니라. ⑭ 이 위로 부처님 세계의 티끌 수 세계를 지나가서 세계가 있으니 이름은 향기 빛 두루 비침이요, 부처님 명호는 향기 등불 잘 교화하는 왕이니라. ⑮ 이 위로 부처님 세계의 티끌 수 세계를 지나가서 세계가 있으니 이름은 한량없는 꽃 무더기 바퀴요, 부처님 명호는 널리 나타내는 부처님 공덕이니라. ⑯ 이 위로 부처님 세계의 티끌 수 세계를 지나가서 세계가 있으니 이름은 여러 가지 묘함이 두루 청정함이요, 부처님 명호는 온갖 법 평등한 신통왕이니라. ⑰ 이 위로 부처님 세계의 티끌 수 세계를 지나가서 세계가 있으니 이름은 금빛 바다요, 부처님 명호는 시방에 자재한 큰 변화니라. ⑱ 이 위로 부처님 세계의 티끌 수 세계를 지나가서 세계가 있으니 이름은 진주 연꽃 광이요, 부처님 명호는 세계의 보배 광명 불가사의한 지혜니라. ⑲ 이 위로 부처님 세계의 티끌 수 세계를 지나가서 세계가 있으니 이름은 제석 수미 사자좌요, 부처님 명호는 수승한 힘의 빛이니라. ⑳ 이 위로 부처님 세계의 티끌 수 세계를 지나가서 세계가 있으니 이름은 끝없는 보배 두루 비침이요, 형상

은 사방형인데 꽃 숲 바다를 의지하여 머물며, 끝없는 빛 마
니 부처님 세계의 티끌 수 세계가 둘러쌌으며, 순일하게 청
정하고 부처님 명호는 세간에 두루 비치는 가장 훌륭한 음
성이니라.

g) 적집보향장향수해[積集寶香藏海] 2.
(a) 바다와 꽃, 세계와 깃대를 밝히다[明海華刹幢] (第七 18下10)

諸佛子여 此蓮華因陀羅網香水海右旋에 次有香水海하
니 名積集寶香藏이요 世界種은 名一切威德莊嚴이라 以
一切佛法輪音聲으로 爲體하니라
여러 불자들이여, 이 연꽃 인드라 그물 향수해에서 오른쪽
으로 돌아서 다음에 향수해가 있으니 이름이 보배 향을 쌓
은 광이요, 세계종의 이름은 온갖 위덕 장엄이니, 온갖 부처
님의 법 수레 음성으로 체성을 삼았느니라.

[疏] 第七, 積集寶香藏海라
■ g) 적집보향장향수해이다.

(b) 20층 세계가 떠받치는 세계[明種所持刹] 20.
① 종종출생세계 ② 희견음세계 ③ 보장엄당세계 ④ 다라화보조세계
⑤ 변화광세계 ⑥ 중묘간착세계 ⑦ 일체장엄구세계 ⑧ 연화지세계
⑨ 일체보장엄세계 ⑩ 정묘화세계

此中最下方에 有世界하니 名種種出生이라 形如金剛이며 依種種金剛山幢住하여 金剛寶光雲으로 而覆其上하고 佛刹微塵數世界가 圍遶하여 純一淸淨하니 佛號는 蓮華眼이시며 此上에 過佛刹微塵數世界하여 有世界하니 名喜見音이요 佛號는 生喜樂이시며 此上에 過佛刹微塵數世界하여 有世界하니 名寶莊嚴幢이요 佛號는 一切智시며 此上에 過佛刹微塵數世界하여 有世界하니 名多羅華普照요 佛號는 無垢寂妙音이시며 此上에 過佛刹微塵數世界하여 有世界하니 名變化光이요 佛號는 淸淨空智慧月이시며 此上에 過佛刹微塵數世界하여 有世界하니 名衆妙間錯이요 佛號는 開示福德海密雲相이시며 此上에 過佛刹微塵數世界하여 有世界하니 名一切莊嚴具妙音聲이요 佛號는 歡喜雲이시며 此上에 過佛刹微塵數世界하여 有世界하니 名蓮華池요 佛號는 名稱幢이시며 此上에 過佛刹微塵數世界하여 有世界하니 名一切寶莊嚴이요 佛號는 頻申觀察眼이시며 此上에 過佛刹微塵數世界하여 有世界하니 名淨妙華요 佛號는 無盡金剛智시며

① 이 가운데 맨 밑에 세계가 있으니 이름은 가지가지를 냄이요, 형상은 금강 같은데 가지가지 금강산 당기를 의지하여 머물며, 금강 보배 빛 구름이 그 위에 덮이고, 부처님 세계의 티끌 수 세계가 둘러쌌으며, 순일하게 청정하고 부처님 명호는 연꽃 눈이니라. ② 이 위로 부처님 세계의 티끌 수 세계를 지나가서 세계가 있으니 이름은 보기 좋은 음성이요, 부처님 명호는 즐거움을 냄이니라. ③ 이 위로 부처님

세계의 티끌 수 세계를 지나가서 세계가 있으니 이름은 보배 장엄 당기요, 부처님 명호는 온갖 지혜니라. ④ 이 위로 부처님 세계의 티끌 수 세계를 지나가서 세계가 있으니 이름은 다라 꽃 두루 비침이요, 부처님 명호는 때 없이 고요하고 묘한 음성이니라. ⑤ 이 위로 부처님 세계의 티끌 수 세계를 지나가서 세계가 있으니 이름은 변화한 빛이요, 부처님 명호는 청정한 허공 지혜 달이니라. ⑥ 이 위로 부처님 세계의 티끌 수 세계를 지나가서 세계가 있으니 이름은 뭇 묘한 것이 사이사이 섞임이요, 부처님 명호는 복덕 바다를 열어 보이는 자욱한 구름 모습이니라. ⑦ 이 위로 부처님 세계의 티끌 수 세계를 지나가서 세계가 있으니 이름은 온갖 장엄거리 묘한 음성이요, 부처님 명호는 환희한 구름이니라. ⑧ 이 위로 부처님 세계의 티끌 수 세계를 지나가서 세계가 있으니 이름은 연꽃 못이요, 부처님 명호는 소문난 당기니라. ⑨ 이 위로 부처님 세계의 티끌 수 세계를 지나가서 세계가 있으니 이름은 온갖 보배 장엄이요, 부처님 명호는 빈신하면서 관찰하는 눈이니라. ⑩ 이 위로 부처님 세계의 티끌 수 세계를 지나가서 세계가 있으니 이름은 깨끗하고 묘한 꽃이요, 부처님 명호는 다함없는 금강 지혜니라.

⑪ 연화장엄성세계 ⑫ 무량수봉세계 ⑬ 일광명세계 ⑭ 의지연화엽세계
⑮ 풍보지세계 ⑯ 광명현현세계 ⑰ 향뇌음금강보세계
⑱ 제망장엄형여난순세계

此上에 過佛刹微塵數世界하여 有世界하니 名蓮華莊嚴城이요 佛號는 日藏眼普光明이시며 此上에 過佛刹微塵數世界하여 有世界하니 名無量樹峰이요 佛號는 一切法雷音이시며 此上에 過佛刹微塵數世界하여 有世界하니 名日光明이요 佛號는 開示無量智시며 此上에 過佛刹微塵數世界하여 有世界하니 名依止蓮華葉이요 佛號는 一切福德山이시며 此上에 過佛刹微塵數世界하여 有世界하니 名風普持요 佛號는 日耀根이시며 此上에 過佛刹微塵數世界하여 有世界하니 名光明顯現이요 佛號는 身光普照시며 此上에 過佛刹微塵數世界하여 有世界하니 名香雷音金剛寶普照요 佛號는 最勝華開敷相이시며 此上에 過佛刹微塵數世界하여 有世界하니 名帝網莊嚴이라 形如欄楯이며 依一切莊嚴海住하여 光焰樓閣雲으로 彌覆其上하고 二十佛刹微塵數世界가 圍遶하여 純一淸淨하니 佛號는 示現無畏雲이시니라

⑪ 이 위로 부처님 세계의 티끌 수 세계를 지나가서 세계가 있으니 이름은 연꽃 장엄성이요, 부처님 명호는 일장 눈 넓은 광명이니라. ⑫ 이 위로 부처님 세계의 티끌 수 세계를 지나가서 세계가 있으니 이름은 한량없는 나무 봉우리요, 부처님 명호는 온갖 법 우레 소리니라. ⑬ 이 위로 부처님 세계의 티끌 수 세계를 지나가서 세계가 있으니 이름은 햇빛 밝음이요, 부처님 명호는 한량없는 지혜 열어 보임이니라. ⑭ 이 위로 부처님 세계의 티끌 수 세계를 지나가서 세계가 있으니 이름은 연꽃 잎 의지함이요, 부처님 명호는 온

갖 복덕산이니라. ⑮ 이 위로 부처님 세계의 티끌 수 세계를 지나가서 세계가 있으니 이름은 바람으로 널리 유지함이요, 부처님 명호는 해 비치는 뿌리이니라. ⑯ 이 위로 부처님 세계의 티끌 수 세계를 지나가서 세계가 있으니 이름은 광명 나타남이요, 부처님 명호는 몸 광명 두루 비침이니라. ⑰ 이 위로 부처님 세계의 티끌 수 세계를 지나가서 세계가 있으니 이름은 향기 우레 소리 금강 보배 두루 비침이요, 부처님 명호는 가장 좋은 꽃 핀 모습이니라. ⑱ 이 위로 부처님 세계의 티끌 수 세계를 지나가서 세계가 있으니 이름은 제석천 그물 장엄이요, 형상은 난간과 같은데 온갖 장엄 바다를 의지하여 머물며, 빛난 불꽃 누각 구름이 그 위에 덮이고 스무 부처님 세계의 티끌 수 세계가 둘러쌌으며, 순일하게 청정하고 부처님 명호는 두려움 없음을 나타내는 구름이니라.

h) 보장엄향수해[寶莊嚴海] 2.

(a) 바다와 꽃, 세계와 당기를 밝히다[明海華刹幢] (第八 21上1)

諸佛子여 此積集寶香藏香水海右旋에 次有香水海하니 名寶莊嚴이요 世界種은 名普無垢라 以一切微塵中佛刹神變聲으로 爲體하니라
여러 불자들이여, 보배 향을 쌓은 광 향수해에서 오른쪽으로 돌아서 다음에 향수해가 있으니 이름이 보배 장엄이요, 세계종의 이름은 두루 때 없음이며, 온갖 티끌 속 부처님 세

계의 신통변화하는 음성으로 체성을 삼았느니라.

[疏] 第八, 寶莊嚴海라
■ (h) 보장엄향수해이다.

(b) 20층 세계가 떠받치는 세계[明種所持刹] 20.
① 정묘평탄세계 ② 치연묘장엄세계 ③ 미묘상륜세계 ④ 염장마니세계
⑤ 묘화장엄세계 ⑥ 출생정미진세계 ⑦ 보광명세계 ⑧ 광명선세계
⑨ 보영락해세계 ⑩ 묘화등세계

此中最下方에 有世界하니 名淨妙平坦이라 形如寶身이
며 依一切寶光輪海住하여 種種旃檀摩尼眞珠雲으로 彌
覆其上하고 佛刹微塵數世界圍遶하여 純一淸淨하니 佛
號는 難摧伏無等幢86)이시며 此上에 過佛刹微塵數世界
하여 有世界하니 名熾然妙莊嚴이요 佛號는 蓮華慧神通
王이시며 此上에 過佛刹微塵數世界하여 有世界하니 名
微妙相輪幢이요 佛號는 十方大名稱無盡光이시며 此上
에 過佛刹微塵數世界하여 有世界하니 名焰藏摩尼妙莊
嚴이요 佛號는 大智慧見聞皆歡喜시며 此上에 過佛刹微
塵數世界하여 有世界하니 名妙華莊嚴이요 佛號는 無量
力最勝智시며 此上에 過佛刹微塵數世界하여 有世界하
니 名出生淨微塵이요 佛號는 超勝梵이시며 此上에 過佛
刹微塵數世界하여 有世界하니 名普光明變化香이요 佛

---

86) 彌는 麗本作而 宋宮本作彌, 案大正藏元明本作而.

號는 香象金剛大力勢시며 此上에 過佛刹微塵數世界하
여 有世界하니 名光明旋이요 佛號는 義成善名稱이시며
此上에 過佛刹微塵數世界하여 有世界하니 名寶瓔珞海
요 佛號는 無比光徧照시며 此上에 過佛刹微塵數世界하
여 有世界하니 名妙華燈幢이요 佛號는 究竟功德無礙慧
燈이시며

①이 가운데 맨 밑에 세계가 있으니 이름은 깨끗하고 묘한 평탄함이요, 형상은 보배 몸 같은데 온갖 보배 빛 바퀴바다를 의지하여 머물며, 가지가지 전단 마니 진주 구름이 그 위에 덮이고 부처님 세계의 티끌 수 세계가 둘러쌌으며, 순일하게 청정하고 부처님 명호는 꺾기 어렵고 짝이 없는 당기니라. ②이 위로 부처님 세계의 티끌 수 세계를 지나가서 세계가 있으니 이름은 치성하게 묘한 장엄이요, 부처님 명호는 연꽃 지혜 신통왕이니라. ③이 위로 부처님 세계의 티끌 수 세계를 지나가서 세계가 있으니 이름은 미묘한 모양의 바퀴 당기요, 부처님 명호는 시방 큰 소문 그지없는 빛이니라. ④이 위로 부처님 세계의 티끌 수 세계를 지나가서 세계가 있으니 이름은 불꽃 왕 마니 묘한 장엄이요, 부처님 명호는 큰 지혜 보고 듣는 이 기뻐함이니라. ⑤이 위로 부처님 세계의 티끌 수 세계를 지나가서 세계가 있으니 이름은 묘한 꽃 장엄이요, 부처님 명호는 한량없는 힘 가장 우수한 지혜니라. ⑥이 위로 부처님 세계의 티끌 수 세계를 지나가서 세계가 있으니 이름은 깨끗한 티끌 냄이요, 부처님 명호는 범천보다 뛰어남이니라. ⑦이 위로 부처님 세계의

티끌 수 세계를 지나가서 세계가 있으니 이름은 넓은 광명 변화한 향이요, 부처님 명호는 향상 금강 큰 세력이니라. ⑧ 이 위로 부처님 세계의 티끌 수 세계를 지나가서 세계가 있으니 이름은 광명 둘이요, 부처님 명호는 뜻 성취한 좋은 소문이니라. ⑨ 이 위로 부처님 세계의 티끌 수 세계를 지나가서 세계가 있으니 이름은 보배 영락 바다요, 부처님 명호는 비길 이 없는 광명 두루 비침이니라. ⑩ 이 위로 부처님 세계의 티끌 수 세계를 지나가서 세계가 있으니 이름은 묘한 꽃등 당기요, 부처님 명호는 필경 공덕 걸림 없는 지혜 등불이니라.

⑪ 선교장엄세계 ⑫ 전단화세계 ⑬ 제망당세계 ⑭ 정화거륜세계
⑮ 대위요세계 ⑯ 동안주보세계 ⑰ 평탄지세계 ⑱ 향마니취세계
⑲ 미묘광명세계 ⑳ 시방보견장엄세계

此上에 過佛刹微塵數世界하여 有世界하니 名善巧莊嚴이요 佛號는 慧日波羅密이시며 此上에 過佛刹微塵數世界하여 有世界하니 名旃檀華普光明이요 佛號는 無邊慧法界音이시며 此上에 過佛刹微塵數世界하여 有世界하니 名帝網幢이요 佛號는 燈光逈照시며 此上에 過佛刹微塵數世界하여 有世界하니 名淨華輪이요 佛號는 法界日光明이시며 此上에 過佛刹微塵數世界하여 有世界하니 名大威曜요 佛號는 無邊功德海法輪音이시며 此上에 過佛刹微塵數世界하여 有世界하니 名同安住寶蓮華池요

佛號는 開示入不可思議智이시며 此上에 過佛刹微塵數世
界하여 有世界하니 名平坦地요 佛號는 功德寶光明王이
시며 此上에 過佛刹微塵數世界하여 有世界하니 名香摩
尼聚요 佛號는 無盡福德海妙莊嚴이시며 此上에 過佛刹
微塵數世界하여 有世界하니 名微妙光明이요 佛號는 無
等力普徧音이시며 此上에 過佛刹微塵數世界하여 有世
界하니 名十方普堅固莊嚴照耀라 其形八隅며 依心王摩
尼輪海住하여 一切寶莊嚴帳雲으로 彌覆其上하고 二十
佛刹微塵數世界가 圍遶하여 純一淸淨하니 佛號는 普眼
大明燈이시니라

⑪ 이 위로 부처님 세계의 티끌 수 세계를 지나가서 세계가 있으니 이름은 공교로운 장엄이요, 부처님 명호는 지혜 해 바라밀다니라. ⑫ 이 위로 부처님 세계의 티끌 수 세계를 지나가서 세계가 있으니 이름은 전단 꽃 넓은 광명이요, 부처님 명호는 끝없는 지혜 법계 음성이니라. ⑬ 이 위로 부처님 세계의 티끌 수 세계를 지나가서 세계가 있으니 이름은 제석천 그물 당기요, 부처님 명호는 등불 빛 멀리 비침이니라. ⑭ 이 위로 부처님 세계의 티끌 수 세계를 지나가서 세계가 있으니 이름은 깨끗한 꽃 바퀴요, 부처님 명호는 법계의 해 광명이니라. ⑮ 이 위로 부처님 세계의 티끌 수 세계를 지나가서 세계가 있으니 이름은 큰 위엄 빛남이요, 부처님 명호는 끝없는 공덕 바다 법 수레 음성이니라. ⑯ 이 위로 부처님 세계의 티끌 수 세계를 지나가서 세계가 있으니 이름은 보배 연못에 함께 머무름이요, 부처님 명호는 부사의한 지

혜를 열어 보임이니라. ⑰ 이 위로 부처님 세계의 티끌 수 세계를 지나가서 세계가 있으니 이름은 평탄한 땅이요, 부처님 명호는 공덕 보배 광명왕이니라. ⑱ 이 위로 부처님 세계의 티끌 수 세계를 지나가서 세계가 있으니 이름은 향 마니 덩어리요, 부처님 명호는 다함없는 복덕 바다 묘한 장엄이니라. ⑲ 이 위로 부처님 세계의 티끌 수 세계를 지나가서 세계가 있으니 이름은 미묘한 광명이요, 부처님 명호는 짝할 이 없는 힘 널리 두루 하는 음성이니라. ⑳ 이 위로 부처님 세계의 티끌 수 세계를 지나가서 세계가 있으니 이름은 시방에 두루 한 견고한 장엄 비침이요, 형상은 팔모났는데 심왕마니 바퀴 바다를 의지하여 머물며, 온갖 보배 장엄 휘장 구름이 그 위에 덮이고, 스무 부처님 세계의 티끌 수 세계가 둘러쌌으며, 순일하게 청정하고 부처님 명호는 넓은 눈 크게 밝은 등불이니라.

i) 금강보취향수해[金剛寶聚海] 2.

(a) 바다와 꽃, 세계와 깃대를 밝히다[明海華刹幢] (第九 23上8)

諸佛子여 此寶莊嚴香水海右旋에 次有香水海하니 名金剛寶聚요 世界種은 名法界行이라 以一切菩薩地方便法音聲으로 爲體하니라
여러 불자들이여, 이 보배 장엄 향수해에서 오른쪽으로 돌아서 다음에 향수해가 있으니 이름이 금강 보배 덩어리요,

세계종의 이름은 법계행이며, 온갖 보살 지위의 방편 법 음성으로 체성을 삼았느니라.

[疏] 第九, 金剛寶聚海라
■ i) 금강보취향수해이다.

(b) 20층 세계가 떠받치는 세계[明種所持刹] 20.
① 정광조요세계 ② 묘개세계 ③ 보장엄세계 ④ 출현금강좌세계
⑤ 연화승음세계 ⑥ 선관습세계 ⑦ 희락음세계 ⑧ 마니장인드라망세계
⑨ 중묘지장세계 ⑩ 금광륜세계

此中最下方에 有世界하니 名淨光照耀라 形如珠貫이며 依一切寶色珠瓔海住하여 菩薩珠髻光明摩尼雲으로 而覆其上하고 佛刹微塵數世界가 圍遶하여 純一淸淨하니 佛號는 最勝功德光이시며 此上에 過佛刹微塵數世界하여 有世界하니 名妙蓋요 佛號는 法自在慧시며 此上에 過佛刹微塵數世界하여 有世界하니 名寶莊嚴師子座요 佛號는 大龍淵이시며 此上에 過佛刹微塵數世界하여 有世界하니 名出現金剛座요 佛號는 昇師子座蓮華臺시며 此上에 過佛刹微塵數世界하여 有世界하니 名蓮華勝音이요 佛號는 智光普開悟시며 此上에 過佛刹微塵數世界하여 有世界하니 名善慣習이요 佛號는 持地妙光王이시며 此上에 過佛刹微塵數世界하여 有世界하니 名喜樂音이요 佛號는 法燈王이시며 此上에 過佛刹微塵數世界하여

有世界하니 名摩尼藏因陀羅網이요 佛號는 不空見이시며 此上에 過佛刹微塵數世界하여 有世界하니 名衆妙地藏이요 佛號는 焰身幢이시며 此上에 過佛刹微塵數世界하여 有世界하니 名金光輪이요 佛號는 淨治衆生行이시며 ① 이 가운데서 맨 밑에 세계가 있으니 이름은 깨끗한 빛 비침이요, 형상은 구슬 꿰미 같은데 온갖 보배 빛 진주 영락 바다를 의지하여 머물며, 보살의 진주 상투 광명 마니 구름이 그 위에 덮이고 부처님 세계의 티끌 수 세계가 둘러쌌으며, 순일하게 청정하고 부처님 명호는 가장 수승한 공덕 빛이니라. ② 이 위로 부처님 세계의 티끌 수 세계를 지나가서 세계가 있으니 이름은 묘한 일산이요, 부처님 명호는 법 자재한 지혜니라. ③ 이 위로 부처님 세계의 티끌 수 세계를 지나가서 세계가 있으니 이름은 보배 장엄 사자좌요, 부처님 명호는 큰 용의 못이니라. ④ 이 위로 부처님 세계의 티끌 수 세계를 지나가서 세계가 있으니 이름은 금강 좌대를 나타냄이요, 부처님 명호는 사자좌의 연꽃 좌대에 오름이니라. ⑤ 이 위로 부처님 세계의 티끌 수 세계를 지나가서 세계가 있으니 이름은 연꽃 수승한 음성이요, 부처님 명호는 지혜 빛 널리 열어 깨침이니라. ⑥ 이 위로 부처님 세계의 티끌 수 세계를 지나가서 세계가 있으니 이름은 좋은 관습이요, 부처님 명호는 땅을 지니는 묘한 광명왕이니라. ⑦ 이 위로 부처님 세계의 티끌 수 세계를 지나가서 세계가 있으니 이름은 즐거운 음성이요, 부처님 명호는 법등불 왕이니라. ⑧ 이 위로 부처님 세계의 티끌 수 세계를 지나가서 세계가 있으니 이름은 마니장 인드라 그물이요, 부처님 명호는 공하지 않은 소견이니라. ⑨ 이 위로 부처님 세계의 티끌 수 세계를 지나가서 세계가 있으니 이름은 여러 묘한 지장이요, 부처님 명호는 불꽃 몸 당기니라. ⑩ 이 위로 부처님 세계의 티끌 수 세계를 지나가서 세계가 있으니 이름은 금빛 바퀴요, 부처님 명호는 중생을 깨끗이 다스리는 행이니라.

⑪ 수미산장엄세계 ⑫ 중수형세계 ⑬ 무포외세계 ⑭ 대명칭룡왕세계
⑮ 시현마니색세계 ⑯ 광염등세계 ⑰ 향광운세계 ⑱ 무원수세계
⑲ 일체장엄구세계 ⑳ 호상장엄세계

此上에 過佛刹微塵數世界하여 有世界하니 名須彌山莊嚴이요 佛號는 一切功德雲普照시며 此上에 過佛刹微塵數世界하여 有世界하니 名衆樹形이요 佛號는 寶華相淨月覺이시며 此上에 過佛刹微塵數世界하여 有世界하니 名無怖畏요 佛號는 最勝金光炬시며 此上에 過佛刹微塵數世界하여 有世界하니 名大名稱龍王幢이요 佛號는 觀等一切法이시며 此上에 過佛刹微塵數世界하여 有世界하니 名示現摩尼色이요 佛號는 變化日이시며 此上에 過佛刹微塵數世界하여 有世界하니 名光焰燈莊嚴이요 佛號는 寶蓋光偏照시며 此上에 過佛刹微塵數世界하여 有世界하니 名香光雲이요 佛號는 思惟慧시며 此上에 過佛刹微塵數世界하여 有世界하니 名無怨讐요 佛號는 精進

勝慧海시며 此上에 過佛刹微塵數世界하여 有世界하니 名一切莊嚴具光明幢이요 佛號는 普現悅意蓮華自在王이시며 此上에 過佛刹微塵數世界하여 有世界하니 名毫相莊嚴이라 形如半月이며 依須彌山摩尼華海住하여 一切莊嚴熾盛光摩尼王雲으로 而覆其上하고 二十佛刹微塵數世界가 圍遶하여 純一淸淨하니 佛號는 淸淨眼이시니라

⑪ 이 위로 부처님 세계의 티끌 수 세계를 지나가서 세계가 있으니 이름은 수미산 장엄이요, 부처님 명호는 온갖 공덕 구름 널리 비침이니라. ⑫ 이 위로 부처님 세계의 티끌 수 세계를 지나가서 세계가 있으니 이름은 여러 나무 형상이요, 부처님 명호는 보배 꽃 모습 깨끗한 달 깨달음이니라. ⑬ 이 위로 부처님 세계의 티끌 수 세계를 지나가서 세계가 있으니 이름은 두려움 없음이요, 부처님 명호는 훌륭한 금빛 횃불이니라. ⑭ 이 위로 부처님 세계의 티끌 수 세계를 지나가서 세계가 있으니 이름은 큰 소문 용왕 당기요, 부처님 명호는 평등한 온갖 법음 관함이니라. ⑮ 이 위로 부처님 세계의 티끌 수 세계를 지나가서 세계가 있으니 이름은 마니 빛 나타냄이요, 부처님 명호는 변화하는 해니라. ⑯ 이 위로 부처님 세계의 티끌 수 세계를 지나가서 세계가 있으니 이름은 빛난 불꽃 등 장엄이요, 부처님 명호는 보배 일산 빛 널리 비침이니라. ⑰ 이 위로 부처님 세계의 티끌 수 세계를 지나가서 세계가 있으니 이름은 향 광명구름이요, 부처님 명호는 생각하는 지혜니라. ⑱ 이 위로 부처님 세계

의 티끌 수 세계를 지나가서 세계가 있으니 이름은 원수 없음이요, 부처님 명호는 정진하는 좋은 지혜 바다이니라. ⑲ 이 위로 부처님 세계의 티끌 수 세계를 지나가서 세계가 있으니 이름은 온갖 장엄거리 광명 당기요, 부처님 명호는 뜻에 맞는 연화를 널리 나타내는 자재한 왕이니라. ⑳ 이 위로 부처님 세계의 티끌 수 세계를 지나가서 세계가 있으니 이름은 백호상 장엄이요, 형상은 반달 같은데 수미산 마니꽃 바다를 의지하여 머물며, 온갖 장엄 치성한 빛 마니왕 구름이 그 위에 덮이고, 스무 부처님 세계의 티끌 수 세계가 둘러쌌으며, 순일하게 청정하고 부처님 명호는 청정한 눈이니라.

j) 천성보첩향수해[天城寶堞海] 2.

(a) 바다와 꽃, 세계와 당기를 밝히다[明海華刹幢] (第十 25下5)

諸佛子여 此金剛寶聚香水海右旋에 次有香水海하니 名天城寶堞이요 世界種은 名燈焰光明이라 以普示一切平等法輪音으로 爲體하니라
여러 불자들이여, 이 금강보배 덩이 향수해에서 오른쪽으로 돌아서 다음에 향수해가 있으니 이름이 하늘 성의 보배 성 가퀴요, 세계종의 이름은 등불 광명이며, 온갖 것을 널리 보이는 평등한 법륜 음성으로 체성을 삼았느니라.

[疏] 第十, 天城寶堞海라

- j) 천성보첩향수해이다.

(b) 20층 세계가 떠받치는 세계[明種所持刹] 20.
① 보월광염세계 ② 수미보광세계 ③ 중묘광명세계 ④ 마니광명세계
⑤ 보음세계 ⑥ 대수긴나라세계 ⑦ 무변정광명세계 ⑧ 최승음세계
⑨ 중보간식세계 ⑩ 청정수미세계

此中最下方에 有世界하니 名寶月光焰輪이라 形如一切莊嚴具며 依一切寶莊嚴華海住하여 瑠璃色師子座雲으로 而覆其上하고 佛刹微塵數世界가 圍遶하여 純一清淨하니 佛號는 日月自在光이시며 此上에 過佛刹微塵數世界하여 有世界하니 名須彌寶光이요 佛號는 無盡法寶幢이시며 此上에 過佛刹微塵數世界하여 有世界하니 名衆妙光明幢이요 佛號는 大華聚시며 此上에 過佛刹微塵數世界하여 有世界하니 名摩尼光明華요 佛號는 人中最自在시며 此上에 過佛刹微塵數世界하여 有世界하니 名普音이요 佛號는 一切智徧照시며 此上에 過佛刹微塵數世界하여 有世界하니 名大樹緊那羅音이요 佛號는 無量福德自在龍이시며 此上에 過佛刹微塵數世界하여 有世界하니 名無邊淨光明이요 佛號는 功德寶華光이시며 此上에 過佛刹微塵數世界하여 有世界하니 名最勝音이요 佛號는 一切智莊嚴이시며 此上에 過佛刹微塵數世界하여 有世界하니 名衆寶間飾이요 佛號는 寶焰須彌山이시며 此上에 過佛刹微塵數世界하여 有世界하니 名清淨須彌

音이요 佛號는 出現一切行光明이시며

① 이 가운데 맨 밑에 세계가 있으니 이름은 보배 달빛 불꽃 바퀴요, 형상은 온갖 장엄거리 같은데 온갖 보배 장엄 꽃 바다를 의지하여 머물며, 유리 빛 사자좌 구름이 그 위에 덮이고, 부처님 세계의 티끌 수 세계가 둘러쌌으며, 순일하게 청정하고 부처님 명호는 일월의 자재한 빛이니라. ② 이 위로 부처님 세계의 티끌 수 세계를 지나가서 세계가 있으니 이름은 수미 보배 빛이요, 부처님 명호는 그지없는 법보 당기니라. ③ 이 위로 부처님 세계의 티끌 수 세계를 지나가서 세계가 있으니 이름은 여러 가지 묘한 광명 당기요, 부처님 명호는 큰 연꽃 무더기니라. ④ 이 위로 부처님 세계의 티끌 수 세계를 지나가서 세계가 있으니 이름은 마니 광명 꽃이요, 부처님 명호는 사람 중에 가장 자재함이니라. ⑤ 이 위로 부처님 세계의 티끌 수 세계를 지나가서 세계가 있으니 이름은 넓은 음성이요, 부처님 명호는 온갖 지혜 두루 비침이니라. ⑥ 이 위로 부처님 세계의 티끌 수 세계를 지나가서 세계가 있으니 이름은 큰 나무 긴나라 음성이요, 부처님 명호는 한량없는 복덕 자재한 용이니라. ⑦ 이 위로 부처님 세계의 티끌 수 세계를 지나가서 세계가 있으니 이름은 끝없이 깨끗한 광명이요, 부처님 명호는 공덕 보배 꽃 빛이니라. ⑧ 이 위로 부처님 세계의 티끌 수 세계를 지나가서 세계가 있으니 이름은 가장 훌륭한 음성이요, 부처님 명호는 온갖 지혜 장엄이니라. ⑨ 이 위로 부처님 세계의 티끌 수 세계를 지나가서 세계가 있으니 이름은 뭇 보배 사이사이 장식함

이요, 부처님 명호는 보배 불꽃 수미산이니라. ⑩ 이 위로 부처님 세계의 티끌 수 세계를 지나가서 세계가 있으니 이름은 깨끗한 수미 음성이요, 부처님 명호는 온갖 행 나타내는 광명이니라.

⑪ 향수개세계 ⑫ 사자화망세계 ⑬ 금강묘화등세계
⑭ 일체법광명지세계 ⑮ 진주말평탄세계 ⑯ 유리화세계
⑰ 무량묘광륜세계 ⑱ 명견시방세계 ⑲ 가애락범음세계

此上에 過佛刹微塵數世界하여 有世界하니 名香水蓋요 佛號는 一切波羅密無礙海시며 此上에 過佛刹微塵數世界하여 有世界하니 名師子華網이요 佛號는 寶焰幢이시며 此上에 過佛刹微塵數世界하여 有世界하니 名金剛妙華燈이요 佛號는 一切大願光이시며 此上에 過佛刹微塵數世界하여 有世界하니 名一切法光明地요 佛號는 一切法廣大眞實義시며 此上에 過佛刹微塵數世界하여 有世界하니 名眞珠末平坦莊嚴이요 佛號는 勝慧光明網이시며 此上에 過佛刹微塵數世界하여 有世界하니 名琉璃華요 佛號는 寶積幢이시며 此上에 過佛刹微塵數世界하여 有世界하니 名無量妙光輪이요 佛號는 大威力智海藏이시며 此上에 過佛刹微塵數世界하여 有世界하니 名明見十方이요 佛號는 淨修一切功德幢이시며 此上에 過佛刹微塵數世界하여 有世界하니 名可愛樂梵音이라 形如佛手며 依寶光網海住하여 菩薩身一切莊嚴雲으로 而覆其上

하고 二十佛刹微塵數世界가 圍遶하여 純一淸淨하니 佛
號는 普照法界無礙光이시니라

⑪ 이 위로 부처님 세계의 티끌 수 세계를 지나가서 세계가 있으니 이름은 향물 일산이요, 부처님 명호는 온갖 바라밀다 걸림 없는 바다니라. ⑫ 이 위로 부처님 세계의 티끌 수 세계를 지나가서 세계가 있으니 이름은 사자 연꽃 그물이요, 부처님 명호는 보배 불꽃 당기니라. ⑬ 이 위로 부처님 세계의 티끌 수 세계를 지나가서 세계가 있으니 이름은 금강 묘한 꽃 등불이요, 부처님 명호는 온갖 큰 서원 빛이니라. ⑭ 이 위로 부처님 세계의 티끌 수 세계를 지나가서 세계가 있으니 이름은 온갖 법 광명한 땅이요, 부처님 명호는 온갖 법 광대하고 진실한 뜻이니라. ⑮ 이 위로 부처님 세계의 티끌 수 세계를 지나가서 세계가 있으니 이름은 진주 가루 평등한 장엄이요, 부처님 명호는 수승한 지혜광명 그물이니라. ⑯ 이 위로 부처님 세계의 티끌 수 세계를 지나가서 세계가 있으니 이름은 유리 꽃이요, 부처님 명호는 보배 쌓은 당기니라. ⑰ 이 위로 부처님 세계의 티끌 수 세계를 지나가서 세계가 있으니 이름은 한량없이 묘한 빛 바퀴요, 부처님 명호는 큰 위력 지혜 바다광이니라. ⑱ 이 위로 부처님 세계의 티끌 수 세계를 지나가서 세계가 있으니 이름은 시방을 밝게 봄이요, 부처님 명호는 온갖 공덕 깨끗이 닦는 당기니라. ⑲ 이 위로 부처님 세계의 티끌 수 세계를 지나가서 세계가 있으니 이름은 사랑스러운 범음성이요, 형상은 부처 손 같은데 보배 빛 그물 바다를 의지하여 머물며, 보살

몸 온갖 장엄 구름이 그 위에 덮이고, 스무 부처님 세계의 티끌 수 세계가 둘러쌌으며, 순일하게 청정하고 부처님 명호는 법계에 두루 비치는 걸림 없는 빛이니라.

[疏] 文並可知로다 有欲解釋인대 刹中佛名은 足可留思[87]니라
■ 경문과 함께하면 알 수 있으리라. 어떤 이가 해석하려 한다면 세계 속의 부처님 명호는 족히 가히 머물러서 생각해 볼 수 있다.

---

87) 思下에 木版本有按疏初云 各有刹種十海 及明二十重云 下九海例然 及二海中標明世界數量刹名等 又云 餘八海例然 總結又云 文並可知 故九海科原藏悉略 今遵原藏 不欲繁文.

大方廣佛華嚴經 제10권

大方廣佛華嚴經疏鈔 제10권 來字卷上

제5 華藏世界品 ③

여기서는 열 가지 향수해에 딸린 백 개의 향수해[明十海所管之海]를 열거하면서 화장세계의 규모를 밝히는 내용이다. 제1. 이구염장향수해에 따른 열 개의 향수해로부터 마지막 제10. 천성보첩향수해에 이르기까지 거기에 따른 열 개의 향수해를 열거하면서 마지막 게송으로 밝히되,

"보현 보살 서원으로 온 세계 묘한 음성
법문 소리 진동하여 시간으로 다함 없네.
普賢誓願力으로 億刹演妙音하니 其音若雷震하여 住劫亦無盡이로다
청정 국토 부처님이 자재하신 음성 내니
시방 법계 중생들이 못 듣는 이 하나 없네."
佛於淸淨國에 示現自在音하시니 十方法界中에 一切無不聞이로다
라고 하였다.

> 大方廣佛華嚴經 제10권
> 大方廣佛華嚴經疏鈔 제10권 來字卷上 - 화장세계의 규모(二)

제5. 연꽃을 감추어 세계를 장엄하는 품[華藏世界品] ③

(ㄷ) 열 가지 향수해에 딸린 백 개의 향수해[明十海所管之海] 10.

a. 이구염장향수해에 따른 열 개의 향수해[離垢燄藏海] 2.
a) 관섭하는 향수해를 표방하다[標能管之海] (第三 1上7)

爾時에 普賢菩薩이 復告大衆言하시되, 諸佛子여 彼離垢焰藏香水海東에
그때 보현보살이 다시 대중에게 말하였다. "여러 불자들이여, 저 때 여읜 불꽃 광 향수해 동쪽에

[疏] 第三, 大段으로 從第十經去는 明十海所管之海라 一海가 各管不可說佛刹微塵數로대 現文에는 但各說十하니 即爲百海오 亦有刹種과 及所持刹이라 十海를 即爲十段호대 但記次前十海之名이니 此文은 居然易了로다 十段中에 一一有二하니 謂先은 標能管之海하야 以定方88)이오

■ (ㄷ) 큰 문단으로 제10권 경문 이후는 열 개의 향수해에 딸린 백 개의 향수해를 밝힘이다. 하나의 향수해가 각기 말할 수 없는 부처님

---

88) 교정표에 云, '此下源有即前右旋初解'가 있다.

세계의 티끌 수 세계를 관섭하되 현재의 경문에는 단지 각기 열 개의 향수해만 말했으니 곧 백 개의 향수해요, 또한 세계종과 떠받치는 세계가 있다. 열 개의 향수해를 곧 열 문단으로 하되 단지 다음에 앞의 열 개의 향수해의 명칭을 기록하였으니 이 경문은 편안하여 알기 쉽다. 열 문단 중에 낱낱이 둘이 있으니 이른바 a) 관섭하는 향수해를 표방하여 방위를 정한 것이요,

b) 관섭할 대상 향수해를 순서대로 열거하다[列所管之海次第] 3.
(a) 인근의 다음 향수해[隣次諸海] (後次 2上6)
(b) 관섭할 대상을 총합하여 결론하다[總結所管] (二如)

次有香水海하니 名變化微妙身이요 此海中에 有世界種하니 名善布差別方이며 次有香水海하니 名金剛眼幢이요 世界種은 名莊嚴法界橋며 次有香水海하니 名種種蓮華妙莊嚴이요 世界種은 名恒出十方變化며 次有香水海하니 名無間寶王輪이요 世界種은 名寶蓮華莖密雲이며 次有香水海하니 名妙香焰普莊嚴이요 世界種은 名毘盧遮那變化行이며 次有香水海하니 名寶末閻浮幢이요 世界種은 名諸佛護念境界며 次有香水海하니 名一切色熾然光이요 世界種은 名最勝光徧照며 次有香水海하니 名一切莊嚴具境界요 世界種은 名寶焰燈이라 如是等不可說微塵數香水海에

① 다음 향수해가 있으니 이름이 변화하는 미묘한 몸이요, 이 바다 가운데 세계종이 있으니 이름은 잘 퍼진 차별한 방

위니라. ② 다음 향수해가 있으니 이름이 금강 눈 당기요, 세계종의 이름은 장엄한 법계 다리[法界橋]니라. ③ 다음 향수해가 있으니 이름이 가지가지 연꽃 묘한 장엄이요, 세계종의 이름은 시방의 변화를 항상 냄이니라. ④ 다음 향수해가 있으니 이름이 사이 없는 보배왕 바퀴요, 세계종의 이름은 보배 연꽃 줄기 자욱한 구름이니라. ⑤ 다음 향수해가 있으니 이름이 묘한 향기 불꽃 두루 장엄이요, 세계종의 이름은 비로자나 변화한 행이니라. ⑥ 다음 향수해가 있으니 이름이 보배 가루 염부 당기요, 세계종의 이름은 부처님들 호념하는 경계니라. ⑦ 다음 향수해가 있으니 이름이 온갖 빛깔 치성한 광명이요, 세계종의 이름은 가장 훌륭한 빛 두루 비침이니라. ⑧ 다음 향수해가 있으니 이름이 온갖 장엄거리 경계요, 세계종의 이름은 보배 등불이니라. 이와 같이 말할 수 없는 티끌 수 향수해가 있는데

[疏] 後, 次有下는 列所管之海次第라 於所管中에 各有三節하니 初, 從能管海邊隣次列九라 唯第一段은 九中에 闕一이라 二, 如是等下는 總結一海所管之大數오

- b) 次有 아래는 관섭할 대상인 향수해를 순서대로 열거함이다. 관섭할 대상 중에 각기 세 절이 있으니 (a) 인근의 다음 아홉 개의 향수해를 나열함이다. 오직 첫째 문단만은 아홉 중에 하나를 빠뜨렸다. (b) 如是等 아래는 한 향수해에 딸린 (향수해의) 큰 숫자를 총합하여 결론함이요,

(c) 가장 가까운 향수해를 자세히 설명하다[廣說最近海] 2.
㊀ 바다와 세계종의 명칭과 체성을 거론하다[擧海種名體] (三其 2下2)

其最近輪圍山香水海는 名玻瓈地요 世界種은 名常放光明이니 以世界海淸淨劫音聲으로 爲體하니라
윤위산에 가장 가까운 향수해의 이름은 파리 땅이요, 세계종의 이름은 항상 놓는 광명이니 세계해의 청정한 겁의 성으로 체성을 삼았다.

[疏] 三, 其最近下는 廣說最近輪圍一海라 於中에 文皆有二하니 初, 擧海種名體오

■ (c) 其最近 아래는 가장 가까운 (파리 땅) 향수해를 자세히 설명함이다. 그중에 경문이 모두 둘이 있으니 ㊀ 바다와 세계종의 명칭과 체성을 거론함이요,

㊁ 떠받치는 세계[所持之刹] 4.
① 최하층 세계를 거론하다[擧下層] (第二 2下6)

此中最下方에 有世界하니 名可愛樂淨光幢이라 佛刹微塵數世界가 圍遶하여 純一淸淨하니 佛號는 最勝三昧精進慧시며
이 가운데서 맨 밑에 있는 세계의 이름은 사랑스러운 깨끗한 빛 당기요, 부처님 세계의 티끌 수 세계가 들러쌌으며, 순일하게 청정하고 부처님 명호는 가장 훌륭한 삼매 정진

하는 지혜니라.

[疏] 第二, 此中最下方下는 所持之刹이라 亦皆二十重이로대 於中에 超間하야 文有[89]四節하니 一, 擧下層이요
- ㈡ 此中最下方 아래는 떠받치는 세계이다. 또한 모두 20층이지만 그중에 중간을 뛰어넘어서 경문이 네 절이 있으니 ① 최하층 세계를 거론함이요,

② 제10층 세계를 말하다[第十重] (二超 3上1)

此上에 過十佛刹微塵數世界하여 與金剛幢世界로 齊等하여 有世界하니 名香莊嚴幢이라 十佛刹微塵數世界가 圍遶하여 純一淸淨하니 佛號는 無障礙法界燈이시며
⑩ 이 위로 부처님 세계의 티끌 수 세계를 지나가서 금강 당기 세계와 가지런한 세계가 있으니 이름이 향기 장엄 당기요, 열 부처님 세계의 티끌 수 세계가 둘러쌌으며, 순일하게 청정하고 부처님 명호는 장애 없는 법계 등불이니라.

[疏] 二, 超至第十이라 等金剛幢者는 卽中央香海刹種中第十重刹이라
- ② (순서를) 뛰어넘어 제10층 향수해를 말함이다. '금강당 세계와 같다'는 것은 곧 중앙의 이구염장 향수해와 세계종 가운데 제10층 세계를 뜻한다.

---

89) 有는 源南續金本作皆.

③ 제13층 세계를 말하다[第十三重] (三更 3上5)

此上에 過三佛刹微塵數世界하여 與娑婆世界로 齊等하여 有世界하니 名放光藏이요 佛號는 徧法界無障礙慧明이시며
⑬ 이 위로 부처님 세계의 티끌 수 세계를 지나가서 사바세계와 가지런한 세계가 있으니 이름이 광명 놓는 광이요, 부처님 명호는 법계에 두루 하여 장애 없는 지혜 밝음이니라.

[疏] 三, 更超至十三者는 以等此中央娑婆故라
■ ③ 다시 뛰어넘어 제13층에 이른 것은 여기 중앙의 사바세계와 (위치가) 같기 때문이다.

④ 제20층 세계를 말하다[第二十重] (四更 3上9)

此上에 過七佛刹微塵數世界하여 至此世界種最上方하여 有世界하니 名最勝身香이라 二十佛刹微塵數世界가 圍遶하여 純一淸淨하니 佛號는 覺分華시니라
⑳ 이 위로 부처님 세계의 티끌 수 세계를 지나가서 이 세계종의 맨 위에 세계가 있으니 이름이 가장 훌륭한 몸 향이요, 스무 부처님 세계의 티끌 수 세계가 둘러쌌으며, 순일하게 청정하고 부처님 명호는 깨달을 부분의 꽃이니라.

[疏] 四, 更至第二十重者는 以最上故라 言最上者는 刹種最上이라 若云

제5. 華藏世界品 ③ 259

二十重最上인대 何以得此最上之名이리오 設不欲繁文인들 何以不加乃至最上耶아 然超間者는 意存略故니라 云齊等者는 恐失次故라 又上下橫竪에 皆相當故며 又此隨所管海하야 有不可說이니 皆望本能管之海의 方面一道布列일새 故下에 但云此海之外라하고 不言右旋等[90])이니라

■ ④ 다시 제20층에 이른 것은 최상의 세계인 까닭이다. '최상'이라 말한 것은 세계종의 가장 위라는 뜻이다. 만일 20층의 최상이라 한다면 어찌하여 이것이 최상이란 이름을 얻었겠는가? 설사 문장을 번거롭게 하지 않으려 했더라도 어찌하여 '나아가 최상'을 더하지 않았는가? 그러나 사이를 뛰어넘은 것은 의미만 두고 생략한 까닭이다. '사바세계와 가지런하다'고 말한 것은 순서가 맞지 않음을 염려한 까닭이다. 또한 위와 아래, 가로와 세로로 모두 서로 맞기 때문이다. 또한 여기 관섭할 대상인 향수해를 따라 말할 수 없는 세계가 있으니, 모두 근본의 관섭하는 주체의 바다의 방면인 한 길로 퍼뜨려 나열함과 비교하는 연고로 아래에 단지 '이 향수해의 밖'이라고만 말하고, '오른쪽으로 돌아서' 등이라고 말하지는 않았다.

b. 무진광명륜향수해에 따른 열 개의 향수해 (諸佛 3下7)

諸佛子여 彼無盡光明輪香水海外에 次有香水海하니 名具足妙光이요 世界種은 名徧無垢며 次有香水海하니 名

---

[90]) 案上疏科 總該十段經文 故云十段中一一有二 又云於所管中各有三節等 次下九段 源續本逐段補入科文 原南續金本無 玆皆從略(소초희본 권17 p.89-) 木版本作此下九段 昭慶本各有能管之海等科 原藏並無 然第一段疏中 云一一有二 又云文皆有二 又云文皆四節 昧一一字 及皆字 明以一段爲例 餘九準之 故遵原藏以刪其繁 但存其段節而已 後凡擧一例餘放此.

光耀蓋요 世界種은 名無邊普莊嚴이며 次有香水海하니 名妙寶莊嚴이요 世界種은 名香摩尼軌度形이며 次有香水海하니 名出佛音聲이요 世界種은 名善建立莊嚴이며 次有香水海하니 名香幢須彌藏이요 世界種은 名光明徧滿이며 次有香水海하니 名㫋檀妙光明이요 世界種은 名華焰輪이며 次有香水海하니 名風力持요 世界種은 名寶焰雲幢이며 次有香水海하니 名帝釋身莊嚴이요 世界種은 名眞珠藏이며 次有香水海하니 名平坦嚴淨이요 世界種은 名毘瑠璃末種種莊嚴이라 如是等不可說佛刹微塵數香水海에 其最近輪圍山香水海는 名妙樹華요 世界種은 名出生諸方廣大刹이니 以一切佛摧伏魔音으로 爲體어든 此中最下方에 有世界하니 名焰炬幢이요 佛號는 世間功德海시며 此上에 過十佛刹微塵數世界하여 與金剛幢世界로 齊等하여 有世界하니 名出生寶요 佛號는 師子力寶雲이시며 此上에 與娑婆世界로 齊等하여 有世界하니 名衣服幢이요 佛號는 一切智海王이시며 於此世界種最上方에 有世界하니 名寶瓔珞師子光明이요 佛號는 善變化蓮華幢이시니라

여러 불자들이여, 저 그지없는 광명 바퀴 향수해 밖에 ① 다음 향수해가 있으니 이름이 묘한 빛 구족함이요, 세계종의 이름은 두루 때 없음이니라. ② 다음 향수해가 있으니 이름이 빛나는 일산이요, 세계종의 이름은 끝없는 두루 장엄이니라. ③ 다음 향수해가 있으니 이름이 묘한 보배 장엄이요, 세계종의 이름은 향마니 궤도 형상이니라. ④ 다음 향수해

가 있으니 이름이 부처님 음성 냄이요, 세계종의 이름은 잘 건립한 장엄이니라. ⑤ 다음 향수해가 있으니 이름이 향 당기 수미장이요, 세계종의 이름은 광명 두루 가득함이니라. ⑥ 다음 향수해가 있으니 이름이 전단의 묘한 광명이요, 세계종의 이름은 꽃 불꽃 바퀴니라. ⑦ 다음 향수해가 있으니 이름이 바람 힘으로 유지함이요, 세계종의 이름은 보배 불꽃 구름 당기니라. ⑧ 다음 향수해가 있으니 이름이 제석의 몸 장엄이요, 세계종의 이름은 진주 광이니라. ⑨ 다음 향수해가 있으니 이름이 평탄한 엄정이요, 세계종의 이름은 비유리 가루 종종 장엄이니라.

이와 같이 말할 수 없는 부처님 세계의 티끌 수 향수해가 있는데 윤위산에 가장 가까운 향수해의 이름은 묘한 나무 꽃이요, 세계종의 이름은 여러 방위 넓고 큰 세계를 냄이니, 온갖 부처님의 마군을 부수는 음성으로 체성을 삼았느니라. 이 가운데서 맨 밑에 있는 세계의 이름은 불꽃 횃불 당기요, 부처님 명호는 세간의 공덕 바다니라. 이 위로 부처님 세계의 티끌 수 세계를 지나가서 금강 당기 세계와 가지런한 세계가 있으니 이름이 보배 냄이요, 부처님 명호는 사자 힘 보배 구름이니라. 이 위에 사바세계와 가지런한 세계가 있으니 이름이 의복 당기요, 부처님 명호는 온갖 지혜 바다 왕이니라. 이 세계종의 맨 위에 세계가 있으니 이름이 보배 영락 사자 광명이요, 부처님 명호는 잘 변화하는 연꽃 당기니라.

c. 금강보염광향수해에 따른 열 개의 향수해 (諸佛 4下8)

諸佛子여 彼金剛焰光明香水海外에 次有香水海하니 名一切莊嚴具瑩飾幢이요 世界種은 名淸淨行莊嚴이며 次有香水海하니 名一切寶華光耀海요 世界種은 名功德相莊嚴이며 次有香水海하니 名蓮華開敷요 世界種은 名菩薩摩尼冠莊嚴이며 次有香水海하니 名妙寶衣服이요 世界種은 名淨珠輪이며 次有香水海하니 名可愛華徧照요 世界種은 名百光雲照耀며 次有香水海하니 名徧虛空大光明이요 世界種은 名寶光普照며 次有香水海하니 名妙華莊嚴幢이요 世界種은 名金月眼瓔珞이며 次有香水海하니 名眞珠香海藏이요 世界種은 名佛光明이며 次有香水海하니 名寶輪光明이요 世界種은 名善化現佛境界光明이라 如是等不可說佛刹微塵數香水海에 其最近輪圍山香水海는 名無邊輪莊嚴底요 世界種은 名無量方差別이니 以一切國土種種言說音으로 爲體어든 此中最下方에 有世界하니 名金剛華蓋요 佛號는 無盡相光明普門音이시며 此上에 過十佛刹微塵數世界하여 有世界하니 與金剛幢世界로 齊等하니 名出生寶衣幢이요 佛號는 福德雲大威勢시며 此上에 與娑婆世界로 齊等하니 有世界하니 名衆寶炬妙莊嚴이요 佛號는 勝慧海시며 於此世界種最上方에 有世界하니 名日光明衣服幢이요 佛號는 智日蓮華雲이시니라

여러 불자들이여, 저 금강보배 불꽃 빛 향수해 밖에 ① 다음 향수해가 있으니 이름이 온갖 장엄거리 맑게 꾸민 당기요, 세계종의 이름은 청정행 장엄이니라. ② 다음 향수해가 있

으니 이름이 온갖 보배 꽃 빛나는 바다요, 세계종의 이름은 공덕상 장엄이니라. ③ 다음 향수해가 있으니 이름이 연꽃 핀 것이요, 세계종의 이름은 보살 마니관 장엄이니라. ④ 다음 향수해가 있으니 이름이 묘한 보배 의복이요, 세계종의 이름은 깨끗한 진주 바퀴니라. ⑤ 다음 향수해가 있으니 이름이 사랑스런 꽃 두루 비침이요, 세계종의 이름은 백 가지 빛 구름 비침이니라. ⑥ 다음 향수해가 있으니 이름이 허공에 가득한 큰 광명이요, 세계종의 이름은 보배 빛 두루 비침이니라. ⑦ 다음 향수해가 있으니 이름이 묘한 꽃 장엄 당기요, 세계종의 이름은 금달 눈 영락이니라. ⑧ 다음 향수해가 있으니 이름이 진주 향기 바다 광이요, 세계종의 이름은 부처 광명이니라. ⑨ 다음 향수해가 있으니 이름이 보배 바퀴 광명이요, 세계종의 이름은 부처님 경계 잘 화현함이니라. 이렇게 말할 수 없는 부처님 세계의 티끌 수 향수해가 있는데 윤위산에 가장 가까운 향수해의 이름은 끝없는 바퀴로 밑을 장엄함이요, 세계종의 이름은 한량없는 방위의 차별이 있으니 온갖 국토의 가지가지 말하는 음성으로 체성을 삼았느니라. 이 가운데서 맨 밑에 있는 세계의 이름은 금강 꽃 일산이요, 부처님 명호는 그지없는 모양의 광명 넓은 문 음성이니라. 이 위로 부처님 세계의 티끌 수 세계를 지나가서 세계가 있어 금강 당기 세계와 가지런한 세계가 있으니 이름이 보배 옷 내는 당기요, 부처님 명호는 복덕 구름 큰 위세니라. 이 위에 사바세계와 가지런한 세계가 있으니 이름이 모든 보배 묘한 장엄이요, 부처님 명호는 수승한 지혜 바다니

라. 이 세계종의 맨 위에 세계가 있으니 이름이 해의 광명 의복 당기요, 부처님 명호는 지혜 해 연꽃 구름이니라.

d. 제청보장엄향수해에 따른 열 개의 향수해 (諸佛 6上3)

諸佛子여 彼帝青寶莊嚴香水海外에 次有香水海하니 名阿修羅宮殿이요 世界種은 名香水光所持며 次有香水海하니 名寶師子莊嚴이요 世界種은 名徧示十方一切寶며 次有香水海하니 名宮殿色光明雲이요 世界種은 名寶輪妙莊嚴이며 次有香水海하니 名出大蓮華요 世界種은 名妙莊嚴徧照法界며 次有香水海하니 名燈焰妙眼이요 世界種은 名徧觀察十方變化며 次有香水海하니 名不思議莊嚴輪이요 世界種은 名十方光明普名稱이며 次有香水海하니 名寶積莊嚴이요 世界種은 名燈光照耀며 次有香水海하니 名清淨寶光明이요 世界種은 名須彌無能爲礙風이며 次有香水海하니 名寶衣欄楯이요 世界種은 名如來身光明이라 如是等不可說佛剎微塵數香水海에 其最近輪圍山香水海는 名樹莊嚴幢이요 世界種은 名安住帝網이니 以一切菩薩智地音聲으로 爲體어든 此中最下方에 有世界하니 名妙金色이요 佛號는 香焰勝威光이시며 此上에 過十佛剎微塵數世界하여 與金剛幢世界로 齊等하여 有世界하니 名摩尼樹華요 佛號는 無礙普現이시며 此上에 與娑婆世界로 齊等하여 有世界하니 名毘瑠璃妙莊嚴이요 佛號는 法自在堅固慧시며 於此世界種最上方

에 有世界하니 名梵音妙莊嚴이요 佛號는 蓮華開敷光明 王이시니라

여러 불자들이여, 저 제청보장엄향수해 밖에 ① 다음 향수해가 있으니 이름이 아수라 궁전이요, 세계종의 이름은 향수 빛으로 지니는 바니라. ② 다음 향수해가 있으니 이름이 보배 사자 장엄이요, 세계종의 이름은 시방에 두루 보이는 온갖 보배니라. ③ 다음 향수해가 있으니 이름이 궁전 빛 광명 구름이요, 세계종의 이름은 보배 바퀴 묘한 장엄이니라. ④ 다음 향수해가 있으니 이름이 큰 연꽃 법이요, 세계종의 이름은 묘한 장엄 법계 두루 비침이니라. ⑤ 다음 향수해가 있으니 이름이 등 불꽃 묘한 눈이요, 세계종의 이름은 시방의 변화를 두루 관찰함이니라. ⑥ 다음 향수해가 있으니 이름이 부사의 장엄 바퀴요, 세계종의 이름은 시방 넓은 소문이니라. ⑦ 다음 향수해가 있으니 이름이 보배 쌓아 장엄함이요, 세계종의 이름은 등불 비침이니라. ⑧ 다음 향수해가 있으니 이름이 깨끗한 보배 광명이요, 세계종의 이름은 수미산도 장애하지 못하는 바람이니라. ⑨ 다음 향수해가 있으니 이름이 보배 옷 난간이요, 세계종의 이름은 여래 몸 광명이니라.

이와 같이 말할 수 없는 부처님 세계의 티끌 수 향수해가 있는데 윤위산에 가장 가까운 향수해의 이름은 나무 장엄 당기요, 세계종의 이름은 제석천 그물에 편안히 머무름이니 온갖 보살의 지혜의 지위 음성으로 체성을 삼았느니라. 이 가운데서 맨 밑에 있는 세계의 이름은 묘한 금빛이요, 부처

님 명호는 향기 불꽃 수승한 위엄 광명이니라. 이 위로 열 부처님 세계의 티끌 수 세계를 지나가서 금강 당기 세계와 가지런한 세계가 있으니 이름이 마니 나무 꽃이요, 부처님 명호는 걸림 없이 두루 나타남이니라. 이 위에 사바세계와 가지런하게 세계가 있으니 이름이 비유리 묘한 장엄이요, 부처님 명호는 법에 자재한 견고한 지혜니라. 이 세계종의 맨 위에 세계가 있으니 이름이 범음성 묘한 장엄이요, 부처님 명호는 연꽃 핀 광명왕이니라.

e. 금강륜장엄향수해에 따른 열 개의 향수해 (諸佛 7上9)

諸佛子여 彼金剛輪莊嚴底香水海外에 次有香水海하니 名化現蓮華處요 世界種은 名國土平正이며 次有香水海하니 名摩尼光이요 世界種은 名徧法界無迷惑이며 次有香水海하니 名衆妙香日摩尼요 世界種은 名普現十方이며 次有香水海하니 名恒納寶流요 世界種은 名普行佛言音이며 次有香水海하니 名無邊深妙音이요 世界種은 名無邊方差別이며 次有香水海하니 名堅實積聚요 世界種은 名無量處差別이며 次有香水海하니 名淸淨梵音이요 世界種은 名普淸淨莊嚴이며 次有香水海하니 名旃檀欄楯音聲藏이요 世界種은 名逈出幢이며 次有香水海하니 名妙香寶王光莊嚴이요 世界種은 名普現光明力이니라
여러 불자들이여, 저 금강 바퀴로 밑을 장엄한 향수해 밖에 ① 다음 향수해가 있으니 이름이 연꽃 화현하는 곳이요, 세

계종의 이름은 국토 평정이니라. ② 다음 향수해가 있으니 이름이 마니 광명이며, 세계종의 이름은 법계에 두루 하게 미혹 없음이니라. ③ 다음 향수해가 있으니 이름이 여러 묘한 향기해 마니요, 세계종의 이름은 시방을 두루 나타냄이니라. ④ 다음 향수해가 있으니 이름이 보배 흐름을 항상 받음이요, 세계종의 이름은 넓은 행 부처님 말씀하는 음성이니라. ⑤ 다음 향수해가 있으니 이름이 끝없이 깊고 묘한 음성이요, 세계종의 이름은 끝없는 방위 차별이니라. ⑥ 다음 향수해가 있으니 이름이 견실한 무더기요, 세계종의 이름은 한량없는 처소 차별이니라. ⑦ 다음 향수해가 있으니 이름이 청정한 범음이요, 세계종의 이름은 두루 청정한 장엄이니라. ⑧ 다음 향수해가 있으니 이름이 전단 난간의 음성 광이요, 세계종의 이름은 멀리 솟아난 당이니라. ⑨ 다음 향수해가 있으니 이름이 묘한 향기 보배왕 광명 장엄이요, 세계종의 이름은 광명 널리 나타내는 힘이니라.

[疏] 第五, 金剛輪莊嚴底香海所管이라 但列九海나 而結文과 及最近輪圍之海九行許經을 諸梵本中에 皆同此闕이나 準前後例하면 此必定有니라

■ e. 금강륜장엄(金剛輪莊嚴)향수해에 따른 열 개의 향수해이다. 단지 아홉 개 향수해만 나열하였지만 결론한 경문과 윤위산과 가장 가까운 향수해의 아홉 줄 정도의 경문을 모든 범본 중에서 모두 이것과 똑같이 빠뜨렸으나 앞과 뒤에 준하여 유례하면 이렇게 반드시 정해진 것이 있다.

f. 연화인드라망향수해에 따른 열 개의 향수해 (諸佛 8上9)

諸佛子여 彼蓮華因陀羅網香水海外에 次有香水海하니 名銀蓮華妙莊嚴이요 世界種은 名普徧行이며 次有香水海하니 名毘瑠璃竹密焰雲이요 世界種은 名普出十方音이며 次有香水海하니 名十方光焰聚요 世界種은 名恒出變化分布十方이며 次有香水海하니 名出現眞金摩尼幢이요 世界種은 名金剛幢相이며 次有香水海하니 名平等大莊嚴이요 世界種은 名法界勇猛旋이며 次有香水海하니 名寶華叢無盡光이요 世界種은 名無邊淨光明이며 次有香水海하니 名妙金幢이요 世界種은 名演說微密處며 次有香水海하니 名光影徧照요 世界種은 名普莊嚴이며 次有香水海하니 名寂音이요 世界種은 名現前垂布라 如是等不可說佛刹微塵數香水海에 其最近輪圍山香水海는 名密焰雲幢이요 世界種은 名一切光莊嚴이니 以一切如來道場衆會音으로 爲體어든 於此最下方에 有世界하니 名淨眼莊嚴이요 佛號는 金剛月徧照十方이시며 此上에 過十佛刹微塵數世界하여 與金剛幢世界로 齊等하여 有世界하니 名蓮華德이요 佛號는 大精進善覺慧시며 此上에 與娑婆世界로 齊等하여 有世界하니 名金剛密莊嚴이요 佛號는 娑羅王幢이시며 此上에 過七佛刹微塵數世界하여 有世界하니 名淨海莊嚴이요 佛號는 威德絶倫無能制伏이시니라

여러 불자들이여, 저 연꽃 인드라 그물 향수해 밖에 ① 다음

향수해가 있으니 이름이 은 연꽃 묘한 장엄이요, 세계종의 이름은 두루 한 행이니라. ② 다음 향수해가 있으니 이름이 비유리 대 촘촘한 불꽃 구름이요, 세계종의 이름은 시방의 음성 널리 냄이니라. ③ 다음 향수해가 있으니 이름이 시방의 빛난 불꽃 무더기요, 세계종의 이름은 항상 변화를 내어 시방에 분포함이니라. ④ 다음 향수해가 있으니 이름이 진금을 나타내는 마니 당기요, 세계종의 이름은 금강 당기 모양이니라. ⑤ 다음 향수해가 있으니 이름이 평등한 큰 장엄이요, 세계종의 이름은 법계에 용맹하게 돎이니라. ⑥ 다음 향수해가 있으니 이름이 보배 꽃 떨기 다함없는 빛이요, 세계종의 이름은 끝없는 깨끗한 광명이니라. ⑦ 다음 향수해가 있으니 이름이 묘한 금 당기요, 세계종의 이름은 비밀을 연설하는 곳이니라. ⑧ 다음 향수해가 있으니 이름이 빛과 그림자 두루 비침이요, 세계종의 이름은 넓은 장엄이니라. ⑨ 다음 향수해가 있으니 이름이 고요한 음성이요, 세계종의 이름은 앞에 드리움이니라.

이와 같이 말할 수 없는 부처님 세계의 티끌 수 향수해가 있는데 윤위산에 가장 가까운 향수해의 이름은 촘촘한 불꽃 구름 당기요, 세계종의 이름은 온갖 빛 장엄이니, 모든 여래의 도량에 모인 대중의 음성으로 체성을 삼았느니라. 여기에서 맨 밑에 있는 세계의 이름은 깨끗한 눈 장엄이요, 부처님 명호는 금강 달이 시방에 두루 비침이니라. 이 위로 열 부처님 세계의 티끌 수 세계를 지나가서 금강 당기 세계와 가지런한 세계가 있으니 이름이 연화 덕이요, 부처님 명호는 큰 정진 잘 깨달은 지혜니라. 이 위로 사바세계와 가지런한 세계가 있으니 이름이 금강 촘촘한 장엄이요, 부처님 명호는 사라왕 당기니라. 이 위로 일곱 부처님 세계의 티끌 수 세계를 지나가서 세계가 있으니 이름이 깨끗한 바다 장엄이요, 부처님 명호는 위덕이 뛰어나서 제복할 이 없음이니라.

g. 적집보향장향수해에 따른 열 개의 향수해 (諸佛 9下 4)

諸佛子여 彼積集寶香藏香水海外에 次有香水海하니 名一切寶光明徧照요 世界種은 名無垢稱莊嚴이며 次有香水海하니 名衆寶華開敷요 世界種은 名虛空相이며 次有香水海하니 名吉祥幄徧照요 世界種은 名無礙光普莊嚴이며 次有香水海하니 名栴檀樹華요 世界種은 名普現十方旋이며 次有香水海하니 名出生妙色寶요 世界種은 名勝幢周徧行이며 次有香水海하니 名普生金剛華요 世界種은 名現不思議莊嚴이며 次有香水海하니 名心王摩尼輪嚴飾이요 世界種은 名示現無礙佛光明이며 次有香水海하니 名積集寶瓔珞이요 世界種은 名淨除疑며 次有香水海하니 名眞珠輪普莊嚴이요 世界種은 名諸佛願所流라 如是等不可說佛刹微塵數香水海에 其最近輪圍山香水海는 名閻浮檀寶藏輪이요 世界種은 名普音幢이니 以入一切智門音聲으로 爲體어든 此中最下方에 有世界하니 名華藥焰이요 佛號는 精進施시며 此上에 過十佛刹微塵數世界하여 與金剛幢世界로 齊等하여 有世界하니 名

蓮華光明幢이요 佛號는 一切功德最勝心王이시며 此上에 過三佛刹微塵數世界하여 與娑婆世界로 齊等하여 有世界하니 名十力莊嚴이요 佛號는 善出現無量功德王이시며 於此世界種最上方에 有世界하니 名摩尼香山幢이요 佛號는 廣大善眼淨除疑시니라

여러 불자들이여, 저 보배를 쌓은 광 향수해 밖에 ① 다음 향수해가 있으니 이름이 온갖 보배 광명 두루 비침이요, 세계종의 이름은 깨끗한 이름 장엄이니라. ② 다음 향수해가 있으니 이름이 여러 보배 꽃 만발이요, 세계종의 이름은 허공상이니라. ③ 다음 향수해가 있으니 이름이 길상한 휘장 두루 비침이요, 세계종의 이름은 걸림 없는 빛 두루 장엄이니라. ④ 다음 향수해가 있으니 이름이 전단 나무 꽃이요, 세계종의 이름은 시방에 널리 나타나 돎이니라. ⑤ 다음 향수해가 있으니 이름이 묘한 빛 보배 냄이요, 세계종의 이름은 수승한 당기 두루 행함이니라. ⑥ 다음 향수해가 있으니 이름이 금강 꽃 널리 냄이요, 세계종의 이름은 장엄 나타냄이니라. ⑦ 다음 향수해가 있으니 이름이 십왕 마니 바퀴 좋은 장식이요, 세계종의 이름은 장애 없는 부처의 광명 나타냄이니라. ⑧ 다음 향수해가 있으니 이름이 보배 영락 모아 쌓음이요, 세계종의 이름은 깨끗이 의심을 덞이니라. ⑨ 다음 향수해가 있으니 이름이 진주 바퀴 두루 장엄이요, 세계종의 이름은 모든 부처님 서원으로 흐름이니라.

이와 같이 말할 수 없는 부처님 세계의 티끌 수 향수해가 있는데, 윤위산에 가장 가깝게 있는 향수해의 이름은 넓은 음

성 당기니, 온갖 지혜 문에 들어가는 음성으로 체성을 삼았느니라. 이 가운데서 맨 밑에 있는 세계의 이름이 꽃술 불꽃이요, 부처님 명호는 정진하는 보시니라. 이 위로 열 부처님 세계의 티끌 수 세계를 지나가서 금강 당기 세계와 가지런한 세계가 있으니 이름이 연꽃 광명 당기요, 부처님 명호는 온갖 공덕 가장 수승한 심왕이니라. 이 위로 세 부처님 세계의 티끌 수 세계를 지나가서 사바세계와 가지런한 세계가 있으니 이름이 십력 장엄이요, 부처님 명호는 한량없는 공덕을 내는 왕이니라. 이 세계종의 맨 위에 세계가 있으니 이름이 마니 향산 당기요, 부처님 명호는 넓고 큰 좋은 눈으로 깨끗이 의심을 제함이니라.

h. 보장엄향수해에 따른 열 개의 향수해 (諸佛 10下9)

諸佛子여 彼寶莊嚴香水海外에 次有香水海하니 名持須彌光明藏이요 世界種은 名出生廣大雲이며 次有香水海하니 名種種莊嚴大威力境界요 世界種은 名無礙淨莊嚴이며 次有香水海하니 名密布寶蓮華요 世界種은 名最勝燈莊嚴이며 次有香水海하니 名依止一切寶莊嚴이요 世界種은 名日光明網藏이며 次有香水海하니 名衆多嚴淨이요 世界種은 名寶華依處며 次有香水海하니 名極聰慧行이요 世界種은 名最勝形莊嚴이며 次有香水海하니 名持妙摩尼峯이요 世界種은 名普淨虛空藏이며 次有香水海하니 名大光徧照요 世界種은 名帝青炬光明이며 次有

香水海하니 名可愛摩尼珠充滿徧照요 世界種은 名普吼聲이라 如是等不可說佛刹微塵數香水海에 其最近輪圍山香水海는 名出帝靑寶요 世界種은 名周徧無差別이니 以一切菩薩震吼聲으로 爲體어든 此中最下方에 有世界하니 名妙勝藏이요 佛號는 最勝功德慧시며 此上에 過十佛刹 微塵數世界하여 與金剛幢世界로 齊等하여 有世界하니 名莊嚴相이요 佛號는 超勝大光明이시며 此上에 與娑婆世界로 齊等하여 有世界하니 名瑠璃輪普莊嚴이요 佛號는 須彌燈이시며 於此世界種最上方에 有世界하니 名華幢海요 佛號는 無盡變化妙慧雲이시니라

여러 불자들이여, 저 보배 장엄 향수해 밖에 ① 다음 향수해가 있으니 이름이 수미산 유지하는 광명이요, 세계종의 이름은 넓고 큰 구름 냄이니라. ② 다음 향수해가 있으니 이름이 가지가지 장엄한 큰 위력 경계요, 세계종의 이름은 넓고 큰 구름 냄이니라. ③ 다음 향수해가 있으니 이름이 가지가지 장엄한 큰 위력 경계요, 세계종의 이름은 장애 없는 깨끗한 장엄이니라. ④ 다음 향수해가 있으니 이름이 촘촘하게 편 보배 연꽃이요, 세계종의 이름은 가장 수승한 등불 장엄이니라. ⑤ 다음 향수해가 있으니 온갖 보배의 장엄을 의지함이요, 세계종의 이름은 햇빛 광명 그물 광이니라. ⑥ 다음 향수해가 있으니 이름이 썩 많은 엄정이요, 세계종의 이름은 보배 꽃 의지한 곳이니라. ⑦ 다음 향수해가 있으니 이름은 극히 총명한 행이요, 세계종의 이름은 가장 수승한 형상 장엄이니라. ⑧ 다음 향수해가 있으니 이름은 묘한 마니 봉

우리 유지함이요, 세계종의 이름은 널리 깨끗한 허공장이니라. ⑨ 다음 향수해가 있으니 이름이 큰 광명 널리 비침이요, 세계종의 이름은 제청 횃불 광명이니라. ⑩ 다음 향수해가 있으니 이름이 사랑스러운 마니 구슬 가득하여 두루 비침이요, 세계종의 이름은 두루 영각하는 소리니라.

이와 같이 말할 수 없는 부처님 세계의 티끌 수 향수해가 있는데 윤위산에 가장 가까운 향수해의 이름이 제청보를 냄이요, 세계종의 이름은 두루 가득하여 차별 없음이니 온갖 보살의 우렁찬 소리로 체성을 삼았느니라. 이 가운데서 맨 밑에 있는 세계의 이름이 묘하고 훌륭한 광이요, 부처님 명호는 가장 수승한 공덕 지혜니라. 이 위로 열 부처님 세계의 티끌 수 세계를 지나가서 금강 당기 세계와 가지런한 세계가 있으니 이름이 장엄상이요, 부처님 명호는 뛰어나게 수승한 큰 광명이니라. 이 위에 사바세계와 가지런한 세계가 있으니 이름이 유리 바퀴 넓은 장엄이요, 부처님 명호는 수미등이니라. 이 세계종의 맨 위에 세계가 있으니 이름이 꽃 당기 바다요, 부처님 명호는 그지없이 변화하는 묘한 지혜 구름이니라.

i. 금강보취향수해에 따른 열 개의 향수해 (諸佛 12上3)

諸佛子여 彼金剛寶聚香水海外에 次有香水海하니 名崇飾寶埒이요 世界種은 名秀出寶幢이며 次有香水海하니 名寶幢莊嚴이요 世界種은 名現一切光明이며 次有香水

海하니 名妙寶雲이요 世界種은 名一切寶莊嚴光明徧照며 次有香水海하니 名寶樹華莊嚴이요 世界種은 名妙華間飾이며 次有香水海하니 名妙寶衣莊嚴이요 世界種은 名光明海며 次有香水海하니 名寶樹峯이요 世界種은 名寶焰雲이며 次有香水海하니 名示現光明이요 世界種은 名入金剛無所礙며 次有香水海하니 名蓮華普莊嚴이요 世界種은 名無邊岸海淵이며 次有香水海하니 名妙寶莊嚴이요 世界種은 名普示現國土藏이라 如是等不可說佛刹微塵數香水海에 其最近輪圍山香水海는 名不可壞海요 世界種은 名妙輪間錯蓮華場이니 以一切佛力所出音으로 爲體어든 此中最下方에 有世界하니 名最妙香이요 佛號는 變化無量塵數光이시며 此上에 過十佛刹微塵數世界하여 與金剛幢世界로 齊等하여 有世界하니 名不思議差別莊嚴門이요 佛號는 無量智시며 此上에 與娑婆世界로 齊等하여 有世界하니 名十方光明妙華藏이요 佛號는 師子眼光焰雲이시며 於此最上方에 有世界하니 名海音聲이요 佛號는 水天光焰門이시니라

여러 불자들이여, 저 금강 보배 덩이 향수해 밖에 ① 다음 향수해가 있으니 이름이 잘 꾸민 보배 성가퀴요, 세계종의 이름은 빼어난 보배 당기니라. ② 다음 향수해가 있으니 이름이 보배 당기 장엄이요, 세계종의 이름은 온갖 광명을 나타냄이니라. ③ 다음 향수해가 있으니 이름이 묘한 보배 구름이요, 세계종의 이름은 온갖 보배 장엄 광명이 두루 비침이니라. ④ 다음 향수해가 있으니 이름이 보배 나무 꽃 장엄

이요, 세계종의 이름은 묘한 꽃 사이사이 장식함이니라. ⑤ 다음 향수해가 있으니 이름이 묘한 보배 옷 장엄이요, 세계종의 이름은 광명 바다니라. ⑥ 다음 향수해가 있으니 이름이 보배 나무 봉우리요, 세계종의 이름은 보배 불꽃 구름이니라. ⑦ 다음 향수해가 있으니 이름이 광명을 나타냄이요, 세계종의 이름은 금강에 들어가는 데 걸림이 없음이니라. ⑧ 다음 향수해가 있으니 이름이 연꽃 널리 장엄이요, 세계종의 이름은 끝없는 언덕 바다 못이니라. ⑨ 다음 향수해가 있으니 이름이 묘한 보배 장엄이요, 세계종의 이름은 널리 나타내는 국토장이니라.

이와 같이 말할 수 없는 부처님 세계의 티끌 수 밖에 향수해가 있는데 윤위산에 가장 가까운 향수해 이름이 깨뜨릴 수 없는 바다요, 세계종의 이름은 묘한 바퀴 사이사이 섞인 연꽃 도량이니, 온갖 부처님 힘에서 나는 소리로 체성을 삼았느니라. 이 가운데서 맨 밑에 있는 세계의 이름이 가장 묘한 향이요, 부처님 명호는 변화가 한량없는 티끌 수 광명이니라. 이 위로 열 부처님 세계의 티끌 수 세계를 지나가서 금강 당기 세계와 가지런한 세계가 있으니 이름이 부사의하고 차별한 장엄문이요, 부처님 명호는 한량없는 지혜니라. 이 위에 사바세계와 가지런한 세계가 있으니 이름이 시방의 광명 묘한 연꽃 광명이요, 부처님 명호는 사자눈 빛난 불꽃 구름이니라. 이 세계종의 맨 위에 세계가 있으니 이름이 바다 음성이요, 부처님 명호는 수천광염문이니라.

j. 천성보첩향수해에 따른 열 개의 향수해 (諸佛 13上4)

諸佛子여 彼天城寶堞香水海外에 次有香水海하니 名焰輪赫奕光이요 世界種은 名不可說種種莊嚴이며 次有香水海하니 名寶塵路요 世界種은 名普入無量旋이며 次有香水海하니 名具一切莊嚴이요 世界種은 名寶光徧照며 次有香水海하니 名布衆寶網이요 世界種은 名安布深密이며 次有香水海하니 名妙寶莊嚴幢이요 世界種은 名世界海明了音이며 次有香水海하니 名日宮淸淨影이요 世界種은 名徧入因陀羅網이며 次有香水海하니 名一切鼓樂美妙音이요 世界種은 名圓滿平正이며 次有香水海하니 名種種妙莊嚴이요 世界種은 名淨密光焰雲이며 次有香水海하니 名周徧寶焰燈이요 世界種은 名隨佛本願種種形이라 如是等不可說佛刹微塵數香水海에 其最近輪圍山香水海는 名積集瓔珞衣요 世界種은 名化現妙衣니 以三世一切佛音聲으로 爲體어든 此中最下方에 有香水海하니 名因陀羅華藏이요 世界는 名發生歡喜라 佛刹微塵數世界가 圍遶하여 純一淸淨하니 佛號는 堅悟智시며 此上에 過十佛刹微塵數世界하여 與金剛幢世界로 齊等하여 有世界하니 名寶網莊嚴이라 十佛刹微塵數世界가 圍遶하여 純一淸淨하니 佛號는 無量歡喜光이시며 此上에 過三佛刹微塵數世界하여 與娑婆世界로 齊等하여 有世界하니 名寶蓮華師子座라 十三佛刹微塵數世界가 圍遶하니 佛號는 最淸淨不空聞이시며 此上에 過七佛刹微

塵數世界하여 至此世界種最上方하여 有世界하니 名寶色龍光明이라 二十佛刹微塵數世界가 圍遶하여 純一淸淨하니 佛號는 徧法界普照明이시니라

여러 불자들이여, 저 하늘 성 보배 성가퀴 향수해 밖에 ① 다음 향수해가 있으니 이름이 불꽃 바퀴 찬란한 빛이요, 세계종의 이름은 말할 수 없는 종종 장엄이니라. ② 다음 향수해가 있으니 이름이 보배 티끌 길이요, 세계종의 이름은 한량없는 돎에 두루 들어감이니라. ③ 다음 향수해가 있으니 이름이 온갖 장엄 구족함이요, 세계종의 이름은 보배 빛 두루 비침이니라. ④ 다음 향수해가 있으니 이름이 뭇 보배 그물 폄이요, 세계종의 이름은 깊고 촘촘하게 펴 놓음이니라. ⑤ 다음 향수해가 있으니 이름이 묘한 보배 장엄 당기요, 세계종의 이름은 세계해의 분명한 음성이니라. ⑥ 다음 향수해가 있으니 이름이 일궁의 청정한 그림자요, 세계종의 이름은 인드라 그물에 두루 들어감이니라. ⑦ 다음 향수해가 있으니 이름이 온갖 풍류의 아름다운 소리요, 세계종의 이름은 원만하고 반듯함이니라. ⑧ 다음 향수해가 있으니 이름이 가지가지 묘한 장엄이요, 세계종의 이름은 깨끗하고 촘촘한 광명 불꽃 구름이니라. ⑨ 다음 향수해가 있으니 이름이 두루 한 보배 불꽃 등이요, 세계종의 이름은 부처님 근본 서원 따르는 가지가지 형상이니라.

이와 같이 말할 수 없는 부처님 세계의 티끌 수 향수해가 있는데 윤위산에 가장 가까운 향수해 이름이 영락 옷 모아 쌓음이요, 세계종의 이름은 변화하여 나타낸 묘한 옷이니, 삼

세의 모든 부처님 음성으로 체성을 삼았느니라. 이 가운데서 맨 밑에 향수해가 있으니 이름이 인드라 연꽃 광이요, 세계종의 이름은 환희를 발생함이니 부처님 세계의 티끌 수 세계가 둘러쌌으며, 순일하게 청정하고 부처님 명호는 견고하게 깨달은 지혜니라. 이 위로 열 부처님 세계의 티끌 수 세계를 지나가서 금강 당기 세계와 가지런한 세계가 있으니 이름이 보배 그물 장엄이요, 열 부처님 세계의 티끌 수 세계가 둘러쌌으며, 순일하게 청정하고 부처님 명호는 한량없는 환희한 빛이니라. 이 위로 세 부처님 세계의 티끌 수 세계를 지나가서 사바세계와 가지런하게 세계가 있으니 이름이 보배 연꽃 사자좌요, 열세 부처님 세계의 티끌 수 세계가 둘러쌌으며, 부처님 명호는 가장 청정하여 헛되이 듣지 않음이니라. 이 위로 일곱 부처님 세계의 티끌 수 세계를 지나가서 이 세계종의 맨 위에 세계가 있으니 이름이 보배 빛 용 광명이요, 스무 부처님 세계의 티끌 수 세계가 둘러쌌으며, 순일하게 청정하고 부처님 명호는 법계에 두루 밝게 비침이니라.

[疏] 第十, 海所管近輪圍海가 所持二十重刹內라 最初文에 云, 此中最下方有香水海名因陀羅華藏者는 從香字로 至藏字並長하니 由前已說香水海故라 前諸海中에 無此例故라 縱依海無過나 在文不便이로다 前第一海所管中에 九海闕一하고 今此長者는 多是梵本脫漏어늘 後[91]人注之하야 誤書相似貝葉耳라 餘並可知로다 十海次第는

---

91) 後는 南續金本作彼 源原本作後.

但觀次前疏文하면 不俟重擧니라

- j. 천성보첩향수해에 딸린 윤위산과 가까운 향수해가 떠받치는 20층 세계 안의 가장 처음 경문에 이르되, "이 가운데 최하방 향수해에 '인드라망'이라 이름한 것은 '향(香)' 자로부터 '장(藏)' 자까지가 함께 긴 것이니, 앞에서 이미 향수해라 설함으로 말미암은 까닭이다. 앞의 모든 향수해 중에 이것과 유례함이 없기 때문이다. 설사 바다를 의지한다면 잘못이 없지만 경문에는 편하지 않음이 있다. 앞의 제1 이구염장향수해에 따른 아홉 향수해에서 하나를 빠뜨렸고, 지금 여기에서 긴 이유는 대부분 범본에 탈락되었는데 뒷사람이 주를 달아 잘못 쓴 것과 패엽이 비슷한 것 때문이다. 나머지는 (경문과) 함께하면 알 수 있으리라. 열 개의 향수해 순서는 단지 앞의 소문 다음을 관찰하면 거듭 거론함을 기다리지는 않으리라.

ㄷ) 화장세계를 총합하여 결론하다[總略結釋] 5.
(ㄱ) 전체 숫자를 총합하여 결론하다[總結都數] (第三 14下5)

諸佛子여 如是十不可說佛刹微塵數香水海中에 有十不可說佛刹微塵數世界種이
여러 불자들이여, 이러한 열 개의 말할 수 없는 부처님 세계의 티끌 수 향수해 가운데 열 말할 수 없는 부처님 세계의 티끌 수 세계종이 있는데

[疏] 第三, 總略結釋이라 文分爲五니 一, 總結都數니 謂一海가 各管一不可說하니 十海에 卽有十不可說이라 一海가 一種이니 是以數同이니라

■ ㄷ) 화장세계를 총합하여 결론함이다. 경문을 다섯으로 나누리니 (ㄱ) 전체 숫자를 총합하여 결론함이니, 이른바 한 향수해가 각기 하나의 말할 수 없는 향수해를 관섭하나니 열 개의 향수해에 곧 열 개의 말할 수 없는 향수해가 있다는 뜻이다. 한 향수해가 한 세계종이니 이런 까닭에 숫자가 동일한 것이다.

(ㄴ) 세계종과 향수해가 의지할 곳을 결론하다[結種海所依] (二皆 14下9)
(ㄷ) 세계종과 다른 문을 결론하다[結種異門] (三各)

皆依現一切菩薩形摩尼王幢莊嚴蓮華住하여 各各莊嚴際가 無有間斷이며 各各放寶色光明이며 各各光明雲으로 而覆其上이며 各各莊嚴具며 各各劫差別이며 各各佛出現이며 各各演法海며 各各衆生이 徧充滿이며 各各十方이 普趣入이며 各各一切佛의 神力所加持니

모두 온갖 보살 형상을 나타내는 마니왕 당기 장엄 연화를 의지하여 머물며, 각각 장엄한 짬이 새가 끊어지지 않았으며, 각각 보배 빛 광명을 놓으며 각각 광명 구름이 이 위에 덮였으며 각각 장엄거리며 각각 겁의 차별이며 각각 부처님이 출현하며 각각 법 바다를 연설하며 각각 중생들이 두루 가득하며 각각 시방에 널리 나아가며 온갖 부처님 신력으로 가지하였느니라.

[疏] 二, 皆依下는 結海種所依[92]니 謂卽是前能持刹海本大蓮華라 彼

---

92) 海種은 續金本作種海 源原南本作海種.

名種種光明蘂香幢이라하고 今此乃云現菩薩形等者는 是此一華가 隨義異名일새 有此用故라 與前最中海底名同하니 以中間海底가 卽此大華之體라 中受總稱일새 故取大華體名이며 或是譯者之誤니라
三, 各各下는 結種異門이니 此與前釋刹種章과 及世界成就中十으로 相參大同이라

■ (ㄴ) 皆依 아래는 세계종과 향수해가 의지할 곳을 결론함이니, 이른바 곧 앞의 떠받치는 주체인 세계해의 근본이 큰 연꽃이다. 저기는 '갖가지 광명 꽃술 향기 당기라 이름한다'라고 하였고, 지금 여기서는 비로소 '보살의 형상을 나타내는' 등이라 말한 것은 이런 하나의 꽃이 뜻에 따라 명칭이 달라지므로 이런 작용이 있기 때문이다. 앞의 가장 중간 향수해의 명칭과 같나니, 중간 향수해의 맨 밑바닥이 곧 이런 큰 연꽃의 체성이 된다. 중간에 총합 명칭을 받은 연고로 큰 연꽃의 체성을 취하여 이름하였으며, 혹은 번역자의 잘못이기도 하다.
(ㄷ) 各各 아래는 세계종과 다른 문을 결론함이니, 이것은 앞에서 세계종을 해석한 가름과 세계성취품 중의 열 가지와 함께 서로 섞어서 크게는 같다.

(ㄹ) 세계종에 딸린 세계를 결론하다[結種中之刹] (四此 15下2)
(ㅁ) 화장세계로 결론하여 돌아가다[結歸華藏] (五於)

此一一世界種中에 一切世界가 依種種莊嚴住하되 遞相接連하여 成世界網하여 於華藏莊嚴世界海에 種種差別로 周徧建立93)하니라

---

93) 於下에 卍綱本有蓮字 杭注云 於下藏本無蓮字 流通本有蓮字.

이 낱낱 세계종 가운데는 온갖 세계들이 가지가지 장엄을 의지하여 머물면서, 번갈아 서로 연접하여 세계 그물을 이루었으며, 화장장엄 세계해에 가지가지 차별하게 가득히 건립되었느니라."

[疏] 四, 此一一下는 結種中之刹이라 言成世界網者는 一一世界가 猶如 網孔이 遞相接連이니 如以網持에 橫竪交絡하야 皆悉相當이 如天珠 網이니라 五, 於華藏下는 結歸華藏이니 卽建立之處라 上來雙釋二章 하는 長行은 竟하다

■ (ㄹ) 此一一 아래는 세계종에 딸린 세계를 결론함이다. '세계 그물을 이루었으며'라 말한 것은 낱낱 세계가 마치 그물 구멍이 번갈아 서로 연결하여 이은 것과 같나니, 만일 그물로 지탱할 적에 가로 세로로 번갈아 교차해 모두 다 서로 맞는 것이 마치 하늘의 보배 그물과 같다는 뜻이다. (ㅁ) 於華藏 아래는 화장세계로 결론하여 돌아감이니, 곧 건립된 곳이다. 여기까지 두 가름을 함께 해석하는 장항은 마친다.

ㄴ. 화장세계의 중송[偈頌] 2.
ㄱ) 한 게송은 화장세계의 자체를 노래하다[初一偈頌華藏自體]
(第二)

爾時에 普賢菩薩이 欲重宣其義하사 承佛威力하고 而說 頌言하시되,
그때에 보현보살이 이 뜻을 거듭 펴려고 부처님 위신력을 받들어 게송으로 말하였다.

1　　華藏世界海여　　　　法界等無別이라
　　　莊嚴極淸淨하여　　　安住於虛空이로다
　　　화장장엄세계해가　　법계 같아 차별 없고
　　　장엄들도 깨끗하게　　허공중에 머물렀네.

[疏] 第二, 重頌이니 總有一百一偈를 分二니 初一은 明華藏自體라 初句는 標名이오 次句는 不壞分量이니 卽同眞性이오 次句는 具德莊嚴이오 末句는 無礙安住니라

■ ㄴ. 화장세계의 중송이니, 총합하면 101게송을 둘로 나누리니 ㄱ) 한 게송은 화장세계의 자체를 설명함이다. 첫 구절은 명칭을 표방함이요, 다음 구절은 분량을 무너뜨리지 않음이니 곧 진여성품과 같음이요, 다음 구절[莊嚴極淸淨]은 덕을 갖추어 장엄함이요, 마지막 구절은 걸림 없이 편안히 머무름의 뜻이다.

ㄴ) 1백 게송은 떠받칠 대상인 세계 그물을 노래하다
　　[後一百偈頌所持刹網] 2.
(ㄱ) 아홉 게송은 떠받치는 주체인 세계종을 노래하다[初九頌能持刹種]
　　　　　　　　　　　　　　　　　　　(餘一 16上4)

2　　此世界海中에　　　　刹種難思議로되
　　　一一皆自在하여　　　各各無雜亂이로다
　　　이 세계해 가운데는　　세계종이 불가사의
　　　하나하나 자재하고　　잡란하지 아니하다.

3   華藏世界海에　　　　剎種善安布라
　　殊形異莊嚴이여　　　種種相不同이로다
　　화장장엄 세계해에　　세계종이 널려 있어
　　다른 형상 다른 장엄　가지가지 같지 않네.

4   諸佛變化音으로　　　種種爲其體어든
　　隨其業力見하니　　　剎種妙嚴飾이로다
　　부처님들 변화 음성　가지가지 체성 되니
　　업의 힘을 따라 보네　세계종의 잘 꾸민 일

5   須彌山城網과　　　　水旋輪圓形과
　　廣大蓮華開하여　　　彼彼互圍遶로다
　　수미산성 그물이며　　물의 바퀴 둥근 모양
　　크고 넓은 연꽃 피어　따로따로 둘러쌌네.

6   山幢樓閣形과　　　　旋轉金剛形이여
　　如是不思議　　　　　廣大諸剎種이로다
　　산 당기며 누각 형상　빙빙 도는 금강 형상
　　이러하게 부사의한　　크고 넓은 세계종들

7   大海眞珠焰이여　　　光網不思議라
　　如是諸剎種이　　　　悉在蓮華住로다
　　큰 바다와 진주 불꽃　광명 그물 부사의라
　　이와 같은 세계종이　연꽃 위에 머물렀네.

8 一一諸刹種에　　　　　光網不可說이니
　　光中現衆刹하여　　　普徧十方海로다
　　하나하나 세계종들　　광명 그물 말 못하고
　　광명 중에 세계 있어　다함없이 모두 보네.

9 一切諸刹種의　　　　　所有莊嚴具에
　　國土悉入中하여　　　普見無有盡이로다
　　온갖 모든 세계종의　　가진 장엄거리에
　　국토가 다 들어가서　　다함없음을 널리 보도다.

10 刹種不思議라　　　　　世界無邊際하니
　　種種妙嚴好가　　　　　皆由大仙力이로다
　　세계종이 부사의요　　세계들도 가이없어
　　가지가지 좋고 묘함　　큰 신선의 힘이니라.

[疏] 餘一百偈는 頌所持刹網이라 於中에 二니 初九는 頌能持刹種이오 餘는 頌所持諸刹이라

■ ㄴ) 나머지 1백 게송은 떠받칠 대상인 세계 그물을 노래함이다. 그중에 둘이니 (ㄱ) 아홉 게송은 떠받치는 주체인 세계종을 노래함이요, (ㄴ) 나머지 91게송은 떠받칠 대상인 모든 세계를 노래함이다.

(ㄴ) 91게송은 떠받칠 대상인 모든 세계를 노래하다
　　[後九十一頌所持諸刹] 10.
a. 28게송은 세계가 다른 것을 노래하다[二十八頌明刹異] 2.

a) 반의 게송은 가름을 표방하다[初半偈標章] (初中 17下1)

11-1　一切刹種中에　　世界不思議라
　　　온 법계의 세계종　　세계들도 불가사의

[疏] 初中에 初一은 頌參而不雜이오 次一은 安布行列이오 次一은 刹種體嚴이오 次二는 辨形이오 次一은 依住오 次二는 方所趣入이오 後一은 佛力加持니라 第二, 頌種所持刹이라 九十一偈가 多頌結文이나 但一二不同하니 謂體及形이오 餘皆同也라 大分十段이니 第一, 有二十八頌은 明刹異由因이니 緣即結中에 各各衆生이 徧充滿이며 下云種種衆生居故及各各佛力으로 所加持라 至文當見이니라 第二, 有二頌은 顯刹微細니 即結中에 各各普趣入이오 第三, 十頌은 明世界體性이니 結文即無오 義見前經이라 第四, 五頌은 明世界各各莊嚴具오 第五, 五頌은 明各各莊嚴際無間斷이니 此二如結名이오 第六, 有十頌은 明世界形狀이니 義見上文이오 第七, 二頌은 明各各劫差別이오 第八, 有八偈는 明各各佛出現이니 此二는 亦如結名이오 第九, 有十頌은 光明有無니 即各各放寶光明과 及各各光明과 雲覆오 第十, 有十一頌은 明音聲善惡이니 即各各演法海라 今初爲二니 初半偈는 標章이라 種種多端일새 故曰難思니라

■ (ㄱ) 중에 a) 한 게송은 섞여도 잡란하지 않음이요, b) 한 게송은 벌여 있고 줄지어 있음이요, c) 한 게송은 세계종의 체성을 장엄함이요, d) 두 게송은 화장세계의 형상을 밝힘이요, e) 한 게송은 의지하여 머무름이요, f) 두 게송은 여러 방소에서 나아가 들어감이요, g) 한 게송은 부처님 힘으로 가지함을 노래함이다. (ㄴ) 91게송은) 떠받칠 대

상인 모든 세계를 노래함이다. 91게송은 대부분 결론한 경문을 노래하였지만 다만 하나와 둘은 같지 않나니, 이른바 체성과 형상은 나머지는 모두 같다. 크게 열 문단으로 나누었으니, a. 28게송은 세계가 달라진 이유를 밝혔으니 그런 인연으로 결론함 중에 각각의 중생이 두루 충만하며, 아래에 이르되, "갖가지 중생이 사는 이유와 각각의 부처님 힘으로 가지한 바이다." 경문에 가면 보게 되리라. b. 두 게송은 세계가 미세함을 밝힘이니 곧 결론함 중에 각각 널리 나아가 들어감이요, c. 열 게송은 세계의 체성을 밝힘이니 결론한 문장은 없으며 뜻은 앞의 경문에서 보았다. d. 다섯 게송은 세계가 각각의 장엄거리임을 밝힘이요, e. 다섯 게송은 각각 장엄하여 짬이 끊어짐이 없음이니 이런 둘은 결론한 명칭과 같음이요, f. 열 게송은 세계의 형상을 밝힘이니 뜻은 위의 경문에서 보았음이요, g. 두 게송은 각각으로 겁이 차별함을 밝힘이요, h. 여덟 게송은 각각의 부처님이 출현함을 밝힘이니, 이 둘[g. h.]은 또한 결론한 명칭과 같음이요, i. 열 게송은 광명이 있고 없음을 밝힘이니 곧 각각의 보배 광명을 방출함과 각각의 광명과 구름으로 덮음이요, j. 열한 게송은 음성이 선하고 악함을 밝힘이니 곧 각각 법을 연설한 바다이다. 지금은 a.를 둘로 하리니 a) 반의 게송은 가름을 표방함이다. 갖가지로 여러 갈래인 연고로 사이할 수 없다는 뜻이다.

b) 나머지 27개 반의 게송은 널리 해석하다[餘偈廣釋] 2.
(a) 아홉 개 반의 게송은 비유로 밝히다[九偈半喩顯] 3.
㊀ 세 개 반의 게송은 더러운 세계의 원인을 밝히다[三偈半明由染因]

(餘偈 17下9)

11-2 或成或有壞며　　　或有已壞滅이로다
　　　이뤄지고 부서지고　이미 멸한 것도 있어

12　譬如林中葉이　　　有生亦有落인달하여
　　　如是刹種中에　　　世界有成壞로다
　　　숲 가운데 잎새들이　혹은 피고 떨어지듯
　　　세계종의 세계들도　성립되고 부서지고

13　譬如依樹林하여　　種種果差別인달하여
　　　如是依刹種하여　　種種衆生住로다
　　　비유하면 숲을 따라　과일 각각 다르듯이
　　　세계종을 의지하여　가지가지 중생 살고

14　譬如種子別에　　　生果各殊異인달하여
　　　業力差別故로　　　衆生刹不同이로다
　　　종자들이 다르므로　과일들도 다르듯이
　　　업의 힘이 차별하며　세계 중생 같지 않고

[疏] 餘偈는 廣釋難思之相이라 於中分二니 前九偈半은 喩顯이오 後十八偈는 法說이라 前中分三이니 初三偈半은 明由染因하야 刹有成壞오 初一偈半은 明種則長時나 刹有成壞오 次一偈는 刹種雖一이나 居刹有殊오 後偈는 結歸業種이니라

■ b) 나머지 27개 반의 게송은 생각하기 어려운 모양을 자세하게 해석함이다. 그중에 둘로 나누리니 (a) 앞의 아홉 개 반의 게송은 비유로

밝힘이요, (b) 18게송은 법을 설함이다. (a) 중에 셋으로 나누리니 ㈠ 세 개 반의 게송은 더러운 원인으로 말미암아 세계가 이루고 무너짐이 있음을 설명함이요, ① 한 개 반의 게송은 세계종은 오랜 시간이지만 세계는 이루고 무너짐이 있음을 밝힘이요, ② 한 게송은 세계종은 비록 하나이지만 사는 세계는 달라질 수 있음이요, ③ 뒤 게송은 업과 종자로 돌아감을 결론함이다.

㈡ 세 게송은 깨끗한 원인을 밝히다[三偈明由淨因] (次有 18上4)

15　　譬如心王寶가　　　隨心見衆色인달하여
　　　衆生心淨故로　　　得見淸淨刹이로다
　　　비유하면 심왕 보배　마음 따라 빛 보나니
　　　중생 마음 깨끗하면　청정 세계 보게 되고

16　　譬如大龍王이　　　興雲徧虛空인달하여
　　　如是佛願力으로　　出生諸國土로다
　　　비유하면 큰 용왕이　구름 내어 허공 덮듯
　　　부처님의 원력으로　모든 국토 생겨나고

17　　如幻師呪術로　　　能現種種事인달하여
　　　衆生業力故로　　　國土不思議로다
　　　요술쟁이 주문으로　모든 일을 지어내듯
　　　중생들의 업력으로　국토들이 불가사의

[疏] 次, 有三偈는 明由淨因이니 一, 淨心因이오 二, 佛願이니 通因緣이오 後一, 明淨業因이니라

■ ㈡ 세 게송은 깨끗한 (세계의) 원인을 밝힘이니 ① 깨끗한 마음이 원인이요, ② 부처님의 원력이니 원인과 인연에 통함이요, ③ 청정한 업이 원인임을 밝힘이다.

㈢ 세 게송은 더럽고 청정한 원인을 통틀어 결론하다[三偈通結染淨因]

(後三 18上9)

18 譬如衆繢像이 　　　　畫師之所作인달하여
　　如是一切刹이 　　　　心畫師所成이로다
　　가지각색 그림들을 　　환장이가 그리듯이
　　이러하온 온갖 세계 　　마음 화백 그려 내고

19 衆生身各異가 　　　　隨心分別起니
　　如是刹種種이 　　　　莫不皆由業이로다
　　중생들의 각각 몸이 　　마음 따라 차별하듯
　　이와 같이 종종 세계 　　업을 따라 생겨나고

20 譬如見導師의 　　　　種種色差別인달하여
　　隨衆生心行하여 　　　見諸刹亦然이로다
　　비유하면 보는 이들 　　각색 빛깔 다르나니
　　중생 맘과 행을 따라 　세계 봄도 그와 같네.

[疏] 後三, 通結染淨因이니 一, 隨心染淨因이오 二, 分別起業因이니 卽以 正으로 喩依며 亦是以因으로 喩緣이라 心卽是因이니 招異熟果라 果 之麤妙는 蓋由業緣이니라 三, 一偈는 雙明心業이니 行卽業故라 亦喩 衆生이 同處異見이니라

- ㈢ 세 게송은 더럽고 청정한 원인을 통틀어 결론함이니 ① 마음 따라 더럽고 청정한 원인이요, ② 분별함으로 업을 일으키는 원인이니 곧 정보로 의보를 비유하며, 또한 원인으로 인연을 비유하기도 하였다. 마음이 곧 원인이니 이숙과(異熟果)를 초래함이다. 결과가 거칠고 묘함은 대개 업의 인연을 말미암는다. ③ 한 게송은 마음과 업을 함께 밝힘이니 행이 곧 업이기 때문이다. 또한 중생이 같은 장소에서 다르게 봄을 비유하기도 하였다.

[鈔] 卽以正喩依者는 以衆生身으로 喩種種刹故라 亦是以因喩緣者는 故下六地에 云, 業爲田이며 識爲種이라하니 謂心卽名言種이라 爲親 因緣이니 名之爲因이오 業爲增上緣이니 名之爲緣이니라 餘如疏釋하 니라 三有一偈者는 標也요 行卽是業故는 釋也라 以心顯故不釋이니 謂隨其心淨則佛土淨은 是由心異하야 見刹不同이오 若行十善하면 則見命不中夭하고 生於大富梵行之國은 是隨業異하야 見刹不同이 니 此卽雙擧因緣이며 亦雙明王所니라

言亦喩衆生同處異見者는 佛本無二로되 見銀見金94)하며 刹本是 一이로되 見淨見穢니 故로 螺髻所見은 如第六天宮이오 身子所見은 丘陵坑坎이니라

- '곧 정보로 의보를 비유한다'는 것은 중생의 몸으로 갖가지 세계를 비

---

94) 銀見金은 南續金本作金見銀.

유한 까닭이다. '또한 원인으로 인연을 비유한 것이기도 함'이란 그러므로 아래 (십지품의) 제6 현전지에 이르되, "업은 밭이 되고 식은 종자가 된다"라고 하였으니, 이른바 마음은 명언종자(名言種子)이므로 가까운 인연이 됨이니 원인이라 이름함이요, 업은 증상연(增上緣)이 됨이니 인연이라 이름한다. 나머지는 소가의 해석과 같다. ㉣ 한 게송이 있음을 표방함이요, 행이 곧 업인 까닭은 해석함이다. 마음으로 밝힌 연고로 해석하지 않았으니 이른바 그 마음이 청정함에 따라 부처님 국토가 청정함은 마음으로 말미암아 달라져서 세계를 봄이 같지 않음이요, 만일 십선을 행하면 목숨이 중간에 일찍 죽지 않고 큰 부자나 범행의 나라에 태어남은 바로 업을 따라 달라져서 국토를 만남이 같지 않나니, 이것은 원인과 인연을 함께 거론한 것이며, 또한 심왕과 심소를 함께 밝힌 것이기도 하다. '또한 중생이 같은 장소에서 다르게 봄을 비유하기도 했다'고 말한 것은 부처님의 근본은 둘이 없지만 은으로 보고 금으로 보며, 세계의 근본은 한 가지이지만 정토를 보고 예토로 보나니, 그러므로 나계(螺髻)가 보는 것은 여섯째 타화자재천궁과 같고, 사리불은 언덕과 구덩이로 본 것이다.

(b) 18게송은 법을 설하다[十八偈法說] 3.
㊀ 여섯 게송은 더럽고 깨끗함을 밝히다[初六明染淨] 2.
① 두 게송은 깨끗한 모양이 같지 않음을 밝히다[前二顯淨相不同]

(後十 19上4)

21 一切諸刹際에　　　周布蓮華網하니
　　種種相不同이나　　莊嚴悉淸淨이로다

　　　　일체 모든 찰나제에　　연꽃 그물 두루 가득하나
　　　　갖가지 모양으로 다르게 장엄하여 모두 깨끗하네.

　22　彼諸蓮華網에　　　　刹網所安住라
　　　　種種莊嚴事에　　　　種種衆生居로다
　　　　저기 있는 연꽃 그물　세계들이 머무는 곳
　　　　가지가지 장엄한 일　가지가지 중생 사네.

[疏] 後, 十八偈는 法說이라 中에 分三이니 初六은 明染淨이오 次四는 明成壞요 後八은 明苦樂이라 今初分二니 前二는 顯淨相不同이오

■ (b) 18게송은 법을 설함이다. 그중에 셋으로 나누리니 ㊀ 여섯 게송은 더럽고 깨끗함을 밝힘이요, ㊁ 네 게송은 이루고 무너짐을 밝힘이요, ㊂ 여덟 게송은 괴로움과 즐거움을 밝힘이다. 지금은 ㊀을 둘로 나누리니 ① 두 게송은 깨끗한 모양이 같지 않음을 밝힘이요,

② 네 게송은 원인을 상대하여 밝히다[後四對因以辨] (後四 19上10)

　23　或有刹土中엔　　　　險惡不同垣하니
　　　　由衆生煩惱하여　　　於彼如是見이로다
　　　　어떤 세계 가운데는　평탄찮고 험악하니
　　　　중생들의 번뇌 많아　저러하게 보이는 것

　24　雜染及淸淨인　　　　無量諸刹種이
　　　　隨衆生心起며　　　　菩薩力所持로다

　　　　물도 들고 깨끗도 한　　한량없는 세계들은
　　　　중생들의 마음 따라　　보살 힘이 유지한 것

25　或有刹土中엔　　雜染及淸淨하니
　　斯由業力起며　　菩薩之所化로다
　　어떤 세계 가운데는　　물도 들고 청정하니
　　업력으로 생기어서　　보살들이 교화하고

26　有刹放光明하여　　離垢寶所成이라
　　種種妙嚴飾하니　　諸佛令淸淨이로다
　　어떤 세계 광명 놓아　　보배로써 되었거든
　　가지가지 묘한 장식　　부처님이 청정케 해

[疏] 後四는 對因以辨이라 於中에 初一은 唯染由煩惱故요 次二는 通染 淨心業이라 通善惡故며 屬於菩薩及衆生故라 後一은 唯淨이니 以屬 佛故니라

- ② 네 게송은 원인을 상대하여 밝힘이다. 그중에 ㉮ 한 게송은 오로지 더러움은 번뇌로 말미암은 까닭이요, ㉯ 두 게송은 더럽고 깨끗한 마음과 업에 통함이요, 선과 악에 통하기 때문이며, 보살과 중생에 속하는 까닭이다. ㉰ 한 게송은 청정함뿐이니 부처님에 속하기 때문이다.

㈢ 네 게송은 이루고 무너짐을 밝히다[次四明成壞] 4.

① 한 게송은 거침은 무너지고 미세함은 남는다[初一麤壞細存]

(二有 19下7)

27　一一刹種中에　　　劫燒不思議라
　　所現雖敗惡이나　　其處常堅固로다
　　하나하나 세계종에　겁불 타서 부사의라
　　보기에는 나쁘지만　그런 곳이 항상 견고

[疏] 二, 有四偈는 顯成壞中에 初一은 麤壞細存이니 壞由業惡이오 存由二因이니 一, 約佛이오 二, 善業者라 故로 法華에 云, 我淨土不毀하야 天人常充滿이라하시니라 然滅雖不俱나 而起必同處오 雖曰同處나 而恒相無니 故難思也니라

■ ㈢ 네 게송은 이루고 무너짐을 밝힘 중에 ① 한 게송은 거침은 무너지고 미세함은 남음이니, 무너짐은 업이 악함에 기인하고, 남음은 두 가지 원인에 기인하나니, (1) 부처님을 잡은 해석이요, (2) 선업을 잡은 해석이다. 그러므로 『법화경』에 이르되, "나의 정토는 훼손되지 않아서 하늘 인간 항상 충만하다"라고 하였다. 그러나 멸함은 비록 함께하지 않지만 일어남은 반드시 같은 장소이다. 비록 같은 장소라 말했지만 항상 형상이 없나니 그러므로 생각하기 어려운 것이다.

[鈔] 初一, 麤壞細存者는 所現이 雖敗惡은 卽麤壞也니 是變化土오 其處常堅固는 細存也니 卽自他受用이라 上95)은 略屬經文이오 下에 出所以니라 壞由惡業者는 法華에 云, 是諸罪衆生이 以惡業因緣으로 過

---

95) 上은 金本作土誤.

阿僧祇劫하야 不聞三寶名이라하니라 存由二因者는 標也라 一, 約佛者는 卽自受用土요 二, 善業者는 卽他受用과 兼變化淨이라 以業不同하야 同處見異96)니 故로 法華에 云, 諸有修功德하야 柔和質直者는 則皆見我身이 在此而說法이라하니라

故法華下는 引證이니 我淨土不毀는 證自受用하야 成上約佛이오 天人常充滿은 證他受用等하야 成上善業이라 如次證上일새 故義引經文이니 若具引者인대 經云 衆生見劫盡하야 大火所燒時에도 我此土安隱하야 天人常充滿이라 園林諸堂閣과 種種寶莊嚴이오 寶樹에 多花果하고 衆生所遊樂이라 諸天擊天鼓하야 常作衆伎樂하며 雨曼陀羅華하야 散佛及大衆이로다 我淨土不毀어늘 而衆見燒盡하야 憂怖諸苦惱가 如是悉充滿이라하니 卽云是諸罪衆生等이오 次云諸有修功德等이라하니라

- ① '한 게송은 거침은 무너지고 미세함은 남는다'는 것은 나타낼 대상이 비록 패악(敗惡)함은 곧 거침이 무너짐이니 변화토이고, 그런 곳이 항상 견고함은 미세함이 남는 것이니, 곧 자수용토와 타수용토이다. 위는 간략히 경문에 속함이요, 아래는 나온 이유이다. '무너짐은 악한 업으로 기인함'은 『법화경』(제16 여래수량품)에 이르되, "죄가 많은 이런 중생 악한 업의 인연으로 아승지겁 지나도록 삼보 이름 못 듣고"라고 하였다. '남음은 두 가지 원인에 기인함'이란 표방함이다. (1) 부처님을 잡음은 곧 자수용토요, (2) 선업을 잡음은 곧 타수용토와 변화토와 정토를 겸한다. 업이 같지 않기 때문에 같은 장소에서 다름을 보는 것이다. 그러므로 『법화경』에 이르되, "여러 공덕 잘 닦아 부드럽고 질직한 이 여기 있는 내 몸이 설법함을 다 보며,"라고

---

96) 見異은 南續金本作異見.

하였다.

故法華 아래는 인용하여 증명함이니 '나의 정토 안 헐리나'는 자수용토를 증명하여 위의 부처님 잡음을 이룸이고, '하늘 인간 충만하고'는 타수용토 등을 증명하여 위의 선업을 이룸이다. 순서대로 위를 증명한 연고로 뜻으로 경문을 인용함이니, 만일 갖추어 인용한다면 『법화경』에 이르되, "중생이 겁 다하여 큰 불에 탈 때에도 나의 땅은 안온하여 하늘 인간 충만하고, / 동산 수풀 여러 당각 보배로써 장엄되고 보배나무 꽃이 만발 중생들이 즐겨 놀며, / 하늘은 북을 쳐서 여러 기악 연주하고 만다라화 꽃비 내려 부처님과 대중께 흩으며 / 나의 정토 안 헐리나 중생들은 불에 타서 근심 고통 가득함을 여기에서 다 보노라"고 하였으니 '곧 죄가 많은 이런 중생'이라 함이요, 다음에 말하되, '여러 공덕 잘 닦아' 등이라 하였다.

然滅雖不俱下는 釋成上義하야 結歸難思니 卽叡公意에 一滅一存일새 故曰不俱오 不離滅處有存일새 故曰起必同處라 如人이 於餓鬼火處에 見水하며 餓鬼於人水處에 見火니라 雖曰同處者는 滅中에 無存하고 存中에 無滅이오 亦如羅刹宮殿이 與人宮殿으로 同在一處호대 互不相見이라 他受用土도 亦復如是어니와 若自受用인대 故是徧周라 不卽三界며 不離三界니 故로 法華에 云, 不如三界에 見於三界라하니라 若法性土인대 又起滅常如니라 故難思者는 結釋經文의 劫燒不思議니 謂不可作存滅染淨而思矣니라

● 然滅雖不俱 아래는 위의 뜻을 이룸을 해석하여 생각하기 어렵다고 결론함이니 곧 승예(僧叡)법사의 주장에 "하나를 멸하면 하나가 남는 연고로 '함께하지 않음'이라 말하고, 멸한 곳에 남김이 있음을 여의지

않은 연고로 '일으키면 반드시 같은 장소이다'라고 말하였다. 마치 사람이 아귀가 불타는 곳에서 물을 보며 아귀는 사람과 물이 있는 곳에서 불을 보는 것과 같다. 비록 같은 장소라 말하더라도 멸함 속에 남은 것이 없고, 남긴 중에 멸함이 없으며, 또한 나찰의 궁전이 사람의 궁전과 함께 한 장소에 있음과 같지만 번갈아 서로 보지 못한다." 타수용토도 또한 마찬가지인 것과 같겠지만 만일 자수용토라면 짐짓 두루 함이다. 곧 삼계와 합치하지 않으며 삼계를 여의지 않는다. 그러므로 『법화경』(제16 여래수량품)에 이르되, "삼계를 삼계 같지 않게 보나니," 라고 하였다. 만일 법성토라면 또한 일어나고 멸함이 항상 여여하다. '그러므로 생각하기 어렵다'고 한 것은 경문의 겁불에 탐과 불가사의함을 결론함이니, 이른바 남기고 멸함과 더럽고 청정하더라도 생각함을 지을 수 없다는 뜻이다.

② 한 게송은 업은 남고 장소는 세우다[次偈業存處立]

28　由衆生業力하여　　出生多刹土하니
　　依止於風輪과　　　及以水輪住로다
　　중생들의 업을 따라　많은 세계 생겨나서
　　풍륜이나 수륜들을　의지하여 머무르네.

③ 한 게송은 세계의 모양이 같지 않다[次偈世相不同]

29　世界法如是하여　　種種見不同이나
　　而實無有生이며　　亦復無滅壞로다

>   온 세계가 이러하게   보는 것이 다르지만
>   실지로는 나지도 않고   멸하지도 아니하네.

[疏] 次偈는 業存處立이오 次偈는 世相不同이나 性無生滅이오
- ② 한 게송은 업은 남고 장소는 세움이요, ③ 한 게송은 세계의 모양이 같지 않음이지만 체성은 나고 멸함이 없다.

[鈔] 世相不同等者는 以法性土로 對他受用과 及變化土也니라
- '세계의 모양이 같지 않음' 등이란 법성토라 한 까닭은 타수용토와 변화토를 상대한 해석이다.

④ 뒤 게송은 원인과 인연으로 결론하여 돌아가다[後偈結歸因緣]

> 30　一一心念中에　　　　出生無量刹하되
>   以佛威神力으로　　　悉見淨無垢로다
>   낱낱 마음 생각에서　　많은 세계 생겨나되
>   부처님의 신력으로　　깨끗함을 모두 보네.

[疏] 後偈는 結歸因緣이니 內由心變하야 則染淨萬差어니와 外假佛緣하면 於何에 不淨이리오
- ④ 뒤 게송은 원인과 인연으로 결론하여 돌아감이니, 안으로 마음이 변함으로 말미암아 더럽고 청정함이 만 가지로 차별하겠지만 밖으로 부처님 인연을 빌린다면 어떻게 청정하지 않으리오.

㊂ 여덟 게송은 괴로움과 즐거움을 밝히다[後八明苦樂] 3.
① 세 게송은 총상을 밝히다[初三總相] (三八 21下1)

31 有刹泥土成하여　　其體甚堅硬하며
　　黑闇無光照하니　　惡業者所居로다
　　어떤 세계 진흙이니　그 체질이 매우 굳고
　　빛이 없어 캄캄하니　악업 중생 모여 살고

32 有刹金剛成하여　　雜染大憂怖라
　　苦多而樂少하니　　薄福之所處로다
　　어떤 세계 금강이나　물이 들고 근심 많고
　　낙은 적고 고통 많아　박복한 이 사는 데며

33 或有用鐵成하고　　或以赤銅作하며
　　石山險可畏하니　　罪惡者充滿이로다
　　어떤 세계 철로 되고　어떤 세계 구리로 돼
　　돌이 많고 험악하니　죄 지은 이 가득하다.

[疏] 三, 八偈가 明苦樂中에 三이니 初三은 總相이니 約刹論苦樂이오
■ ㊂ 여덟 게송은 괴로움과 즐거움을 밝힘 중에 셋이니, ① 세 게송은 총상을 밝힘이니, 세계를 잡아 괴로움과 즐거움을 의논함이요,

② 세 게송은 삼악도(三惡道)를 밝히다[次三三途] (次三 21下5)

34　刹中有地獄하니　　　衆生苦無救라
　　常在黑闇中하여　　　焰海所燒然이로다
　　세계 중에 지옥 있고　중생 고통 구원 못해
　　늘 캄캄한 가운데서　불꽃 바다 매양 타고

35　或復有畜生하니　　　種種醜陋形이라
　　由其自惡業하여　　　常受諸苦惱로다
　　어떤 데는 축생 있어　모든 형상 누추하니
　　제가 지은 악업으로　갖은 고통 항상 받고

36　或見閻羅界하니　　　飢渴所煎逼이라
　　登上大火山하여　　　受諸極重苦로다
　　어떤 데는 염라세계　기갈이 막심하며
　　불꽃 산에 올라가서　중한 고통 모두 받네.

[疏] 次三은 約一刹中에 有三惡趣오
■ ② 세 게송은 한 세계를 잡은 해석 중에 삼악도(三惡道)가 있음을 밝힘이요,

③ 두 게송은 사람과 천상의 즐거움을 노래하다[後二人天樂]
(後二 21下8)

37　或有諸刹土는　　　　七寶所合成이라
　　種種諸宮殿이　　　　斯由淨業得이로다

　　　　그런 중에 어떤 세계　　칠보로써 되었는데
　　　　가지가지 궁전들이　　정업으로 이루었네.

38　　汝應觀世間하라　　其中人與天이
　　　　淨業果成就하여　　隨時受快樂이로다
　　　　모든 세계 네가 보라　　인간이나 천상들은
　　　　정업으로 이룬 과보　　때를 따라 쾌락 받네.

[疏] 後二는 明人天樂이니라
■ ③ 두 게송은 사람과 천상의 즐거움을 노래함을 밝힘이다.

b. 두 게송은 세계가 미세함을 노래하다[二頌顯刹微細] (第二 22上1)

39　　一一毛孔中에　　億刹不思議라
　　　　種種相莊嚴하되　　未曾有迫隘로다
　　　　낱낱 털의 구멍마다　　부사의한 억만 세계
　　　　가지각색 좋은 장엄　　착박한 일 전혀 없고

40　　衆生各各業으로　　世界無量種이라
　　　　於中取着生하여　　受苦樂不同이로다
　　　　중생들의 업력으로　　모든 세계 한량없고
　　　　그 가운데 집착 생겨　　고와 낙이 같지 않고,

[疏] 第二, 一一毛下의 二偈가 顯刹微細니 初偈는 擧果요 後偈는 對因以

辨이라

■ b. 一一毛 아래 두 게송은 세계가 미세함을 밝힘이니 (a) 첫 게송은 결과가 미세함을 거론함이요, (b) 뒤 게송은 원인이 미세함에 상대하여 밝힘을 노래함이다.

c. 열 게송은 세계의 체성을 노래하다[十頌明世界體性] (第三 22下3)

41 　有刹衆寶成하여　　常放無邊光이라
　　金剛妙蓮華로　　　莊嚴淨無垢로다
　　어떤 세계 보배로 돼　많은 광명 늘 놓는데
　　금강 보배 묘한 연꽃　좋은 장엄 때가 없고

42 　有刹光爲體하여　　依止光輪住라
　　金色栴檀香과　　　焰雲普照明이로다
　　광명으로 체성 되고　빛 바퀴에 머무르니
　　황금 빛과 전단 향기　불꽃 구름 늘 비치고

43 　有刹月輪成하여　　香衣悉周布라
　　於一蓮華內에　　　菩薩皆充滿이로다
　　월륜으로 된 세계에　향기 옷이 두루 퍼져
　　한 송이의 연꽃 안에　보살들이 충만하고

44 　有刹衆寶成하여　　色相無諸垢라
　　譬如天帝網하여　　光明恒照耀로다

어떤 세계 보배로 돼 깨끗한 빛 때 없으니
제석천의 진주 그물 광명 항상 비치는 듯

45 有刹香爲體요   或是金剛華와
    摩尼光影形이라   觀察甚淸淨이로다
    어떤 세계 향기로나 금강화로 체성 되니
    마니 광명 영상들이 보기에도 깨끗하고

46 或有難思刹은   華旋所成就라
    化佛皆充滿이요   菩薩普光明이로다
    셀 수 없는 많은 세계 꽃 들레로 이뤘으니
    화신 불이 가득하고 모든 보살 광명 놓네.

47 或有淸淨刹은   悉是衆華樹라
    妙枝布道場하고   陰以摩尼雲이로다
    청정하온 어떤 세계 간 데마다 꽃나무라
    묘한 가지 도량 덮고 마니 구름 그늘지고

48 有刹淨光照하여   金剛華所成이며
    有是佛化音으로   無邊列成網이로다
    어떤 세계 광명 비쳐 금강화로 성취하고
    어떤 것은 부처 음성 많은 그물 끝이 없고

49 有刹如菩薩의   摩尼妙寶冠하며

或有如座形하니 　　從化光明出이로다
어떤 세계 보살처럼　마니 보배 관을 쓰고
어떤 세계 좌대 형상　광명으로 생겨나고

50　或有栴檀末과　　或是眉間光과
　　或佛光中音으로　而成斯妙刹이로다
　　어떤 세계 전단 가루　혹은 미간 광명이며
　　부처님의 빛난 음성　묘한 세계 이루었고

[疏] 第三, 十偈가 明體性中에 亦兼餘義니 隨釋可知니라
■ c. 열 게송은 세계의 체성을 밝힘 중에 또한 나머지 뜻을 겸하기도 함을 밝혔으니, (경문을) 따라 해석하면 알 수 있으리라.

d. 다섯 게송은 세계가 각각으로 장엄하다

[五頌明世界各各莊嚴] (第四 22下9)

51　有見淸淨刹이　　以一光莊嚴하며
　　或見多莊嚴하니　種種皆奇妙97)로다
　　어떤 세계 청정하여　한 빛으로 장엄하고
　　어떤 세계 많은 장엄　가지가지 기묘하며

52　或用十國土의　　妙物作嚴飾하며
　　或以千土中의　　一切爲莊校로다

---

97) 有는 磧嘉淸杭鼓源纂金本作或, 麗宋合綱續本作有 元明本準大正作有.

제5. 華藏世界品 ③　307

　　　　　어떤 세계 열 국토의　묘한 물상 잘 꾸미고
　　　　　어떤 것은 천 국토의　일체로써 장식하며

53　或以億刹物로　　　莊嚴於一土하니
　　　種種相不同하여　　皆如影像現이로다
　　　1억 세계 물건으로　한 국토를 장엄하니
　　　여러 모양 같지 않아　영상같이 나타나고

54　不可說土物로　　　莊嚴於一刹하여
　　　各各放光明하니　　如來願力起로다
　　　불가설의 국토 것을　한 세계에 장엄하니
　　　좋은 광명 각각 놓아　여래 원력 생겼으며

55　或有諸國土는　　　願力所淨治라
　　　一切莊嚴中에　　　普見衆刹海로다
　　　어떤 세계 국토들은　원력으로 깨끗게 해
　　　여러 가지 장엄 중에　세계 바다 널리 보고

[疏] 第四, 五頌은 明莊嚴이라
　■　d. 다섯 게송은 세계가 각각으로 장엄함을 밝힘이다.

e. 다섯 게송은 각각 장엄하여 짬이 끊어짐이 없다
　　[五頌明各各莊嚴際無間斷] (第五 23上5)

56 諸修普賢願하여　　　所得淸淨土는
　　三世刹莊嚴이　　　一切於中現이로다
　　보현의 원을 닦아　　청정 국토 얻었으며
　　시방세계 장엄들이　이 가운데 나타나는데

57 佛子汝應觀　　　　　刹種威神力하라
　　未來諸國土를　　　如夢悉令見이로다
　　불자들아 네가 보라　세계종의 위신으로
　　오는 세상 모든 극토　꿈과 같이 모두 보고

58 十方諸世界에　　　　過去國土海가
　　咸於一刹中에　　　現像猶如化로다
　　온 시방의 모든 세계　지난 세상 극토들을
　　한 세계의 가운데서　영상처럼 화현하며

59 三世一切佛과　　　　及以其國土를
　　於一刹種中에　　　一切悉觀見이로다
　　세 세상의 부처님과　한량없는 극토들을
　　한 세계해 가운데서　모든 것을 볼 수 있고

60 一切佛神力으로　　　塵中現衆生土커든
　　種種悉明見하니　　如影無眞實이로다
　　부처님들 신력으로　티끌 속에 나툰 극토
　　가지가지 밝게 봄이　영상처럼 진실찮네.

[疏] 第五, 有五偈는 明莊嚴際中에 攝三世嚴일새 故無間斷이라 結歸佛故로 一塵普見이니라

- e. 다섯 게송은 각각 장엄하여 짬이 끊어짐 없음을 밝힘 중에 삼세간 장엄을 포섭한 연고로 부처님께로 결론하여 돌아가는 연고로 '한 티끌에서 널리 본다'는 것이다.

f. 열 게송은 세계의 형상을 노래하다[十頌明世界形狀] (第六 23下7)

61 或有衆多刹은   其形如大海하며
    或如須彌山하니   世界不思議로다
    어떤 데는 많은 세계   그 형상이 바다 같고
    수미산과 같기도 해   온 세계가 불가사의

62 有刹善安住하여   其形如帝網하며
    或如樹林形하니   諸佛滿其中이로다
    어떤 세계 잘 있는데   제석천궁 그물 같고
    나무 숲도 같은 것이   그 가운데 부처 가득

63 或作寶輪形하고   或有蓮華狀하며
    八隅備衆飾하니   種種悉清淨이로다
    보배 바퀴 형상 같고   어떤 것은 연꽃 같고
    팔모나고 모든 장식   고루고루 청정하다.

64 或有如座形하고   或復有三隅하며

或如佉勒迦와 　　　城郭梵王身이로다
어떤 세계 상좌 같고 　세모나고 성곽 같고
카륵가의 모양 같고 　범천왕의 몸도 같다.

65　或如天主髻하고 　或有如半月하며
　　或如摩尼山하고 　或如日輪形이로다
　　하느님의 상투 같고 　혹은 반달 모양 같고
　　마니산과 같은 것도 　해와 같은 것도 있네.

66　或有世界形은 　　譬如香海旋하며
　　或作光明輪하니 　佛昔所嚴淨이로다
　　어떤 세계 모양새는 　향물 바다 돌듯 하고
　　어떤 것은 광명 바퀴 　부처님이 장엄한 것

67　或有輪輞形하고 　或有壇墠形하며
　　或如佛毫相과 　　肉髻廣長眼이로다
　　바퀴그물 같은 것도 　단 모은 것 같은 것도
　　부처님의 백호상도 　눈과 육계 같기도 해

68　或有如佛手하고 　或如金剛杵하며
　　或如焰山形하니 　菩薩悉周徧이로다
　　어떤 세계 부처님 손 　어떤 것은 금강저요
　　불꽃 산도 비슷한데 　보살 되어 두루 가득

제5. 華藏世界品 ③　311

69 或如師子形하고　　　或如海蚌形하니
　　無量諸色相이여　　　體性各差別이로다
　　혹은 사자 모습 같고　바다 조개 같기도 해
　　한량없는 모든 모양　자체 성품 각각 차별

70 於一刹種中에　　　刹形無有盡하니
　　皆由佛願力으로　　護念得安住로다
　　한 세계종 가운데도　세계 모양 다 다른데
　　부처님의 원력으로　편안하게 머무르네.

[疏] 第六, 或有衆多刹下의 十偈가 明刹形差別이라
- f. 或有衆多刹 아래의 열 게송은 세계의 형상을 밝힘이다.

g. 두 게송은 각각이 겁에 머무름이 차별하다
　　[二頌明各各劫住差別] (第七 23下10)

71 有刹住一劫하고　　　或住於十劫하며
　　乃至過百千과　　　國土微塵數로다
　　어떤 세계 한 겁이라　열 겁 동안 머무르며
　　혹은 백겁 혹은 천겁　세계 티끌 겁도 있네.

72 或於一劫中에　　　見刹有成壞하며
　　或無量無數로　　　乃至不思議로다

312　화엄경청량소 제4권

한 겁에도 어떤 세계　생겨나고 없어지고
한량없고 셀 수 없어　헤아릴 수 없기도 해

[疏] 第七, 二偈는 明刹住時分이라
- g. 두 게송은 (세계 각각이) 겁에 머무는 시분이 차별함을 밝힘이다.

h. 여덟 게송은 세계 각각이 부처님 출현하시다

　[八頌明各各佛出現] (第八 24上9)

73　或有刹有佛하고　　或有刹無佛하며
　　或有唯一佛이요　　或有無量佛이로다
　　어떤 세계 부처 있고　어떤 데는 부처 없고
　　어떤 데는 한 부처님　혹은 한량없는 부처

74　國土若無佛이면　　他方世界中에
　　有佛變化來하사　　爲現諸能事98)하나니
　　부처님이 안 계신 덴　다른 세계 부처님이
　　변화하여 오시어서　모든 불사 지으시되

75　沒天與降神하시며　處胎及出生하시며
　　降魔成正覺하사　　轉無上法輪하시되
　　도솔천서 내려오고　태에 들고 탄생하여
　　마군 항복 정각 이뤄　무상 법륜 굴리시며

---

98) 能은 明宮淸綱杭鼓纂續金本作佛 麗宋元磧南合本作能.

76 隨衆生心樂하여　　示現種種相하사
　　爲轉妙法輪하여　　悉應其根欲이로다
　　중생들의 마음 따라　가지가지 모양 뵈고
　　묘한 법륜 연설하여　근성 욕망 응하시네.

77 一一佛刹中에　　　一佛出興世하사
　　經於億千歲토록　　演說無上法이로다
　　낱낱 부처 세계 중에　한 부처님 출현하사
　　억천만 년 지내면서　위없는 법 연설하되

78 衆生非法器면　　　不能見諸佛이어니와
　　若有心樂者는　　　一切處皆見이로다
　　법 그릇 아닌 중생들은　부처님을 못 뵈어도
　　즐기는 맘 있는 이는　어디서나 보느니라.

79 一一刹土中에　　　各有佛興世하시니
　　一切刹中佛을　　　億數不思議로다
　　낱낱 세계 가운데는　부처님들 각각 출현
　　온갖 세계 부처님이　몇 억인지 알 수 없네.

80 此中一一佛이　　　現無量神變하사
　　悉徧於法界하여　　調伏衆生海로다
　　이 가운데 부처님들　한량없는 신통변화
　　온 법계에 가득하여　중생 바다 조복하네.

[疏] 第八, 有八偈는 明佛出多少라 文並可知로다
■ h. 여덟 게송은 (세계 각각이) 부처님 출현함의 많고 적음을 밝힘이다. 경문과 함께하면 알 수 있으리라.

i. 열 게송은 광명이 있고 없음을 노래하다[十頌明光明有無]
a) 한 게송은 광명 없는 세계를 노래하다[初一無光明] (第九 24下10)

81　有刹無光明하여　　黑闇多恐懼라
　　苦觸如刀劍하여　　見者自酸毒이로다
　　어떤 세계 광명 없어　참참하여 두려움 많고
　　칼끝으로 찌르는 듯　보는 이도 코가 시고

b) 아홉 게송은 광명 있는 세계를 노래하다[後九有光明]

82　或有諸天光하고　　或有宮殿光하며
　　或日月光明이라　　刹網難思議로다
　　어떤 세계 하늘 광명　어떤 데는 궁전 광명
　　혹은 일월 광명 있어　세계 그물 부사의라.

83　有刹自光明이요　　或樹放淨光하여
　　未曾有苦惱하니　　衆生福力故로다
　　어떤 세계 자기 광명　나무들도 빛을 내어
　　고통 번뇌 없는 것은　중생들의 복력이요

84 或有山光明하고　　　或有摩尼光하며
　　或以燈光照하니　　　悉衆生業力이로다
　　어떤 세계 산의 광명　어떤 데는 마니 광명
　　등불 빛도 비치는 건　중생들의 업력이라.

85 或有佛光明하여　　　菩薩滿其中하며
　　有是蓮華光으로　　　焰色甚嚴好로다
　　혹은 부처 광명으로　보살들이 가득하고
　　어떤 데는 연꽃 광명　찬란한 빛 매우 좋고

86 有刹華光照하고　　　有以香水照하며
　　塗香燒香照하니　　　皆由淨願力이로다
　　어떤 세계 꽃 광명과　향수 광명 비치기도
　　도향 소향 비치나니　청정하온 원력이라.

87 有以雲光照하고　　　摩尼蚌光照하며
　　佛神力光照하여　　　能宣悅意聲이로다
　　어떤 것은 구름 광명　마니 조개 광명이며
　　부처님의 신통광명　즐거운 말 연설하며

88 或以寶光照하고　　　或金剛焰照하여
　　淨音能遠震하니　　　所至無衆苦로다
　　보배 광명 비치기도　금강 불꽃 비치기도
　　청정 음성 멀리 퍼져　간 데마다 고통 없네.

89 或以摩尼光이요   或是嚴具光이며
    或道場光明으로   照耀衆會中이로다
    어떤 것은 마니 광명   장엄거리 광명이며
    혹은 도량 광명으로   모인 대중 비추도다.

90 佛放大光明하시니   化佛滿其中이라
    其光普照觸하여   法界悉周徧이로다
    부처님이 광명 놓아   화신불이 충만하고
    그 광명이 널리 비쳐   온 법계에 두루 하네.

[疏] 第九, 十偈가 光明有無니 初一은 無요 後九는 有니라
■ i. 열 게송은 광명이 있고 없음을 밝힘이니 a) 처음 한 게송은 광명 없는 세계를 노래함이요, b) 뒤의 아홉 게송은 광명 있는 세계를 노래함이다.

j. 열한 게송은 음성이 선하고 악함을 노래하다[十一頌明音聲善惡] 3.
a) 두 게송은 악도는 악한 소리뿐임을 노래하다[初二惡道唯惡]

(第十 25上3)

91 有刹甚可畏하여   嘷叫大苦聲하니
    其聲極酸楚하여   聞者生厭怖99)로다
    어떤 세계 무서운데   부르짖는 고통 소리
    처참하기 짝이 없어   듣는 이가 공포하고

---

99) 嘷는 宮合本作號 合注云 號叫 北藏作嘷叫.

92 　地獄畜生道와　　　　及以閻羅處는
　　是濁惡世界라　　　　恒出憂苦聲이로다
　　지옥이나 축생이나　　염마라들 있는 곳과
　　그와 같은 나쁜 세계　고통 소리 항상 나네.

[疏] 第十, 有十一頌은 刹中音聲善惡이라 初二는 惡道니 唯惡이오
■ j. 열한 게송은 세계 중에 음성이 선하고 악함을 밝힘이다. a) 두 게
송은 악도는 악한 소리뿐임을 노래함이요,

b) 세 게송은 인간과 천상은 선과 악을 통틀어 밝히다
　　[次三人天通善惡] (次三 25上9)

93 　或有國土中엔　　　　常出可樂音하여
　　悅意順其敎하니　　　斯由淨業得이로다
　　어떤 국토 가운데는　기쁜 소리 항상 나며
　　교화함을 잘 받나니　정업으로 얻느니라.

94 　或有國土中엔　　　　恒聞帝釋音하며
　　或聞梵天音과　　　　一切世主音이로다
　　어떤 국토 가운데는　제석 음성 늘 듣거나
　　범천왕의 좋은 음성　세상 임금 말씀 듣네.

95 　或有諸刹土는　　　　雲中出妙聲이라
　　寶海摩尼樹와　　　　及樂音徧滿이로다

　　　　어떤 세계 국토에는　　구름에서 묘한 소리
　　　　보배 바다 마니 나무　　풍악 소리 가득하며

[疏] 次三, 人天은 通善惡이오
■ b) 세 게송은 인간과 천상은 선과 악을 통틀어 밝힘이요,

c) 여섯 게송은 불보살은 오로지 선업뿐임을 노래하다
　　[後六佛菩薩唯善] (後六 24下4)

96　　諸佛圓光內에　　　化聲無有盡이며
　　　及菩薩妙音이　　　周聞十方刹이로다
　　　부처님과 광명 속에　법문 교화 그지없고
　　　보살들의 묘한 음성　시방 세계 늘 들리며

97　　不可思議國에　　　普轉法輪聲과
　　　願海所出聲과　　　修行妙音聲이로다
　　　헤아릴 수 없는 세계　운전하는 법륜 소리
　　　원력 바다 나는 소리　수행하는 묘한 음성

98　　三世一切佛이　　　出生諸世界하시니
　　　名號皆具足하고　　音聲無有盡이로다
　　　세 세상의 부처님들　여러 세계 나시어서
　　　명호들이 구족하고　　좋은 음성 그지없고,

99　或有刹中聞　　　　　　一切佛力音하니
　　地度及無量이여　　　　如是法皆演이로다
　　어떤 세계 가운데는　　　부처님의 신력 음성
　　십지와 십바라밀 사무량심　이런 법을 연설하고

100　普賢誓願力으로　　　　億刹演妙音하니
　　其音若雷震하여　　　　住劫亦無盡이로다
　　보현보살 서원으로　　　온 세계 묘한 음성
　　법문 소리 진동하여　　　시간으로 다함없네.

101　佛於清淨國에　　　　　示現自在音하시니
　　十方法界中에　　　　　一切無不聞이로다
　　청정 국토 부처님이　　　자재하신 음성 내니
　　시방 법계 중생들이　　　못 듣는 이 하나 없네.

[疏] 後六, 佛菩薩이니 善而非惡이니 正顯各各演說法海也라

■ c) 여섯 게송은 불보살은 오로지 선업뿐임을 노래함이니, 바로 각각 법문을 연설함을 밝힌 내용이다.

제5. 화장세계품(華藏世界品) 終

大方廣佛華嚴經 제11권

大方廣佛華嚴經疏鈔 제11권 來字卷下

제6 毘盧遮那品

제6. 비로자나의 성불을 밝히는 품[毘盧遮那品]에서 석가모니 부처님이 사셨던 도량인 2) 보문정광명향수해의 승음(勝音)세계의 마니화지륜(摩尼華枝輪) 숲속에 희견선혜왕(喜見善慧王)과 대위광태자(大威光太子)가 살고 있었으니, 일체공덕산수미승운(一切功德山須彌勝雲) 부처님을 비롯한 네 분의 부처님이 연이어 성불하시는 모습을 보여 줍니다. 모두들 다투어 법회에 가는 장면이니,

"너희들은 지체 말고 모든 왕과 왕자들과 대신이며 수령 방백 모두 불러 모아 놓고, 온 성 안에 영을 내려 큰 북을 빨리 쳐서 백성들을 소집하여 부처님을 가서 뵙자!"

汝應速召集 一切諸王衆과 王子及大臣과 城邑宰官 等이어다
普告諸城內하야 疾應擊大鼓하고 共集所有人하야 俱行往見佛이어다

그 첫 번째 부처님의 성불을 보고 대위광태자가 게송으로 찬탄하되, "부처님이 도량에 앉으시니 청정하고 크신 광명 마치 천 개의 태양이 동시에 출현한 듯 널리 법계를 비추는도다."

世尊坐道場하시니 淸淨大光明이 譬如千日出하야 普照虛空界로다

大方廣佛華嚴經 제11권
大方廣佛華嚴經疏鈔 제11권 來字卷下

제6. 비로자나의 성불을 밝히는 품[毘盧遮那品]

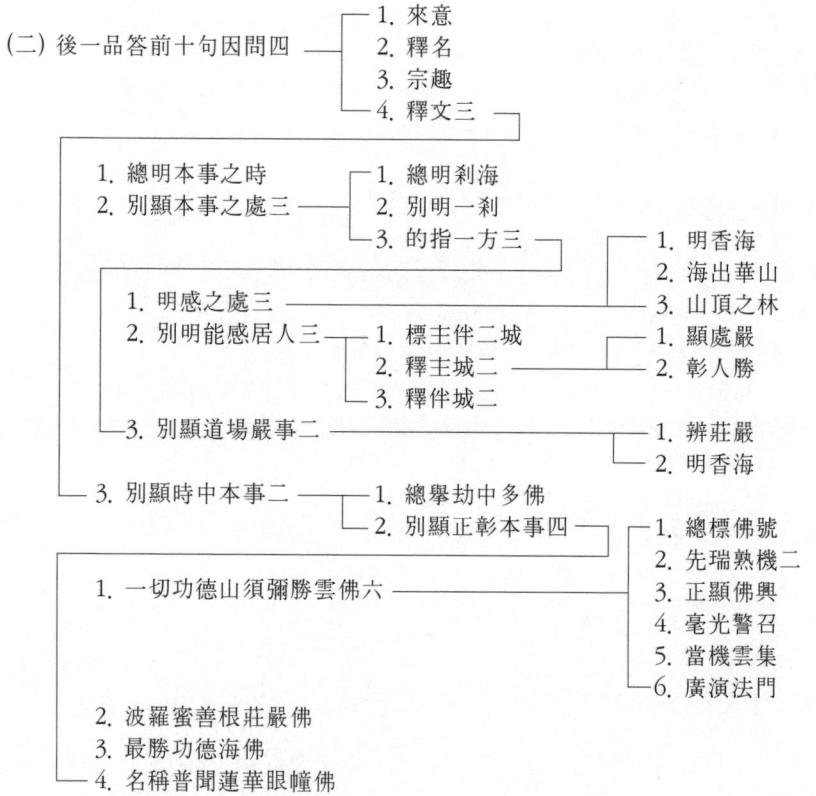

제3과. 설법 내용을 바로 밝히는 부분[正陳所說分] ⑤

(二) 비로자나품은 앞의 열 구절의 인행에 대한 질문에 답하다
   [後一品答前十句因問] 4.
제1. 오게 된 뜻[來意] (初來 1上5)

[疏] 初, 來意者는 前明此因之果하고 今辨前果之因하사 答前因問일새 故次來也라 因是果因일새 故標果稱이라 又不以人取法하면 知是誰因이리오 前品初에 言毘盧遮那曠劫修因之所嚴淨이라하니 今方顯其事니라

■ 제1. 오게 된 뜻은 앞에서는 이런 원인의 결과를 밝혔고, 지금은 앞의 결과의 원인을 밝혀서 앞의 원인에 대한 질문에 대답한 연고로 다음에 온 것이다. 원인은 결과의 원인이므로 결과와 칭합함을 표방하였다. 또한 사람으로 법에 나아가지 않으면 누구의 원인인 줄 알겠는가? 앞의 화장세계품 첫부분에 "비로자나 부처님이 수많은 겁에 보살의 인행을 수행하여 깨끗하게 장엄한 것이니라"라고 말하였으니 지금은 바야흐로 그 사실을 밝힌 내용이다.

제2. 명칭 해석[釋名] (二釋 1上9)

[疏] 二, 釋名者는 略云光明徧照니 廣如前釋하니라
■ 제2. 명칭 해석이란 간략히는 '광명을 두루 비춤'이라 하였으니, 자세한 것은 앞의 해석과 같다.

제3. 근본 가르침[宗趣] (三宗 1上10)

[疏] 三, 宗趣者는 明因廣大로 爲宗이오 證成前果로 爲趣니라
- 제3. 근본 가르침은 원인이 광대함을 밝힘으로 근본을 삼고, 앞의 결과를 증득하여 성취함으로 가르침을 삼았다.

제4. 경문 해석[釋文] 2.

1. 과목 나누기[分科] (四釋 1下3)
2. 과목에 따라 해석하다[隨釋] 3.
1) 과거의 본사 인연을 총합하여 밝히다[總明本事之時] (今初 1下5)

爾時에 普賢菩薩이 復告大衆言하시되, 諸佛子여 乃往古世에 過世界微塵數劫과 復倍是數하여
그때 보현보살이 다시 대중에게 말하였다. "여러 불자들이여, 지나간 옛적 세계의 티끌 수 겁을 지나고 또 그 곱을 지나서,

[疏] 四, 釋文이라 一品을 分三이니 初, 總明本事之時요 二, 有世界下는 別顯本事之處요 三, 彼勝音世界最初劫中下는 別顯時中本事라 今初니 卽二佛刹塵數劫也라
- 제4. 경문 해석이다. 한 품을 셋으로 나누리니 1) 과거의 본사 인연을 총합하여 밝힘이요, 2) 有世界 아래는 보문정광명 향수해의 승음(勝音)세계를 별도로 밝힘이요, 3) 彼勝音世界最初劫中 아래는 승음세계 미진수 여래의 본사 인연을 별도로 밝힘이다. 지금은 1)이니 두 개의 부처님 티끌 수 세계의 겁을 밝혔다.

2) 보문정광명향수해의 승음(勝音)세계[別顯本事之處] 3.
(1) 승음세계를 총합하여 밝히다[總明刹海] (二辨 1下7)
(2) 한 세계를 개별로 밝히다[別明一刹] (第二)

有世界海하니 名普門淨光明이요 此世界海中에 有世界하니 名勝音이라 依摩尼華網海住하여 須彌山微塵數世界로 而爲眷屬하며 其形正圓하고 其地에 具有無量莊嚴하며 三百重衆寶樹輪圍山이 所共圍遶요 一切寶雲으로 而覆其上이라 淸淨無垢하여 光明照耀하며 城邑宮殿이 如須彌山하고 衣服飮食이 隨念而至하니 其劫名은 日種種莊嚴이니라

세계해가 있었으니 이름이 넓은 문 깨끗한 광명이요, 이 세계해 가운데 (1) 한 세계가 있으니 이름이 수승한 음성이다. (2) 마니 꽃 그물 바다를 의지하여 머물고 (3) 수미산 티끌 수 세계로 권속을 삼았으며 (4) 형상이 방정하게 둥글었느니라. (5) 그 땅에는 한량없는 장엄이 갖추어 있고 (6) 삼백 겹으로 모든 보배 나무 윤위산이 둘러쌌으며, (7) 온갖 보배 구름이 그 위에 덮이고 (8) 청정하여 때가 없는 광명이 비치었으며, (9) 성중이나 궁전이 수미산 같고 의복과 음식이 생각하는 대로 이르니, (10) 그 겁의 이름은 종종장엄이니라.

[疏] 二, 辨處中에 亦三이니 第一, 總明刹海라 第二, 此世界海下는 別明一刹이오 略無刹種이라 刹名勝音者는 多佛出世하사 說法音故라 次彰其相이오 後說劫名을 可知로다

■ 2) 보문정광명향수해의 승음(勝音)세계를 밝힘 중에 또한 셋이니 (1) 승음세계를 총합하여 밝힘이다. (2) 此世界海 아래는 한 세계를 개별로 밝힘이요, 세계종에 대한 것은 생략하여 없다. 가. 세계 이름이 '뛰어난 음성'이라 한 것은 많은 부처님이 세상에 출현하여 법의 음성을 말했기 때문이다. 나. 다음은 그 양상을 밝힘이요, 다. 뒤에 겁의 명칭을 설한 것은 알 수 있으리라.

(3) 그중의 한 세계를 밝히다[的指一方] 3.
가. 승음세계 속의 청정광명향수해[明感之處] 3.

가) 청정광명향수해를 밝히다[明香海] (第三 2上7)
나) 향수해에서 연꽃과 수미산이 나오다[海出華山] (二其)

諸佛子여 **彼勝音世界中**에 **有香水海**하니 **名淸淨光明**이요 **其海中**에 **有大蓮華須彌山**이 **出現**하니 **名華焰普莊嚴幢**이라 **十寶欄楯**이 **周帀圍遶**100)하니라
여러 불자들이여, 저 수승한 음성 세계에 향수해가 있으니 이름이 청정광명이요, 그 향수해에 큰 연꽃이 있고 수미산이 우뚝 솟았으니 이름이 빛난 불꽃 두루 장엄이며, 열 가지 보배 난간이 두루 둘러쌌느니라.

[疏] 第三, 諸佛子彼勝音下는 的指一方이니 如今娑婆中에 別說一四天下也라 於中에 亦三이니 初, 總明感應之處요 第二, 諸佛子此林東

---

100) 有大下蓮字는 麗宋元本無 明宮淸本有蓮; 案刊定記釋云 海中有妙高山 於中三 一山形似華 二名 三寶欄繞 合論釋云 海中有華山出現 形如須彌 兩釋皆無蓮字 晉經云 彼香海中有須彌山 無蓮華之文.

下는 別明能感居人이오 第三, 諸佛子彼大林中下는 別顯道場嚴事라 今初에 有三하니 初, 明香海者는 非持種之海요 卽如今四洲之海耳라 二, 其海下는 海出華山이오

- (3) 諸佛子彼勝音 아래는 그중의 한 세계를 밝힘이니 마치 지금의 사바세계 중에 한 사천하를 별도로 말함과 같다. 그중에 또한 셋이니 가. 승음세계 속의 청정광명 향수해를 총합하여 밝힘이요, 나. 諸佛子此林東 아래는 감득하는 주체인 세계에 사는 사람을 개별로 밝힘이요, 다. 諸佛子彼大林中 아래는 도량의 장엄한 일을 개별로 밝힘이다. 지금은 가.에 셋이 있으니 가) 청정광명향수해를 밝힘은 지탱하는 세계종이 아님이요, 곧 지금의 사주(四洲) 세계의 바다와 같을 뿐이다. 나) 其海 아래는 향수해에서 연꽃과 수미산이 나옴이요,

다) 산꼭대기의 마니화지륜 숲을 밝히다[山頂之林] (三於 2下10)

於其山上에 有一大林하니 名摩尼華枝輪이라 無量華樓閣과 無量寶臺觀이 周迴布列하며 無量妙香幢과 無量寶山幢이 逈極莊嚴하며 無量寶芬陀利華가 處處敷榮하며 無量香摩尼蓮華網이 周帀垂布하며 樂音이 和悅하고 香雲이 照曜하되 數各無量이라 不可紀極이며 有百萬那由他城이 周帀圍遶하여 種種衆生이 於中止住하나라
(1) 그 산상에 큰 숲이 있으니 이름은 마니 꽃가지 바퀴요,
(2) 한량없는 화려한 누각과 한량없는 보배 누각이 주위에 벌여 있고, (3) 한량없는 묘한 향 당기와 한량없는 보배 산 당기가 훤칠하게 장엄하였으며, (4) 한량없는 보배 분타리

꽃이 곳곳에 피었고 (5) 한량없는 향마니 연꽃 그물이 두루 드리웠으며, (6) 풍악 소리가 화창하고 (7) 향기 구름 비친 것이 각각 한량이 없어 끝까지 기억할 수 없었다. (8) 백만 나유타 성들이 두루 둘려 있고 (9) 여러 중생들이 그 안에 살고 있었느니라.

[疏] 三, 於其山下는 明山頂之林이라 先, 標擧요 後, 顯嚴이라 說此林者는 佛於中에 現也오 說城居人者는 總擧所化也라

■ 다) 於其山 아래는 산꼭대기의 마니화지륜 숲을 밝힘이다. (가) 표방하여 거론함이요, (나) 장엄을 밝힘이다. '이 마니화지륜 숲을 말함'이란 부처님이 그중에 나타나신 까닭이요, 성에 사는 사람을 말한 것은 교화할 대상을 총합하여 거론함이다.

나. 감득하는 주체인 사는 사람을 별도로 밝히다[別明能感居人] 3.

가) 주인과 반려가 되는 두 개의 성(城)을 표방하다[標主伴二城]

(第二 3上3)

諸佛子여 此林東에 有一大城하니 名焰光明이라 人王所都니 百萬億那由他城이 周匝圍遶하여

여러 불자들이여, 이 숲 동쪽에 큰 도성이 있으니 이름이 불꽃 광명이니, 인간 임금이 도읍하였고 백만억 나유타 성이 둘러쌌으며,

[疏] 第二, 別明能感居人中에 亦三이니 初, 標主伴二城이오 二, 釋主城이오 三, 釋伴城이라 今初니 雖有天城이나 以佛出故로 人城爲主라

■ 나. 감득하는 주체인 사는 사람을 별도로 밝힘 중에 또한 셋이니 가) 주인과 반려가 되는 두 개의 성을 표방함이요, 나) 사람 사는 주된 성을 말함이요, 다) 반려가 되는 성을 해석함이다. 지금은 가)이니 비록 하늘의 성도 있지만 부처님이 출현한 연고로 사람 사는 성이 주인이 되었다.

나) 사람 사는 주된 성을 말하다[釋主城] 2.
(가) 도량 장엄에 대해 밝히다[顯處嚴] (二淸 3下5)
(나) 사람이 뛰어남을 밝히다[彰人勝] (後此)

清淨妙寶로 所共成立이라 縱廣이 各有七千由旬이며 七寶爲郭하여 樓櫓却敵이 悉皆崇麗하고 七重寶塹에 香水盈滿하며 優鉢羅華와 波頭摩華와 拘物頭華와 芬陀利華가 悉是衆寶로 處處分布하여 以爲嚴飾하고 寶多羅樹가 七重圍遶하며 宮殿樓閣이 悉寶莊嚴하여 種種妙網이 張施其上하고 塗香散華가 芬瑩其中하며 有百萬億那由他門이 悉寶莊嚴이어든 一一門前에 各有四十九寶尸羅幢이 次第行列하고 復有百萬億園林이 周帀圍遶하여 其中에 皆有種種雜香과 摩尼樹香이 周流普熏하고 衆鳥和鳴하여 聽者歡悅이러라 此大城中所有居人이 靡不成就業報神足하여 乘空往來에 行同諸天하고 心有所欲에 應念皆至러라

깨끗하고 묘한 보배로 이루어졌고 넓이와 길이가 각각 7천 유순이며, 칠보로 덧성이 되고 문루와 망대가 높고 장엄하고 칠보 해자에 향수가 가득하였다. 우발라 꽃·파두마 꽃·구물두 꽃·분타리 꽃들이 모두 보배로 되어 곳곳마다 널려 있어 장엄하게 장식하였다. 보배로 된 다라 나무가 일곱 겹으로 둘러싸이고 궁전과 누각이 화려하게 장엄하였는데 가지각색 묘한 그물이 위에 둘리었고 향을 바르고 꽃을 흩어 그 속이 찬란하며, 백만 억 나유타 문을 보배로 장엄하고 낱낱 문 앞에는 49개의 보배 사라 당기가 차례로 줄을 지었으며, 다시 백만억 숲 동산이 두루 둘러쌌는데 그 가운데는 가지각색 향과 마니수 향이 두루 퍼져 풍기며 온갖 새들은 화평하게 노래하여 듣는 이를 즐겁게 하였다. 이 도성 안에 사는 사람들은 모두 업보로써 신족통을 이루어서 허공으로 왕래하기를 천상 사람과 같이 하며 마음으로 하고자 하는 것을 생각대로 모두 이르러 왔다.

[疏] 二, 淸淨下는 廣釋主城이라 於中에 先, 顯處嚴이니 城上守禦曰櫓요 繞城別築土臺曰却敵이라 優鉢羅等은 卽靑赤黃白인 四色蓮華라 後, 此大城下는 彰其人勝이오

- 나) 淸淨 아래는 (사람 사는) 주된 성을 자세히 해석함이다. 그중에 (가) 도량 장엄에 대해 밝힘이니, 성 위에서 방어하는 것을 문루[樓櫓]라 이름하고, 성을 둘러서 축대를 따로 쌓은 것을 망대[却敵]라고 이름한다. '우발라 꽃' 등은 청색 연꽃, 붉은 연꽃, 노란 연꽃, 하얀 연꽃인 네 가지 색의 연꽃을 뜻한다. (나) 此大城 아래는 사람이 뛰어

남을 밝힘이요,

다) 반려가 되는 성을 해석하다[釋伴城] 2.
(가) 백만억의 성의 이름과 사는 부류를 밝히다[辨城名居類] (其城 4上7)
(나) 둘러싸 장엄함을 밝히다[顯圍繞莊嚴] (後此)

其城次南에 有一天城하니 名樹華莊嚴이요 其次右旋에 有大龍城하니 名曰究竟이요 次有夜叉城하니 名金剛勝妙幢이요 次有乾闥婆城하니 名曰妙宮이요 次有阿修羅城하니 名曰寶輪이요 次有迦樓羅城하니 名妙寶莊嚴이요 次有緊那羅城하니 名遊戲快樂이요 次有摩睺羅城하니 名金剛幢이요 次有梵天王城하니 名種種妙莊嚴이라 如是等이 百萬億那由他數어든101) 此一一城에 各有百萬億那由他樓閣이 所共圍遶하여 一一皆有無量莊嚴이러라

이 도성의 다음 남쪽에 하늘 성이 있으니 이름이 나무 꽃 장엄이요, 그 다음 오른쪽으로 돌아서 큰 용의 성이 있으니 이름이 구경이요, 다음에 야차성이 있으니 이름이 금강의 훌륭한 당기요, 다음에 건달바 성이 있으니 이름이 묘한 궁전이요, 다음에 아수라 성이 있으니 이름이 보배 바퀴요, 다음에 가루라 성이 있으니 이름이 묘한 보배 장엄이요, 다음에 긴나라 성이 있으니 이름 유희 쾌락이요, 다음에 마후라가 성이 있으니 이름이 금강 당기요, 다음에 범천왕 성이 있으니 이름이 가지가지 묘한 장엄이다. 이런 것이 백만억 나유

---

101) 妙寶莊嚴下 二十一字 麗宋元合無, 明宮淸本有次有緊那羅城 名遊戲快樂 次有摩睺羅城 名金剛幢(上同 p.4)

제6. 毘盧遮那品　331

타가 되는데 이 낱낱 성마다 백만억 나유타 누각들이 함께 둘러쌌으며, 낱낱 모두 한량없는 장엄이 있었느니라.

[疏] 三, 其城次南下는 略釋伴城이라 於中에 二니 先, 辨城名居類요 通前人城하야 共圓八部로대 而無第七緊那羅城과 及第八摩睺羅伽하고 乃以梵天으로 自爲一類라 下雲集中에 經文具列하야 已成十數하야 表無窮盡102)이니라 後, 此一一下는 顯圍繞莊嚴이라 世界不同하고 安立少異하니 不可例此也니라

- 다) 其城次南 아래는 반려가 되는 성(城)을 해석함이다. 그중에 둘이니 (가) 백만억 성의 이름과 사는 부류를 밝힘이요, 앞의 사람 사는 성과 통하여 팔부중(八部衆)을 함께 원만하지만 제7. 긴나라 성과 제8. 마후라가 성은 없고, 나아가 범천으로 한 부류를 삼았다. 아래 구름처럼 모인 중에 경문을 갖추어 나열하여, 이미 '십(十)'이란 숫자를 이루어서 다함이 없음을 표하였다. (나) 此一一 아래는 둘러싸 장엄함을 밝힘이다. 세계가 같지 않고 벌여 있음은 조금 다르나니 이것과 유례할 수는 없다.

다. 도량 장엄에 대해 개별로 밝히다[別顯道場嚴事] 2.

가) 장엄에 대해 밝히다[辨莊嚴] (第三 4下8)
나) 향수해 장엄을 밝히다[明香海] (其道)

諸佛子여 此寶華枝輪大林之中에 有一道場하니 名寶華

---

102) 上四十七字는 原南續金本無 源本有; 案準合論 及 刊定記科釋 此段經文原無緊那羅摩睺羅伽二城 一 蓋後因見經文補入二城之本 因刪疏文耳(상동 p.4).

徧照라 以衆大寶로 分布莊嚴하고 摩尼華輪이 徧滿開敷하며 燃以香燈하여 具衆寶色하고 焰雲彌覆하여 光網普照하며 諸莊嚴具에 常出妙寶하고 一切樂中에 恒奏雅音하며 摩尼寶王이 現菩薩身하고 種種妙華가 周徧十方이러라 其道場前에 有一大海하니 名香摩尼金剛이요 出大蓮華하니 名華蘂焰輪이라 其華廣大가 百億由旬이요 莖葉鬚臺가 皆是妙寶며 十不可說百千億那由他蓮華의 所共圍遶니 常放光明하고 恒出妙音하여 周徧十方이러라

여러 불자들이여, (1) 이 마니 꽃가지 바퀴 숲 가운데 한 도량이 있으니 이름이 보배 꽃 두루 비침인데, (2) 여러 훌륭한 보배들이 퍼져 있어 장엄하고 마니 꽃 바퀴가 가득히 만발하였으며, (3) 향기 등을 켜니 뭇 보배 빛을 갖추었고 불꽃 구름이 가득히 덮이고 광명이 널리 비치며, (4) 모든 장엄에는 묘한 보배가 항상 나오고 온갖 음악 중에 청아한 음성을 사뢰며, (5) 마니 보배왕에서는 보살의 몸을 나타내고 가지가지 묘한 꽃이 시방에 두루 하였다. 그 도량 앞에 큰 바다가 있으니 이름이 향 마니 금강이요, 큰 연꽃이 났으니 이름이 꽃술 불꽃 바퀴며, 그 연꽃이 엄청나서 백억 유순이요, 줄기와 잎과 꽃술과 좌대가 모두 묘한 보배로 되었는데 10불가설 백천억 나유타 연꽃들이 함께 둘러쌌으며, 항상 광명을 놓고 묘한 음성을 내어 시방에 두루 퍼졌다.

[疏] 第三, 明道場中에 先, 辨場嚴이오 二, 其道場前下는 明蓮華香海가 爲佛現故라

■ 다. 도량 장엄하는 일을 개별로 밝힘 중에 가) 장엄에 대해 밝힘이요, 나) 其道場前 아래는 연꽃 향수해가 부처님이 출현하기 위한 것을 밝힌 까닭이다.

3) 승음세계 티끌 수 여래의 본사 인연[別顯時中本事] 2.
(1) 승음세계 최초 겁 중의 많은 부처님을 거론하다[總擧劫中多佛]

(大文 5上6)

諸佛子여 彼勝音世界最初劫中에 有十須彌山微塵數如來가 出興於世하시니
여러 불자들이여, 저 수승한 음성 세계의 최초 겁 동안에 열 수미산 티끌 수 여래가 세상에 출현하였는데

[疏] 大文第三, 別顯時中本事라 文分爲二니 先, 總擧劫中多佛이오 後, 其第一下는 一一別顯하야 正彰本事라 經來不盡일새 故無總結하니라 今初니 將欲說別일새 先擧其總이라 言最初劫者는 卽種種莊嚴劫也라 旣云最初하니 卽此後에 更有大劫이라도 於理無違로다

■ 큰 문단으로 3) 승음세계 티끌 수 여래의 본사인연을 개별로 밝힘이다. 경문을 둘로 나누리니 가. 승음세계 최초 겁 중의 많은 부처님을 거론함이요, 나. 其第一 아래는 하나하나 개별로 밝혀서 바로 본사 인연을 밝힘이다. 경문이 다 오지 않은 연고로 총합하여 결론함이 없다. 지금은 가.(승음세계 최초 겁 중의 많은 부처님을 거론함)이니, 장차 개별로 설하려고 하므로 먼저 그 총상을 거론하였다. '최초의 겁'이라 말한 것은 곧 갖가지 장엄하는 겁이다. 이미 '최초'라고 하였으니 곧 이

뒤에 다시 '큰 겁이 있다'고 하더라도 이치에 위배됨이 없다.

[鈔] 此後에 更有大劫者는 此遮破也니 謂靜法이 云, 準下文大劫에 有恒河沙數小劫하니 人壽二小劫이오 初佛壽는 五十億歲라 威光이 歷事三佛하야 轉報生天이라하니 今云最初劫中에 有十須彌山塵數佛者는 爲彼刹中103)에 更有多箇大劫하야 此初大耶아 爲諸小劫中에 取小初耶아 釋曰, 上에 引文案定하고 雙開二關호리라 次云, 若就小劫初인대 不應威光이 一報之中에 但遇三佛이오 若就大劫인대 一104)刹之中에 寧有多大리오 釋曰, 雙釋二關이니 謂人壽二小劫이라하니 一小劫中에 有須彌山塵數佛故로 不應一報에 但遇三佛이라

● '이 뒤에 다시 큰 겁이 있다'는 것은 여기서 막고 타파함이니, 이른바 정법사(靜法師)가 말하되, "아래 경문의 큰 겁에 항하사 같은 작은 겁이 있으니 사람 수명이 2소겁이요, 첫 부처님의 수명은 50억 세이다. 위덕광명이 역대로 세 부처님을 모셔서 (생을) 바꾸어 천상에 태어남을 보답 받았다"라고 하였다. 지금은 '최초 겁 중에 수미산 티끌 수 부처님이 계신다'는 것은 저 세계 중에 다시 여러 개의 큰 겁이 있는데 '이것이 첫 번째 큰 겁인가?' 아니면 '여러 소겁 중에서 소겁을 처음으로 취한 것인가?' 해석하자면 위에서 경문을 인용하여 참고하여 정하였고, 두 관문을 함께 열리라. 다음에 말하되, "만일 소겁의 처음에 나아간다면 응당히 위덕광명이 하나의 과보 중에 단지 세 부처님만 만남이 아니요, 만일 큰 겁에 나아간다면 하나의 세계 중에 어찌 많고 큰 부처님이 계시겠는가?" 해석하자면 '두 관문을 함께 해석하면 이른바 사람 수명이 2소겁이라 한다'라는 뜻이니, 1소겁 중에 수미산

---

103) 之中은 南金本 及 刊定記無.
104) 一은 南本作初一, 續金本作一初 原本 及 刊定記作一.

티끌 수의 부처님이 있는 연고로 응당히 한 가지 과보에 단지 세 분 부처님을 만남뿐만은 아닌 것이다.

言寧有多大者는 如一賢劫에 則無多大니라 次云, 故知此文最初劫之三字를 應廻云劫最初라하야 仍移此三字於後行出興於世其字之下하면 卽無過也라하니라 釋日, 此는 立[105]理니 具足廻文하면 合云, 彼勝音世界中에 有十須彌山微塵數如來가 出興於世하나니 其劫最初第一佛은 號一切功德山須彌勝雲也라 此正甚善이나 今不欲繁擧하야 出經之過하고 强以理通最初劫言耳라 云更有大者는 義當中劫이니 順靜法意하야 言[106]有大耳라 如[107]賢劫에 有二十增減하야 爲中劫하니 第十五劫에 有九百九十四佛이 出[108]하나니 則一劫中에 容多佛矣라 但彼는 淨劫時長일새 故로 一劫中에 有十須彌山塵數佛矣니라 然이나 不欲斥經은 不急修行이니 故存略理通이오 非斥靜法이 正不當也니라

● '어찌 많고 큰 부처님이 계시겠는가?'라고 말한 것은 마치 하나의 현겁(賢劫)에 많고 큰 부처님이 없음과 같다. 다음에 말하되, "그러므로 알라. 이 경문에서 '최초 겁'이란 세 글자를 응당히 돌려서 '겁의 최초'라 말하고 (이로 인하여) 이 세 글자를 뒷줄의 '세상에 출흥한다'는 그 글자 아래로 옮긴다면 곧 허물이 없을 것이다"라고 하였다. 해석하자면 이것은 이치를 세움이니, 갖추어 경문을 돌려서 합하여 말하면, "저 수승한 음성 세계의 최초 겁 동안에 열 수미산 티끌 수 여래가 세상에 출현하였는데 그 첫 부처님 명호는 일체공덕산수미승운(一切功

---

105) 立下에 南續金本有正字.
106) 言下에 南續金本有更字.
107) 如下에 南續金本有大字.
108) 出下에 南金本有世字.

德山須彌勝雲)이었느니라"라고 하였다. 이것은 정히 매우 좋지만, 지금은 번거롭게 거론하여 경문의 허물을 내보이지 않고 억지로 '최초 겁'이란 말로 이치를 통한 것일 뿐이다. '다시 큰 겁이 있다'고 말한 것은 뜻은 중겁(中劫)에 해당하나니, 정법사의 주장을 따라 '큰 것이 있다'고 말한 것일 뿐이다. 마치 현겁에 20증감(增減)이 있는 것으로 중겁을 삼는 것과 같나니, 제15겁에 994분의 부처님이 출현하시니, 곧 한 겁 중에 많은 부처님을 용납한 것이다. 다만 저기는 청정한 겁의 시간이 오랜 것이므로 한 겁 중에 열 개의 수미산 티끌 수 부처님이 계신 것이다. 그러나 경문을 비판하려 하지 않음은 급하게 수행함이 아니니, 그러므로 두고서 간략히 이치를 통한 것이요, 정법사가 옳거나 마땅하지 않다고 배척한 것은 아니다.

(2) 첫째 부처님의 본사 인연을 개별로 밝히다[別顯正彰本事] 4.

가. 제1 공덕산수미승운불이 출현하시다[遇第一一切功德山一佛] 6.

가) 부처님 명호를 총합하여 표방하다[總標佛號] (第二 6下2)

其第一佛은 號一切功德山須彌勝雲이시니라
그 첫 부처님 명호는 일체공덕산수미승운이었느니라.

[疏] 第二, 正顯本事中에 歷事四佛이 卽爲四別이니 第一은 逢一切功德山須彌勝雲佛이오 第二는 波羅密善眼莊嚴佛이오 第三은 最勝功德海佛이오 第四는 名稱普聞蓮華眼幢佛이니 各有諸佛子言이라 就初佛中하야 文分爲六이니 第一, 總標佛號요 第二, 先瑞熟機요 第三,

正顯佛興이오 第四, 毫光警召오 第五, 當機雲集이오 第六, 廣演法門이라 今初也니 一切功德山者는 福德崇峻하야 不可仰也라 復言須彌者는 定慧高妙하야 難傾動也라 言勝雲者는 慈覆智潤이 廣無邊也라

■ (2) 첫째 부처님의 본사인연을 개별로 밝힘 중에 네 부처님을 거치며 모신 것이 곧 네 가지 차별이 되었다. 가. 제1은 일체공덕산수미승운(一切功德山須彌勝雲) 부처님을 만남이요, 나. 제2는 바라밀선안장엄(波羅密善眼莊嚴) 부처님이요, 다. 제3은 최승공덕해(最勝功德海) 부처님이요, 라. 제4는 명칭보문연화안당(名稱普聞蓮華眼幢) 부처님이니, 각기 '여러 불자들'이란 말이 있다. 가. 제1 부처님에 나아가서 경문을 여섯으로 나누리니 가) 부처님 명호를 총합하여 표방함이요, 나) 서상에 앞서서 근기가 성숙됨이요, 다) 부처님 출흥하심을 바로 밝힘이요, 라) 백호상에서 경계하여 부름이요, 마) 인연에 맞는 대중이 운집함이요, 바) 여래께서 법문을 널리 연설함이다. 지금은 가)이니 '일체공덕산'이란 복과 덕이 높고 높아서 우러러볼 수 없다는 뜻이다. 다시 '수미'라 말한 것은 선정과 지혜가 높고 묘해서 흔들어 기울이기 어렵다는 뜻이다. '뛰어난 구름'이라 말한 것은 자비로 지혜를 덮어 윤택함이 넓고 끝없다는 뜻이다.

나) 서상에 앞서서 근기를 성숙하다[先瑞熟機] 2.
(가) 서상을 밝히니 근기가 성숙되다[現瑞熟機] 3.
ㄱ. 출현한 때를 표방하다[標現時] (第二 7上1)
ㄴ. 서상을 바로 밝히다[正顯瑞相] (此摩)
ㄷ. 서상의 의미[結瑞意] (後現)

諸佛子여 應知彼佛이 將出現時一百年前에 此摩尼華枝輪大林中一切莊嚴이 周徧淸淨이니 所謂出不思議寶焰雲과 發歎佛功德音과 演無數佛音聲과 舒光布網하여 彌覆十方과 宮殿樓閣이 互相照曜와 寶華光明이 騰聚成雲과 復出妙音하여 說一切衆生의 前世所行廣大善根과 說三世一切諸佛名號와 說諸菩薩의 所修願行究竟之道와 說諸如來의 轉妙法輪種種言辭라 現如是等莊嚴之相하여 顯示如來의 當出於世한대

여러 불자들이여, 마땅히 알라. 저 부처님이 출현하시려는 때 1백 년 전에 이 마니 꽃가지 바퀴 숲 가운데 (1) 온갖 장엄이 두루 퍼져 청정하였으니, 이른바 (2) 부사의한 보배 불꽃 구름을 내고 (3) 부처님 공덕을 찬탄하는 소리를 내고 (4) 그물을 퍼서 시방을 덮으며 (5) 궁전과 누각이 서로서로 비추며 (6) 보배 꽃 광명을 내어 온갖 중생들의 전세에 행하던 넓고 큰 선근을 말하고 (7) 삼세의 여러 부처님 명호를 말하고 (8) 보살들이 수행하던 서원과 (9) 끝까지 이르는 도를 말하고 (10) 모든 여래의 묘한 법 바퀴를 굴리던 가지가지 말씀을 말했다. 이렇게 장엄한 모양을 나타내어 여래께서 장차 세상에 출현할 것을 보이었다.

[疏] 第二, 諸佛子下는 先瑞熟機라 分二니 初, 現瑞熟機오 二, 其世界中下는 覩瑞機熟이라 前中에 三이니 初, 標現時니 謂百年前이오 此摩尼下는 正顯瑞相이니 有其十種이라 於中에 說前世所行者는 示其種子가 將成熟故오 說佛名號[109]는 令憶念故오 說大行願은 使修發故오

說轉法輪은 使當聽習하야 生法眼故라 後, 現如是下는 結瑞意也라
■ 나) 諸佛子 아래는 서상에 앞서서 근기를 성숙함이다. 둘로 나누리니 (가) 서상을 밝히니 근기가 성숙됨이요, (나) 其世界中 아래는 서상을 보고 근기가 성숙됨이다. (가)에 셋이니 ㄱ. 출현한 때를 표방함이니 이른바 백 년 전이다. ㄴ. 此摩尼 아래는 서상을 바로 밝힘이니 그 서상(瑞相)에 열 종류가 있다. 그중에 '(6) 전세에 행하던 것'을 말한 것은 그 종자가 장차 성숙했음을 보이기 위함이요, '(7) 부처님 명호를 말함'은 하여금 기억하게 하기 위함이요, '(8) (보살들의) 수행하던 큰 서원을 말함'은 수행하려고 발심하게 하기 위함이요, '(10) (부처님의) 법륜 굴림을 말함'은 당래에 듣고 익히게 하여 법의 눈을 생겨나게 하기 위한 까닭이다. ㄷ. 現如是 아래는 서상의 의미를 결론함이다.

(나) 서상을 보고 근기가 성숙되다[覩瑞機熟] (二機 7上7)

其世界中一切諸王이 見此相故로 善根成熟하여 悉欲見佛하여 而來道場하니라
그 세계의 모든 왕들이 이러한 모양을 보고는 선근이 성숙하여 부처님을 뵈오려고 모두 도량에 모여 왔다.

[疏] 二, 機熟은 可知로다
■ (나) (서상을 보고) 근기가 성숙됨은 알 수 있으리라.

---
109) 說佛은 南續金本作佛說誤.

다) 부처님 출현을 바로 밝히다[正顯佛興] 2.
(가) 한 도량에서 도를 이루다[一處道成] 2.
ㄱ. 뛰어난 공덕을 총합하여 밝히다[總顯勝德] (第三 7下10)

爾時에 一切功德山須彌勝雲佛이 於其道場大蓮華中에 忽然出現하시니
그때에 일체공덕산수미승운 부처님이 그 도량의 큰 연꽃 속에서 홀연히 출현하시니,

[疏] 第三, 爾時下는 正顯佛興이라 於中에 分二니 初, 一處에 道成이오 二, 如於下는 結通廣徧이라 初中에 先은 總이오
■ 다) 爾時 아래는 부처님 출현을 바로 밝힘이다. 그중에 둘로 나누리니 (가) 한 도량에서 도를 이룸이요, (나) 如於 아래는 넓고 두루 함을 결론하고 통함이다. (가) 중에 ㄱ. (뛰어난 공덕을) 총합하여 밝힘이요,

ㄴ. 뛰어난 공덕을 개별로 밝히다[別顯勝德] 3.
ㄱ) 표방하다[標] (後其 8上6)

其身周普하여 等眞法界하며 一切佛刹에 皆示出生하며 一切道場에 悉詣其所하며 無邊妙色이 具足淸淨하며 一切世間이 無能暎奪하며 具衆寶相하여 一一分明하며 一切宮殿에 悉現其像하며 一切衆生이 咸得目見하며 無邊化佛이 從其身出하며 種種色光이 充滿世界110)하니

---

110) 充滿世界之世字 元明淸本作法 宋宮本作世; 杭注云 北藏法界 流通本作世界 案刊定記云 十衆光滿刹 疏云 身智光照 普稱世間 作世爲正.(上同 p.8-)

(1) 그 몸은 두루 퍼짐이 참된 법계와 같아서 (2) 온갖 부처님 세계에 모두 출생함을 보이며, (3) 온갖 도량마다 모두 나아가되 (4) 끝없는 묘한 빛깔이 구족하게 청정하여 (5) 온갖 세계에서 그 빛을 뺏을 이 없으며, (6) 모든 보배 몸매를 갖추어서 낱낱이 분명하여 (7) 온갖 궁전에 그 영상을 나타내어 (8) 온갖 중생이 모두 눈으로 볼 수 있으며, (9) 끝없는 화신 부처님이 그 몸에서 나오니 (10) 가지각색 빛깔이 세계에 가득하였다.

[疏] 後, 其身下는 別이니 別顯勝德에 略有十相하니
- ㄴ. 其身 아래는 개별로 밝힘이니 뛰어난 공덕을 개별로 밝힐 적에 간략히 열 가지 모양이 있으니,

ㄴ) 해석하다[釋] 10.
(ㄱ) 몸의 모양을 보이다[示身相] (一示 8上4)
(ㄴ) 자비로운 형상을 보이다[示悲相] (二悲)

[疏] 一, 示身相이니 法無不在오 本自普周라 智與理冥일새 故等彼眞界하야 能令色相으로 隨彼融通하야 法界塵毛가 重重全徧이라 二, 悲相이니 不捨因行하야 無所不生이라
- (ㄱ) 몸의 모양을 보임이니 법은 없는 곳이 없으며, 본래 스스로 널리 두루 한 것이다. 지혜는 이치와 그윽히 합하므로 저 진여법계와 평등하여 능히 색상으로 하여금 저를 따라 융통하게 하여 법계의 티끌과 터럭이 거듭거듭 전체가 두루 하다는 뜻이다. (ㄴ) 자비로운 형상이

니 인행을 버리지 않아서 생기지 않은 곳이 없다는 뜻이다.

[鈔] 略有十相者는 下結文[111]에 云大同經初라하니 卽敎主難思의 十身相也라 初一은 卽法身이니 經에 以身智無礙로 而爲法身이라 更[112] 融色相하야 等爲一法身은 以初身으로 爲總故라 法無不在本自普周는 卽釋經其身周普니 是法性身이라 次云智與理冥者는 釋經等眞法界니 此是報身이오 亦如智也라 故로 金光明에 云, 唯如如와 及如如智가 獨存이 爲法身故라하니라 能令色相下는 以眞身이 周故로 令應用亦周니 吾今此身이 卽是常身法身故也라 則以三身圓融爲一이 眞法身矣라 下九는 別說이라 二悲相은 卽意生身이오

● '간략히 열 가지 모양이 있다'는 것은 아래 결론한 경문에 이르되, "크게는 경문의 첫 부분과 같다"라고 하였으니 곧 (제1권 세주묘엄품의) 제5. 세존의 불가사의한 덕의 열 가지 몸의 모양이다. (1) 제1은 곧 법의 몸이니 경문에 '몸과 지혜가 걸림 없음으로 법신이 된다'라고 하였다. 다시 형색의 모양을 융섭하여 똑같이 하나의 법신이 됨은 처음 법의 몸이 총상이 되기 때문이다. '법은 없는 곳이 없고 본래 스스로 널리 두루 함'은 곧 경문의 '그 몸이 두루 하고 보편함'을 해석함이니, 바로 법성의 몸인 것이다. 다음에 '지혜는 이치와 그윽히 합한다'고 말한 것은 경문의 '진여법계와 평등함'을 해석한 내용이니 이것은 보신이요, 또한 지혜의 몸과도 같다. 그러므로 『금광명경』에 이르되, "오직 여여함과 여여한 지혜가 홀로 존재함이 법의 몸이 되기 때문이다"라고 하였다. 能令色相 아래는 진여의 몸이 두루 한 연고로 하여금 응하여 작용함도 두루 하게 함이니, 내가 지금 이 몸이 곧 항상한 몸이요, 법

---

111) 文은 南金本無.
112) 更은 南本作便 金本作便 續本作更.

의 몸인 까닭이다. 그러므로 세 가지 몸이 원융하여 하나가 됨이 참된 법신인 것이다. 아래 아홉 구절은 별상으로 설명함이다. (ㄴ) 자비로운 형상은 곧 마음대로 태어나는 몸이요,

(ㄷ) 이루는 모양을 보이다[示成相] (三成 8下9)
(ㄹ) 형색의 모양을 보이다[示色相] (四色)

[疏] 三, 成相이니 理行時處爲一切道場이오 身智俱游를 名爲普詣니라
四, 色相이니 湛然常住를 稱爲妙色이오 色色無邊일새 故云具足이오 並無質累를 是謂淸淨이라

■ (ㄷ) 이루는 모양이니 시간과 장소를 이치로 행하여 온갖 도량으로 삼은 것이요, 몸과 지혜가 함께 노니는 것을 '널리 참예한다'고 이름하였다. (ㄹ) 형색의 모양이니 담담하여 항상 머무는 것을 묘한 형색이라 칭한 것이요, 형색마다 끝이 없으므로 '구족하게'라 한 것이요, 아울러 바탕 물질에 잘못이 없음을 '청정함'이라 말한 것이다.

[鈔] 三成相은 卽菩提身이니 理行時處爲道場은 並如經初라 四色相은 卽福德身이니 故로 上經에 云, 三世所行衆福大海가 悉以淸淨이라하니 是故로 妙色이 爲福之果라 上經에 又云, 不可思議大劫海에 供養一切諸如來하시며 普以功德施群生하시니 是故로 端嚴最無比[113]라하니라

● (ㄷ) 이루는 모양은 곧 보리의 몸이니, '시간과 장소를 이치로 행하여 도량으로 삼은 것'은 아울러 경의 첫 부분과 같다. (ㄹ) 형색의 모양은 곧 복덕의 몸이다. 그러므로 위의 (세주묘엄품) 경문에 이르되, "삼세

---

[113] 이는 世主妙嚴品 제1 主海神의 게송이다. (교재 권1 p.71-)

에 행하신 온갖 복덕의 바다가 다 청정하시었다"라고 하였으니, 이런 연고로 묘한 형색이 복덕의 결과가 된 것이다. 위의 경문에 또 이르되, "헤아릴 수 없는 대겁 동안 한량없는 여래에게 공양하오며 많은 공덕 중생에게 베푸실새 그러므로 단정하고 엄숙하기 비길 데 없네"라고 하였다.

(ㅁ) 뛰어난 형상을 보이다[示勝相] (五勝 9上8)
(ㅂ) 귀한 형상을 보이다[示貴相] (六貴)

[疏] 五, 勝相이니 色容이 蔽於大衆하고 威德이 懾於群魔라 力無畏圓이어니 何能映奪이리오 六, 貴相이니 無邊寶相이 圓明可貴하야 超過聖帝일새 故曰分明이라

- (ㅁ) 뛰어난 형상이니 색신의 용모가 대중을 가리고 위덕이 여러 마군을 두렵게 함이니, 어찌 능히 영상을 뺏을 수 있으리오. (ㅂ) 귀한 형상이니 끝없는 보배 모양이 원만하고 밝고 귀해서 성스런 황제보다 뛰어나므로 '분명하다'고 말하였다.

[鈔] 五勝相은 卽威德身이오 六貴相은 卽相好莊嚴身이라 且順三乘하야 云過聖帝라 俱舍頌에 云, 相不正圓明일새 故與佛非等이라하니 此釋輪王相이어니와 今是世尊일새 故云分明이니 實具十蓮華藏微塵數相也니라

- (ㅁ) 뛰어난 형상은 곧 위덕의 몸이다. (ㅂ) 귀한 형상은 곧 상호로 장엄한 몸이다. 우선 삼승(三乘)을 따라 '성스런 황제보다 뛰어나다'고 말하였다.『구사론』(제12권) 게송에서 말하되, "상호(相好)는 바르

고 밝거나 원만하지 못하나니 그러므로 부처님과 같지 못하네"라고 하였다. 이것은 전륜왕의 상호를 해석하였지만 지금은 세존이므로 '분명하다'고 말하나니, 진실로 열 개의 연화장 티끌 수 형상을 갖추었다.

(ㅅ) 응하는 형상을 보이다[示應相] (七應 9下4)
(ㅇ) 장애 없는 형상을 보이다[示碍相] (八碍)

[疏] 七, 應相이라 不往普現이 如鏡中像이라 八, 無礙相이니 有感에 斯見하야 無隔山河라
- (ㅅ) 응하는 형상이다. 가지 않고도 널리 나타나는 것이 마치 거울 속의 형상과 같다. (ㅇ) 장애 없는 형상이니 느낌이 있을 적에 그렇게 보아서 산과 강이 떨어짐이 없다.

[鈔] 七, 應相은 卽力持身이니 如爲龍留影하사 力持不滅이라 八 無礙相은 卽願身이니 上經에 云, 毘盧遮那佛이 願力周法界하사 一切國土中에 常轉無上輪이라하니 故咸目睹니라
- (ㅅ) 응하는 형상은 곧 '능력을 가진 몸'이니, 마치 용이 그림자에 머물러서 능력을 가지고 없어지지 않음과 같다는 뜻이다. (ㅇ) 장애 없는 형상은 곧 원력의 몸이다. 위의 (여래현상품) 경문에 이르되, "비로자나불 크신 서원이 끝없는 법계 가득하시어 모든 세계의 나라들마다 위없는 법륜 항상 굴리네"라고 하였으니, 그러므로 모두 눈으로 본다는 뜻이다.

(ㅈ) 변화하는 형상을 보이다[示化相] (九化 9下9)

(ㅊ) 길상한 형상을 보이다[吉祥相] (十吉)

[疏] 九者, 化相이니 化從眞流하야 源無有異라 十, 吉祥相이니 身智光照 普稱世間이라

- (ㅈ) 변화한 형상이니 변화는 진여로부터 흘렀으므로 근원이 달라짐이 없다는 뜻이다. (ㅊ) 길상한 형상이니 몸과 지혜의 광명이 비추는 것이 널리 세간과 칭합하다는 뜻이다.

[鈔] 九化相은 卽化身이오

- (ㅈ) 변화하는 형상은 곧 화신(化身)을 뜻함이요,

ㄷ) 결론하다[結] (此上 10上1)

[疏] 此上은 大同經初니라

- 이 위는 경문의 첫 부분[세주묘엄품의 내용]과 크게는 같다.

[鈔] 十吉祥相은 卽智身이니 正在智光이오 旁兼身光耳라 是知此經에 引昔因緣이 亦皆圓妙로다

- (ㅊ) 길상한 형상은 곧 지혜로운 몸이니 정히 지혜광명에 있으며, 옆으로는 몸의 광명을 겸했을 뿐이다. 이로써 알라. 이 경문에 예전 인연을 인용함은 또한 모두 원만하고 묘한 뜻이기도 하다.

(나) 넓고 보편함을 결론하여 통하다[結通廣遍] (二結 10上7)

如於此淸淨光明香水海華焰莊嚴幢須彌頂上摩尼華枝輪大林中에 出現其身하사 而坐於座하여 其勝音世界에 有六十八千億須彌山頂이어든 悉亦於彼에 現身而坐하시니라

이 청정광명향수해의 빛난 불꽃 두루 장엄 깃대 수미산 꼭대기에 있는 마니 꽃 가지 바퀴 큰 숲 가운데 몸을 나타내어 자리에 앉은 것처럼, 수승한 음성 세계에 있는 68천억 수미산 꼭대기에서도 몸을 나타내어 앉으셨느니라.

[疏] 二, 結通中에 且結同類一界하고 餘皆略也라
■ (나) (넓고 보편함을) 결론하여 통함 중에 우선 함께한 세계와 유례하고 나머지는 모두 생략함을 결론하였다.

라) 미간 백호광명으로 경계하여 부르다[毫光警召] 5.

(가) 광명을 놓는 장소를 밝히다[放光處] (第四 10上9)
(나) 주된 광명의 이름[主光名] (二主)

爾時彼佛이 卽於眉間에 放大光明하시니 其光이 名發起一切善根音이라

그때에 저 부처님이 미간에서 큰 광명을 놓으시니 그 광명 이름은 '온갖 선근을 발기하는 소리'요,

[疏] 第四, 爾時下는 毫光警召라 文分爲五니 一, 放光處니 顯中道故오

二, 主光名이니 發動宿種하야 生起新善故라 善根有三하니 一者는 生福과 及不動業이니 以施, 忍, 智三으로 而爲善根이오 二는 厭苦求滅이니 以信等으로 爲根이오 三은 求無上慧니 以四等과 不放逸五法으로 爲根이라

■ 라) 爾時 아래는 미간 백호광명으로 경계하여 부름이다. 경문을 다섯으로 나누리니 (가) 광명을 놓는 장소이니 중도를 밝히려는 까닭이요, (나) 주된 광명의 이름이니 숙세의 종자를 움직이기 시작하여 새로운 선업이 생겨나기 때문이다. 선근에 셋이 있으니 (1) 복과 동요 않는 업을 생기게 함이니 보시와 인욕과 지혜의 셋으로 선근을 삼은 것이요, (2) 고통을 싫어하고 열반을 구함이니 믿음 따위로 선근을 삼은 것이요, (3) 위없는 지혜를 구함이니, 네 가지 선근 등과 방일하지 않음 등의 다섯 가지 법으로 선근을 삼은 것이다.

[鈔] 一者生福者는 業有三種하니 一, 惡業이니 卽三不善根所生이라 今所不明이오 疏列三業은 卽三善根所生이니 三善根者는 卽無貪과 無瞋과 無癡니라 今非但不着有境이라 兼能惠施하야 成無貪根하며 非唯於苦에 無恚라 兼行忍辱일새 故成無瞋根하며 非唯於境에 明了라 增修慧解하니 是無癡根이라 有此三根에 唯出生欲色無色일새 故爲福不動根이라 然其三根을 依唯識論하면 各別有性하니 善十一攝이라 無貪은 以於有와 有具에 無着爲性이오 無瞋은 以於苦와 苦具에 無恚爲性이오 無癡는 以於諸理事에 明解爲性이라 通唯善慧어니와 別各有性이니라 今依集論第一하야 以慧로 爲無癡性이니 唯識意會에 以慧로 爲無癡之果114)라 故로 施忍二가 亦從果名이니 由無貪瞋하야

---

114) 果下에 南金本有耳字.

故成施忍이라 所以로 疏에 云, 以施忍慧로 以爲其根이라하니라 二,
信等根은 下當廣說하리라

三求無上者는 涅槃等經에 皆歎慈悲가 爲菩薩根하나니 謂有慈悲心
에 必須喜捨니라 不放逸者는 卽是精進과 無貪等三이라 於所斷修에
防非爲性이니 假立爲一이라 故로 涅槃에 說不放逸根하사대 根深難
拔을 由不放逸하야 策前四等하야 得一切智하시니 故爲根也니라 115)
通說善根下는 卽上三類之通性也라

● (1) '복을 생기게 함'에서 업에 세 종류가 있으니 ① 악업이니 세 가지
선근 아님에서 생긴 것이다. 지금 밝히지 않을 것이지만, 소가가 삼
업을 나열함은 곧 세 가지 선근에서 생겨났음을 말하나니, 세 가지
선근이란 (1) 탐욕 없음과 (2) 성냄 없음과 (3) 어리석지 않음이다.
지금은 단지 유(有)에 집착하지 않은 경계만이 아니라 겸하여 능히 은
혜롭게 보시하여 '탐욕 없는 선근'을 이루며, 오직 괴로움에서 성냄이
없을 뿐 아니라 겸하여 인욕을 행하는 연고로 '성냄 없는 선근'을 이
루며, 오직 경계에 대해 분명하게 알 뿐 아니라 지혜와 알음알이를 더
욱 수행하나니, 바로 '어리석지 않은 선근'인 것이다. 이런 세 가지 선
근이 있을 적에 오직 욕계와 색계, 무색계에 태어나는 연고로 복과 부
동업의 선근이 된다. 그러나 그 세 가지 선근을 『성유식론』에 의지하
면 "각기 따로 성품이 있으니 11가지 선심소(善心所)116)에 포섭된다.
탐욕 없음[無貪]은 윤회의 삶[有]과 그 원인[有具]에 대해서 탐착하지
않는 것을 체성으로 삼고, 성냄 없음[無瞋]은 고통과 고통의 원인[苦
具]에 대해서 성내지 않는 것을 체성으로 삼고, 어리석지 않음[無癡]은
모든 본체[理]와 현상[事]에 대해서 명료하게 이해하는 것을 체성으로

---

115) 通上에 原續金本有四字, 南本無.
116) 11가지 善心所: 1.믿음[信] 2.慚 3.愧 4.無貪 5.無瞋 6.無癡 7.정진[勤] 8.경안[安] 9.不放逸 10.行捨 11.不害

삼는다. 공통적이라는 것은 오직 선(善)의 혜(慧)뿐이지만 별상은 각기 성품이 있다"라고 하였다. 지금은 『집론(集論)』제1권에 의지하여 혜(慧)로써 무치(無癡)의 성품을 삼았으니 유식론의 주장으로 회통하면 혜(慧)로서 무치(無癡)의 결과를 삼은 것이다. 그러므로 보시와 인욕의 둘도 또한 결과에서 나온 이름이니 탐욕과 성냄이 없으니 그러므로 보시와 인욕을 이룬 것이다. 그러므로 소에서 말하되, "보시와 인욕과 지혜로써 그 선근을 삼는다"라고 하였다. (2) 믿음 등의 선근은 아래에 가서 자세하게 설명하리라.

(3) '위없는 지혜를 구함'이란 『열반경』 등에서 모두 자비를 찬탄함이 보살의 근본이 되나니, 말하자면 자비심이 있으면 반드시 기쁘게 버림이 필수인 것이다. '방일하지 않음'이란 곧 정진과 무탐(無貪) 등 세 가지 선근이다. 단절하여 닦을 바에는 잘못을 막음으로 성품을 삼나니, 가정적으로 하나를 세운 것이다. 그러므로 『열반경』에서 방일하지 않음의 근본을 말하되, "뿌리가 깊으면 뽑아내기 어려운 것을 불방일(不放逸)로 말미암아 앞의 네 가지 선근[無貪 無瞋 無癡 勤] 등으로 격려하여 온갖 지혜를 얻은 것이니 그러므로 근본이 된 것이다."라고 했다. 라) (미간 백호광명으로 경계하여 부름)에서 通說善根 아래는 곧 위의 세 종류와 통틀어 성품이 된 것이다.

[疏] 通說善根이 以依聖教發心으로 爲性일새 故云音也니라
- 선근을 통틀어 설함이 성인의 가르침에 의지한 발심으로 성품을 삼은 연고로 음성이라 말한 것이다.

(다) 권속의 숫자[眷屬數] (三眷 11下4)

(라) 나눈 영역을 비추다[照分齊] (四照)

> 十佛刹微塵數光明으로 而爲眷屬하여 充滿一切十方國土하여
> 열 부처님 세계의 티끌 수 광명으로 권속을 삼아 시방의 온갖 국토에 가득하였다.

[疏] 三, 眷屬數니 無盡法故라 三, 眷屬數니 無盡法故라 四, 照分齊니 充滿十方하니 通方敎故라
■ (다) 권속의 숫자이니 그지없는 법인 까닭이다. (라) 나눈 영역을 비춤은 시방에 충만함이니, 시방을 통틀어 가르치는 까닭이다.

(마) 광명의 뛰어난 이익[光勝益] 2.
ㄱ. 표방하고 해석하다[標釋] (五若 12上1)

> 若有衆生을 應可調伏이면 其光照觸하여 卽自開悟하며 息諸惑熱하며 裂諸蓋網하며 摧諸障山하며 淨諸垢濁하며 發大信解하며 生勝善根하며 永離一切諸難恐怖하며 滅除一切身心苦惱하며 起見佛心하여 趣一切智케 하시니라
> 만일 어떤 중생이나 조복할 만한 이가 있거든 (1) 그 광명이 비치어서 스스로 깨닫게 되며 (2) 모든 번뇌를 쉬고 덮인 그물을 찢으며 (3) 장애의 산을 부수고 (4) 때와 흐린 것을 깨끗하게 하며 (5) 큰 신심과 이해를 내고 (6) 수승한 선근을 내며 (7) 온갖 재난과 두려움을 여의고 (8) 몸과 마음의 괴

로움을 멸하며 (9) 부처님 뵈올 마음을 일으켜 (10) 온갖 지혜에 나아가리라.

[疏] 五, 若有下는 明光勝益이라 文有十句하니 一, 無明重者는 自覺智開이오 二, 煩惱深者는 息現行惑이오 三, 勤修難出하야 裂五蓋網이오 四, 三障重者는 摧諸障山이오 五, 未解脫者는 淨心垢種이오 六, 未信大者는 發起入住오 七, 闕資糧者는 生其勝善이오 八, 未入地者는 除五怖畏오 九, 色累功用滅身心苦요 十, 滯無生者는 見佛趣果라

■ (마) 若有 아래는 광명의 뛰어난 이익을 설명함이다. 경문에 열 구절이 있으니, (1) 무명이 두터운 이는 자각의 지혜로 열고, (2) 번뇌가 깊은 이는 현행 번뇌를 쉬게 하고, (3) 벗어나기 어려움을 부지런히 수행하여 다섯 번뇌의 그물을 찢으며, (4) 세 가지 장애가 두터운 이는 모든 장애의 산을 꺾음이요, (5) 해탈하지 못한 이는 마음의 때와 종자를 깨끗게 함이요, (6) 신심이 크지 않은 이는 (믿음을) 일으켜 들어가 머물게 함이요, (7) (선근의) 자량이 빠진 이는 그 뛰어난 선근을 일으킴이요, (8) 십지에 들어가지 못한 이는 다섯 가지 공포를 없애고, (9) 형색의 번뇌와 공용의 힘으로 몸과 마음의 고통을 멸함이요, (10) 생사 없음에 지체하는 이는 부처님을 뵙고 과덕에 나아가게 함이다.

[鈔] 無明重下는 疏文有二하니 先, 別明이오 後, 結釋이라 前中[117])에 初四는 離障이오 五는 令解脫이니 通益三乘이오 六은 未信令信이오 七은 令入三賢이오 八은 令得初地오 九는 令二地已上으로 得於八地요 十

---

117) 上十二字는 南金本作無明重下 先別釋.

은 已在八地하야 已證無生에 諸佛勸起하사 令得九十二地니라
● 無明重 아래는 소문에 둘이 있으니 ㄱ. 표방하고 해석함이요, ㄴ. 결론하여 해석함이다. ㄱ. 중에 ㄱ) 네 구절은 장애를 여윔이요, ㄴ) 다섯째 구절은 해탈케 함이니 통틀어 삼승을 이익함이요, ㄷ) 여섯째는 믿지 못하는 이를 믿게 함이요, ㄹ) 일곱째는 삼현(三賢) 지위에 들게 함이요, ㅁ) 여덟째는 초지를 얻게 함이요, ㅂ) 아홉째는 2지 이상부터 8지까지 얻게 함이요, ㅅ) 열째 구절은 이미 8지에 든 이를 생사 없음을 증득하고 나서 모든 부처님이 일어나기를 권유하여 9지와 10지를 얻게 함이다.

ㄴ. 결론하여 해석하다[結釋] (此約 12下1)

[疏] 此約差別對治하야 以釋이어니와 若約橫配인대 生善見理를 可以準思니라
■ 이것은 차별하게 대치함을 잡아 해석하였지만 만일 가로로 배대함을 잡으면 선근을 일으켜 이치를 보는 것을 준하여 생각할 수 있으리라.

[鈔] 此約差別下는 二, 結釋이라 差別은 結上明是豎釋이오 對治는 結上非三悉檀이라 若約橫配下는 更結異門이니 橫은 對前豎니 位位에 通用此十句故라 生善見理는 對上對治니 生善은 卽是爲人悉檀이라 謂發大信解와 生勝善根과 起見佛心이 皆生善也라 見理는 卽第一義悉檀이니 如自覺智開하야 趣一切智가 皆見理也라 亦應合有隨俗令喜하야 世界悉檀이로대 以盜近故로 此中不說이라 橫豎無礙가 是此中意라 四悉檀義는 問明에 當辨호리라
● ㄴ. 此約差別 아래는 결론하여 해석함이다. 차별됨은 위에서 밝힌

것을 결론하면 세로로 해석함이요, 대치함은 위의 세 가지 실단이 아님을 결론함이다. 若約橫配 아래는 다시 다른 문을 결론함이니, 가로는 앞의 세로 해석함을 상대함이니, 지위 지위마다 이런 열 구절을 통틀어 작용하기 때문이다. '선근을 일으켜 이치를 보는 것'은 위의 대치함과 상대한 해석이니, '선근을 일으킴'은 곧 위인실단(爲人悉檀)이니, 이른바 큰 믿음과 이해를 발함과 뛰어난 선근을 일으킴과 부처님 뵐 마음을 일으킴이 모두 선근을 일으킴이다. '이치를 봄'은 곧 제일의실단(第一義悉檀)이니 마치 자각의 지혜를 열어서 온갖 지혜로 나아감과 같은 것이 모두 이치를 보는 것이다. 또한 응당히 합하여 세속제를 따라 기쁘게 함이 있음은 세계실단(世界悉檀)이지만 가까운 것을 이익하는 연고로 여기서는 말하지 않았다. 가로 세로에 걸림 없음이 이 가운데 의미이다. '네 가지 실단'의 뜻은 제10 보살문명품에 가서 밝히리라.

마) 인연 대중들이 운집하다[當機雲集] 2.

(가) 모든 왕들이 운집하여 공경함을 통틀어 밝히다 [通顯諸王雲集致敬]

(第五 13上1)

時에 一切世間主와 幷其眷屬無量百千이 蒙佛光明의 所開覺故로 悉詣佛所하여 頭面禮足하니라
이때에 모든 세간 임금과 그 권속들이 한량없는 백천인데 부처님의 광명으로 깨닫게 되었으므로 모두 부처님 계신 데 나아가 머리를 조아려 예배하였다.

[疏] 第五, 當機雲集이라 中에 文二니 先은 通顯諸王이 雲集致敬이라
- 마) 인연 대중들이 운집함이다. 그중에 경문이 둘이니 (가) 모든 왕들이 운집하여 공경함을 통틀어 밝힘이다.

(나) 모든 왕들이 운집한 모습과 형식을 개별로 밝히다
[別彰諸王雲集儀式] 2.

ㄱ. 염광명대성의 희견선혜왕[廣明喜見] 6.
ㄱ) 명칭과 통령함을 밝히다 [標名辨統] (後諸 13上4)

諸佛子여 彼焰光明大城中에 有王하니 名喜見善慧라 統領百萬億那由他城하니
여러 불자들이여, 저 불꽃 광명 도성 가운데 왕이 있으니 이름이 기쁘게 보는 선한 지혜이다. 백만억 나유타 성을 통령하였고,

[疏] 後, 諸佛子下는 別彰諸王이 雲集儀式이라 於中에 分二니 先, 廣明喜見이오 後, 略列諸王이라 今初니 卽正出本事之緣이라 文分爲六이니 第一, 標名辨統이오 二, 總辨眷屬이오 三, 威光得益이오 四, 偈讚如來오 五, 父王宣誥오 六, 俱行詣佛이라 初文은 可知로다
- (나) 諸佛子 아래는 모든 왕들이 운집한 모습과 형식을 개별로 밝힘이다. 그중에 둘로 나누리니 ㄱ. 염광명대성의 희견선혜왕을 밝힘이요, ㄴ. 간략히 여러 왕을 나열함이다. 지금은 ㄱ.이니 곧 본사 인연을 바로 내보임이다. 경문을 여섯으로 나누리니 ㄱ) 명칭으로 표방

하여 통령함을 밝힘이요, ㄴ) 권속을 총합하여 밝힘이요, ㄷ) 대위광
태자의 득법이요, ㄹ) 게송으로 여래를 찬탄함이요, ㅁ) 부왕이 선언
하여 알림이요, ㅂ) 함께 가서 부처님을 참예함이다. ㄱ) (명칭으로 표
방하여 통령함을 밝힘)의 경문은 알 수 있으리라.

ㄴ) 권속을 모두 밝히다[總辨眷屬] 2.
(ㄱ) 복길상부인[夫人] (第二 13下1)

夫人采女가 三萬七千人에 福吉祥이 爲上首요 王子五
百人에 大威光이 爲上首요 大威光太子가 有十千夫人하
니 妙見이 爲上首118)라
부인과 채녀가 3만 7천인인데 복길상이 으뜸이 되고, 왕자
가 5백인데 대위광이 으뜸이 되고, 대위광태자에게도 10천
부인이 있는데, 묘견이 으뜸이 되었느니라.

[疏] 第二, 夫人下는 總顯眷屬者라 有德曰夫人이오 有色曰采女라
■ ㄴ) 夫人 아래는 권속을 총합하여 밝힘이다. 덕이 있는 분을 부인(夫
人)이라 칭하고, 인물이 이쁜 이를 채녀(采女)라 칭한다.

(ㄴ) 비로자나의 전신 대위광태자[王子] 2.
a. 다른 범본을 참고하여 정하다[按定別本] (王子 13下2)

[疏] 王子別本에 云二萬五千者는 別梵本也라

---

118) 上五百人者 別本云二萬五千人; 上注云 宋元明本無 麗本有, 甯合移入校勘記誤也 案準疏牒釋 別本爲
別梵本 知經本原有此注(상동 p.14-) 또 上采女는 宮本作婇女.

- 왕자는 다른 본에 이르되, '2만 5천'이라 말한 것은 범본이 다른 것이다.

b. 경문을 인용하여 해석하다[引經釋成] 2.
a) 뺏어서 타파하다[奪破] (按瓔 13下2)
b) 놓아서 허용하다[縱許] (或約)

[疏] 按瓔珞本業經上卷하면 云, 十住는 銅輪寶瓔珞이니 百福子가 爲眷屬하고 生一佛土하야 受佛學行하야 敎化二天下오 銀輪寶瓔珞은 五百子오 金輪은 一千子오 初地는 四天王이니 一萬子오 二地는 忉利天王이니 二萬子오 三地已上과 乃至淨居天王에는 但云眷屬이 亦如是라하니 故知無過二萬子者로다 若三界王인대 卽當等覺이니 又以一切菩薩로 爲眷屬이니라 按喜見所統인대 但以城言하고 又見佛興에 至第三佛하야 方云去世라하니 五百銀輪이 斯爲正也로다 或約敎異에 理亦可通이니라 上首를 云大威光者는 有大威德聖[119]道光明故니라

- 『영락본업경(瓔珞本業經)』 상권을 참고하여 이르되, "십주의 지위는 구리바퀴[銅輪] 보배영락이니 백 명의 복된 아들이 권속이 되고 하나의 불국토에 태어나서 부처님의 배움과 행동을 받아서 두 개의 사천하를 교화함이요, 은바퀴[銀輪] 보배영락은 5백의 왕자요, 초지위는 사천왕이니 1만 명의 왕자요, 제2지는 도리천왕이니 2만 명의 왕자요, 제3지 이상과 나아가 정거천왕까지는 단지 '권속이 또한 이와 같다' 라고 하였으니, 그러므로 알라. 2만 명의 아들을 넘지 않는 것이다. 만일 삼계(三界)의 왕이라면 곧 등각(等覺) 지위에 해당하나니, 또한

---

119) 聖은 甲南續金本作其.

온갖 보살로 권속이 되는 것이다. 희견선혜왕이 다스린 곳을 참고한다면 다만 성이라 말만 하였고, 또한 부처님 출현함을 볼 적에 제3 최승공덕해 부처님에게 가서 비로소 '세상을 떠나신다'고 말했으니 5백 왕자와 은바퀴 보배가 여기서는 올바른 것이다. 혹은 교법이 다름을 잡을 적에 이치로 역시 통할 수 있으리라. 으뜸을 '대위광태자'라 말한 것은 큰 위덕과 성스런 도의 광명이 있기 때문이다.

[鈔] 按瓔珞等下는 引經釋成五百爲正이오 二萬五千爲非라 於中에 分二니 先, 奪破요 後, 約敎下는 縱成[120]이라 言上卷者는 卽第三賢聖觀品이니 彼中에 敬首菩薩이 問호대 云何菩薩이 學觀名字義相이며 及心所行法은 復當云何니 佛先答名字하사 卽列三賢十聖等妙之名하시고 次答心所行法云하사대 佛子야 汝先言云何心所行法者라하니 所謂十心이니 一, 發心住等이라하야 廣釋三賢十聖等妙之相하니라 次敬首菩薩이 復問世尊호대 從初地로 至後一地는 有果報神變이 二種法身하니 一, 法性法身이오 二, 應化法身이니 爲何色相이며 爲何心相이닛고 佛答中에 先答出世間果報者는 從初地로 至佛地히 各有二種法身하니 於第一義諦法流水中에 從實性生智일새 故實智가 爲法身이오 法名自體오 集藏爲身等이라하며 兼說淨土하고

● b. 按瓔珞等 아래는 경문을 인용하여 '5백 왕자'를 바르다고 해석한 내용이요, '2만 5천 왕자'는 잘못이라는 뜻이다. 그중에 둘로 나누리니 a) 뺏어서 타파함이요, b) 或約敎 아래는 놓아서 성립함이다. 『영락본업경』 상권'이라 말한 것은 곧 제3 현성관품(賢聖觀品)의 내용이니, 저 가운데 경수(敬首)보살이 묻기를 "어찌하여 보살이 이름자의

---

120) 上五字는 續本作或約敎異下 縱成也.

뜻과 모양을 배우고 관찰해야 하며, 그리고 마음으로 행할 법을 다시 마땅히 어떻게 해야 합니까?" 부처님이 먼저 명자를 답하여 곧 삼현(三賢)과 십성(十聖), 등각, 묘각의 명칭을 열거하시고 다음에 마음으로 행할 법에 대해 대답하여 말씀하시되, "불자여, 너희가 먼저 말하기를 어떤 것이 마음으로 행할 법입니까?" 하였으니, 이른바 열 가지 마음이니, (1) 초발심주 등이라 하여 삼현(三賢)과 십성(十聖), 등각, 묘각의 양상을 자세히 해석하셨다. 다음에 경수보살이 다시 세존께 여쭙되, "초지로부터 뒤의 한 지위까지는 과보와 신통변화가 두 가지 신이 있나니, ① 법성의 법신이요, ② 응하여 변화하는 법신이니 어떤 형색이 되고 어떤 마음의 양상이 됩니까?" 부처님의 대답하신 중에 "먼저 출세간의 과보를 대답한 것은 초지로부터 부처님 지위에까지 각기 2종의 법신이 있으니 제일의제의 법이 흐르는 물 가운데 실다운 성품에서 지혜가 생긴 연고로 실법의 지혜가 법신이 되고, 법이란 자체를 이름함이요, 모으고 저장함을 몸 등이라 한다"라고 하였으며, 겸하여 정토를 말하였고,

[鈔] 次云, 佛子야 世間果報者는 所謂十住는 銅寶瓔珞이오 銅輪王이니 百福子로 爲眷屬하고 生一佛土하야 受佛學行하야 敎化二天下오 銀寶瓔珞과 銀輪王은 五百福子爲眷屬하고 生二佛土하야 受佛敎行하야 化三天下오 金剛寶瓔珞과 金輪王은 千福子爲眷屬하고 入十方佛土하야 化一切衆生[121]호대 處四天下오 歡喜地는 百寶瓔珞七寶相輪四天王은 萬子爲眷屬하고 現百法身하야 入[122]百佛土하야 敎十方天子오 千寶瓔珞八寶相輪忉利王은 二萬子爲眷屬하고 萬寶

---
121) 生下에 南金本有生字.
122) 入은 南金本無, 原本作爲 與經麗本合.

相瓔珞九寶相輪炎摩天王은 眷屬亦然하야 不可稱數오 億寶瓔珞
十寶相輪兜率陀天王은 眷屬亦然하야 不可稱數오 天光寶瓔珞十
一寶相輪化樂天王은 眷屬亦然이오 摩尼寶光瓔珞十二寶相輪他
化天王은 眷屬亦然이오 千色龍寶光慧瓔珞十三寶相輪梵天王은
眷屬亦然이오 梵師子寶光瓔珞大應寶相輪光音123)天王은 眷屬亦
然이오 不可思議寶光瓔珞白雲寶相輪淨天王은 眷屬亦然이오 百萬
神通寶光瓔珞無畏珠寶相輪淨居天王은 眷屬亦然이오 千萬天色
寶光瓔珞覺德寶光相輪三界王은 一切菩薩爲眷屬이오 無量功德
藏寶光瓔珞千福相輪法界王은 一生補處菩薩로 爲眷屬이니라 佛子
야 是上瓔珞相輪이 一切佛과 及菩薩의 動止에 俱遊하야 常隨其身하
며 亦化一切衆生하나니 故有如是果報之數法이라하니라 釋曰, 已上
은 具引經文이니 於疏에 易了로다 明知無過二萬子者按喜見下는 以
二義로 證唯合五百이니 一, 所統이 但統於城하고 不統四天下일새 故
非金輪이오 二, 旣遇三佛하니 佛出減劫하시고 輪王은 出增劫일새 故
知非也로다

- 다음에 말하되, "불자여, 세간의 과보는 이른바 (1) 십주위는 동륜(銅輪)의 보배영락이요, 동륜왕은 백 명의 왕자로 권속이 되고, 한 불국토에 태어나 부처님의 가르침과 행을 받아서 두 개의 천하를 교화함이요, (2) 은륜(銀輪)의 보배영락과 은륜왕은 5백 명의 복된 아들로 권속이 되고, 두 개의 불국토에 태어나 부처님의 가르침과 행을 받아서 세 개의 천하를 교화함이요, (3) 금강륜의 보배영락과 금륜왕(金輪王)은 천 명의 복된 아들로 권속이 되고, 시방의 불국토에 들어가서 일체 중생을 교화하되 사천하에 사는 것이요, (4) 환희지는 백 개의

---

123) 音은 原南金本作光 續本無 經作音.

보배영락과 칠보 상륜(相輪)을 가진 사천왕은 만 명의 왕자로 권속이 되고 백 가지 법신을 나타내어 백 개의 불국토에 들어가서 시방의 천자(天子)를 교화함이요, (5) 천 개의 보배영락과 8보 상륜(相輪)을 가진 도리천왕은 2만 천 자로 권속이 되고, (6) 만 개의 보배영락과 9보 상륜(相輪)을 가진 염마(炎摩)천왕은 권속이 마찬가지로 숫자로 일컬을 수가 없으며, (7) 억 개의 보배영락과 10보 상륜(相輪)을 가진 도솔(兜率)천왕은 권속이 마찬가지로 숫자로 일컬을 수가 없으며, (8) 천 개의 광명 보배영락과 11가지 보배 상륜(相輪)을 가진 화락(化樂)천왕은 권속이 마찬가지요, (9) 마니보광 영락과 12가지 보배 상륜(相輪)을 가진 타화(他化)천왕은 권속이 마찬가지요, (10) 천 가지 색의 용(龍) 보배영락과 13가지 보배 상륜(相輪)을 가진 범천왕은 권속이 마찬가지요, (11) 범천의 사자 보광영락과 대응보상륜(大應寶相輪)을 가진 광음(光音)천왕은 권속이 마찬가지요, (12) 불가사의한 보배영락과 백운(白雲) 모양 보상륜(寶相輪)을 가진 정천왕은 권속이 마찬가지요, (13) 백만 가지 신통 보배영락과 두려움 없는 구슬의 보상륜(寶相輪)을 가진 정거(淨居)천왕은 권속이 마찬가지요, (14) 천만 가지 하늘색 보광영락과 각덕보광(覺德寶光) 상륜을 가진 삼계의 왕 마혜수라천왕은 온갖 보살로 권속이 되고, (15) 한량없는 공덕광인 보배영락과 천 개의 복상륜[千福相輪]을 가진 법계의 왕은 일생보처 보살로 권속이 되었다. 불자여, 이 위의 영락 모양 바퀴가 모든 부처님과 보살의 움직이고 그침에 함께 다니면서 항상 그 몸을 따르며, 또한 일체 중생을 교화하나니, 그러므로 이러한 과보의 헤아리는 법이 있다"라고 하였다. 해석하자면 이상은 경문을 갖추어 인용하였으니, 소에서 쉽게 알았으리라. 明知無過二萬子者와 按喜見 아래는 두 가지 뜻으로 오직 5백 왕자와 합함을 증명하였으니, (1) 통령하는 바가 단지 성만을 통치하고 사천하는 통치하지 않으므로 금륜이 아님이요, (2) 이미 세 부처님을 만났으니 부처님은 감소하는 겁에 태어나고 전륜왕은 증가하는 겁에 출현하므로 잘못인 줄 안다는 뜻이다.

ㄷ) 대위광태자의 득법[威光得益] 2.
(ㄱ) 인행을 거론하여 총합하여 표방하다[擧因總標] (第三 15下9)

爾時에 大威光太子가 見佛光明已에 以昔所修善根力故로 卽時에 證得十種法門하니
그때 대위광태자가 부처님의 광명을 보고 예전에 닦은 선근의 힘으로 즉시 열 가지 법문을 증득하였으니,

[疏] 第三, 爾時下는 威光得益이라 文分爲二니 先, 擧因總標오
  ■ ㄷ) 爾時 아래는 대위광태자의 득법이다. 경문을 둘로 나누리니 (ㄱ) 인행을 거론하여 총합하여 표방함이요,

(ㄴ) 얻은 이익을 열거하고 삼매를 이름하다[列益名體] 10.
a. 부처님 공덕이 원만한 삼매[佛德圓滿] (後何 16上1)
b. 보편한 법의 다라니[總持普法] (二此)

何謂爲十고 所謂證得一切諸佛功德輪三昧와 證得一切佛法普門陀羅尼와
무엇이 열인가? 이른바 온갖 부처님의 공덕륜 삼매를 증득

제6. 毘盧遮那品 363

하고, 온갖 부처님 법 보문다라니를 증득하고,

[疏] 後, 何謂下는 列益名體라 皆從勝用標名이니 一, 佛德圓滿하야 摧障稱輪을 定中에 能知일새 故受斯稱이라 二, 此總持가 能持諸佛普法이오

- (ㄴ) 何謂 아래는 얻은 이익을 열거하고 삼매를 이름함이다. 모두 뛰어난 작용에서 명칭을 표방함이니 a. 부처님 공덕이 원만하여 장애를 꺾고 바퀴라 칭한 것은 삼매에 들어야 능히 알 수 있으므로 이런 명칭을 받은 것이다. b. 이 보문다라니가 모든 부처님의 보편한 법을 잘 간직함이요,

c. 공과 합치하여 유를 건너다[即空涉有] (三即)
d. 두 가지 장엄으로 조복하다[二嚴調伏] (四以)

證得廣大方便藏般若波羅密과 **證得調伏一切衆生大莊嚴大慈**와
넓고 큰 방편장 반야바라밀다를 증득하고, 온갖 중생을 조복하는 대장엄 대자를 증득하고,

[疏] 三, 即空涉有를 名爲方便이니 斯則權實雙行이 爲不共般若稱體라 用之廣大라 四, 以二嚴調伏이 眞實慈也라

- c. 공과 합치하여 유를 건넘을 방편이라 이름하나니, 이것은 방편과 실법을 동시에 행함이 함께하지 않는 반야바라밀이 체성과 칭합한다는 것이므로 작용이 광대한 것이다. d. 두 가지 장엄으로 조복함이

진실한 자비라는 뜻이다.

e. 법의 구름처럼 음성을 진동하다[法雲震音] (五法)
f. 이치와 칭합한 법의 기쁨[稱理法喜] (六稱)
g. 여읠 줄 알아야 법이라 이름하다[知離名法] (七知)

證得普雲音大悲와 證得生無邊功德最勝心大喜와 證得如實覺悟一切法大捨와
넓은 구름 소리 대비를 증득하고, 끝없는 공덕과 가장 수승한 마음을 내는 대희를 증득하고, 일체 법을 실지대로 깨달은 대사를 증득하고,

[疏] 五, 法雲震音하야 能拔苦本이라 六, 稱理法喜일새 故德無邊이오 自他俱慶이 心爲最勝이라 七, 知離名法이니 法亦應捨니 如實捨也니라
■ e. 법의 구름처럼 음성을 진동하여 능히 고통의 뿌리를 뽑아낸다는 뜻이다. f. 이치와 칭합한 법의 기쁨이므로 그지없는 공덕이요, 나와 남이 함께 경사스러움은 마음으로 가장 뛰어남을 삼은 까닭이다. g. 여읠 줄 알아야 법이라 이름하나니, 법도 또한 응당히 버려야 하는 것이 여실한 버림이란 뜻이다.

[鈔] 知離名法者는 卽思益經第一에 思益梵天이 問言호대 世尊하 云何名爲菩薩徧行이닛고 佛言하사대 能淨身口意業이니라 爾時世尊이 而說偈云하사대 若身淨無惡하고 口淨常實語하며 心淨常行慈하면 是菩薩徧行이니라 行慈不貪着하고 觀不淨無恚하며 行捨而不癡하면 是

菩薩徧行이니라 在聚落空野커나 及與處大衆호대 威儀常[124]不轉하
면 是菩薩徧行이니라 知法이 名爲佛이오 知離가 名爲法이오 知無가 名
爲僧이니 是菩薩徧行이라하니라[125] 釋曰, 此當第四偈니 因便故來라
欲釋此偈하야 令知起盡故라 以此一偈는 人多解釋이니 今觀經意의
三箇知字컨대 皆是觀行之人이 若能如是知하면 是菩薩徧行이니라 知
法名爲佛者는 卽是眞佛이며 法身如來니 佛卽是法이오 法卽是佛이
라 亦猶如來者는 卽諸法如義니라 次應問言호대 法卽是佛은 於義에
已解어니와 何者是法고할새 故로 次句에 云, 知離가 卽是法이니 以一
切法이 本性離故라 心體離念이 卽是覺故니라 次應問云호대 法本自
離인대 則無所修어니 何得有僧고할새 故로 次解云호대 知無爲가 名爲
僧이라 無爲卽法이라 法本自離니 由知無爲일새 故得成僧이라 故로
大品에 云, 由知諸法空하야 分別有須菩提等이라하며 金剛經에 云,
一切賢聖이 皆以無爲法으로 而有差別이라하니라 謂俱學無爲에 有淺
有深하야 乃成差別이언정 非無爲法이 而有差別也니라 今疏는 正取
知離名法이니 若不捨法하면 非知離也라 故云法亦應捨라하니 卽金
剛意에 法尙應捨어든 何況非法가 因法得悟가 如筏渡人이니 若不捨
法하면 如住舟內라 要捨於舟하야사 方至彼岸이오 要忘所捨하야사 方
爲如實覺悟諸法이니 爲眞捨也라 故로 大般若에 云, 般若甚深하니
知一切法이 本性離故라하며 又文殊가 釋云하사대 如佛世尊이 堪受
供養은 以於一切法에 覺實性故라하니라 是故로 經에 云, 如實覺一

---

[124] 常은 經南金本作終.
[125] 『사익경』제1권이니 經云, "世尊, 何謂名爲菩薩徧行. 佛言, 能淨身口意業. 爾時世尊, 而說偈言 若身淨無惡 口淨常實語 心淨常行慈 是菩薩徧行 / 行慈無貪著 觀不淨無恚 行捨而不癡 是菩薩徧行 / 若聚若空野 及與處大衆 威儀終不缺 是菩薩徧行 / 知法名爲佛 知離名爲法 知無名爲僧 是菩薩徧行 / 知多欲所行 知恚癡所行 善知轉此行 是菩薩徧行 / 不依止欲界 不住色無色 行如是禪定 是菩薩徧行 / 信解諸法空 及無相無作 而不盡諸漏 是菩薩徧行 / 善知聲聞乘 及辟支佛乘 通達於佛乘 是菩薩徧行 / 明解於諸法 不疑道非道 憎愛心無異 是菩薩徧行 / 於過去未來 及與現在世 一切無分別 是菩薩徧行."

切法大捨라하니라

- g. '여읠 줄 알아야 법이라 이름한 것'은 곧 『사익경(思益經)』제1권에 사익범천왕이 물어 말하되, "어떤 것을 보살의 변행이라 이름합니까?" 부처님이 말씀하시되 "능히 신구의업을 청정케 함이다." 그때에 세존께서 게송으로 설하여 말씀하시되 "(1) 만일 몸이 청정하고 악함이 없고 입이 청정하여 항상 진실하게 말하고 마음이 깨끗해 항상 자비를 행하면 이것이 보살의 변행이니라. / (2) 자비를 행하되 탐착하지 않고 더러운 걸 보고도 성냄이 없으며 버림을 행하면서 어리석지 않으면 이것이 보살의 변행이니라. / (3) 마을 부락이나 텅 빈 들판에 있거나 대중과 함께 처하되 위의가 항상 뒤바뀌지 않으면 이것이 보살의 변행이니라. / (4) 법을 아는 것을 부처라 이름함이요, 여읨을 알아야 법이라 이름하며, 없음을 아는 것을 스님이라 이름하나니, 이것이 보살의 변행이니라"라고 하였다. 해석하자면 여기는 넷째 게송에 해당하나니, 편함으로 인해 온 것이다. 이 게송을 해석하고자 하여 하여금 아는 것이 다 일어나게 한 까닭이다. 여기의 한 게송은 많은 사람이 해석하나니 지금 경의 의미가 세 개의 지자(知字)를 관찰한다면 모두 관법을 수행하는 사람이 만일 능히 이렇게 알면 이것이 보살의 변행이다. '법을 아는 것을 부처라 이름한다'는 것은 곧 참된 부처이며, 법신여래이니 부처가 곧 법이요, 법이 바로 부처인 것이다. '또한 여래와 같다'는 것은 곧 모든 법이 진여의 뜻이다. 다음에 응당히 질문하여 말하되, "법이 곧 부처임은 뜻에 이미 해석하였지만 어떤 것이 법인가?"라고 하므로 다음 구절에서 말하되, "여읨을 아는 것이 곧 법이니 온갖 법이 근본 성품을 여읜 까닭이다. 마음의 체성이 생각을 여읜 것이 곧 깨달음인 까닭이다" 다음에 응당히 물어 말하되, "법

은 본래 스스로 여읜 것인데 닦을 대상이 없는데 어찌 스님이 있어야 하는가?"라고 하므로, 다음에 해석하되, "할 것이 없음을 아는 것이 스님이라 이름한다. 무위가 곧 법이요, 법이 본래 스스로 여의었으니 무위(無爲)를 아는 것으로 말미암은 연고로 승가를 이룬 것이다." 그러므로 『대품반야경』에 이르되, "모든 법이 공함을 앎으로 인해 수보리가 있는 줄 분별한다" 등이라 하였으며, 『금강경』에 이르되, "온갖 현인과 성인들이 모두 함이 없는 법으로 차별함이 있다"라고 하였다. 말하자면 모두 무위법을 배울 적에 얕음도 있고 깊음도 있어서 비로소 차별을 이루지만 무위법에 차별이 있는 것은 아니라는 뜻이다. 지금 소에서 '여읨을 알아야 법이라 이름함'을 바로 취하였으니, 만일 법을 버리지 않으면 마치 배 안에 머무는 것과 같다. 배를 버리려고 해야만 비로소 저 언덕에 이를 수 있는 것이요, 버린 것을 잊어야 비로소 여실하게 모든 법을 깨닫게 되어야 참으로 버림이 되는 것이다. 그러므로 『대반야경』에 이르되, "반야가 매우 깊으니 온갖 법이 근본 성품을 여읜 까닭이다"라고 하였으며, 또한 문수보살이 해석하기를 "마치 부처님 세존이 공양을 감당하여 받음과 같은 것은 저 온갖 법에 실다운 성품을 깨달은 까닭이다"라고 하였다. 이런 연고로 경문에 이르되, "실답게 온갖 법의 크게 버림을 깨달음과 같다"라고 하였다.

h. 선교방편으로 작용을 일으키다[善巧起用] (八善)
i. 믿고 이해함을 증장하다[增長信解] (九盡)
j. 지혜의 광명에 두루 들어가다[普入智光] (十所)

證得廣大方便平等藏大神通과 證得增長信解力大願과

證得普入一切智光明辯才門이라
넓고 큰 방편의 평등한 광인 큰 신통을 증득하고, 믿고 이해하는 힘을 증장하는 대원을 증득하고, 온갖 지혜의 광명에 두루 들어가는 변재문을 증득하였다.

[疏] 八, 善巧起用호대 平等無思니 通從此生일새 故名爲藏이라 九, 盡衆生界토록 荷負無疲하야 要令信解가 爲大願也라 十, 所有辯才로 皆入佛智하야 自他俱照를 是日光明이라 此上十法에 初三은 功德法이오 次四는 熏修法이오 後三은 起化法이라 多言大者는 境界無邊하야 稱性廣大오 智契貫達일새 並受證名이니라

■ h. 선교방편으로 작용을 일으키되 평등하여 생각함이 없나니 신통은 이로부터 생기므로 '광[藏]'이라 이름한 것이다. i. 중생계가 다하도록 짊어져도 피곤함이 없으며, 잘 하여금 믿고 이해하게 하는 것이 큰 서원이 되는 것이다. j. 가진 바 변재(辯才)로 모두 부처님 지혜에 들어가서 나와 남을 함께 비추는 것을 '광명'이라 칭한다. 이 위의 열 가지 법에서 ① 세 가지는 공덕의 법이요, ② 네 가지는 거듭 닦는 방법이요, ③ 뒤의 세 가지는 교화를 시작하는 법이다. 대부분 '크다'고 말한 것은 경계가 그지없어서 성품이 광대함과 칭합하였고, 지혜는 꿰뚫어 통달함에 계합하였으므로 아울러 증득한 명칭을 받게 한다는 뜻이다.

ㄹ) 게송으로 여래를 찬탄하다[偈讚如來] 2.
(ㄱ) 게송을 설하는 이유[說偈之由] (第四 18下1)

爾時에 大威光太子가 獲得如是法光明已에 承佛威力하여 普觀大衆하고 而說頌言하되,
그때 대위광태자가 이러한 법의 광명을 얻고는 부처님의 위신력을 받들어 대중을 두루 살펴보고 게송으로 말하였다.

[疏] 第四, 偈讚如來라 文分爲二니 先, 說偈之由라
■ ㄹ) 게송으로 여래를 찬탄함이다. 경문을 둘로 나누리니 (ㄱ) 게송을 설하는 이유이다.

(ㄴ) 게송 찬탄에 대해 바로 말하다[正陳偈讚] 3.
a. 두 게송은 부처님 출현하심을 보이다[初二示佛出現] (後正 18下4)

世尊坐道場하시니　　　清淨大光明이
譬如千日出하여　　　　普照虛空界로다
세존께서 도량에 앉아 계시니
깨끗하고 맑으신 크나큰 광명
비유컨대 일천 해가 동시에 떠서
온 허공을 두루두루 비침과 같네.

無量億千劫에　　　　導師時乃現이어늘
佛今出世間하시니　　一切所瞻奉이로다
한량없는 억천 년 오랜 세월에
어쩌다가 대도사가 나타나거늘
부처님이 세상에 출현하시니

모든 중생 받들어 우러르더라.

[疏] 後, 正陳偈頌126)이라 十偈分三이니 初二는 示佛出現하사 旣滅闇難
遇에 不可失時오
■ (ㄴ) 게송 찬탄에 대해 바로 말함이다. 열 게송을 셋으로 나누리니
 a. 두 게송은 부처님이 출현하여 어둠을 없애고 나서 만나기 어려움
 을 보일 적에 때를 놓칠 수 없다는 뜻이요,

b. 다섯 게송은 부처님 공덕을 관찰하게 하다[次五令觀佛德]
(次五. 19上1)

汝觀佛光明에 化佛難思議하라
一切宮殿中에 寂然而正受로다
부처님의 저 광명 네가 보느냐!
화현하신 부처님 부사의하여
천상 인간 수없는 궁전 가운데
고요하게 삼매에 들어 계시다.

汝觀佛神通하라 毛孔出焰雲하사
照耀於世間하시니 光明無有盡이로다
부처님의 그 신통 네가 보느냐!
털구멍서 불꽃 같은 구름이 나와
온 세상을 환하게 비추시나니

---

126) 頌은 續金本作讚.

제6. 毘盧遮那品 371

빛나는 저 광명이 다하지 않네.

汝應觀佛身에			光網極淸淨하라
現形等一切하사		徧滿於十方이로다
부처님의 신체를 네가 보아라.
광명 그물 위없이 맑고 깨끗해
뭇 중생의 형상을 나타내어서
시방의 온 세계에 두루 차시다.

妙音徧世間하시니		聞者皆欣樂이라
隨諸衆生語하여		讚歎佛功德이로다
미묘하신 그 음성 세간에 가득
듣는 중생 누구나 기뻐하는 건
중생들의 여러 가지 말을 따라서
부처님의 공덕을 찬탄함이라.

世尊光所照에			衆生悉安樂이라
有苦皆滅除하여		心生大歡喜로다
세존의 밝은 광명 비치는 곳에
중생들이 모두 다 안락하나니
있던 고통 씻은 듯 소멸하여서
한량없이 즐거운 마음을 내네.

[疏] 次五는 令觀佛德이니 有德有慈하야 眞可歸也오

■ b. 다섯 게송은 부처님 공덕을 관찰하게 함이니, 덕이 있고 자비가 있어서 진실로 귀의할 만하다는 뜻이다.

c. 세 게송은 사례를 인용하여 귀의하기를 권하다[後三引例勸歸]

(後三 19上5)

觀諸菩薩衆하라　　　　十方來萃止하여
悉放摩尼雲하여　　　　現前稱讚佛이로다
저 많은 보살들의 대중을 보라.
시방에서 모여와 한 데 있으며
찬란한 마니 구름 모두 놓아서
눈앞에서 부처님을 찬탄하도다.

道場出妙音이여　　　　其音極深遠이라
能滅衆生苦하시니　　　此是佛神力이로다
도량에서 아름다운 소리를 내니
그 음성 매우 깊고 또한 묘하여
중생의 모든 고통 능히 멸하니
이것은 부처님의 신통하신 힘

一切咸恭敬하여　　　　心生大歡喜라
共在世尊前하여　　　　瞻仰於法王이로다
일체 중생 모두 다 공경하면서
엄청나게 즐거운 마음을 내고

하나하나 세존의 앞에 나아가
한결같이 법왕을 우러러 보네.

[疏] 後三은 引例勸歸호대 無遠不歸하니 固宜往見이니라
- c. 세 게송은 사례를 인용하여 귀의하기를 권하되 멀어도 귀의하지 못함이 없나니, 너무나 마땅히 가서 보게 한다는 뜻이다.

ㅁ) 희견선혜(喜見善慧)왕이 선언하여 알리다[父王宣誥] 2.
(ㄱ) 선언하는 원인을 밝히다[宣告所因] (第五 19上9)

諸佛子여 彼大威光太子가 說此頌時에 以佛神力으로 其聲이 普徧勝音世界하니 時에 喜見善慧王이 聞此頌已하고 心大歡喜하여 觀諸眷屬하고 而說頌言하되,
여러 불자들이여, 대위광태자가 이런 게송을 말할 적에 그 음성이 부처님의 신력으로 수승한 음성 세계에 두루 퍼졌느니라. 그때 기쁘게 보는 선한 지혜 왕이 이 게송을 듣고 크게 환희하여 권속들을 관찰하고 게송으로 말하였다.

[疏] 第五, 父王宣誥라 文分爲二니 初, 宣誥所因이니 以聞讚故라 太子道深하야 親承佛益이어니와 王機猶淺일새 轉假他聞이라
- ㅁ) 희견선혜(喜見善慧)왕이 선언하여 알림이다. 경문을 둘로 나누리니 (ㄱ) 선언하여 알리는 원인을 밝힘이니, 찬탄하는 소리를 듣기 위함이다. 태자의 도가 깊어서 부처님을 친근하고 받든 이익이 있겠지만, 왕의 근기가 아직 얕으므로 전전히 다른 이를 빌려서 듣게 한다

는 뜻이다.

(ㄴ) 게송으로 바로 고하다[正以偈告] 3.
a. 세 게송은 대중을 모아 (부처님) 뵈러 가기를 권하다[初三集衆勸觀]

(二正 19下4)

汝應速召集	一切諸王衆과
王子及大臣과	城邑宰官等이어다
너희들은 지체 말고	모든 왕과 왕자들과
대신이며 수령방백	모두 불러 모아 놓고
普告諸城內하여	疾應擊大鼓하고
共集所有人하여	俱行往見佛이어다
온 성 안에 영을 내려	큰 북을 빨리 치고
백성들을 소집하여	부처님을 가서 뵙자.
一切四衢道에	悉應鳴寶鐸하고
妻子眷屬俱하여	共往觀如來어다
네 길의 거리마다	보배 방울 흔들면서
처자 권속 함께 가서	부처님을 뵈옵고자

[疏] 二, 正以偈誥라 偈有十一을 分之爲三이니 初三은 集衆勸觀이오
  ■ (ㄴ) 게송으로 바로 고함이다. 열한 게송을 나누어 셋으로 하리니 a. 세 게송은 대중을 모아 (부처님) 뵈러 가기를 권함이요,

b. 일곱 게송은 영을 내려 공양에 힘쓰게 하다[次七勅令辦供]

(次七 20上3)

一切諸城郭을　　　　宜令悉淸淨하고
普建勝妙幢하여　　　摩尼以嚴飾이어다
간 데마다 도성 안을　　깨끗하게 쓸어 놓고
좋은 당기 높이 세워　　마니 구슬 장엄하고

寶帳羅衆網하고　　　妓樂如雲布하여
嚴備在虛空하여　　　處處令充滿이어다
보배 휘장 비단 그물　　온갖 풍류 구름처럼
허공중에 구비하고　　곳곳마다 가득하네.

道路皆嚴淨하며　　　普雨妙衣服하고
巾馭汝寶乘하여　　　與我同觀佛이어다
거리마다 깨끗한데　　고운 의복 비 내리고
보배 수레 빨리 몰아　　부처님을 뵈러 가세.

各各隨自力하여　　　普雨莊嚴具하되
一切如雲布하여　　　徧滿虛空中이어다
사람마다 제 힘대로　　장엄거리 비 내리니
구름같이 널리 퍼져　　허공중에 두루 가득

香焰蓮華蓋와　　　　半月寶瓔珞과

及無數妙衣를 　　　　　汝等皆應雨어다
향기 불꽃 연꽃 일산　　반월 보배 영락이며
수없는 묘한 옷을 　　　너희들은 비 내려라.

須彌香水海에 　　　　　上妙摩尼輪과
及淸淨栴檀을 　　　　　悉應雨滿空이어다
수미산과 향수해에 　　　훌륭할사 마니 바퀴
전단향을 비 내려서 　　 허공중에 가득하게.

衆寶華瓔珞으로 　　　　莊嚴淨無垢하며
及以摩尼燈으로 　　　　皆令在空住어다
보배 꽃과 영락으로 　　 깨끗하게 장엄하고
마니 보배 등불 켜서 　　하늘 중천 둥둥 떴네.

[疏] 次七은 勅令辦供이라 鄭注禮에 云, 巾은 猶衣也니 謂以繒綵衣帶
127)於車라하며 廣雅에 云, 馭는 駕也라하니 餘並可知로다

- b. 일곱 게송은 영을 내려 공양에 힘쓰게 함이다. 정현(鄭玄)128)이 주
석한 『예기(禮記)』에 이르되, "건(巾)은 옷과 같나니 이른바 비단 옷과
의대(衣帶)를 수레에 실을 때에 쓴다"라고 하였으며, 『광아(廣雅)』129)
에 이르되, "어(馭)는 멍에한다는 뜻이다"라고 하였고, 나머지는 경문

---

127) 帶下에 源甲南續本有牽繫二字 金本有縛字 原南本無 與音義合.
128) 鄭玄(127-200) 東漢의 巨儒로 儒家에서 宋나라 주희(朱熹)와 더불어 양대 경사(經師)로 지칭한다. 자는 康成, 北海 高密(산동성) 사람.
129) 중국 위(魏)나라 때 장읍(張揖)이 지은 자전(字典)으로 전체 10권이다. 『이아爾雅』와 같은 고서(古書)의 자구 해석, 경서(經書)의 고증 및 주석을 해놓은 책 이름. 장읍(張揖, 227-232): 중국 魏나라 사람, 자는 치양(稚讓)이며, 청하(淸河) 출신. (혹 하간(河間) 출신이라고도 한다.) 魏 태화(太和) 연간에 박사(博士)가 되었다. (止解司馬相如傳一卷)

과 함께하면 알 수 있으리라.

c. 한 게송은 가져와서 부처님께 공양하기를 권유하다
 [後一勸齎供佛] (後一 20上6)

一切持向佛하되　　　心生大歡喜하고
妻子眷屬俱하여　　　往見世所尊이어다
이것 갖고 기쁜 마음　부처님께 나아가서
처자들과 권속까지　　세존 뵈러 함께 가세.

[疏] 後, 一偈는 勸齎供佛이라
 ■ c. 한 게송은 가져와서 부처님께 공양하기를 권유함이다.

ㅂ) 부처님 뵈러 함께 가다[俱行詣佛] (第六 20下2)

爾時에 喜見善慧王이 與三萬七千夫人采女로 俱하되 福吉祥이 爲上首요 五百王子로 俱하되 大威光爲上首요 六萬大臣으로 俱하되 慧力爲上首라 如是等七十七百千億那由他衆으로 前後圍遶하여 從焰光明大城出할새 以王力故로 一切大衆이 乘空而往하되 諸供養具를 徧滿虛空하여 至於佛所하여 頂禮佛足하고 却坐一面하니라
이때에 기쁘게 보는 선한 지혜왕이 (1) 3만 7천의 부인과 채녀들과 함께하였으니 복길상이 으뜸이요, (2) 5백 태자들과 함께하였으니 대위광이 으뜸이요, (3) 6만 대신과 함께하였

으니 지혜 힘이 으뜸이었다. (4) 이러한 7십 7백천 억 나유
타 대중의 호위를 받으면서 불꽃 광명 도성에서 나올 적에
(5) 왕의 신력으로 모든 대중들이 허공중에 떠서 (6) 공중
에 가득한 공양거리를 가지고 부처님 계신 데 이르러 (7) 부
처님 발에 정례하고 한 곁에 물러가 앉았다.

[疏] 第六, 俱行詣佛이라 初, 導從持供이오 後, 至而設敬이라
- ㅂ) 함께 가서 부처님을 뵈옴이다. (ㄱ) 인도하고 따라서 공양물을 가져감이요, (ㄴ) 도착하여 공경심을 베풂이다.

ㄴ. 여러 왕들과 함께 뵈러 가다[略列諸王] (第二 21上5)

復有妙華城善化幢天王이 與十億那由他眷屬으로 俱하
며 復有究竟大城淨光龍王이 與二十五億眷屬으로 俱하
며 復有金剛勝幢城猛健夜叉王이 與七十七億眷屬으로
俱하며 復有無垢城喜見乾闥婆王이 與九十七億眷屬으
로 俱하며 復有妙輪城淨色思惟阿修羅王이 與五十八億
眷屬으로 俱하며 復有妙莊嚴城十力行迦樓羅王이 與九
十九千眷屬으로 俱하며 復有遊戲快樂城金剛德緊那羅
王이 與十八億眷屬으로 俱하며 復有金剛幢城寶稱幢摩
睺羅伽王이 與三億百千那由他眷屬으로 俱하며 復有淨
妙莊嚴城最勝梵王이 與十八億眷屬으로 俱하니 如是等
百萬億那由他大城中에 所有諸王과 幷其眷屬이 悉共往
詣一切功德須彌勝雲如來所하여 頂禮佛足하고 却坐一

面이어늘

(1) 또 묘한 꽃 도성 잘 변화하는 당기 천왕은 10억 나유타 권속과 함께 하고 (2) 구경대성의 깨끗한 빛 용왕은 25억 권속과 함께하고, (3) 금강의 훌륭한 당기 도성의 용맹한 야차왕은 77억 권속과 함께하고, (4) 때 없는 도성의 기쁘게 보는 건달바왕은 97억 권속과 함께하고, (5) 묘한 바퀴 도성의 깨끗한 빛으로 생각하는 아수라 왕은 58억 권속과 함께하고, (6) 묘한 장엄 도성의 10역행 가루라왕은 99천 권속과 함께하고, (7) 유희쾌락 도성의 금강덕 긴나라왕은 18억 권속과 함께하고, (8) 금강 당기 도성의 보배 이름 당기 마후라가왕은 3억 백천 나유타 권속과 함께하고, (9) 깨끗하고 묘한 장엄 도성의 가장 승한 범천왕은 18억 권속과 함께하여 (10) 이러한 백만억 나유타 큰 도성 가운데 있는 여러 왕과 권속들이 모두 함께 일체 공덕산 수미승운 여래 계신 곳에 가서 부처님 발에 정례하고 한 결에 물러가 앉았다.

[疏] 第二, 復有妙華下는 略列諸王이라 文易可知로다
- ㄴ. 復有妙華 아래는 여러 왕들과 함께 뵈러 감이다. 경문이 쉬우니 알 수 있으리라.

바) 여래께서 법문을 널리 연설하다[廣演法門] 5.
(가) 부처님이 법문을 굴리시다[佛轉法輪] (第六 21上9)

時彼如來가 爲欲調伏諸衆生故로 於衆會道場海中에 說

普集一切三世佛自在法修多羅하시니 世界微塵數修多羅로 而爲眷屬이라 隨衆生心하여 悉令獲益케하신대,
이때에 그 여래께서 모든 중생을 조복하기 위하여 대중이 모인 도량에서 보집일체삼세불자재법 수다라를 말씀하시니, 세계의 티끌 수 수다라로 권속이 되었으며, 중생들의 마음을 따라 모두 이익을 얻게 하였다.

[疏] 第六, 時彼如來下는 廣演法門이라 文分爲五니 一, 佛轉法輪이오 二, 威光獲益이오 三, 以偈讚述이오 四, 傳化衆生이오 五, 佛加讚勵라 今初也라 佛解脫用은 主敎宣示오 刹塵眷屬은 隨機益殊라

바) 時彼如來 아래는 여래께서 법문을 널리 연설함이다. 경문을 다섯으로 나누리니 (가) 부처님이 법륜을 굴리심이요, (나) 대위광보살의 득법이요, (다) (대위광보살의)게송으로 찬탄하여 말함이요, (라) 중생에게 전하여 교화함이요, (마) 부처님 가피로 찬탄하고 격려함이다. 지금은 (가) (부처님이 법륜을 굴리심)이다. 부처님 해탈의 작용은 주로 가르치고 베풀어 보임이요, 티끌 수 세계의 권속은 근기에 따라 이익이 다르다는 뜻이다.

(나) 대위광보살의 득법[威光獲益] 2.
ㄱ. 총상으로 밝히다[總] (第二 21下5)

是時에 大威光菩薩이 聞是法已하고 卽獲一切功德須彌勝雲佛의 宿世所集法海光明하니
이때에 대위광보살이 이 법을 듣고 즉시에 일체 공덕산 수

미승운 부처님께서 지난 세상에 모으신 법 바다 광명을 얻
었으니

[疏] 第二, 是時大威下는 得益中에 初는 總이오 後는 別이라 總中에 上說
三世佛法은 卽佛昔所集也라 旣見佛得益하니 轉受菩薩之名이라
■ (나) 是時大威 아래는 대위광보살의 득법 중에 ㄱ. 총상으로 밝힘이
요, ㄴ. 별상으로 밝힘이다. ㄱ. 총상 중에 위에서 삼세(三世)의 불법
은 곧 부처님이 과거세에 모은 결과를 말한다. 이미 부처님 뵙고 이익
을 얻었으니 바꾸어 '보살'이란 명칭을 받게 된 것이다.

ㄴ. 별상으로 밝히다[別] 11.
ㄱ) 깊은 삼매와 지혜의 광명[深定智明] (所謂 21下9)

所謂得一切法聚平等三昧智光明과
이른바 일체 법취 평등 삼매의 지혜광명이며,

[疏] 所謂下는 別이라 智는 卽是體요 光明은 語用이니 所照境殊라 故[130)]
分十一也[131)]니 初一은 深定智明이오 一切法聚가 略有三義하니 一,
正定等三이오 二, 善惡等三이오 三, 總收一切라 不出有爲와 無爲에
는 二種法聚니 二位相收에 一味性現일새 故云平等이오 定中에 證此
일새 名彼三昧니라
■ ㄴ. 所謂 아래는 별상으로 밝힘이다. 지혜는 곧 체성이요, 광명은 말
의 작용이니 비출 대상 경계가 다른 것이다. 그러므로 열한 가지로

---
130) 故下에 續金本有疏字 源原南本無.
131) 也는 源南續金本作初.

나누리니 ㄱ) 깊은 삼매와 지혜의 광명이요, '온갖 법 무더기[一切法聚]'는 간략히 세 가지 뜻이 있으니 (1) 바른 삼매 등 셋이요, (2) 선과 악 등 셋이요, (3) 총합하여 모두를 섭수함이다. 유위법과 무위법에는 두 가지 법의 무더기에서 벗어나지 않나니, 두 지위를 서로 섭수할 적에 한 맛의 성품으로 나타나는 연고로 '평등하다'고 말함이요, 삼매 중에 이것을 증득하므로 '저 삼매'라고 이름하였다.

[鈔] 智卽是體者는 智體는 如日하고 用如日光이라 日體雖一이나 能放千光하고 智體不殊나 能照萬境이라 又日光은 無二나 所照物殊요 智光無差나 隨境分照니라 一正定等三者는 謂等取邪定과 不定聚故라 善惡等者는 等取無記라 三, 總收爲二라 四, 二位下는 融而爲一이라

● '지혜는 곧 체성'이란 지혜의 체성은 해와 같고, 작용은 햇빛과 같다. 해의 체성은 비록 하나지만 능히 천 개의 광명을 놓고, 지혜의 체성은 다르지 않지만 능히 만 가지 경계를 비춘다. 또한 햇빛은 둘이 없지만 비출 사물은 다른 것이요, 지혜광명은 차별이 없지만 경계를 따라 나누어 비춘다. (1) '바른 삼매 등 셋'이란 이른바 사정취(邪定聚)와 부정취(不定聚)를 똑같이 비춘다는 뜻이요, (2) '선과 악 등 셋'은 (선과 악과) 무기(無記)를 똑같이 취한다는 뜻이요, (3) '총합하여 모두를 섭수함'은 둘이 되며, (4) 二位 아래는 융섭하여 하나가 된다는 뜻이다.

ㄴ) 보리심의 지혜광명[大心智明] (二大 22上9)

一切法悉入最初菩提心中住智光明과
일체 법이 최초의 보리심 가운데 모두 들어가 머무는 지혜

광명이며,

[疏] 二, 大心智明이니 謂後後因果가 皆入初心이라 略有三義하니 一, 後因初得일새 故言一切悉入이라 若修途인대 至在初步니 學者가 祿在其中이라 二, 菩提直心正念眞如니 眞如門內에 攝一切法이라 三者, 三德開顯에 初後圓融[132]이니 初發心時에 便成正覺故니라

- ㄴ) 보리심의 지혜광명이니 이른바 뒤와 뒤의 인과가 모두 초발심에 들어간다. 간략히 세 가지 뜻이 있으니 (1) 뒤의 원인을 처음으로 얻은 연고로 '일체 법이 다 들어간다'고 말하였다. 만일 수행의 길이라면 도착은 첫걸음에 있나니, 학자의 녹봉은 그 속에 있는 것이다. (2) 보리심의 정직한 마음으로 진여를 바로 생각함이니, 진여문 안에 온갖 법을 섭수한 것이다. (3) 세 가지 덕을 열어서 처음과 나중이 원융함을 드러냄이니 처음 발심할 때에 문득 정각을 이루기 때문이다.

[鈔] 謂後後因果等者는 總釋也니 六位相望일새 故成後後라 五位爲因이오 妙覺爲果라 又位位之中에 亦有因果하니 如十地中에 調柔果等이니라 若修途者는 卽肇公不遷論[133]이니 論에 云, 是以로 如來는 功流萬古[134]而常存하며 道通百劫而彌固라 成山은 假就於始簣오 修途는 託至於初步者는 果以功業不可朽故也라하니 彼論意에 云, 物各性住일새 故無往來라 今雖引文이나 用意少別이라 此言은 本出莊子하니 千里之途가 在於足下요 其猶滔滔之水가 本於濫觴이오 合抱之木이 生自毫末이니라 後由初得일새 故曰在初니라 學者祿在其中은

---

132) 初는 甲南續金本作前.
133) 論下에 南金本有也字.
134) 古는 南金本作世.

意亦同於上이니 卽論語에 子張이 學干祿한대 子曰, 多聞闕疑하고 愼言其餘면 則寡尤오 多見闕殆하고 愼行其餘면 則寡悔라 言寡尤하며 行寡悔하면 祿在其中矣라하니라 注曰, 干은 求也요 祿은 位也니 雖未得祿이나 得祿之道也라 故得祿이 在後나 由學而能得일새 故居學中이니 此上一義는 通諸經論이니라

● '이른바 뒤와 뒤의 인과' 등이란 총합 해석이니 여섯 지위[十住 十行 十廻向 十地 等覺 妙覺]가 서로 바라보는 연고로 뒤와 뒤를 이룬 것이다. (1) 다섯 지위는 원인이 되고 묘각이 결과가 된다. (2) 또한 지위와 지위 중간에 또한 원인과 결과가 있기도 하나니, 마치 십지위 중의 조유과(調柔果)와 같은 등이다. 만일 수행하는 길이라면 곧 승조(僧肇)법사의 『물불천론(物不遷論)』이니, 논에 이르되, "그러므로 여래의 공덕은 만고(萬古)에 유전하면서도 항상 존재하며 도(道)는 영겁에 통하면서도 더욱 견고하기만 하다. (비유하자면) 산을 이루는 데는 처음 한 삼태기의 흙을 빌려 완성하고, 먼 길을 떠나는 데는 첫걸음부터 시작하여 목적지에 이르러 가는 것이니, 결과를 이루었다 하여 원인의 공업(功業)이 썩어 없어지지 않기 때문이다"라고 하였으니, 저 논의 주장을 말하면, "만물은 각자의 성품으로 머무는 연고로 오고 감이 없다. 지금은 비록 논문을 인용하였지만 쓰이는 의미는 조금 다르다." 이런 말은 본래『장자(莊子)』에서 나왔으니 "천 리의 길이 발을 내디딤에 있으며, 오히려 도도히 흐르는 물이 근본은 잔에 넘치는 물이요, 아름드리 나무도 터럭 끝만 한 싹에서부터 생긴 것이다." 뒤는 처음으로 말미암아 얻는 연고로 '처음에 있다'고 말한다. '학자의 녹(祿)은 그 속에 있다'는 것은 의미가 역시 위와 같다. 곧『논어(論語)』(제2장 爲政篇)에서 자장(子張)이 녹 얻는 법을 배우는데 공자(孔子)가 말씀하되,

"많이 듣고서 의심나는 것은 없애고 그 나머지를 조심해서 말하면 실수가 적다. 많이 보아서 위태한 것은 버리고 그 나머지를 조심해서 행하면 뉘우치는 일이 적다. 그렇게 되면 저절로 녹(祿)이 그 가운데 있다. 말이 적음이 더하고 행하여 후회가 적으면 녹(祿)은 그 속에 있는 것이다"라고 하였다. 주(註)를 내어 말하면, "간(干)은 구한다는 뜻이요, 녹(祿)은 자리의 뜻이니 비록 녹을 얻지는 못했으나 녹을 얻는 방법이라는 뜻이다. 그러므로 녹을 얻음은 뒤에 있지만 배움으로 말미암아 능히 얻게 되므로 머물며 배우는 것이니, 이 위의 한결같은 뜻은 모든 경전과 논서에 통한다.

二, 菩提直心等者는 卽起信論法性宗中의 實敎之意라 然이나 菩提心이 總有三心하니 今但直心中攝이라 以直心으로 正念眞如라 眞如는 卽起信의 生滅眞如二門之一이니 故云眞如門內니라 然此二門이 皆各總攝一切法이로대 唯取眞如는 謂一切法과 及後後諸德이 皆依眞如니 眞如無二하야 通爲諸法之體라 今菩提心으로 正念眞如일새 故能攝也니라 三者, 三德開顯前後圓融者[135]는 卽別敎一乘圓融義也니 不同餘義[136]라 言三德開者는 卽發心功德品에 初發心時에 得如來一身無量身은 則法身開顯이오 得究竟智慧하며 得一切智慧光明은 則般若開顯이오 不於諸法에 少有所得은 卽[137]以心離妄取하야 寂照雙流니 故로 解脫開顯이라 故此心中에 無德不攝이니라 因該果海가 並在[138]初心이라 從初發心時에 便成正覺은 卽梵行品文이니라

---

135) 上五字는 南續金本作下.
136) 義는 南金本作宗.
137) 卽下에 南金本有解脫開顯四字.
138) 在는 南金本此.

言初後圓融者는 以初是卽後之初이며 後是卽初之後니 以緣起法이 離初無後며 離後無初일새 故擧初攝後라 若約法性融通인대 一切因果가 不離心性이니 契同心性하면 無德不收라 以一切法이 隨所依性하야 皆於初心에 頓圓滿故라 故로 梵行品에 云, 若諸菩薩이 能與如是觀行으로 相應하야 於諸法中에 不生二解하면 一切佛法이 疾得現前이라 初發心時에 卽得阿耨多羅三藐三菩提하야 知一切法이 卽心自性하며 成就慧身호대 不由他悟라하니 如玄文에 已明이라 下當更說 호리라

- (2) '보리심의 정직한 마음' 등이란 곧 『기신론』의 법성종 가운데 대승실교의 주장이다. 그러나 보리심이 총합하여 세 가지 마음이 있으니 지금은 단지 정직한 마음에 포섭된다. 정직한 마음으로 진여를 바로 생각함이다. 진여는 곧 『기신론』의 생멸문과 진여문의 두 문 중의 하나이니, 그래서 진여문 안이라 하였다. 그런데 이 두 문이 모두 각기 온갖 법을 총합하여 포섭하되 오직 진여만 취한 것은 이른바 온갖 법과 뒤와 뒤의 모든 공덕이 모두 진여를 의지하나니, 진여는 둘이 없어서 통틀어 모든 법의 자체가 되는 것이다. 지금의 보리심으로 진여를 생각하기 때문에 능히 포섭하는 것이다. (3) '세 가지 덕을 열어서 처음과 나중이 원융함을 드러냄'이란 곧 별교일승의 원융한 이치이니 나머지 뜻과는 같지 않다. '세 가지 덕을 연다'고 말한 것은 곧 발심공덕품에서 "처음 발심했을 때에 여래의 한 몸이 한량없는 몸인 것을 얻는 것"은 법신의 덕을 열어서 밝힘이요, "구경의 지혜를 얻으려 온갖 지혜광명을 얻은 것"은 반야덕을 열어서 밝힘이요, "모든 법에 조금도 얻은 것이 있지 않음"은 곧 마음이 망념을 취함을 여의어서 고요함과 비춤을 함께 유전하는 까닭이니, 그러므로 해탈의 덕을 열어서

밝힌 까닭이다. 그래서 이 마음속에 덕을 포섭하지 못한 것이 없다. 인행이 과덕을 포섭함이 아울러 첫 마음에 있는 것이니, 처음 발심했을 때로부터 문득 정각을 이룸은 곧 범행품의 경문이다. '처음과 나중이 원융하다'고 말한 것은 처음은 뒤와 합치한 처음이며, 뒤는 처음과 합치한 뒤인 까닭이니, 연기법이 처음을 여의고 뒤가 없으며 뒤를 여의고는 처음도 없으므로 처음을 거론하여 뒤를 포섭한 것이다. 만일 법성종의 원융하게 통함을 잡으면 온갖 원인과 결과가 마음의 성품을 여의지 않나니, 계합하여 마음 성품과 같게 되면 덕을 섭수하지 못함이 없다. 온갖 법이 의지할 성품을 따라 모두 초발심에 몰록 원만하기 때문이다. 그러므로 범행품에 이르되, "만일 보살들이 이렇게 관행(觀行)함으로 더불어 서로 응하면, 모든 법에 두 가지 이해를 내지 아니하여 온갖 부처님 법이 빨리 앞에 나타날 것이며, 처음 발심할 때에 아뇩다라삼약삼보디를 얻을 것이며, 온갖 법이 곧 마음의 성품임을 알 것이며, 지혜의 몸을 성취하되 다른 이를 말미암아 깨닫지 아니하리라"라고 하였으니 저 현담(玄談)에서 이미 밝힌 내용이다. 아래에 가서 다시 설명하리라.

ㄷ) 시방법계의 큰 지혜광명[大智智明] (三大 24上7)

十方法界普光明藏이 **清淨眼智光明**과
시방법계의 넓은 광명장인 청정한 눈 지혜광명이며,

[疏] 三, 大智智明이니 法界者는 所照之體大也요 普光明者는 卽相大也라 智慧光明이 徧照法界義故라 蘊恒沙性德일새 故名爲藏이오 妄惑本

空일새 故云淸淨이라 明見을 稱眼이라 見性에 肉眼이 卽同佛眼이니라

■ ㄷ) 시방법계의 큰 지혜광명이니 '법계'란 비출 대상의 자체가 큰 것이요, '넓은 광명'이란 곧 모양이 큰 것이다. 지혜와 광명이 법계를 두루 비춘다는 뜻이다. 항하 모래 같은 성품의 덕을 쌓은 연고로 '광'이라 이름함이요, 허망한 번뇌는 본래 공하므로 '청정하다'고 이름하였다. 분명하게 보는 것을 눈이라 칭한 것이다. 성품을 볼 적에 육안(肉眼)이 곧 불안(佛眼)과 같은 것이다.

[鈔] 三大智智明者는 經中의 淸淨眼이 是總相이라 此眼은 何見고 見心三大니라 疏中에 屬經에 唯配二大하고 略無用大나 用卽智攝故라 從智慧光明徧照法界義故者는 卽暗引起信하야 證普光明이 爲相大義니 卽139)起信의 釋生滅門中에 所顯義大에 雙明體相之文이라 論에 云, 復次眞如自體相者는 一切凡夫와 聲聞緣覺과 菩薩諸佛이 無有差別하야 非前際生이며 非後際滅이오 畢竟常住라하니라 釋曰, 上釋體大를 今不引之는 以法界爲體를 義易知故라 論에 云, 從本已來로 性自滿足一切功德이니 所謂自體에 有大智慧光明義故며 徧照法界義故며 眞實識知義故며 自性淸淨心義故며 常樂我淨義故며 淸凉不變自在義故라하니라 釋曰, 上之六句는 皆是相大니 一, 本覺智明義요 二, 本覺顯照諸法義요 三, 照時無倒義요 四, 體離惑染義요 五, 性德圓備義요 六, 性德無遷義라 今不引後四하고 而引前二有智徧照하야 證以普光明으로 爲相大義라 恐人이 以法界爲所照하고 普光明으로 爲能照일새 故引此文이니 相大本有니 則皆所照오 以淨眼智明으로 爲能照耳라

---

139) 卽은 南金本作此卽.

● ㄷ) '시방법계의 큰 지혜광명'이란 경문 중에 '청정한 눈'이 바로 총상인 것이다. 이 눈은 어떻게 보는가? 마음의 세 가지 큰 것을 보는 것이다. 소문 중에 경문을 소속할 적에 오직 두 가지 큰 것만 배대하고 작용이 큰 것은 생략하여 없지만 작용은 지혜와 합치하여 포섭했기 때문이다. '지혜광명이 법계를 두루 비추는 뜻이기 때문'이란 곧 가만히 기신론을 인용하여 생멸문을 해석한 중에 이치가 큰 것을 밝힐 적에 체성과 모양을 함께 밝힌 논문이다. 논에 이르되, "다시 진여 자체의 상(相)이란 일체 범부, 성문과 연각, 보살과 제불이 증감이 없어서 전제에 생기는 것도 아니며 후제에 멸하는 것도 아니라 끝까지 변함없이 그대로이며,"라고 하였다. 해석하자면 위에서 자체가 큰 것을 해석하면서 지금 인용하지 않음은 법계가 체성이 됨을 이치로 쉽게 알기 때문이다. 논에 이르되, "본래로부터 자체 성품에 일체 공덕을 원만히 갖추었나니, 이른바 자체에 큰 지혜광명의 뜻이 있기 때문이며, 법계를 두루 비추는 뜻이기 때문이며, 진실하게 아는 뜻이기 때문이며, 자성이 청정한 마음의 뜻이기 때문이며, 항상하고 · 즐겁고 · 나이고 · 청정한 뜻이기 때문이며, 청량하여 변치 않고 자재한 뜻이기 때문이니라"라고 하였다. 해석하자면 위의 여섯 구절은 모든 모양이 큰 것이니 (1) 본각의 지혜가 밝은 뜻이요, (2) 본각이 모든 법을 훤히 비추는 뜻이요, (3) 비출 때에 뒤바뀜이 없는 뜻이요, (4) 자체가 번뇌의 더러움을 여의었다는 뜻이요, (5) 성품의 덕을 원만하게 갖춘다는 뜻이요, (6) 성품의 덕이 바뀜이 없는 뜻이다. 지금은 뒤의 네 가지는 인용하지 않고 앞의 두 가지[一本覺智明義 二本覺顯照諸法義]에 지혜와 두루 비추는 뜻이 있음을 인용하여 넓은 광명으로 모양이 큰 뜻이 됨을 증명하였다. (혹시) 사람이 법계로 비출 대상을 삼고 넓은 광명

으로 비추는 주체를 삼을까 염려하여 이 논문을 인용한 것이니, 모양이 큰 것이 본래 있으니 모두 비출 대상인 것이요, 청정한 눈의 지혜광명으로 비추는 주체를 삼았을 뿐이다.

從蘊恒沙下는 釋經藏字라 具二藏義하니 蘊恒沙德은 卽不空藏이오 妄惑本空은 卽是空藏이라 故로 淸淨言은 向屬所觀之藏이오 向下에 屬能見之眼이니 無障蓋故라
言見性肉眼卽名佛眼者는 卽涅槃第六經에 云, 善男子야 聲聞之人은 雖有天眼이나 故名肉眼이오 學大乘者는 雖有肉眼이나 乃名佛眼이니 何以故오 是大乘經은 名爲佛乘이오 如此佛乘은 最上最勝이니 諸佛見性故라하니라

● 蘊恒沙 아래는 경문의 '장(藏)' 자를 해석한 내용이다. 두 가지 광의 뜻을 갖추었으니 항하 모래같이 쌓은 공덕은 곧 불공(不空)여래장이요, 허망한 번뇌가 본래 공함은 곧 공(空)여래장이다. 그러므로 청정하다는 말은 앞의 관찰할 대상의 광에 속하고, 아래를 향할 적에는 보는 주체인 눈에 속하나니, 장애하는 번뇌가 없기 때문이다. '성품을 볼 적에 육안(肉眼)이 곧 불안(佛眼)과 같다'고 말한 것은 곧 『열반경』 제6권(如來性品의) 경문에 이르되, "선남자여, 성문인이 비록 천안(天眼)이 있지만 짐짓 육안(肉眼)이라 말하고, 대승을 배우는 사람은 비록 육안을 가졌지만 비로소 불안(佛眼)이라 말하나니, 왜냐하면 대승의 경전은 불승(佛乘)이라 이름하며, 이와 같은 불승은 가장 높고 가장 훌륭하나니, 모든 부처님이 성품을 보기 때문이다"라고 하였다.

ㄹ) 큰 원력의 지혜광명[大願智明] (四大 25下4)

ㅁ) 크고 청정한 행의 지혜광명[大行智明] (五大)
ㅂ) 빠른 광으로 나아가는 지혜광명[速疾智明] (六大)

觀察一切佛法大願海하는 智光明과 入無邊功德海하는 淸淨行智光明과 趣向不退轉大力의 速疾藏智光明과 일체 불법의 큰 원력 바다를 관찰하는 지혜광명이며, 끝없는 공덕 바다에 들어가는 청정행 지혜광명이며, 물러나지 않는 큰 힘의 빠른 광으로 향하여 나아가는 지혜광명이며,

[疏] 四, 大願智明이니 知諸佛法에 願爲本故라 五, 大行智明이니 無邊果德에 此行入故라 六, 速疾智明이니 謂趣入無生하야는 功用不退라 無功大力하야 一行에 含多일새 受斯稱也니라

■ ㄹ) 큰 원력의 지혜광명이니 모든 부처님 법에는 원력이 근본임을 알기 때문이다. ㅁ) 크고 청정한 행의 지혜광명이니, 그지없는 과덕에는 이런 행으로 들어가기 때문이다. ㅂ) (물러나지 않고) 빠른 광으로 나아가는 지혜광명이니 이른바 생사 없음에 나아가 들어가서는 공용에 물러나지 않고 공용 없는 큰 힘으로 한 번 행할 적에 많은 것을 포함한 연고로 이런 명칭을 받은 것이다.

[鈔] 無功大力者는 由八地에 得無功用이 如乘船入海일새 故云大力速疾이라 言一行含多者는 先以一身起行이라가 至此八地하야는 以無量身으로 起行하나니 一一行中에 起一切行故니라

● '공용 없는 큰 힘'이란 제8지에 얻은 무공용행(無功用行)이 마치 배를 타고 바다에 들어감과 같음으로 말미암은 연고로 '큰 힘으로 빠르

다'고 말한 것이다. '한번 행할 적에 많은 것을 포함한다'고 말한 것은 먼저 한 몸으로 행을 일으키다가 이 제8지에 이르러서는 한량없는 몸으로 행을 일으키나니 낱낱 행 속에 온갖 행을 일으키는 까닭이다.

ㅅ) 신통변화한 힘의 지혜광명[神通智明] (七神 26上4)
ㅇ) 대복덕의 지혜광명[大福智明] (八大)
ㅈ) 큰 지해의 지혜광명[大解智明] (九大)
ㅊ) 큰 작용의 지혜광명[大用智明] (十佛)
ㅋ) 부처님의 무외덕의 지혜광명[佛德智明] (十一)

法界中無量變化力으로 出離輪智光明과 決定入無量功德圓滿海하는 智光明과 了知一切佛決定解莊嚴成就海智光明과 了知法界無邊佛의 現一切衆生前神通海智光明과 了知一切佛力無所畏法智光明이라

법계 가운데서 한량없이 변화하는 힘으로 벗어나는 바퀴의 지혜광명이며, 한량없는 공덕이 원만한 바다에 결정코 들어가는 지혜광명이며, 일체 부처님의 결정한 지해로 장엄하고 성취한 바다를 분명하게 아는 지혜광명이며, 법계의 그지없는 부처님이 일체 중생의 앞에 나타나는 신통바다를 분명하게 아는 지혜광명이며, 온갖 부처님의 힘과 두려움 없는 법을 잘 아는 지혜광명을 얻었다.

[疏] 七, 神通智明이니 三輪幹事하야 出離不能이라 八, 大福智明이니 照福嚴故라 九, 大解智明이니 謂佛勝解力으로 成莊嚴海라 十, 佛用智

明이 普周法界라 十一, 佛德智明이니 降魔制外라 後三佛境일새 故但了知오 餘可證知일새 故云得云140)入이니라

- ㅅ) 신통변화한 힘의 지혜광명이니, 삼륜(三輪)의 큰 일로 능하지 않음을 벗어나는 지혜광명이란 뜻이다. ㅇ) 대복덕의 지혜광명이니 복덕으로 장엄한 것을 비추는 까닭이다. ㅈ) 큰 지해(知解)의 지혜광명이니 이른바 부처님의 훌륭한 이해력으로 장엄을 성취한 바다라는 뜻이다. ㅊ) 부처님의 큰 작용의 지혜광명이 법계에 널리 두루 하다는 뜻이다. ㅋ) 부처님의 (두려움 없는) 덕의 지혜광명이니, 마군을 항복받고 외도를 제압한다는 말이다. 뒤의 세 가지 법[ㅈ) 大解智明 ㅊ) 大用智明 ㅋ) 佛德智明]은 부처님의 경계이므로 단지 분명하게 알 뿐이요, 나머지는 증득해야 알 수 있으므로 '들어간다'고 말한 것이다.

[鈔] 餘可證知者는 智論三十一에 云, 通徹을 名入이니 入亦證也라 得者는 獲之在己也니라

- '나머지는 증득해야 알 수 있다'는 것은 『대지도론』 제31권에 이르되, "철저하게 통달함을 들어감이라 이름하나니 들어감도 또한 증득함의 뜻이다." '얻음'이란 얻어서 자기에게 두는 것을 말한다.

(다) 대위광보살의 게송[以偈讚述] 2.
ㄱ. 게송을 설하는 원인[因] (第三 26下7)

爾時에 大威光菩薩이 得如是無量智光明已에 承佛威力하고 而說頌言하되,

---

140) 云得云은 原續本作云得 金本作得云 玆從源南本 與鈔合.

그때 대위광보살은 이와 같이 한량없는 지혜광명을 얻고 부처님의 위신력을 받들어 게송으로 말하였다.

[疏] 第三, 以偈讚述이라 文分二別이니 先은 因이오 後는 偈라
- (다) (대위광 보살이) 게송으로 찬탄하여 말함이다. 경문을 둘로 나누어 구분하리니 ㄱ. 게송을 설하는 원인이요, ㄴ. 게송으로 설함이다.

ㄴ. 게송으로 설하다[偈] 3.
ㄱ) 한 게송은 이익의 체성과 작용을 표방하다[初一標益體用]
(偈中 26下9)

我聞佛妙法하고　　　而得智光明일새
以是見世尊의　　　往昔所行事로다
부처님의 미묘한 법 내가 듣잡고
지혜의 밝은 광명 얻었으므로
이것으로 세존의 지난 세월에
행하시던 온갖 것을 분명히 보네.

[疏] 偈中에 分三이니 初一은 標益體用이오
- ㄴ. 게송을 설함 중에 셋으로 나누리니 ㄱ) 한 게송은 이익의 체성과 작용을 표방함이요,

ㄴ) 여덟 게송은 작용으로 보는 대상을 밝히다[次八顯用所見] 2.
(ㄱ) 일곱 게송은 인행을 보다[前七見因] (次八 27上7)

一切所生處에　　　　　名號身差別과
及供養於佛을　　　　　如是我咸見이로다
여러 세계 온갖 곳에 나시던 일과
이름과 신체들의 모든 차별과
부처님께서 가지가지 공양하던 일
이런 것을 내 눈으로 모두 다 보네.

往昔諸佛所에　　　　　一切皆承事하고
無量劫修行하사　　　　嚴淨諸刹海로다
지난 옛날 부처님 계신 곳에
공경하여 모든 여래 두루 섬기며
한량없는 겁 동안 행을 닦아서
수없는 세계해를 깨끗이 장엄

捨施於自身하되　　　　廣大無涯際하고
修治最勝行하사　　　　嚴淨諸刹海로다
이 몸을 버리어서 보시한 것이
얼마던가 엄청나서 끝이 없는데
가장 수승한 모든 행을 닦고 닦아서
수없는 세계해를 깨끗이 장엄

耳鼻頭手足과　　　　　及以諸宮殿을
捨之無有量하사　　　　嚴淨諸刹海로다
귀와 코와 머리와 손과 발이며

그 밖의 궁전까지 모든 재산을
버리어 보시하기 한량이 없어
수없는 세계해를 깨끗이 장엄

能於一一刹에　　　　　億劫不思議로
修習菩提行하사　　　　嚴淨諸刹海로다
온 세계 하나하나 모든 국토에
생각할 수가 없는 억천 겁 동안
보리의 바른 행을 닦아 익혀서
수없는 세계해를 깨끗이 장엄

普賢大願力으로　　　　一切佛海中에
修行無量行하사　　　　嚴淨諸刹海로다
보현보살 서원의 큰 힘으로써
그지없는 부처님의 바다 가운데
한량없는 보리행을 닦아 행하여
수없는 세계해를 깨끗이 장엄

如因日光照하여　　　　還見於日輪인달하여
我以佛智光으로　　　　見佛所行道로다
비유컨대 태양의 빛으로 인해
도리어 둥근 해를 보는 것같이
나 역시 부처님의 지혜광명으로
부처님의 행하던 길을 봅니다.

[疏] 次八은 顯用所見이라 於中에 前七은 見因이오
- ㄴ) 여덟 게송은 작용으로 보는 대상을 밝힘이다. 그중에 (ㄱ) 일곱 게송은 인행을 봄이요,

(ㄴ) 한 게송은 과덕을 보다[後一見果] (後一 27上9)

我觀佛刹海의　　　　　清淨大光明하니
寂靜證菩提하사　　　　法界悉周徧이로다
내가 보니 부처님 세계 바다의
깨끗하고 찬란하고 밝은 저 광명
고요하게 증득한 보리의 도가
온 법계에 골고루 두루 하였네.

[疏] 後一은 見果라
- (ㄴ) 한 게송은 과덕을 봄이다.

ㄷ) 한 게송은 생각이 (부처님과) 같아지기를 발원하다
[後一發願思齊] (三一 27下1)

我當如世尊이　　　　　廣淨諸刹海하여
以佛威神力으로　　　　修習菩提行하리이다
오는 세상 나 역시 세존과 같이
세계해를 모두 다 깨끗이 하고
부처님의 부사의한 위신력으로

위없는 보리행을 닦아 익히리.

[疏] 三, 一偈는 發願思齊니 卽前品의 初修治大願也니라
■ ㄷ) 한 게송은 생각이 부처님과 같아지기를 발원함이니, 곧 앞의 화장세계품의 첫 부분의 대원을 닦고 다스림을 노래한 내용이다.

(라) 대위광보살의 중생 교화[傳化衆生] 3.

ㄱ. 스스로 깨달음을 밝히다[明自悟] (第四 27下4)
ㄴ. 법륜을 굴려서 다른 이를 깨닫게 하다[轉悟他] (二爲)
ㄷ. 다른 이를 이롭게 한 이익[利他之益] (三令)

諸佛子여 時에 大威光菩薩이 以見一切功德山須彌勝雲佛하고 承事供養故로 於如來所에 心得悟了하고 爲一切世間하여 顯示如來往昔行海하며 顯示往昔菩薩行方便하며 顯示一切佛功德海하며 顯示普入一切法界淸淨智하며 顯示一切道場中成佛自在力하며 顯示佛力無畏無差別智하며 顯示普示現如來身하며 顯示不可思議佛神變하며 顯示莊嚴無量淸淨佛土하며 顯示普賢菩薩所有行願하여 令如須彌山微塵數衆生으로 發菩提心하며 佛刹微塵數衆生으로 成就如來淸淨國土케하니라
여러 불자들이여, 그때 대위광보살이 일체 공덕산 수미승운 부처님을 뵈옵고 받들어 섬기고 공양한 연고로 (1) 여래의 처소에서 마음으로 깨닫고, (2) 모든 세간을 위하여 여래

께서 옛날에 행하신 일을 나타내 보이며, (3) 보살들의 옛날에 행하던 방편을 나타내 보이며, (4) 온갖 법계에 들어가는 청정한 지혜를 나타내 보이며, (5) 일체의 도량에서 성불하는 자재한 힘을 나타내 보이며, (6) 부처님의 힘과 두려움 없고 차별 없는 지혜를 나타내 보이며, (7) 널리 나타나는 여래의 몸을 나타내 보이며, (8) 부사의한 부처님의 신통변화를 나타내 보이며, (9) 한량없이 청정한 불국토 장엄함을 나타내 보이며, (10) 보현보살이 소유한 행과 원을 나타내 보이어서 (11) 수미산 티끌 수의 중생들로 하여금 보리심을 내게 하고 부처님 세계 티끌 수의 중생들로 하여금 여래의 청정한 국토를 성취하게 하였다.

[疏] 第四, 傳化衆生이라 文分爲三이니 初, 明自悟오 二, 爲一切下는 明轉悟他라 顯示十法이 與前自得十一로 有同有異하니 文並可知로다 三, 令如須彌山下는 利他之益이라

■ (라) 대위광보살의 중생 교화이다. 경문을 셋으로 나누리니 ㄱ. 스스로 깨달음을 밝힘이요, ㄴ. 爲一切 아래는 법륜을 굴려서 다른 이를 깨닫게 함이다. 열 가지 법이 앞에서 스스로 얻은 열한 가지와 같은 것도 있고 다른 것도 있나니, 경문과 함께하면 알 수 있으리라. ㄷ. 令如須彌山 아래는 다른 이를 이롭게 한 이익이다.

(마) 부처님 가피로 찬탄하고 격려하다[佛加讚勵] 2.

ㄱ. 설하는 원인[說因] (經/爾時 28上5)

爾時에 一切功德山須彌勝雲佛이 爲大威光菩薩하사 而
說頌言하시되,
그때 일체공덕산수미승운부처님이 대위광보살을 위하여
게송으로 말하였다.

ㄴ. 열한 게송은 찬탄하고 격려하다[讚勵] 4.
ㄱ) 세 게송은 발심하여 법 얻음을 찬탄하다[初三讚發心得法]
(第五 28上10)

善哉大威光이여　　　福藏廣名稱하니
爲利衆生故로　　　　發趣菩提道로다
착하도다 대위광의
복덕 많고 넓은 소문
중생들께 이익 주려
보리도에 나아가네.

汝獲智光明하여　　　法界悉充徧하니
福慧咸廣大하여　　　當得深智海로다
지혜광명 네가 얻어
온 법계에 가득하고
복덕 지혜 넓고 크니
깊은 지혜 얻으리다.

一刹中修行을　　　　經於刹塵劫하니

如汝見於我하여 　　　　當獲如是智로다
한 세계에 행을 닦아
무량겁을 지내면서
네가 나를 본 것같이
그런 지혜 얻으리라.

[疏] 第五, 如來讚勵中에 偈有十一하니 初三은 讚發心得法에 大果當成이오

■ (마) 부처님 가피로 찬탄하고 격려함 중에 열한 게송이 있으니, ㄱ) 세 게송은 발심하여 법을 얻어 대각의 과덕을 이루게 됨을 찬탄함이요,

ㄴ) 네 게송은 열등함을 상대하여 뛰어남을 드러내다[次四對劣顯勝]
　　　　　　　　　　　　　　　　　　(次四 28下9)

非諸劣行者가 　　　　能知此方便이니
獲大精進力하여사 　　乃能淨刹海로다
용렬한 행을 닦는 이는
이 방편을 모르지만
큰 정진을 얻은 이야
세계해를 장엄하리.

一一微塵中에 　　　　無量劫修行하여사
彼人乃能得 　　　　　莊嚴諸佛刹이로다
낱낱 티끌 가운데서

무량겁을 수행하면
부처님의 많은 세계
장엄할 수 있으리라.

爲一一衆生하여　　　　輪廻經劫海하되
其心不疲懈하여사　　　當成世導師로다
낱낱 중생 위하여서
무량겁을 헤매어도
게으르지 아니하면
대도사를 이루오리.

供養一一佛하여　　　　悉盡未來際하되
心無暫疲厭하여사　　　當成無上道로다
낱낱 부처 공양하며
오는 세월 끝나도록
피로한 줄 모르고야
위없는 도 성취하리.

[疏] 次四는 對劣顯勝하야 進者圓德이오

■ ㄴ) 네 게송은 열등함을 상대하여 뛰어남을 드러내어 정진하는 사람의 원만한 덕을 노래한 내용이다.

ㄷ) 두 게송은 밖에서 가피하고 안에서 지혜 얻음을 노래하다
　　[次二外加內智] (次二 28下9)

三世一切佛이　　　　　　當共滿汝願이니
一切佛會中에　　　　　　汝身安住彼로다
세 세상의 부처님들
네 소원을 채우리니
모든 부처 회상에서
편안하게 머물리라.

一切諸如來가　　　　　　誓願無有邊하시니
大智通達者가　　　　　　能知此方便이로다
한량없는 일체 여래
그 서원도 그지없어
큰 지혜를 통달하면
이 방편을 아느니라.

[疏] 次二는 外加內智를 決證無疑오
■　ㄷ) 두 게송은 밖에서 가피하고 안에서 지혜 얻음을 결정코 증득함
　　에 의심함이 없다는 내용이요,

ㄹ) 두 게송은 하나를 거론하여 나머지와 유례하다[後二擧一例餘]
(後二 29上2)

大光供養我일새　　　　　故獲大威力하여
令塵數衆生으로　　　　　成熟向菩提로다
네가 나를 공양하고

큰 위력을 얻었으니
　　티끌 수의 중생들을
　　보리도에 행하도록

　　諸修普賢行하는　　　　　大名稱菩薩이
　　莊嚴佛剎海하여　　　　　法界普周徧이로다
　　보현행을 수행하는
　　이름 높은 보살들이
　　부처 세계 장엄하려
　　온 법계에 가득하네.

[疏] 後二는 擧一例餘하야 行者卽得141)이니라
　■ ㄹ) 두 게송은 하나를 거론하여 나머지와 유례하여 수행하면 곧 얻게 됨을 노래한 내용이다.

나. 제2 바라밀선안장엄불이 출현하시다[遇第二波羅蜜善根-] 2.

가) 앞을 결론하고 뒤를 시작하다[結前生後] (第二 29上7)

　　諸佛子여 汝等은 應知彼大莊嚴劫中에 有恒河沙數小劫
　　하여 人壽命이 二小劫이니 諸佛子여 彼一切功德須彌勝
　　雲佛은 壽命이 五十億歲어든
　　여러 불자들이여, 그대들은 마땅히 알지어다. 저 대장엄 겁

---
141) 此下에 甲續金本有初逢一切功德山佛已竟.

가운데 항하의 모래 수 소겁이 있으니 사람들의 수명은 두 소겁인데, 저 일체 공덕 수미승운 부처님의 수명은 50억 세니라.

[疏] 第二, 遇第二佛이라 文分爲二니 先, 結前生後요 二, 正顯佛興이라 今初니 謂將說後佛일새 故總論劫壽라 明多少劫者는 欲顯多佛이 現故오 說人壽佛壽者는 由佛壽促而人壽長일새 故得威光이 一生에 歷事三佛이니라

■ 나. 제2 바라밀선안장엄부처님이 출현하심이다. 경문을 둘로 나누리니 가) 앞을 결론하고 뒤를 시작함이요, 나) 부처님 출현을 알림이다. 지금은 가)이니 이른바 뒤 부처님을 장차 설하려는 연고로 겁과 수명을 총합하여 논한 것이다. 대부분 소겁이라 밝힌 것은 많은 부처님이 출현하심을 밝히려는 까닭이요, 사람 수명과 부처님 수명을 말한 것은 부처님 수명은 짧은데 사람 수명이 긴 것으로 말미암아 대위광이 한 생에 세 부처님을 거치면서 섬기게 된 것이다.

나) 부처님 출현을 알리다[正顯佛興] 5.
(가) 다음 부처님이 출현하시다[明滅後佛興] (二彼 29下3)

彼佛滅度後에 有佛出世하시니 名波羅密善眼莊嚴王이라 亦於彼摩尼華枝輪大林中에 而成正覺이어시늘
그 부처님이 열반하신 뒤에 부처님이 출현하였으니 이름이 바라밀선안장엄왕이다. 역시 저 마니 꽃가지 바퀴 큰 숲 가운데 정각을 이루었느니라.

[疏] 二, 彼佛滅下는 顯佛興이라 文分爲五니 一, 明滅後佛興이오 二, 覩相獲益이오 三, 讚德勸詣요 四, 眷屬同歸오 五, 聞經悟入이라 今初也라 此中에 佛名은 謂智導萬行이 皆到彼岸이라 見性了了일새 故名善眼이오 果由因飾일새 是日莊嚴이니라

■ 나) 彼佛滅 아래는 부처님 출현을 알림이다. 경문을 다섯으로 나누리니 (가) 다음 부처님께서 출현하심이요, (나) 부처님 상호 보고 열 가지 이익 얻음이요, (다) 덕을 찬탄하고 가서 뵙기를 권함이요, (라) 권속이 함께 돌아감이요, (마) 경을 듣고 깨달아 들어감이다. 지금은 (가)이다. 이 가운데 부처님 명호는 이른바 지혜가 만행을 인도함이 모두 피안에 도달하기 위함이다. 성품을 봄이 아주 분명하므로 '좋은 눈'이라 이름함이요, 결과는 원인으로 말미암아 장식되므로 이것을 '장엄한다'고 말한 것이다.

(나) 부처님 상호 보고 얻은 열 가지 이익[覩相獲益] 2.
ㄱ. 부처님 뵙고 이익 얻은 이유[覩相獲益之由] (二爾 29下8)

爾時에 大威光童子가 見彼如來의 成等正覺하사 現神通力하고
그때 대위광동자는 그 여래께서 등정각을 이루어 신통한 힘을 나타내심을 보고

[疏] 二, 爾時下는 威光이 覩相獲益이라 中에 二니 先, 覩相이니 卽獲益之由也오
■ (나) 爾時 아래는 대위광보살이 부처님 상호 보고 얻은 열 가지 이익

이다. 그중에 둘이니 ㄱ. 부처님 뵈옴이니 곧 이익의 이유를 해석함이요,

ㄴ. 이익 얻는 모습을 밝히다[正明獲益之相] 2.
ㄱ) 나열하다[列] 10.
(ㄱ) 염불삼매를 얻다[念佛三昧] 2.
a. 부처님을 생각함에 대한 해석[釋念佛] (二卽 30上1)

卽得念佛三昧하니 名無邊海藏門이며
곧 염불삼매를 얻으니 이름이 끝없는 바다 광문이요,

[疏] 二, 卽得下는 正獲益也라 先은 列이오 後는 結이라 列有十種하니 一, 念佛三昧者는 菩薩之父니 故首明之라 乃至十地라도 不離念佛이니라
■ ㄴ. 卽得 아래는 이익 얻는 모습을 밝힘이다. ㄱ) 나열함이요, ㄴ) 결론함이다. ㄱ) 나열함에 열 종류가 있으니, (ㄱ) 염불삼매는 보살의 아버지이니, 그러므로 우두머리에 설명한 것이다. 나아가 십지에 이르더라도 부처님 생각함을 여의지 않는다.

[鈔] 菩薩之父者는 卽智論文이니 論에 云, 菩薩以般若波羅密로 爲母하고 般舟三昧로 爲父라하니 般舟는 卽念佛이라 此翻爲佛立三昧니 良以念佛이 卽眞涉事하야 與方便同일새 故得稱父라 又念佛成佛이 是親種故라 言乃至十地不離念佛者는 十地之中에 皆云一切所作이 不離念佛念法念僧等이라하니라 上辨은 先明所以오
● '보살의 아버지'란 곧 『대지도론』(제34권 信持無三毒義)의 논문이니 논에

이르되, "부처님은 반야를 어머니로 삼고 반주삼매(般舟三昧)를 아버지로 삼으셨다"라고 하였으니 반주(般舟)는 곧 '부처님을 생각함'의 뜻이다. 이것을 '부처님을 세운 삼매[佛立三昧]'라고 번역하나니 진실로 부처님을 생각함이 진여와 합치하여 현상을 건너서 방편과 같은 연고로 아버지라 칭한 것이다. 또한 부처를 생각하고 부처를 이룬 것이 바로 종자와 친한 까닭이다. "나아가 십지에 이르더라도 부처님 생각함을 여의지 않는다"고 말한 것은 십지품 중에 모두 말하되, "모든 하는 일이 모두 부처님을 생각하고 법을 생각하고 스님네를 생각함을 떠나지 아니하며,"라고 하였다. 위에서 밝힌 것은 먼저 이유를 밝힌 부분이다.

b. 삼매에 대한 해석[釋三昧] 2.
a) 간략히 해석하다[略釋] (無邊 30上9)

[疏] 無邊海藏門者는 蘊積을 名藏이오 深廣을 稱海라 然이나 略有三義하니
■ '끝없는 바다 광문'이란 쌓고 모은 것을 광이라 함이요, 깊고 광대함을 '바다'라 칭한다. 그러나 간략히 세 가지 뜻이 있으니,

b) 자세히 해석하다[廣釋] 3.
(a) 많은 부처님은 염불삼매로 인해 보다[多佛由念見] (一由 30上10)
(b) 부처님 공덕은 생각함으로 인해 안다[佛德由念知] (二一)
(c) 넓은 덕은 생각함으로 인해 생긴다[廣德由念生] (三無)

[疏] 一, 由此定中見多佛故니 下文에 云, 以佛爲境界하야 專念而不捨할

새 是人은 得見佛이라 其量이 與心等이라하니 由念能見일새 所以稱門
이니라 二, 一一佛德이 是無邊海藏이니 由念能知일새 所以稱門이라
云何無邊海오 劫海所修에 有行願海하며 成就色身에 有相好海하며
成就智身에 有辯才海하며 建立念處에 有名號海하며 修諸助道에 有
功德海하며 安立⁴¹²⁾衆生에 有淨刹海라 如是諸海가 一一無邊하야
各各出生이며 蘊積名藏이라 三, 無邊勝德이 由念佛生이라 故此一門
이 深廣蘊積이라 何者오 念法¹⁴³⁾性身에 則契如理오 念功德身에 成
無邊德이오 念相好身에 證無邊相이라 障無不滅이며 德無不生이니 一
言蔽諸하면 總由念佛이라 從此通悟일새 所以稱門이니 卽此一門은
說不可盡이니라

■ (a) 이런 염불삼매 중에 많은 부처님을 봄으로 말미암은 까닭이니 아
래 경문에 이르되, "부처로 경계를 삼아 오로지 생각하고 버리지 않음
으로 이런 사람은 부처님을 보게 된다. 그 분량이 마음과 같다"고 하
였으니, 생각함으로 말미암아 능히 보는 까닭에 문이라 칭한 것이다.
(b) 하나하나 부처님 공덕은 '그지없는 바다 같은 광'이니 생각함으
로 인해 아는 연고로 문이라 칭하였다. 어떤 것이 그지없는 바다인
가? 겁의 바다에서 닦을 대상에는 행원의 바다가 있으며, 색신을 성
취할 적에는 상호의 바다가 있으며, 지혜의 몸을 성취할 적에 변재의
바다가 있으며, 사념처(四念處)를 건립할 적에 명호의 바다가 있으며,
모든 조도법을 닦을 적에는 공덕의 바다가 있으며, 중생을 벌여 세울
적에 청정한 세계 바다가 있다. 이러한 모든 바다가 낱낱이 그지없어
서 각각 출생하며 쌓고 모으는 것을 광이라 칭한다.
(c) 그지없는 뛰어난 덕은 부처님을 생각함으로 인해 생긴다. 그러므

---

142) 立은 源甲南續金本作處.
143) 法은 金本作佛誤, 源原南續本作法.

로 이 한 문이 깊고 광대해 쌓고 모은 것이다. 무슨 까닭인가? 법성의 몸을 생각할 적에 여리지(如理智)와 계합함이요, 공덕의 몸을 생각할 적에 그지없는 덕을 성취함이요, 상호의 몸을 생각할 적에 그지없는 형상을 증득한다. 장애는 없애지 못함이 없으며, 공덕은 생기지 않음이 없나니, 한마디로 모두를 덮어 말하면 총합하여 '부처님을 생각함'으로 말미암은 것이다. 이로부터 통달하고 깨달은 연고로 '문(門)'이라 칭하나니 곧 이 한 문은 모두 설할 수가 없다.

[鈔] 後無邊海藏下는 牒釋別名이라 於中에 先, 牒經略釋이오 後, 然略有三下는 別示其相이라 三義中에 一, 定見多佛이오 二, 佛有多德이니 此二는 並就所念하야 名無邊藏이라 三, 無邊勝德下는 約能念名藏이라 於中에 三이니 初, 總明이오 次, 何者下는 徵釋이니 略擧三身이오 後, 障無不滅下는 結歎이라 故로 賢護經中에 廣列諸德하고 以徵其因이어늘 佛答皆從念佛而生이라하니라 一言蔽諸者는 卽論語니 子曰, 詩三百을 一言以蔽之하니 曰思無邪라하나니 謂歸於正也라 念一佛號를 亦名一言이니 直取一言은 只一佛字라 故自四祖禪要에 唯稱佛言耳니라

● b. 無邊海藏 아래는 (경문을) 따와서 개별 명칭을 해석함이다. 그중에 a) 경문을 따와서 간략히 해석함이요, b) 然略有三 아래는 별도로 그 양상을 보여서 (자세히 해석함)이다. 세 가지 뜻 중에 (a) 염불삼매로 인해 많은 부처님을 봄이요, (b) 부처님 공덕에는 많은 덕이 있음이니 이 두 가지는 아울러 생각할 대상에 나아가서 '그지없는 광[無邊藏]'이라 이름한다. (c) 無邊勝德 아래는 생각하는 주체를 잡아서 광이라 이름함이다. 그중에 셋이니 ㊀ 총상으로 밝힘이요, ㊁ 何者 아

래는 묻고 해석함이니, 간략히 세 가지 몸을 거론하였고, ㈢ 障無不滅 아래는 결론하고 찬탄함이다. 그러므로 『현호경(賢護經)』중에 자세히 모든 덕을 나열하고 그 원인을 물었는데, 부처님이 "모든 것은 부처님을 생각함으로부터 생긴다"고 답하였다. '한마디로 모두를 덮는다'는 것은 곧 『논어(論語)』(爲政篇)의 내용이니, 공자가 말씀하되, "시경(詩經) 3백 편을 한마디로 덮어서 말하면 '생각에 사악함이 없다[思無邪]'고 말한다"라고 하였다. 이른바 '올바름으로 돌아간다'는 뜻이다. 하나의 부처님 명호를 생각함을 또한 '한마디'라 하였으니, 바로 한마디는 단지 하나의 '불(佛)' 자를 취하는 뜻이다. 그러므로 사조(四祖) 도신(道信, 580-651)선사의 참선의 요지에 오로지 부처란 말만 일컬었을 뿐이다.

(ㄴ) 다라니의 큰 지혜[總持大智] (二總 31上7)

(ㄷ) 큰 자비를 얻다[大慈] (三無)

(ㄹ) 대비를 얻다[大悲] (四等)

(ㅁ) 큰 기쁨을 얻다[大喜] (五佛)

(ㅂ) 큰 버림을 얻다[大捨] (六悲)

(ㅅ) 반야를 얻다[般若] (七般)

即得陀羅尼하니 名大智力法淵이며 即得大慈하니 名普隨衆生調伏度脫이며 即得大悲하니 名徧覆一切境界雲이며 即得大喜하니 名一切佛功德海威力藏이며 即得大捨하니 名法性虛空平等淸淨이며 即得般若波羅密하니 名自性離垢法界淸淨身이며

다라니를 얻었으니 이름이 큰 지혜의 힘인 법 못이요, 대자를 얻었으니 이름이 중생을 널리 따라 조복하여 해탈케 함이요, 대비를 얻었으니 이름이 일체 경계를 두루 덮은 구름이요, 대희를 얻었으니 이름이 일체 부처님의 공덕 바다 위신력 광이요, 대사를 얻었으니 이름이 법의 성품과 허공이 평등하게 청정함이요, 반야바라밀다를 얻었으니 이름이 제성품이 때를 여읜 법계의 청정한 몸이요,

[疏] 二, 總持大智로 能達深法이오 三, 無緣普應이오 四, 等除熱惱오 五, 佛深德海에 蘊積力用이니 菩薩緣此하야 喜徧身心이오 六, 悲則心感하고 喜便浮動이나 深契法性에 則曠若虛空하야 悲喜兩亡일새 爲平等淸淨이라 七, 般若者는 覺法實性하야 離分別也니 有可離者면 非眞離也라 知自性離하야 不復離也일새 無離之離가 卽眞法界라 眞法界者는 本來淸淨이니 法界淸淨이 卽般若淸淨이라 般若淸淨이면 則萬法本淨이오 萬法淨者는 無淨無不淨이니 爲眞淨也라 實相般若는 爲萬法之體에 觀照冥此하야 衆德攸依일새 故云身也니라

■ (ㄴ) 다라니의 큰 지혜로 능히 깊은 법을 통달함이요, (ㄷ) 인연 없이 널리 응하는 (큰 자비)를 얻음이요, (ㄹ) 똑같이 번뇌의 뜨거움을 제거하여 대비를 얻었다는 뜻이다. (ㅁ) 부처님의 깊은 공덕 바다에 쌓고 모은 힘으로 작용함이니 보살이 이것을 인연하여 기뻐함이 몸과 마음에 두루 한 것이요, (ㅂ) 대비는 마음으로 근심하고 기쁨은 문득 떠서 움직이지만, 깊이 법성에 계합할 적에 밝음은 허공과 같아서 대비와 기쁨이 함께 없어지므로 평등하고 청정함이 된 것이다. (ㅅ) 반야를 얻음은 법의 실다운 성품을 깨달아서 분별을 여의었으니 여읠

수 있는 것이 있으면 참으로 여읨이 아니다. 자성이 여읜 줄을 알아서 다시 여의지 않으므로 '여읠 것 없는 여읨[無離之離]'이 곧 진실한 법계이다. '진실한 법계'란 본래로 청정함이니 법계가 청정함이 곧 반야가 청정함이다. 반야가 청정하면 만법이 본래 청정함이요, '만법이 청정함'은 청정함도 없고 청정하지 않은 것도 없나니, (이것이) 진실로 청정함이 되었다. 실상 반야는 만법의 체성에 관조하여 이것과 명합(冥合)하여 여러 덕이 의지하므로 '몸'이라 말한 것이다.

[鈔] 七般若者가 覺法實性離分別也者는 此總釋一門이라 亦當別釋自性離垢之言이니 卽大般若曼殊室利分中에 慈氏菩薩이 云, 若諸菩薩이 聞是甚深般若하고 心不沈沒하면 已近無上正等菩提니 何以故오 是諸菩薩은 現覺法性하야 離一切分別하야 如大菩提故라하니라 今此般若는 亦覺法自性에 名自性離라 離字는 兩向이니 向上에 屬自性離오 向下에 屬離垢니 卽離分別之垢也라 從有可離下는 別釋經文하야 成上總釋이라 有可離者非眞離也는 反釋初句하야 成上性離오 知自性離不復離也者는 順釋初句하야 成上離分別言이라 不知性離하고 謂有可離하면 卽是分別이어니와 今知性離하야 知相卽寂일새 故無分別이라

● (ㅅ) '반야를 얻음은 법의 실다운 성품을 깨달아서 분별을 여의었다'는 것은 여기서 총합하여 한 문을 해석함이다. 또한 자성이 때를 여읜다는 말을 별도로 해석함에 해당하나니, 곧 『대반야경』 만수실리분 중에 자씨(慈氏)보살이 말하되, "만일 모든 보살이 이 매우 깊은 반야를 듣고 마음이 잠겨 버리지 않으면 이미 무상정등보리에 가까운 것이다. 왜냐하면 이 모든 보살이 현재에 법의 성품을 깨달아서 온갖

분별을 여의어서 대보리와 같아진 까닭이다"라고 하였다. 지금 여기의 반야는 또한 법의 자체 성품을 깨달을 적에 자체 성품이 여읜 것을 이름한다. '이(離)'자는 두 곳으로 향하나니 위로 향하면 자체 성품이 여읨에 속함이요, 아래로 향하면 번뇌를 여읨에 속하나니, 곧 분별의 때를 여읜 것이다. 有可離 아래는 경문을 별도로 해석하여 위의 총합한 해석을 완성함이다. '여읠 수 있는 것이 있으면 참으로 여읨이 아니다'는 첫 구절을 반대로 해석하여 위의 자성이 여읨을 완성함이요, '자성이 여읜 줄을 알아서 다시 여의지 않는다'는 것은 첫 구절을 순리로 해석하여 위의 분별을 여의었다는 말을 완성함이다. 성품이 여읜 것을 알지 못하고 여읠 것이 있다고 말하면 곧 분별이겠지만 지금은 성품이 여읜 줄을 알아서 모양이 고요함과 합치함을 아는 연고로 분별이 없는 것이다.

從無離之離卽眞法界者는 卽躡上하야 釋下法界言也니 正同起信에 所言覺者는 謂心體離念이니 離念相者가 等虛空界하야 無所不徧이라 法界一相이니 卽是如來平等法身이니 法身이 卽眞法界라 本來淸淨者는 躡上法界하야 釋淸淨言이라 旣自性離가 是眞法界니 則本自淨이오 非觀令淨이며 非去垢淨이라 是故로 經에 云法界淸淨이라하니라 彼法界淸淨者는 卽以上義로 成此般若가 得淸淨名이라 此有二意하니 一, 由體淸淨[144)]하야 方成般若일새 故此般若가 受法界淸淨之名이오 二者, 性無二故라 故로 大般若難信解分에 云, 復次善現아 般若波羅蜜多가 淸淨故로 色淸淨하고 色淸淨故로 一切智智淸淨이니 何以故오 若般若波羅蜜多淸淨하고 若色淸淨하며 若一切智

---

144) 淸淨은 南金本作法界.

智淸淨인대 無二無二分이며 無別無斷故로 名無二性이라하니라 般若淸淨者는 亦有二義하니 一, 以般若로 照一切法하야 知本淨故오 二者, 亦是性無二故니 義同上引이니라 般若淸淨에 則色淸淨은 徧歷諸法하야 略擧八十餘科하니 謂五蘊과 十二入과 十八界와 四諦와 十二緣과 六波羅密과 乃至菩提涅槃을 皆如色說이라 故로 萬法本淨이니라

從萬法淨者下는 拂其淨相이라 夫言淨者는 顯法本無生하야 性寂諸相일새 故名爲淨이니 豈待蕩蕩無物하야 方稱淨耶아 非但事無가 非爲眞淨이라 見眞本淨이라도 事爲非淨이면 亦是相待라 能所未忘이어니 安得稱淨이리오 故眞善知識이 令看淨門云하사대 性本淸淨이니 淨無淨相하야사 方見我心이 卽斯義矣라 故로 淨名에 云, 垢淨爲二나 見垢實性하면 則無淨相이라 離於見相이 是爲入不二法門也라하니라 下經에 云, 若有見正覺하고 解脫離諸漏하야 不着一切世하면 彼非證道眼이오 若有知如來의 體相無所有하야 修習得明了하면 是人은 疾作佛이라하니라

實相般若下는 釋經身字라 身有三義하니 謂體와 依와 聚義라 今實相般若는 則法身之體오 觀照般若는 同報身之依오 化身名聚니 淺故不說이라 則眷屬般若도 亦得名身이니 同聚義故니라

● '여읠 것 없는 여읨[無離之離]이 곧 진실한 법계'부터는 곧 위를 토대로 아래 법계를 해석한 말이니, 바로 『기신론』에서 "이른바 각(覺)의 뜻이란 마음의 체(體)에 망념을 여읜 것을 이름하나니, 망념을 여읜 모습은 허공계와 같아서 두루 하지 않는 바가 없어서 법계(法界) 그대로인 한 모양이라, 곧 여래의 평등한 법신(法身)이니"라 함과 같나니, 법신이 곧 진실한 법계인 것이다. '본래로 청정하다'는 것은 위의 법계를

토대로 청정이란 말을 해석함이다. 이미 자체 성품이 여읜 것이 곧 진실한 법계이니 본래 스스로 청정함이요, 관찰하여 청정케 하는 것이 아니며, 때를 없애서 깨끗함이 아니다. 이런 연고로 경에서 '본래로 청정하다'고 말한 것이다. 저 법계가 청정하다는 것은 곧 위의 뜻으로 이 반야가 청정하다는 명칭 얻음을 완성함이다. 여기에 두 가지 의미가 있으니 (1) 자체가 청정함으로 말미암아 비로소 반야를 이루는 연고로 이 반야가 법계가 청정하다는 이름을 받은 것이요, (2) 체성이 둘이 없는 까닭이다. 그러므로 『대반야경』 난신해분(難信解分)에 이르되, "또다시 선현이여, 반야바라밀다가 청정한 연고로 형색이 청정하고, 형색이 청정한 연고로 온갖 지혜의 지혜가 청정한 것이다. 왜냐하면 만일 반야바라밀이 청정하고 저 형색이 청정하고 저 온갖 지혜의 지혜가 청정하다면 둘도 없고 둘로 나눔도 없으며, 차별도 없고 끊어짐도 없는 연고로 둘이 없는 성품이라 이름한다"라고 하였다. '반야가 청정함'은 또한 두 가지 뜻이 있으니, (1) 반야로 온갖 법을 비추어서 본래 깨끗함을 아는 까닭이요, (2) 또한 성품이 둘이 없기 때문이니, 이치가 위에 인용함과 같다. '반야가 청정하면 형색이 청정함'은 모두 법을 두루 거치면서 대략 80여 과목을 거론하였으니 이른바 오온(五蘊), 십이입(十二入), 십팔계(十八界), 사성제(四聖諦), 십이연기, 육바라밀, 나아가 보리와 열반까지를 모두 색법과 같이 설명하였다. 그러므로 만 가지 법이 본래 청정한 것이다.

萬法淨者부터 아래는 그 깨끗하다는 모양을 털어 냄이다. 대저 깨끗하다고 말한 것은 법이 본래 생사가 없음을 밝혀서 체성에는 모든 모양이 고요한 연고로 청정하다 이름하나니, 어찌 탕탕하여 한 물건도 없음을 기다려서 비로소 청정하다고 말한 것이겠는가? 단지 현상이 없는 것이 진실로 청정함이 아닐 뿐만 아니라 진여가 본래 청정함을 보았더라도 현상이 청정함이 아니면 또한 서로 기다리는 것이다. 주체와 대상을 잊지 않았는데 어찌 청정함을 얻겠는가? 그러므로 진정한 선지식으로 하여금 청정한 문을 보게 하여 말하되, "성품이 본래로 청정하나니 청정하면서 청정하다는 모양이 없어야 바야흐로 내 마음이 곧 이런 뜻임을 보는 것이다"라고 하였다. 그러므로『유마경』(입불이법문품)에 이르되, "(德頂보살이 말하였다.) 더러움과 깨끗함이 둘이 되는데 더러움의 실다운 성품을 보면 곧 깨끗한 모양도 없는 것이 바로 (적멸의 모습이어서) 이것이 둘이 아닌 법문에 들어가는 것이 됩니다"라고 하였다. 아래 (광명각품의) 경문에 이르되, "만약 어떤 이가 정각(正覺)을 해탈하여 모든 번뇌를 떠나고 온갖 세간에 집착하지 않는 줄로 보면 그는 도안(道眼)을 증득한 것이 아니니라. / 만일 여래가 체상(體相)이 없는 줄 알아서 닦고 익혀 명료함을 얻으면 이 사람은 빨리 부처를 지으리라"라고 하였다.

實相般若 아래는 경의 몸이란 글자를 해석함이다. 몸에 세 가지 뜻이 있으니 이른바 자체와 의지처와 무더기의 뜻이다. 지금의 실상반야는 법신의 자체요, 관조반야는 보신(報身)의 의지처와 같고, 화신(化身)을 무더기라 이름하나니, 얕은 이치인 까닭에 설명하지 않았다. 권속반야도 또한 몸이라 이름하나니, 무더기의 뜻과 같은 까닭이다.

(ㅇ) 신통을 얻다[神通] (八通 34上2)
(ㅈ) 변재를 얻다[辯才] (九入)
(ㅊ) 지혜 빛을 얻다[智光] (十智)

即得神通하니 名無礙光普隨現이며 即得辯才하니 名善
入離垢淵이며 即得智光하니 名一切佛法清淨藏이라
신통을 얻었으니 이름이 걸림 없는 광명이 널리 따라 나타남
이요, 변재를 얻었으니 이름이 때 없는 못에 잘 들어감이요,
지혜 빛을 얻었으니 이름이 일체 불법의 청정한 광이니라.

[疏] 八, 通用智俱일새 故로 無礙隨現이오 九, 入法之深하야 離說之垢오
十, 智照佛法하야 淨所知障하고 含藏衆德이라
- (ㅇ) 신통한 작용은 지혜와 함께하므로 장애 없이 따라 나타남이요,
(ㅈ) 법의 깊음에 들어가서 말하는 때를 여읜다는 뜻이다. (ㅊ) 지혜
로 불법을 비추어서 소지장을 깨끗이 하고 많은 덕을 포섭하여 감춘
다는 뜻이다.

ㄴ) 결론하다[結] (二結 34上8)

如是等十千法門을 皆得通達하니라
이러한 10천 법문을 모두 통달하였느니라.

[疏] 二, 如是下는 結中에 明歷事增進이니 故云十千이라 通達之言은 釋
前即得이니라
- ㄴ) 如是 아래는 결론함 중에 일을 거치면서 더욱 정진함이니 그러므
로 10천이라 하였다. 통달했다는 말은 앞의 바로 얻음을 해석한 말
이다.

(다) 덕을 찬탄하고 가서 뵙기를 권하다[讚德勸詣] 2.
ㄱ. 게송을 설하다[說偈] 3.
ㄱ) 한 게송은 경사스럽게 만남을 바람에 대해 찬탄하다
 [初一歎希慶遇] (第三 34下3)

爾時에 大威光童子가 承佛威力하고 爲諸眷屬하여 而說頌言하되,
그때 대위광동자가 부처님의 위신력을 받들고 모든 권속을 위하여 게송으로 말하였다.

不可思議億劫中에 導世明師難一遇어늘
此土衆生多善利하여 而今得見第二佛이로다
헤아릴 수가 없는 억겁 동안에
대도사를 한 번도 못 만나더니
이 세계 중생들 이익이 많아
둘째 번 부처님을 이제 뵈옵네.

[疏] 第三, 爾時下는 讚德勸詣라 文分爲二니 初, 說偈오 後, 偈益이라 偈中에 分三이니 初一偈는 歎希慶遇오

■ (다) 爾時 아래는 덕을 찬탄하고 가서 뵙기를 권함이다. 경문을 둘로 나누리니 ㄱ. 게송을 설함이요, ㄴ. 게송을 설한 이익이다. ㄱ. 게송을 셋으로 나누리니 ㄱ) 한 게송은 경사스럽게 만남을 바람에 대해 찬탄함이요,

ㄴ) 일곱 게송은 부처님의 뛰어난 공덕을 찬탄하다[次七歎佛勝德] 3.
(ㄱ) 세 게송은 신업을 찬탄하다[初三身業] (二有 35上1)

佛身普放大光明하시니   色相無邊極淸淨이라
如雲充滿一切土하여   處處稱揚佛功德이로다
부처님 큰 광명을 널리 놓으시니
끝이 없는 빛깔이 하도 깨끗해
구름처럼 온 세계에 가득하여서
간 데마다 부처 공덕 칭찬하도다.

光明所照咸歡喜라   衆生有苦悉除滅일새
各令恭敬起慈心케하시니 此是如來自在用이로다
광명이 비치는 데 모두 즐겁고
중생의 괴로움을 모두 멸하며
공경하고 자비심을 내게 하나니
이것이 부처님의 자재한 작용

出不思議變化雲하고   放無量色光明網하사
十方國土皆充滿하시니 此佛神通之所現이로다
알 수 없게 변화하는 구름을 내고
한량없는 빛난 광명 그물을 놓아
시방세계 여러 나라 가득하나니
이것은 부처님의 신통이로다.

제6. 毘盧遮那品   421

[疏] 二, 有七偈는 歎佛勝德이라 於中에 三이니 初三은 身業이오
- ㄴ) 일곱 게송은 부처님의 뛰어난 공덕을 찬탄함이다. 그중에 셋이니
  (ㄱ) 세 게송은 신업을 찬탄함이요,

(ㄴ) 세 게송은 어업을 찬탄하다[次三語業] (次三 35上8)

一一毛孔現光雲하사　　普徧虛空發大音하고
所有幽冥靡不照하사　　地獄衆苦咸令滅이로다
털구멍 구멍마다 빛 구름 내니
허공에 두루 가득 큰 소리 내며
간 데마다 어두운 곳 두루 비추어
지옥의 모든 고통 모두 멸하네.

如來妙音徧十方하사　　一切言音咸具演하시되
隨諸衆生宿善力하시니　　此是大師神變用이로다
여래의 묘한 음성 시방에 가득
온갖 종류 말소리를 모두 내어서
중생들의 선근 힘을 따르게 하니
이것은 대도사의 신통과 변화

無量無邊大海衆에　　佛於其中皆出現하사
普轉無盡妙法輪하사　　調伏一切諸衆生[145]이로다
한량없고 그지없는 많은 대중들

---

145) 大海衆은 麗本等北藏作大衆海, 淸卍本作大海衆.

부처님이 그 가운데 출현하여서
　　끊임없이 묘한 법륜 굴리시면서
　　여러 종류 중생들을 조복하시네.

[疏] 次三은 語業이오
■ (ㄴ) 세 게송은 어업을 찬탄함이요,

(ㄷ) 한 게송은 생각의 업을 찬탄하다[後一意業] (後一 35下1)

　　佛神通力無有邊하사　　一切刹中皆出現하시니
　　善逝如是智無礙하사　　爲利衆生成正覺이로다
　　부처님의 신통이 끝이 없어서
　　여러 가지 세계에 출현하시며
　　선서의 걸림 없는 이러한 지혜
　　중생들께 이익 주려 정각 이뤘네.

[疏] 後一은 意業이라
■ (ㄷ) 한 게송은 생각의 업을 찬탄함이다.

ㄷ) 두 게송은 중생들에게 권하여 함께 귀의하다[後二勸衆同歸]
　　　　　　　　　　　　　　　(三有 35下6)

　　汝等應生歡喜心하여　　踊躍愛樂極尊重하라
　　我當與汝同詣彼니　　　若見如來衆苦滅하리라

제6. 毘盧遮那品　423

너희들은 환희한 마음을 내어
뛰놀고 즐겨 하고 존중하여라.
나와 함께 부처님 계신 데 가자.
한 번 뵈면 모든 고통 소멸하리라.

發心廻向趣菩提하고　　慈念一切諸衆生하여
悉住普賢廣大願이면　　當如法王得自在리라
보리로 회향하는 마음을 내고
중생들을 가엾이 생각하여서
보현의 큰 서원에 함께 머물자.
법왕의 자재함을 얻게 되리라.

[疏] 三, 有二偈는 勸衆同歸라
■ ㄷ) 두 게송은 중생들에게 권하여 함께 귀의함이다.

ㄴ. 게송을 설하여 보리심을 내게 하다[偈益] (後諸 35下9)

諸佛子여 大威光童子가 說此頌時에 以佛神力으로 其聲
無礙하여 一切世界가 皆悉得聞하고 無量衆生이 發菩提
心하니라
여러 불자들이여, 대위광동자가 이 게송을 말할 때에 부처
님의 신력으로 그 소리가 걸림이 없었으며, 모든 세계가 다
들었고 한량없는 중생들이 보리심을 내었느니라.

[疏] 後, 諸佛子下는 偈盆을 可知로다
- ㄴ. 諸佛子 아래는 게송을 설하여 보리심을 내게 함이니 알 수 있으리라.

(라) 모든 권속 함께 귀의하다[眷屬同歸] (第四 36上3)

時에 大威光王子가 與其父母와 幷諸眷屬과 及無量百千億那由他衆生으로 前後圍遶하여 寶蓋如雲하여 偏覆虛空하고 共詣波羅密善眼莊嚴王如來所한대
그때 대위광태자는 그 부모와 권속들과 한량없는 백천억 나유타 중생들이 앞뒤로 호위하였는데 보배 일산은 구름처럼 허공에 두루 덮여 바라밀 선안장엄왕 여래께 나아가니

[疏] 第四, 時大威光下는 眷屬同歸라
- (라) 時大威光 아래는 모든 권속 함께 귀의함이다.

(마) 경을 듣고 깨달음 얻다[聞經悟入] 3.
ㄱ. 부처님이 (중생을) 위하여 경을 설하다[佛爲說經] (第五 36上6)

其佛이 爲說法界體性淸淨莊嚴修多羅하시니 世界海微塵等修多羅로 而爲眷屬이라
그 부처님이 법계체성청정장엄 수다라를 말씀하시었는데, 세계해의 티끌 수 수다라가 권속이 되었다.

[疏] 第五, 其佛下는 聞經悟入이라 文分爲三이니 初, 佛爲說經이오 二, 當機獲益이오 三, 如來讚述이라 今初는 主經이라 法界體性은 大方廣也오 淸淨은 佛也오 莊嚴은 卽華嚴也라 有多眷屬者는 顯此敎圓이니라

- (마) 其佛 아래는 경을 듣고 깨달음 얻음이다. 경문을 셋으로 나누리니 ㄱ. 부처님이 (중생을) 위하여 경을 설함이요, ㄴ. 인연 중생들이 이익을 얻음이요, ㄷ. 여래가 찬탄하여 말함이다. 지금 ㄱ.은 주된 경문이다. 법계의 체성은 크고 방정하고 넓다는 뜻이요, 청정함은 부처님을 뜻하고 장엄은 곧 꽃으로 장엄한다는 뜻이다. '많은 권속이 있다'는 것은 이 (화엄의) 교법이 원만함을 밝힌 내용이다.

ㄴ. 인연 중생들이 이익을 얻다[當機獲益] 2.
ㄱ) 함께 표방하다[雙標] (二彼 36下8)

彼諸大衆이 聞此經已하고 得淸淨智하니 名入一切淨方便이며 得於地하니 名離垢光明이며 得波羅密輪하니 名示現一切世間愛樂莊嚴이며 得增廣行輪하니 名普入一切刹土無邊光明淸淨見이며 得趣向行輪하니 名離垢福德雲光明幢이며 得隨入證輪하니 名一切法海廣大光明이며 得轉深發趣行하니 名大智莊嚴이며 得灌頂智慧海하니 名無功用修極妙見이며 得顯了大光明하니 名如來功德海相光影徧照며 得出生願力淸淨智하니 名無量願力信解藏이러라

그 대중들이 (1) 이 경을 듣고 청정한 지혜를 얻었으니 이름

은 일체에 들어가는 깨끗한 방편이요, (2) 지위를 얻으니 이름은 때 없는 광명이요, (3) 바라밀다 바퀴를 얻으니 이름은 일체 세간의 좋아하는 장엄 보임이요, (4) 늘리는 수행 바퀴를 얻으니 이름은 일체 세계에 들어가는 끄지없는 광명 청정한 소견이요, (5) 나아가는 수행 바퀴를 얻으니 이름은 때 없는 복덕 구름 광명 당기요, (6) 따라 증득하는 바퀴를 얻으니 이름은 온갖 법 바다의 광대한 광명이요, (7) 점점 깊게 나아가는 행을 얻으니 이름은 큰 지혜 장엄이요, (8) 관정하는 지혜 바다를 얻으니 이름은 공용이 없이 끝까지 닦는 묘한 소견이요, (9) 현저하게 아는 큰 광명을 얻으니 이름은 여래 공덕 바다의 빛과 그림자 두루 비침이요, (10) 원력을 내는 청정한 지혜를 얻으니 이름은 무량한 원력을 믿고 이해하는 광이었다.

[疏] 二, 彼諸下는 當機獲益이라 亦有十益이라 旣云大衆하니 或一人이 得一이며 或二三四며 或具十者라 威光은 先證일새 故略不標라 大衆之言에 亦已含矣라 故下佛讚이라 然此十事를 略爲二釋이니

- ㄴ. 彼諸 아래는 인연 중생들이 이익을 얻음이다. 또한 열 가지 이익이 있으니 이미 대중이라 하였으니 혹은 한 사람이 하나를 얻기도 하며, 혹은 두 세 넷을 얻으며, 혹은 열 가지를 갖추기도 한다. 대위광은 먼저 증득했으므로 생략하고 내세우지 않았다. 대중이란 말에 또한 이미 포함된 것이기도 하다. 그러므로 아래는 부처님의 찬탄이다. 그러나 이런 열 가지 일을 간략히 두 가지로 해석하였으니,

ㄴ) 경문을 따와서 해석하다[牒釋] 2.
(ㄱ) 세로로 십지에 배대하다[竪配十地] 2.
a. 숫자를 표방하다[標數] (一者 37上1)
b. 해석하여 구별하다[釋別] (一者)

[疏] 一者는 如次配於十地十度니 或取地義며 或取度義라 一者는 達一切法이 本來清淨을 名清淨智오 不取淨相을 是名方便이니 即初地入證之智也라 二, 則二地에 離破戒垢가 是所除障이오 照諸善品이 即戒光明이오 三, 即忍度니 忍爲上嚴하야 一切가 愛樂이오 四, 無刹不入하고 無法不照하고 無見不淨이 是爲精進이라 增廣衆146)行은 約地義釋이니 以諸道品으로 燒無盡惑하야 成無邊光이오 五, 趣向諸行하야 能入俗也니 禪度增故로 性能離垢오 涉俗化物하야 成福德雲이오 不迷實理가 爲光明幢이라 六, 般若現前이 名隨入證이오 照深緣起가 名法海光이라 七, 功用已遠에 將入無功이 爲深發趣오 權實無礙가 爲大莊嚴이라 八, 見法實性하야 無功而修가 爲極妙見이니 由此智慧하야 復得灌頂이라 故로 仁王經에 云, 後之三地는 同遣無明호대 同無功用이라하나니 故非灌頂地요 是灌頂智라 九, 顯了藥病이 是功德海相이오 辯才徧應이 若月影流光이라 十, 智圓離障하야 方於佛願에 而生信解일새 故曰出生이니라

■ (ㄱ) 순서대로 십지와 십바라밀에 배대하니, 혹은 십지의 뜻을 취하기도 하며 혹은 십바라밀의 뜻을 취하기도 하였다. (1) 온갖 법이 본래로 청정함을 통달함을 '청정한 지혜'라 이름하고, 깨끗한 모양을 취하지 않는 것을 '방편'이라 이름하나니 곧 초지에 들어가 증득한 지

---

146) 衆은 南續金本作種 源原本作衆.

혜이다. (2) 제2지에서 계를 파한 더러움이 제거할 장애이고, 모든 선근의 품류를 비춤이 바로 지계(持戒)한 광명이요, (3) 인욕바라밀이니 인욕이 훌륭한 장엄이 되어 모두가 사랑하고 즐거워함이요, (4) 국토마다 들어가지 않음이 없고 법마다 비추지 못함이 없고 깨끗하지 않음을 본 적도 없는 것이 정진이다. 여러 행법을 광대하게 넓힘이 십지의 뜻을 의지한 해석이니 여러 37도품(道品)으로 그지없는 번뇌를 태워서 끝없는 광명을 이룸이요, (5) 여러 행법에 취향하여 능히 속제에 들어감이니 선정바라밀이 늘어난 연고로 성품이 능히 번뇌를 여읠 수 있고, 세속을 건너서 중생을 제도하여 복덕의 구름을 이루고, 실법의 이치를 미혹하지 않음이 광명의 깃대가 되었다. (6) 반야가 앞에 나타남을 따라 들어가 증득함이요, 깊은 연기를 비춤이 법의 바다 광명이다. (7) 공용행에 멀리 옴에 장차 무공용행으로 들어감이 깊이 발심하여 나아감이요, 방편과 실법에 장애 없음을 큰 장엄이라 한다. (8) 법의 실다운 성품을 보고 무공용으로 닦는 것이 지극히 묘한 견해이니, 이런 지혜로 말미암아 다시 관정을 받는다. 그러므로 『인왕반야경』(교화품)에 이르되, "뒤의 세 지[부동지 선혜지 법운지]는 함께 무명번뇌를 보내지만 똑같이 무공용이다"라고 하였으므로 관정하는 지위가 아니라 관정하는 지혜라 해야 한다. (9) 약과 병을 확실히 아는 것이 공덕해의 모양이요, 변재가 있어서 두루 응함이 마치 달그림자가 흐르는 광명과 같다. (10) 지혜가 원만하고 장애를 여의어야 바야흐로 부처님 원력을 보고 믿음과 이해를 내었으므로 '출생'이라 칭한 것이다.

[鈔] 故仁王者는 卽敎化品中이라 第八은 名等觀菩薩이니 偈에 云, 等觀

菩薩二禪王은 變化法身無量光等이라하며 九地에 云, 慧光開士三禪王이라하고 十地에 云, 灌頂菩薩四禪王이라하며 後에 都頌上三地云, 等慧灌頂三品士가 除前餘習無明緣이라 無明習相故煩惱요 二諦理窮에 一切盡이라하니라 釋曰, 旣總牒三地가 除無明習하나니 是故로 疏에 云, 同遣無明이라하나니 非灌頂地下는 義釋彼經이니 灌頂地也¹⁴⁷)라 自當第十이니 故云非灌頂地니라 然十地가 亦用遣無明習無功用智하야 而得灌頂일새 故云是灌頂智也니라

● '그러므로『인왕반야경』'이란 곧 교화품 중의 경문이다. 제8지는 등관보살이라 이름하나니 게송에 이르되, "등관보살 두 선정의 왕은 법신의 한량없는 광명을 변화하는" 등이라 하였으며, 제9지에 이르되, "혜광보살인 제3 선왕"이라 말하고, 제10지에 이르되, "정수리에 물 붓는 보살인 제4 선왕은"이라 하였으며, 뒤에 위의 세 가지 지를 합하여 게송으로 말하되 "등관, 혜광, 관정의 세 품류의 보살이 앞의 남은 습기와 무명의 인연을 제거한다. 무명으로 익힌 모양인 연고로 번뇌함이요, 두 가지 진리로 이치를 궁구하여 모두를 다한다"라고 하였다. 해석하자면 이미 총합하여 '세 지가 무명의 습기를 제거함'을 따왔으니 이런 까닭에 소에서 말하되, '함께 무명번뇌를 보내었다'라고 하였다. 非灌頂地 아래는 이치로 저 경문을 해석하였으니 관정의 지위이다. 자연히 열 번째에 해당하나니 그러므로 '관정하는 지위가 아니다'라고 하였다. 그러나 십지가 또한 무명의 습기와 무공용의 지혜를 보냄을 사용하여 관정을 얻었으므로 '관정주의 지혜이다'라고 하였다.

---

147) 也는 甲本作除誤, 南金本作者.

(ㄴ) 가로로 여러 지위를 배대하다[橫配諸位] (二者 38上4)

[疏] 二者, 此上十門이 隨一一事하야 以立其名이니 未必全將配於地位라 或通配諸位며 或復不次니 以人無量하야 隨證[148]不同이라 普賢이 巧說하나니 故文含多義니라
- (ㄴ) 이 위의 열 개의 문이 하나하나 현상을 따라서 그 명칭을 세웠으니, 반드시 전체를 가지고 지위에 배대한 것은 아니다. 혹은 여러 지위를 통틀어 배대하기도 하며, 혹은 다시 순서가 아니기도 하며, 사람이 한량없어서 따라 증득함이 같지 않기 때문이다. 보현보살이 잘 설하였으니 그래서 경문에 많은 뜻을 포함하였다.

ㄷ. 여래가 찬탄하며 말씀하시다[如來讚述] 2.
ㄱ) 여섯 게송은 자신의 덕을 보고서 미래에 과덕 이룰 것을 찬탄하다
 [前六頌讚己見德當成果] (第三 38下10)

時에 彼佛이 爲大威光菩薩하사 而說頌言하시되,
그때 저 부처님이 대위광보살을 위하여 게송으로 말씀하였다.

善哉功德智慧海여　　　　　　發心趣向大菩提하니
汝當得佛不思議하여　　　　　普爲衆生作依處로다
잘 하도다 공덕과 지혜의 바다
마음 내고 큰 보리로 나아가나니

---

148) 證은 甲續本作量 金本作詮.

너는 장차 부사의한 부처 이루고
중생의 의지할 곳 크게 되리라.

汝已出生大智海하여　　悉能徧了一切法하니
當以難思妙方便으로　　入佛無盡所行境이로다
너는 이미 지혜 바다 크게 내어서
여러 가지 법문을 모두 아나니
미묘하고 부사의한 방편으로써
부처님의 행한 경계 들어가리라.

已見諸佛功德雲하고　　已入無盡智慧地하니
諸波羅密方便海를　　　大名稱者當滿足이로다
부처님의 공덕 구름 이미 보았고
그지없는 지혜에 들어갔으니
여러 가지 바라밀과 방편 바다에
큰 소문 가진 이가 만족하리라.

已得方便總持門과　　及以無盡辯才門하여
種種行願皆修習하니　當成無等大智慧로다
모든 방편 다라니 문 이미 얻었고
다함없는 변재도 갖추었으며
가지가지 행과 원을 닦아 익히니
짝이 없는 큰 지혜를 장차 이루리.

汝已出生諸願海하고　　汝已入於三昧海하니
當具種種大神通과　　不可思議諸佛法이로다
여러 가지 서원 바다 이미 내었고
삼매의 바다에도 들어갔으니
너는 장차 가지가지 큰 신통들과
부사의한 부처 법을 갖추게 되리.

究竟法界不思議에　　廣大深心已淸淨하니
普見十方一切佛의　　離垢莊嚴衆刹海로다
부사의한 법계를 끝까지 알고
넓고 크고 깊은 마음 청정했으니
시방세계 부처님과 모든 세계의
때 없이 장엄함을 두루 보리라.

[疏] 第三, 時彼下는 如來讚述이라 十頌을 分二니 前六은 讚其已具勝德
當成極果라 皆前半은 已獲이오 後半은 當證이라 獨第四偈는 三句是
因이라

- ㄷ. 時彼 아래는 여래가 찬탄하며 말씀함이다. 열 게송을 둘로 나누리니 ㄱ) 여섯 게송은 자신의 덕을 보고서 미래에 과덕 이룰 것을 찬탄함이다. 모두 (ㄱ) 앞의 반의 게송은 이미 얻음이요, (ㄴ) 뒤의 반의 게송은 미래에 증득함이다. 유독 넷째 게송[已得方便-]의 세 구절은 원인이다.

ㄴ) 네 게송은 제불의 인행과 같이하여 미래에 부처님처럼 증득하다
　　[後四頌齊諸佛因當如佛證] (後四 39下1)

汝已入我菩提行과　　昔時本事方便海하여
如我修行所淨治하니　　如是妙行汝皆悟로다
너는 이미 보리행과 지난 옛날의
본사와 방편 바다 들어갔으니
내가 그때 깨끗하게 닦아 행하던
그런 일을 네가 모두 깨달으리라.

我於無量一一刹에　　種種供養諸佛海호니
如彼修行所得果의　　如是莊嚴汝咸見이로다
나는 일찍 한량없는 낱낱 세계에
부처님께 가지가지 공양하였고
그러한 수행으로 얻은 과보를
너희들도 그런 장엄 모두 보았네.

廣大劫海無有盡에　　一切刹中修淨行하여
堅固誓願不可思니　　當得如來此神力이로다
엄청나게 오랜 세월 그지없거든
그와 같은 세계에서 행을 닦으며
견고하게 세운 서원 부사의하니
여래의 이런 신력 너도 얻으리.

諸佛供養盡無餘하고　　國土莊嚴悉淸淨하여
一切劫中修妙行호니　　汝當成佛大功德이로다
부처님께 남김 없이 공양하였고

국토를 장엄하여 모두 깨끗해
많은 겁에 묘한 행을 닦았으니
부처님의 큰 공덕을 너도 이루네.

[疏] 後, 四偈는 行齊佛因當如佛證이라 皆三句는 擧佛行이오 後一句는
齊佛德이라 然此中에 述讚을 望前遇光得益하며 及向大衆所得에 多
有相同하니 義必述上이라 可以意消息之니라

■ ㄴ) 네 게송은 수행이 제불의 인행과 같으니 미래에 부처님처럼 증득
함이다. 모두 (ㄱ) 세 구절은 부처님 인행을 거론함이요, (ㄴ) 뒤의
한 구절은 부처님 공덕과 같아짐이다. 그러나 이 가운데 찬탄하여 말
함은 앞의 (부처님의) 광명을 만나 얻은 이익과 비교함이요, 나아가 대
중의 얻은 바를 향할 적에 대부분 모양이 같음이 있으니 이치는 반드
시 위를 말함이다. 의미로 소화하여 알 수 있으리라.

다. 제3 최승공덕해불이 출현하시다[遇第三最勝功德海佛] 6.

가) 세 번째 부처님이 출현하시다[如來出示] (第三 39下6)
나) 부처님이 세상에 출현하시다[正明現世] (二彼)

諸佛子여 波羅密善眼莊嚴王如來가 入涅槃已에 喜見善
慧王이 尋亦去世하니 大威光童子가 受轉輪王位하니라
彼摩尼華枝輪大林中에 第三如來가 出現於世하시니 名
最勝功德海라
여러 불자들이여, 바라밀선안장엄왕 여래께서 열반에 들고,

기쁘게 보는 선한 지혜왕도 세상을 떠나매 대위광동자가 전륜왕의 자리를 받았다. 저 마니 꽃가지 바퀴 숲 가운데 셋째 여래가 세상에 출현하시니 이름이 최승공덕해였다.

[疏] 遇第三佛을 文分爲六이니 一, 如來出時니 前佛이 滅後等時也라 二, 彼摩尼下는 正明現世라 立斯號者는 功德海滿이 無加過也라

■ 다. 제3 최승공덕해부처님이 출현하심이니 경문을 여섯으로 나누리니 가) 세 번째 부처님이 출현할 때이니, 앞의 제2 바라밀선안장엄부처님이 멸도한 후와 같은 시기이다. 나) 彼摩尼 아래는 부처님이 세상에 출현하심을 밝힘이다. 이런 명호를 세운 것은 공덕 바다가 만족함이 더하거나 지나감이 없다는 뜻이다.

다) 대위광전륜왕이 가서 부처님께 공양 올리다[威光往供] (三時 40上5)
라) 부처님이 (중생을) 위하여 경전을 설하시다[佛爲說經] (四時)

時에 大威光轉輪聖王이 見彼如來의 成佛之相하고 與其眷屬과 及四兵衆과 城邑聚落에 一切人民으로 幷持七寶하고 俱往佛所하여 以一切香摩尼莊嚴大樓閣으로 奉上於佛하니라 時彼如來가 於其林中에 說菩薩普眼光明行修多羅하시니 世界微塵數修多羅로 而爲眷屬이라

그때 대위광 전륜성왕이 그 여래께서 성불하는 모양을 보고 권속과 사병과 도성과 마을의 모든 인민과 더불어 칠보를 가지고 그 부처님 계신 데 가서 온갖 향마니로 장엄한 큰 누각을 부처님께 받들어 올리었다. 그때 그 여래는 그 숲속

에서 보살 보안광명행 수다라를 말씀하시니 세계의 티끌 수 수다라로 권속이 되었다.

[疏] 三, 時大威光下는 威光往供이라 四, 時彼如來下는 佛爲說經이라 見普法故로 名爲普眼이오 以慧爲性일새 故曰光明이라 況一眼이 卽十眼하야 融無障礙아 眼外無法하야 方眞普眼이니 以諸緣發見에 卽緣各149)爲根이오 因沒果中에 緣皆號眼이라 故로 全色爲眼일새 恒見色而無緣이오 全眼爲色일새 恒稱見而非我矣니라

■ 다) 時大威光 아래는 대위광전륜왕이 가서 부처님께 공양 올림이다. 라) 時彼如來 아래는 부처님이 경전을 설하심이다. 보편한 법을 보는 연고로 보안(普眼)이라 이름한 것이요, 지혜로 성품을 삼았으므로 광명이라 말하였다. 하물며 하나의 눈이 열 가지 눈과 합치하여 원융하여 장애가 없음이겠는가? 눈 밖에 법이 없어서 비로소 참된 보안인 것이니, 원인이 사라진 결과 속에 인연을 모두 눈이라 이름한다. 그러므로 전체 형색이 눈이 되므로 항상 형색을 보아도 인연이 없음이요, 전체 눈이 형색이 되었으므로 항상 소견과 칭합하더라도 내가 아닌 것이다.

[鈔] 見普法者는 此釋經名이라 而有三義하니 一, 約所見稱普라 言普法者는 一具一切하야 一一稱性하야 同時具足等이니 斯卽十眼之內에 一眼之能이라 經에 云, 一切智眼으로 見普門法界故라 二, 況一眼者 約能見稱普는 如五眼中佛眼이니 四眼이 入佛眼에 皆名佛眼이 如四河入海에 無復河名하고 而具海150)昧라 故로 金剛經에 云, 如來有

---
149) 各은 金本作名 原南續本作各.
150) 海는 南金本作河.

肉眼不아 如是니다 世尊하 如來有肉眼이니다 乃至云, 如來有佛眼
不아 如是니다 世尊하 如來有佛眼이라하니라 今十眼도 亦爾하야 隨一
具十이니라 而諸敎에 說호대 唯佛眼具五하고 餘四則無나 今因果之
人이 皆許一眼에 卽具十眼하니 不唯後勝이 具於前劣이라 若一不具
十하면 則非普眼이니라 言十眼者는 離世間品에 說, 謂一, 肉眼이오
二, 天眼이오 三, 慧眼이오 四, 法이오 五, 佛이오 六, 智요 七, 光明이
요 八, 出生死요 九, 無礙요 十, 一切智라하니라 其融無礙가 則有二
義하니 一者는 成上이니 十眼無礙오 二者는 成下니 卽能所無礙라 三,
眼外無法下는 約心境互收하야 方稱普眼이니 此上은 標也라 以諸緣
下는 別釋이니 所以로 如大乘法師가 以九緣發識하야 眼根은 名眼이
오 餘不名眼이라하니 今則例之라 眼根이 能發識에 眼根이 得名眼이오
空明이 能發識에 亦得同名眼이라 餘六도 例然이니 以緣起之法이 各
有有力과 無力으로 相成立故라

- '보편한 법을 봄'이란 여기서 경전 이름을 해석함이다. 그런데 세 가지
뜻이 있으니 (1) 보는 대상이 보법과 칭합함을 잡은 해석이다. '보편
한 법'이라 말한 것은 하나가 모두를 구족하여 하나하나가 성품과
칭합하여 동시에 구족하는 문 따위이니 이것은 곧 열 개의 눈 안에 하
나의 눈의 공능이다. 경에 이르되, "온갖 지혜의 눈으로 넓은 문의 법
계를 보는 까닭이다"라고 하였다. (2) 하물며 하나의 눈이란 보는
주체가 보법과 칭합함은 마치 다섯 가지 눈 가운데 불안(佛眼)과 같
나니, 네 가지 눈이 불안에 들어갈 적에 모두 불안이라 이름하는 것
도 마치 네 강이 바다에 들어갈 적에 다시 강의 이름은 없어지고 바
다의 짠맛에 갖추어짐과 같다. 그러므로 『금강경』에 이르되, "여래가
육안(肉眼)을 가졌느냐? 그러하옵니다. 세존이시여, 여래께서는 육안

을 가지셨나이다." 나아가 말하되, "여래가 불안(佛眼)을 가졌느냐? 그러하옵니다. 세존이시여, 여래께서는 불안을 가지셨나이다"라고 하였다. 지금의 열 가지 눈도 또한 그러해서 하나를 따라 열 가지 눈을 갖춘 것이다. 그러나 모든 교법에 설하되 오직 불안만이 다섯을 구비하였고, 나머지 넷은 없는 것이지만 지금의 인행과 과덕의 사람이 모두 하나의 눈에 곧 열 개의 눈을 갖춤을 용납하였으니 오직 뒤가 뛰어남이 앞의 하열함을 갖춘 것이 아니다. 만일 하나가 열 가지를 갖추지 못한다면 보안이 아닌 것이다. '열 가지 눈'이라 말한 것은 이세간품(離世間品)에 설명하되, "이른바 첫째는 육안이요, 둘째는 천안이요, 셋째는 혜안이요, 넷째는 법안이요, 다섯째는 불안이요, 여섯째는 지혜 눈이요, 일곱째는 광명안이요, 여덟째는 생사에서 벗어나는 눈이요, 아홉째는 무애안(無礙眼)이요, 열째는 일체지안(一切智眼)이다"라고 하였다. 그 융섭하여 걸림 없음이 두 가지 뜻이 있으니 ① 위를 성립함이니 열 가지 눈이 걸림 없음이요, ② 아래를 성립함이니 주체와 대상이 걸림 없음이다. (3) 眼外無法 아래는 마음과 경계가 서로 거둠을 잡아서 비로소 보안이라 칭한 것이니, 이 위는 ㄱ) 표방함이다. ㄴ) 以諸緣 아래는 개별로 해석함이다. 그런 까닭에 저 대승(大乘)법사가 "아홉 가지 인연으로 인식을 일으켜 (육근 중의) 눈의 근을 눈이라 이름하고, 나머지는 눈이라 이름하지 않았다"라고 하였으니, 지금은 그것과 유례한 내용이다. "눈의 근이 능히 인식을 발할 적에 안근을 눈이라 이름하는 것이요, 허공의 밝음이 능히 인식을 발할 적에 또한 똑같이 눈이라 이름한 것이다." 나머지 여섯 가지도 유례하여 그러한 것이니 연기의 법이 각기 유력(有力)과 무력(無力)이 있음으로 서로 성립하기 때문이다.

次云因沒果中緣皆號眼者는 九緣은 不見色하니 不[151]見에 不名眼이라 九緣이 皆見色에 沒果同名眼이니 以皆全有力故라 言全色爲眼恒見色者는 色是所緣之境이오 眼是能緣之根이니 今卽是眼일새 故無緣也라 言全眼爲色者는 眼是我能見이나 今全爲色에 正見之時에 卽非我也라 此卽賢首之意니 下更有言호대 云, 非我離於情想이오 無緣絶於貪求라 收萬像於目前이며 全十方於眼際라 是以로 緣義無盡하야 隨見見而不窮이오 物性叵思라 應法法而難準이니라 法普가 卽眼普오 義通이 乃見通이니 體之에 自隱隱이오 照之에 遂重重이라 然後에 窮十方於眼際하야 鏡空有而皎明이오 收萬像以成身하야 顯事理而通徹也라하니라

● 다음에 '원인이 사라진 결과 속에 인연을 모두 눈이라 이름한다'고 말한 것은 아홉 가지 인연은 형색을 보지 못하나니 보지 못하면 눈이라 이름하지 못하는 것이다. 아홉 가지 인연이 모두 형색을 볼 적에 결과가 사라지면 함께 눈이라 이름하나니 모두 완전히 힘이 있기 때문이다. '전체 형색이 눈이 되므로 항상 형색을 본다'고 말한 것은 형색은 반연할 대상 경계요, 눈은 반연하는 주체인 감관이니 지금은 곧 눈이므로 인연이 없는 것이다. '전체 눈이 형색이 된다'고 말한 것은 눈은 내가 능히 보지만 지금은 전체가 형색이 될 적에 바로 보는 때에 곧 내가 아닌 것이다. 이것은 곧 현수(賢首)대사의 주장이니, 아래에 다시 어떤 이가 말하되, "나는 생각으로 상상함을 떠난 것이 아니요, 인연이 없으면 탐하고 구함을 끊은 것이다. 만 가지 형상을 눈앞에 거두어 들이며 시방 전체가 눈의 끝이다. 이런 까닭에 인연의 뜻이 끝이 없어서 견해와 견해를 따라서 다하지 않음이요, 만물의 체성을 생

---

151) 上六字는 南金本作並是因見色得.

각할 수 없어서 법과 법에 응하더라도 준거하기 어려운 것이다. 법이 넓으면 눈이 넓은 것이요, 뜻이 통하면 비로소 소견이 통하나니 그것을 체득하면 스스로 감추고 감추는 것이요, 그것을 비추면 마침내 거듭거듭하는 것이다. 그런 뒤에 눈의 끝에서 시방을 궁구하여 공과 유를 비추어 밝고 밝은 것이요, 만상을 거두어 몸을 이루어서 현상과 이치를 드러내어 철저하게 통달하는 것이다.

마) 대위광보살이 삼매의 이익을 얻다[威光得益] (五爾 42上4)

爾時에 大威光菩薩이 聞此法已하고 得三昧하니 名大福德普光明이라 得此三昧故로 悉能了知一切菩薩과 一切衆生의 過現未來福非福海하니라

그때 대위광보살이 이 법을 듣고 삼매를 얻었으니 이름이 대복덕보광명이며, 이 삼매를 얻었으므로 일체 보살과 일체 중생의 과거·현재·미래의 복과 복 아닌 바다를 모두 분명하게 알았다.

[疏] 五, 爾時下는 威光得益이라 五度皆福이오 定爲最大하야 寂無不照일새 名普光明이라 得此已下는 彰其定用이라 福非福言은 略有二意하니 一, 福卽是善이오 非福是罪라 二, 福卽是相이오 非福은 卽性이니 雙了性相이라 故로 經에 云, 福德이 卽非福德性이라하니 此卽深也라 了一切者는 廣也니 故有海言이라 遇於初佛에 但得十者는 自力未勝故오 次佛十千者는 道轉深故오 今唯一者는 道已滿故라

■ 마) 대위광보살이 삼매의 이익을 얻음이다. 다섯 바라밀이 모두 복이

요, 삼매가 가장 커서 고요하고 비추지 못함이 없으므로 '넓은 광명'이라 이름하였다. (가) 得此 아래는 삼매의 작용을 밝힘이다. '복과 복 아닌 바다'란 말은 간략히 두 가지 의미가 있으니 (1) 복은 곧 선(善)함이요, 복 아님은 죄(罪)이다. (2) 복은 곧 모양이요, 복 아님은 곧 성품이니 성품과 모양을 함께 깨달은 것이다. 그러므로 경문에 말하되, "복과 덕이 곧 복덕의 체성이 아니다"라고 하였으니 여기서는 깊음과 합치한다는 뜻이다. '일체를 분명하게 안다'는 것은 넓다는 뜻이니, 그래서 바다란 말이 있는 것이다. 제1 수미승운 부처님을 만날 적에 단지 '열 가지'만 얻은 것은 자신의 힘이 수승하지 않기 때문이요, 다음의 제2 바라밀선안 부처님 때는 '10천'이라 한 것은 도가 점점 깊어진 까닭이요, 지금 제3 최승공덕부처님 때에 하나뿐인 이유는 도(道)가 이미 충만한 까닭이다.

[鈔] 五度皆福者는 然六波羅密이 攝成二嚴이라 總有兩意하니 一, 前五는 爲福이오 後一은 爲智라 二者, 前三은 唯福이오 後一은 唯智라 進과 定은 通二하니 成前에 爲福이오 成後에 屬智라 今以經中에 云得三昧名大福德일새 故用前門이니라

福卽是善者는 卽百論의 捨罪福品意니 故로 論에 引金剛의 福尙應捨어든 何況非福하야 以善으로 捨惡하고 以無相智로 捨福하야 則善惡兩忘이라 今云了者는 一, 了其相이오 二, 了體空이오 三, 了無礙라 二, 福卽是相下는 卽以世諦로 說福이니 第一義中에는 福亦不存이라 故引金剛에 如來가 說福德相은 隨俗說也라 卽非福德相은 當體空寂也오 是名福德相은 結正義也라 若福卽非福인대 方名眞福이오 若以福爲福하면 非眞福也라 有人이 以第三句로 亦約俗諦라하니 非得經意니라

● '다섯 바라밀이 모두 복'이란 그런데 여섯 바라밀이 두 가지 장엄으로 포섭한다는 뜻이다. 총합하여 두 가지 의미가 있으니 (1) 앞의 다섯 바라밀은 복으로 장엄함이 되고, 뒤의 하나인 반야바라밀은 지혜 장엄이 된다. (2) 앞의 셋인 보시, 지계, 인욕바라밀은 복뿐이요, 뒤의 반야 하나만 지혜로 장엄함이요, 정진과 선정바라밀은 두 가지에 통하나니, 이루기 전에는 복이 되고 이룬 후에는 지혜에 속한다. 지금은 경문 중에 '삼매를 얻었으니 이름이 대복덕이다'라 했으므로 앞의 복덕문으로 사용한 것이다. '복은 곧 선함'이란 곧 『백론(百論)』의 사죄복품(捨罪福品)의 의미인 까닭이다. 『백론』에는 금강경의 "복도 오히려 응당히 버려야 할 텐데 어찌 하물며 복이 아닌 것이겠는가?"라고 한 부분을 인용하여 선함으로 악함을 버리고 모양 없는 지혜로 복을 버려서 선과 악을 둘 다 잊는다는 뜻이다. 지금에 '알았다'고 말한 것은 (1) 그 모양을 알았다는 것이요, (2) 체성이 공함을 안 것이요, (3) 걸림 없음을 안 것이다.

(2) 福卽是相 아래는 세속제로 복을 말함이니 제일의제 중에는 복도 두지 않는 까닭이다. 그래서 금강경의 '여래가 말한 복덕의 모양'을 인용함은 속제를 따른 설명이다. '복덕의 모양이 아님'은 그 당체가 공적하다는 뜻이요, '그 이름이 복덕의 모양'은 바른 뜻을 결론함이다. 만일 복을 복이라 하면 참된 복이 아니라는 뜻이다. 어떤 사람이 셋째 구절인 '그 이름이 복덕의 모양'도 또한 속제를 잡은 것이라 하나니, 경문의 의미를 얻지 못한 까닭이다.

바) 최승공덕해부처님이 수기하시다[如來記別] 4.
(가) 네 게송은 보리심 갖춤을 밝히다[初四頌顯具菩提心] (第六 43下1)

時에 彼佛이 爲大威光菩薩하사 而說頌言하시되,
때에 그 부처님이 대위광보살을 위하여 게송으로 말씀하였
다.

善哉福德大威光이여　　汝等今來至我所하여
愍念一切衆生海하여　　發勝菩提大願心이로다
잘하도다, 복덕 많은 대위광이여
그대들이 내 처소에 이르러 와서
여러 종류 중생들을 가엾이 여겨
승한 보리 큰 서원을 발하였도다.

汝爲一切苦衆生하여　　起大悲心令解脫하니
當作群迷所依怙라　　是名菩薩方便行이로다
고통받는 중생들을 네가 위하여
자비심을 내어서 해탈케 하며
혼미한 중생들의 의지가 되니
이를 일러 보살의 방편행이라.

若有菩薩能堅固하여　　修諸勝行無厭怠하면
最勝最上無礙解인　　如是妙智彼當得이로다
만일에 어떤 보살 굳은 맘으로
좋은 행을 닦아서 게으름 없이
가장 높고 훌륭하고 걸림이 없는
이러한 묘한 지혜 저가 얻으리.

福德光者福幢者와　　福德處者福海者인
普賢菩薩所有願에　　是汝大光能趣入이로다
복덕의 광명이요 복덕 당기요
복덕의 처소이고 복덕 바다인
보현보살 소유한 크신 원력에
대위광 보리살타 능히 들리라.

[疏] 第六, 時彼佛下는 如來記莂이라 十一偈를 分四니 初四는 顯具菩提
心이니 謂初는 有願이오 次偈는 有悲요 四는 有智光이오 三은 兼精進
이니 通第三心일새 故菩提心圓하야 當成妙智라

■ 바) 時彼佛 아래는 최승공덕해부처님이 수기하심이다. 열한 게송을 넷으로 나누리니 (가) 네 게송은 보리심 갖춤을 밝힘이니 이른바 ㄱ. 첫 게송은 원력을 가짐이요, ㄴ. 다음 게송은 자비를 가짐이요, ㄷ. 지혜와 정진을 겸함이요, ㄹ. 지혜광명을 가짐이니 셋째 부처님의 마음과 통하는 연고로 보리심이 원만하여 미래에 묘각의 지혜를 이룬다는 뜻이다.

(나) 네 게송은 위로 부처님 경계에 들어가다[次四頌上入佛境]
(次四 44上2)

汝能以此廣大願으로　　入不思議諸佛海하니
諸佛福海無有邊이어늘　　汝以妙解皆能見이로다
그대가 이와 같은 서원으로써
부사의한 부처 바다 들어갔으니

끝없는 부처님의 복덕 바다를
너의 묘한 지혜로 능히 보리라.

汝於十方國土中에　　　悉見無量無邊佛하니
彼佛往昔諸行海여　　　如是一切汝咸見이로다
그대가 시방세계 국토 가운데
한량없는 부처님을 모두 보나니
저 부처님 지난 옛날 수행의 바다
이러한 온갖 것을 네가 보리라.

若有住此方便海하면　　必得入於智地中하리니
此是隨順諸佛學이라　　決定當成一切智로다
어떤 이가 이 방편에 머물렀으면
결정코 지혜 땅에 들어가리니
이것은 부처님을 따라서 배움
마땅히 온갖 지혜 성취하오리.

汝於一切刹海中에　　　微塵劫海修諸行하니
一切如來諸行海를　　　汝皆學已當成佛이로다
그대가 한량없는 세계해에서
티끌같이 많은 겁에 행을 닦나니
그지없는 부처님들 수행의 바다
모두 다 배우고서 성불하리라.

[疏] 次四는 上入佛境이오
- (나) 네 게송은 위로 부처님 경계에 들어감이요,

(다) 한 게송은 그 부처님 과덕의 모양을 보이다[次一頌示其果相]
(三有 44上5)

如汝所見十方中에　　一切刹海皆嚴淨하여
汝刹嚴淨亦如是하니　無邊願者所當得이로다
네가 지금 보는 대로 저 시방 속에
수 없는 세계해가 깨끗이 장엄
네 세계의 장엄함도 그러하리니
그지없는 원 세운 이 얻을 바니라.

[疏] 三, 有一偈는 示其果相이 得同諸佛이오
- (다) 한 게송은 그 부처님 과덕의 모양이 제불과 얻음이 같은 것을 보임이요,

(라) 두 게송은 그 이타행을 찬탄하다[後二頌讚其利他] (四有 44上10)

今此道場衆會海가　　聞汝願已生欣樂하고
皆入普賢廣大乘하여　發心廻向趣菩提로다
이 도량에 모여 있는 많은 대중들
네 서원을 한 번 듣고 기쁨을 내어
보현의 큰 법문에 다 들어가고

회향하는 마음 내어 보리에 가네.

無邊國土一一中에　　悉入修行經劫海하여
以諸願力能圓滿　　　普賢菩薩一切行이로다
그지없는 세계의 낱낱 국토에
모두 가서 수행하기 여러 천만 겁
여러 가지 원력으로 보현보살의
온갖 행을 모두 다 원만하도다.

[疏] 四, 有二偈는 讚其現能利他하야 住普賢行이라
■ (라) 두 게송은 그 이타행을 나타내어 보현보살의 행에 머문 것을 찬탄함이다.

라. 제4 명칭보문연화안당불이 출현하시다[遇第四名稱普聞─] 4.

가) 네 번째 부처님이 인간 속에 출현하시다[佛出人中] (遇第 44下3)

諸佛子여 彼摩尼華枝輪大林中에 復有佛出하시니 號가
名稱普聞蓮華眼幢이니라
여러 불자들이여, 저 마니 꽃가지 바퀴 큰 숲 가운데 다시
부처님이 출현하시니 이름이 명칭보문연화안당이었다.

[疏] 遇第四佛이라 文分爲四니 一, 佛出人中이오 二, 天王就供이오 三,
如來說法이오 四, 得益還歸라 今初니 約相에 目類靑蓮이오 約德에

心無所染이오 相德高顯하고 名稱外彰에 摧邪衆歸일새 故曰幢也라

라. 제4 명칭보문연화안당부처님을 만남이다. 경문을 넷으로 나누리니 가) 네 번째 부처님이 인간 속에 출현하심이요, 나) 대천왕이 나아가 공양 올림이요, 다) 부처님이 방편보문 수다라를 설하심이요, 라) 이익를 얻고 본래 처소로 돌아옴이다. 지금은 가)이니 상호를 잡으면 눈은 청련화와 비슷함이요, 공덕을 잡으면 마음에 물든 것이 없음이요, 상호와 공덕을 높이 드러내고 명칭을 외부로 알릴 적에 삿됨을 꺾고 대중이 돌아오는 연고로 당기라 이름한 것이다.

나) 대천왕이 나아가 공양 올리다[天王就供] (二是 44下9)

다) 부처님이 방편보문 수다라를 설하시다[說經方便] (三時)

是時에 大威光이 於此命終에 生須彌山上寂靜寶宮天城中하여 爲大天王하니 名離垢福德幢이라 共諸天衆으로 俱詣佛所하여 雨寶華雲하여 以爲供養하니라 時彼如來가 爲說廣大方便普門徧照修多羅하시니 世界海微塵數修多羅로 而爲眷屬이라

그때 대위광보살이 여기서 목숨을 마치고 수미산 위의 고요한 보배 궁전 하늘 성 가운데 태어나 대천왕이 되었으니, 이름이 '때 여읜 복덕 당기'이었다. 여러 하늘 무리들과 함께 부처님 계신 데 나아가 보배 꽃 구름을 내려서 공양하였다. 그때에 저 여래께서 넓고 큰 방편의 넓은 문으로 널리 비치는 수다라를 말씀하였는데 세계해의 티끌 수 수다라로 권속이 되었다.

[疏] 二, 是時下는 天王就供이라 中에 二니 先, 明菩薩行進하야 報處天宮이라 此城은 卽是品初所列之一이라 後, 知佛可歸하야 持華往供이라 三, 時彼下는 如來說經이라 方便之言이 略有三種하니 一, 無實權施니 曲巧方便也오 二, 理本無言이나 假言而言이 大方便也오 三, 權實無滯이니 亦大方便이라 事理皆照를 方日普門이라

■ 나) 是時 아래는 대천왕이 나아가 공양 올림이다. 그중에 둘이니 (ㄱ) 보살행으로 정진하여 보답으로 천궁에 태어남을 설명함이다. 이 성(城)은 곧 비로자나품 첫 부분에 열거한 성 가운데 하나이다. (ㄴ) 부처님이 귀의처가 됨을 알고 꽃을 들고 가서 공양 올림이다. 다) 時彼 아래는 부처님이 방편보문 수다라를 설하심이다. 방편이란 말은 간략히 세 종류가 있으니 (1) 실다움 없는 방편을 베풂이니 자세하고 뛰어난 방편이요, (2) 이치는 본래 말할 수 없지만 말을 빌려서 말함이 큰 방편인 것이요, (3) 방편과 실법에 지체함이 없음이니 또한 큰 방편이기도 하다. 현상과 이치를 모두 비추는 것을 비로소 '넓은 문'이라 칭하였다.

[鈔] 一無實者는 如說臨門三車는 卽是權教三乘이니 本無三乘이나 說有三乘이라 虛指三車니 出門不獲이 是也라 二, 理本無言者는 亦法華에 云, 諸法寂滅相은 不可以言宣이어늘 以方便力故로 爲五比丘說이 是也라 三, 權實無滯者는 卽涉有나 未始迷空이오 觀空이나 不遺於事니 卽如來方便知見波羅密이 皆已具足이니라 毘盧遮那品은 竟하다

● (1) '실다움 없는 방편'이란 마치 문에 다달아서 세 가지 수레를 말함은 곧 권교의 삼승법이니 본래 삼승이 없지만 삼승이 있다고 설한 것

과 같다. 헛되게 세 가지 수레를 가리켰으니 문에서 나와 얻지 못한 것이 이것이다. (2) '이치는 본래 말할 수 없다'는 것은 또한 『법화경』에 이르되, "여러 법 적멸한 상 말로 할 수 없지마는 방편의 힘으로써 5비구께 말하기를, 이 이름이 전법륜 그와 같이 부르나니"라 함이 이것이다. (3) '방편과 실법에 지체함이 없다'는 것은 곧 유(有)를 건넜지만 비로소 공(호)에 미혹함이 아님이요, 공을 관찰하지만 현상을 남겨두지 않음이니 곧 여래의 방편으로 알고 보는 바라밀을 모두 다 구족한 것이다. 비로자나품은 마친다.

라) 삼매의 이익을 얻고 본래 처소로 돌아오다[得益還歸] (四時 45下5)

時에 天王衆이 聞此經已하고 得三昧하니 名普門歡喜藏이라 以三昧力으로 能入一切法實相海하고 獲是益已에 從道場出하여 還歸本處하니라
그때 천왕의 무리들이 이 경을 듣고 삼매를 얻었으니 이름이 넓은 문 환희장이다. 삼매의 힘으로 일체 법의 실상 바다에 들어갔다. 이런 이익을 얻고는 도량에서 나와 본 곳으로 돌아갔느니라."

[疏] 四, 時天王下는 得益還歸中에 聞上普門하고 正受安住하야 法喜無盡일새 故名曰藏이니 由此證達諸實相海라 此劫之中에 十須彌塵數如來어늘 今但云四하고 又無結會古今하며 現證得益等者는 經來未盡故也라 若結會者인대 應云爾時威光菩薩者는 毘盧遮那是等이니라 所信因果會는 竟하다

제6. 毘盧遮那品 451

■ 라) 時天王 아래는 삼매를 얻고 본래 처소로 돌아감 중에 위의 방편 보문수다라를 듣고 삼매에 안주하여 법의 기쁨이 그지없으므로 '장(藏)'이라 이름하였다. 이로 인해 모든 법의 실상을 증득하고 통달한 것이다. 이 장엄겁 가운데 열 개의 수미산 티끌 수 여래가 계신데 지금은 단지 네 분만 말하였고, 또한 '결론하고 고금과 회통함'도 없고 '증득하고 이익 얻음을 나타냄' 등이 없는 것은 경문이 다 오지 않은 [經來未盡] 까닭이다. 만일 결론하여 회통한다면 응당히 말하되, "그 때의 대위광보살은 비로자나가 그분이다"라고 해야 할 것이다. '믿음의 대상인 인행과 과덕을 밝힌 법회[所信因果會]'는 마친다.

제6. 비로자나품(毘盧遮那品) 終

화엄경청량소 제4권

| 초판 1쇄 발행_ 2018년 11월 22일

| 저_ 청량징관
| 역주_ 석반산
| 펴낸이_ 오세룡
| 편집_ 손미숙 박성화 정선경 이연희
| 기획_ 최은영 권미리
| 디자인_ 김효선 고혜정 장혜정
| 홍보 마케팅_ 이주하
| 펴낸곳_ 담앤북스
    서울특별시 종로구 새문안로3길 23 경희궁의 아침 4단지 805호
    대표전화 02)765-1251 전송 02)764-1251 전자우편 damnbooks@hanmail.net
    출판등록 제300-2011-115호
| ISBN 979-11-6201-107-2 04220

정가 30,000원